Karin E. J. Kolland

Wenn die Liebe Trauer trägt
DIE HOFFNUNG BEWAHREN

Seelenpartnerschaft
spiritueller Roman

Hanael Buch mit Seele

Hanael Verlag und Schule
8200 Gleisdorf, Kaltenbrunn 23
verlag@hanael.at
www.hanael.at

Überarbeitete Neuauflage 2003

Umschlag gestaltet nach einem Gemälde von: Margit Singer
Umschlaggestaltung: siM.fish - Simone Fischer
Lektorat: Mag. Isabella Müller, Schwindegg
Satz: Kolland
Gedruckt: Wiener Verlag Himberg
ISBN 3-9500745-9-7

Impression

Sie sagte:
Du, ich liebe ...
Er sah sie an
ohne Frage.
Sie wiederholte.
Sie sagte es wieder
und wieder.
Er sagte kein Wort.
Sie gingen.
Zertraten Kies
und schwiegen.
Der Morgen
fraß die Schritte.
Dehnte die Nacht.
Später,
viel später,
sagte er:
Vielleicht
hast du Recht.
Abermals
schwiegen sie
und weinten.

Franz Hofer
Aus: ... einen Tunnel ins Herz gegraben, 101 Liebesgedichte,
SV Steirische Verlagsgesellschaft ISBN 3-85489-034-6

Der Anfang

„Am Beginn unserer Reise wissen wir noch nichts – der Raum ist weit und offen. Das Unvermutete steht vor seiner Tür, jedoch die Zeiger der Zeit stehen noch still. Am Beginn einer Reise wissen wir noch nichts; nicht einmal, ob wir bereit sind, wirklich zu gehen, wissen wir. Sind die Koordinaten uns vorherbestimmt? Am Beginn einer Reise – was fühlen wir? Was nehmen wir wahr?“

Über den Wolken, Malaysia 1999

Der Tumult in der Abflughalle am Airport in Kuala Lumpur übertönt die zarte Stimme der Bodenhostess. Mitten im Gedränge der Abreisenden fasst sie die große blonde Frau am Ärmel. Sie drückt ihr ein dickes blaues in Leder gebundenes Buch in die Hand. Mit erstauntem, fragendem Blick nimmt Maria Aberger das Buch entgegen.

„You have lost this!" Schon hat sich die Hostess abgewendet und eilt davon. Die Passagiere hinter Maria drängen. In der Menge wird sie vorangeschoben. Der letzte Aufruf des Fluges nach München schallt dröhnend aus den Lautsprechern. Die großen Anzeigetafeln mit ihren blinkenden Lettern ziehen die Blicke der Reisenden auf sich: LUFTHANSA FLIGHT 717 TO MUNICH GATE 8. Zwei große Busse bringen die Passagiere auf das Flugfeld, von dem die unbarmherzige Hitze mit beißendem Geruch ausstrahlt. Die dünnen Ledersohlen von Marias Sandalen werden brennheiß. Sie eilt der Stahltreppe am Bug des Flugzeugs entgegen. Heißer Wind fährt in ihr Haar. Ihr helles baumwollenes T-Shirt klebt schweißnass auf ihrer Brust. Ein Blick in das blaue Buch sagt ihr, dass es sich um ein Tagebuch handelt. Die Sprache ist Deutsch. Nun gut, vielleicht ist die Frau im Flugzeug nach München. Lisa Mosbacher steht auf der ersten Seite des Buches, in weichgeschwungener Handschrift. Die Lufthansa Hostess begrüßt die Passagiere. Maria murmelt eine Erklärung und drückt ihr das Buch in die Hand.

„Ja, wir überprüfen die Passagierliste sofort. Willkommen an Bord." Maria wird weitergedrängt. „A 14" steht auf ihrer Bordkarte. Ein Fensterplatz. Sie verstaut ihr Handgepäck. Erleichtert lässt sie sich in den Sitz fallen. Ihr trauriger Blick gleitet über das Rollfeld und hinüber zur Abflughalle. Sie weiß, dass ihr Mann Henry nicht winkt. Sie weiß, dass er ihr den Rücken gekehrt hatte und davongeeilt war, so schnell er konnte. Sie weiß, es war reine Höflichkeit, dass er sie überhaupt zum Flughafen begleitet hatte. Nichts weiter als der letzte Rest von Pflichtbewusstsein.

Die Unruhe der einsteigenden Passagiere legt sich endlich und weicht der gespannten Erwartung vor dem Start. Maria schließt ihren Gurt. Neben ihr hat ein junges Paar Platz genommen, sehr beschäftigt mit sich selbst. Die Maschine rollt rüttelnd auf das Startfeld. Die Flugbegleiter erklären die Sicherheitseinrichtungen auf Englisch, auf Bahasa Malaysia, der Nationalsprache, die Maria vertraut ist, sowie auf Deutsch. Die Turbinen heulen auf. Maria schließt die Augen, umfasst mit den Händen die Armlehnen. Die Beschleunigung ist ihr immer unangenehm. Bald versinkt Kuala Lumpur im Dunst der Nachmittagshitze. Maria verabschiedet sich mit einem Blinzeln ihrer halb geschlossenen Augenlider von einem Land, das für viele Jahre ihr Leben gewesen war.

„Mit Namen Mosbacher ist niemand in der Passagierliste eingetragen. Würden Sie das Buch bitte wieder an sich nehmen?“ Mit freundlichem Lächeln beugt sich die Hostess zu Maria hin und reicht ihr das Buch. Gedankenverloren greift Maria danach.

„Ja ja“, sagt sie und drückt das Buch auf ihren Bauch. Nach einer Weile schlägt sie es auf. Lisa Mosbacher, Salzburg und eine Telefonnummer stehen auf der ersten Seite. Sie blättert weiter.

Was ist das Leben? Eine Illusion? Ein Traum? Wie nüchtern muss ich sein, um im Leben die Orientierung zwischen den Träumen nicht zu verlieren? Wie sehnsüchtig und hoffnungsvoll muss ich sein, um im Tumult des Lebens die Träume nicht zu verlieren?

Ich habe geträumt von dir.

Du, dem ich noch nicht begegnet bin und der du doch mein Herz bereits in deinen Besitz genommen hast. Du, den ich erwarte, mit aller Sehnsucht meines Wesens. Du, der du es sein musst, mich zärtlich aus der Nacht meiner einsamen Enge in den Tag unserer Gemeinsamkeit zu führen. Du, dessen Bild ich in mir trage wie ein Kleinod. Einen Schatz, das Geheimnis meiner Seele.

Wien, 15. April 1986, war an den Rand gekritzelt worden. Ein kurzer Blick aus dem kleinen Fenster der Boeing lässt Maria Abergers Gedanken über die weichen Wolken wandern.

„1986“, murmelt Maria leise, „so ein Zufall, da kam ich erstmals in dieses exotische Land.“ Ein Land, das ihr Schicksal wurde. Ein Land, das sie nun zurückließ wie den Koffer voller Fotos, aus denen sie nur einige wenige mit Bedacht erwählt hatte, um ihre Zukunft mit der Erinnerung an die Vergangenheit zu schmücken. Sie schüttelt den Kopf mit ihren blonden kurz geschnittenen Haaren. Die kleinen Fältchen um ihre Augen und den Mund graben tiefere Spuren eines matten Lächelns in ihr Gesicht. Etwas Gequältes umgibt sie wie ein steifer Bilderrahmen. Sie lehnt sich im Sitz zurück und überkreuzt ihre Beine. Dann nimmt sie das blaue Buch wieder auf. Sie taucht ein in das Leben, die Vergangenheit und das Schicksal einer Fremden, die Lisa Mosbacher heißt. Offensichtlich eine Deutsche wie sie oder vielleicht eine Österreicherin, mit der sie auf geheimnisvolle Weise die gleiche Muttersprache und ein exotisches Land zu verbinden schien. Malaysia! Wie sonst wäre das Tagebuch ausgerechnet in der Abflughalle in Kuala Lumpur in ihre Hände gefallen.

Die vergangene Geschichte

„Man weiß eigentlich nie, wo es war, wann es wirklich war – wie es begonnen hat? Das Aufwachen eines Menschen ist ein langwieriger Prozess. Bewusstwerdung ist ein Weg. Erst später, in der Erinnerung können wir sagen, damals – auf jener Bank, in jenem Frühling in Salzburg...“

Frühlingsimpulse, Salzburg 1986

Eine Wolke hatte die Sonne verdeckt. Es war, als könnte sie sich nicht entschließen, hinter ihr hervorzutreten. Wahrscheinlich war es die Wolke, die die Flucht ergriff, denn mit einem Aufleuchten fielen die Sonnenstrahlen plötzlich durch das Fenster auf den Schreibtisch. Der kahle Raum wurde hell.

„Also gut", sagte der schmächtige Beamte, rollte mit seinem Drehsessel zu einer Stellage unter dem Fenster, bückte sich langsam und umständlich, um aus dem vorletzten Fach einen Formularbogen herauszuziehen.

„Nehmen Sie doch Platz", meinte er im Zurückrollen, wies auf einen hellen Buchenholzsessel vor seinem Schreibtisch. Er begann, das Formular in eine altmodisch aussehende Schreibmaschine einzuspannen, mit bedächtig langsamen Bewegungen, wobei über seinem linken Auge die Augenbraue sich in einem rhythmischen Zucken auf und ab bewegte. Lisa setzte sich, zum Sprung bereit, auf die Kante des Sessels. Ihr war die ganze Situation peinlich und unangenehm. Ihr Blick suchte über den Kopf des Beamten hinweg die Weite im Licht der tief einfallenden Sonnenstrahlen zu erlangen. Welch banale Realität. Wie unwirklich dieses Leben auf diesem Planeten ihr plötzlich erschien. Und für einen Moment folgte ihr Geist dem Lieblingstraum ihres Herzens und dem Klang ihrer Seele. Sie wiegte sich, unbewusst träumend im Lichtstrahl einer fernen Dimension. Der Klang weckte Erinnerungen an den Ozean des Seins, in dem sie zu schwimmen liebte. Einer Realität weit über dem, was ihr analytischer Verstand zu erfassen vermochte.

„Name?"

„Lisa Mosbacher“, antwortete die junge Frau mit einem Seufzen, „Mosbacher mit einem O.“

„Geburtsdatum?“

„15. März 1956.“

„Familienstand und Staatsbürgerschaft?“ Ohne Lisa anzusehen, fragte und tippte der Beamte langsam und bedächtig nur mit den Zeigefingern der rechten und linken Hand die Buchstaben auf das Formular. Diebstahlsanzeige! Lästige Routinearbeit.

„Also, was haben Sie gerade geflüstert, ledig?“, fragte er. Er warf nun Lisa einen schläfrigen Blick zu, der aber wacher wurde, als er unter dem leichten geöffneten Frühlingsmantel ihre schlanken Beine sah. Er neigte sich vor und betrachtete sie ungeniert.

Sie hatte laut und deutlich „geschieden“ gesagt, aber er hatte nicht zugehört.

„Geschieden“, wiederholte Lisa ärgerlich und schlug den Mantel über ihren Beinen demonstrativ zusammen.

„Geschieden, keine Kinder, Österreicherin“, fuhr sie dann in sehr förmlichem Ton fort. Sie rutschte noch ein Stück weiter nach vorne auf ihrem Sessel. Am liebsten wäre sie aufgesprungen und gegangen.

„Ledig mit Vergangenheit“, sagte der Beamte frech und grinste Lisa unverschämt an, die ihn nun verdutzt anschaute. Ledig mit Vergangenheit, ja, so konnte man das auch betrachten. War man geschieden, schleppte man ganz offensichtlich immer noch etwas mit sich herum.

Es dauerte, bis der Beamte Adresse und Telefonnummer getippt hatte und nach ihrem Beruf fragte.

„Einzelhandelskauffrau, selbstständig“, antwortete Lisa gewohnheitsmäßig.

„Einzelhandelskaufmann“, wiederholte er gedehnt, jeden Buchstaben betonend. Er entschloss sich dann, für Lisa ganz unerwartet, zu einem aufmunternden, geradezu netten Tonfall, indem er sagte: „Also, bitte gnädige Frau, jetzt erzählen Sie nochmals genau in der Reihenfolge, wie das mit dem Diebstahl Ihrer Einkaufstüte am Kai zugegangen war." Dabei blickte er auf und schenkte Lisa ein nichts sagendes Lächeln.

Obwohl ihm Lisa ja bereits die ganze Geschichte genau, alle seine Zwischenfragen beantwortend, erzählt hatte, blieb ihr nichts anderes übrig, als nun, das unerfreuliche Ereignis nochmals zu schildern. So erzählte Lisa, wie sie sich in einer kleinen Boutique in der Innenstadt von Salzburg ein Frühjahrskostüm gekauft hatte, mit passendem Seidenschal. Sie war mit der großen Einkaufstüte in der rechten Hand und ihrer bereits abgenutzten Tasche um die linke Schulter gehängt, aus dem Geschäft gegangen. Langsam bummelte sie in Richtung Markartssteg, wo Lisa Mosbacher die Salzach überquerte. Die Aprilsonne lud an diesem Nachmittag mit warmen Strahlen ein, sich auf eine der Parkbänke am Elisabeth Kai zu setzen. Es war schön, über das Wasser hinüber zum Mönchsberg zu schauen, doch die warmen Strahlen hatten Lisa bald eingeschläfert und ihren Geist in ferne Träume entführt; in die Traumwelt der Liebe, Erinnerungen an etwas, das ihre Zukunft sein sollte. Wie goldene Seifenblasen, die sie nicht fassen durfte, da sie sonst sofort in den Fingern zerplatzen würden. Nach einem langen, nebeligen Winter nun das Gesicht der Sonne dargeboten, hatte sie sich dem Traum des Erwachens eines neuen Frühlings, eines goldenen persönlichen Zeitalters hingegeben. Sie hatte mit sensiblen Sinnen dem gelauscht, was jenseits der Geräuschkulisse vorbeigehender Menschen, spielender Kinder, knurrender Hunde und des Lärms tatkräftiger Motoren vorbeisurrender Autos zu hören war. Nämlich dem Klang des Frühlings, der die Welt zu neuem Leben zu erwecken versuchte. Zwitschernde Vögel, brummende Bienen, das Pochen der antreibenden

Säfte in den ersten Knospen des Flieders, die lebendige Kraft zwischen Blättern, die sich entfalten. Das Raunen einer bewegten Luft, zarter Windhauch in den Zweigen und die anschwellende Melodie der Wellen des Flusses, der seinen Lauf nahm durch die Jahreszeiten. Anders klang ihr der Fluss heute in den Ohren als noch vor zwei Wochen. In der Kälte des Winters war der Fluss still gewesen. Ruhig, gedämpft, unbeteiligt war er vorbeigezogen. Heute fühlte Lisa den Tumult seines Lebens. Gespeist durch das Prickeln geschmolzenen Schnees, klang er neu erweckt, so wie die Kühle eines Eiswürfels die Haut erregt und Lust erzeugt. Keck, verführerisch miteinander spielend, gaukelten singend seine Wellen dahin. Nichts Besonderes in der äußeren Realität hatte Lisas Aufmerksamkeit erregt. Doch als sie sich entschlossen hatte, aufzustehen und weiterzugehen, da war die Einkaufstüte mit dem nagelneuen Kostüm einfach weg. Spurlos, wie vom Erdboden verschwunden. Zum Glück war ihre Umhängetasche mitsamt Geldbörse und Papieren noch da gewesen.

Als der Beamte endlich alle Angaben in seine Schreibmaschine getippt hatte, setzte Lisa ihre Unterschrift auf den Bogen und fragte kleinlaut: „Besteht überhaupt eine Chance, dass ich mein Kostüm wiederbekomme?“

„Wohl kaum“, antwortete er mit trockener Stimme.

Die Sonne hatte ihr Versteckspiel mit der Wolke wieder aufgenommen, Lisa beeilte sich, das Polizeigebäude schnellstens hinter sich zu lassen. Es passte so gar nicht zu dem, was an diesem Tag ihre Seele bewegte. Schnell eilte sie der Bushaltestelle entgegen. Sie wollte ins Geschäft fahren, um gemeinsam mit ihrer Verkäuferin Sabine Ladenschluss zu machen.

Am Abend jenes Tages gönnte sich Lisa die kleinen Freuden, die das Alleinsein zu bieten hatte. Erst machte sie sich eine große Kanne voll duftenden Kaffee, quirlte gezuckerte Schlagsahne zu steifem Schlagobers, häufte reichlich viel davon auf ihren Kaffee, um ihn gleich darauf genüsslich mit einem kleinen Löffel herunterzunaschen, um dann in bedächtiger Zeremonie noch einmal so viel Schlagobers auf den Kaffee zu häufen. Anschließend schaltete sie die Stereoanlage im Wohnzimmer ein und stöberte in ihren CDs. Rodrigo, Concierto de Aranjuez. Der Tuner wurde auf volle Lautstärke gedreht.

„Schon besser", sagte sie laut zu sich selbst, nippte an ihrem Kaffee und ging summend ins Bad. Sie kippte einen Schuss Kräuteröl in die Wanne und drehte den Wasserhahn auf. Langsam begann sie sich zu entkleiden, prüfte zwischendurch mit der Hand die Wassertemperatur und ging nackt schwingend und tanzend nochmals in die Küche, um wieder mit der gleichen Zeremonie Kaffee und Schlagobers nachzufüllen. Zurück im Bad stellte sie die Kaffeetasse auf den Wannenrand, langte nach der Streichholzschachtel auf der Ablage über dem Waschtisch und entzündete die am unteren Wannenrand stehende Kerze. Sie knipste das elektrische Licht aus. Langsam und genüsslich tauchte Lisa mit ihrem zarten, hell im Kerzenlicht scheinenden Körper in das heiße Schaumbad ein.

Man gewöhnt sich an das Alleinsein, dachte sie. Es hatte ja auch seine Vorteile. Seit nahezu vier Jahren war Lisa geschieden. Ihr Alltag war ausgefüllt. In dem kleinen Wäschegeschäft, das sie wohl durch eine glückliche Fügung von der in Pension gehenden Vorbesitzerin zu akzeptablen Bedingungen übernommen hatte, tauchte sie tagtäglich in die Routine eines geregelten Geschäftslebens ein. Sie arbeitete von Montag bis Samstag Mittag und die eineinhalb freien Tage, die blieben, gingen immer schnell vorbei. Lisa schlurfte genüsslich ihren Kaffee, baute mit den Zehen des rechten Fußes kleine Schaumberge über die Zehen des linken Fußes. Das Kerzenlicht warf seinen warmen Schein darauf. Sie ließ sich tragen von der Wärme des Wassers und den Wellen der Musik. Das Telefon schrillte. Erst beim dritten Läuten entschloss sie sich, aus der Wanne zu steigen; hastig griff sie nach dem großen Badetuch und eilte auf Zehenspitzen über den Parkettboden, kleine Pfützen hinterlassend, durch den Flur ins Wohnzimmer.

„Mosbacher", sagte sie und versuchte, das Badetuch unter der Achsel festzuklemmen.

„Hallo, Lisa, wie geht es dir? Da ist Christiane."

„Oh, hallo Christiane, das ist schön, dass du dich meldest!" Freude schwang in Lisas Stimme. Christiane war ihre Wiener Freundin. Die beiden Freundinnen begannen zu plaudern. Christiane hatte das Bedürfnis, bei Lisa ihr Herz auszuschütten. Zwischen ihr und ihrem langjährigen Freund Rolf gab es viele Schwierigkeiten, denn Rolf war vor wenigen Wochen aus Christianes Wohnung ausgezogen. Er hatte nun eine neue Freundin.

„Was machst du am Wochenende, Lisa?", fragte Christiane. „Was hältst du davon, nach Wien zu kommen? Wir könnten ausgehen und uns ein schönes Wochenende machen!"

„Ich weiß nicht? Ich arbeite doch samstags bis Mittag!"

„Ach komm, Lisa. Komm doch, mir zuliebe", bettelte Christiane. Als Lisa nicht antwortete, fügte sie hinzu: „Du kannst auch mit dem Zug kommen, das ist bequemer, und ich hol dich vom Westbahnhof ab."

Lisa sagte zu. Sie ging zurück ins Bad und tauchte wieder in das warme Wasser ein. Sie ließ ihre Gedanken treiben und begann sich einzuseifen. Als sie schließlich aus der Wanne stieg, war die Schallplatte längst abgespielt. Lisa rieb mit dem großen Badetuch ihren Körper ab, cremte sich ein und schlüpfte in einen bequemen Hausanzug.

„Wien", dachte sie, „nun gut, warum nicht!"

Zeichen und Ahnungen

Arm in Arm eingehängt, schlenderten die beiden Freundinnen am darauf folgenden Samstag durch die Wiener Innenstadt. Christiane, ein paar Jahre jünger als Lisa, hatte ihre Freundin unter Lachen und Albernheiten dazu überreden können, sich auch mal kräftiger zu schminken und zu ihrer legeren Hose unter dem Mantel einen auffallenden knalligen Schal zu tragen, den sie aus ihrer exotischen Tüchersammlung für Lisa ausgesucht hatte.

„Was ist, gehen wir nun zu dem Italiener, von dem ich dir erzählt habe?“, fragte Christiane.

„Ja, Hunger hab ich schon, aber wenn du doch auf die Party gehen willst?“, antwortete Lisa mit fragendem Ton.

„Ja, auf die Party will ich unbedingt. Außerdem habe ich mich ja mit Tommy dort verabredet“, meinte Christiane. Sie musterte ihr Spiegelbild kritisch in einer großen Auslagenscheibe. „Aber vor zehn Uhr brauchen wir nicht dort zu sein. So richtig los geht es immer erst später“, sie zog nun ihre Freundin in eine schmale Gasse hinein. Lisa wusste, dass Christiane hoffte, Rolf auf der Party zu treffen.

„Und du rechnest wirklich mit Rolfs Eifersucht?“, fragte sie daher belustigt.

„Gleichgültig ist ihm das nicht, wenn ich mit einem anderen Mann komme“, behauptete Christiane.

Bei Pizza und Chianti plauderten die beiden angeregt weiter, gingen dann zu einem Taxistand, um sich in den achten Bezirk chauffieren zu lassen, wo in einer Kunstgalerie im zweiten Stock eines der großen, für Wien typischen im Jugendstil erbauten Häuser die Party steigen sollte.

Wiens Avantgarde der achtziger Jahre. Maler, Bildhauer, Schauspieler, Musiker bildeten sozusagen das Gelbe vom Ei. Sie wurden umringt von Journalisten, Geschäftsleuten, Adabeis und Möchtegerns und einigen Politikern aus der jungen grün-alternativen Szene. Frauen, Männer, alle mit einem schalen Blick, standen fad und ziemlich farblos herum. Jeder hatte entweder ein Glas Sekt oder einen weißen Spritzer im obligaten Viertelliterglas mit Henkel in der Hand. Lisa fühlte sich vom ersten Moment an unwohl. Sie wusste nicht, was sie hier tun sollte. Christianes Blick sondierte sofort die Anwesenden, auf der Suche nach ihrem Rolf, der aber anscheinend nicht da war. Dafür entdeckte sie Tommy, einen schlaksigen jungen Mann, der kaugummikauend an der Wand lehnte und ganz offensichtlich nicht in diese Gesellschaft passte. Christiane winkte ihn heran.

„Na, geht es los?“, kam er mit einem breiten Grinsen auf sie zu.

„Hallo! Bist du schon lange da?“, fragte ihn Christiane.

„Ziemlich fade“, meinte er, fasste Christiane dreist an den Po und zog sie zu sich heran. „Wo ist dein Freund?“

„Lass das jetzt“, zischte Christiane, „er ist noch nicht da.“

Lisa entfernte sich ein wenig von den beiden hin zu einer Bar, um sich auch einen Spritzer zu holen. Sie suchte sich dann einen geschützten Winkel und beobachtete das Geschehen. Nach einiger Zeit hielten Christiane und Tommy Ausschau nach ihr. Sie winkte ihnen zu.

„Hör mal, Lisa“, sagte Christiane, „Manuela, eine Kollegin von Rolf, ist da. Sie sagte, er kommt sicher noch. Wir könnten inzwischen in den hinteren Raum gehen. Da gibt es eine Attraktion des Abends, Madame Mona. Eine Wahrsagerin.“

„Da könnt ihr euch euer Liebesorakel vorhersagen lassen! Echt cool!“ Lisa warf dem kaugummikauenden Tommy einen angewiderten Blick zu.

„Komm, Lisa, wir gehen und schauen uns das an. Es interessiert mich.“ In einem der hintersten Räume, der in der Galerie sonst eher dem privaten Aufenthalt zu dienen schien und einer kleinen Kaffeeküche ähnelte, stand eine ungefähr vierzigjährige Frau an einem kleinen Marmortisch. Sie verabschiedete gerade eine Besucherin. Christiane schubste Lisa nach vorne.

„Geh, du zuerst.“

Freundlich lächelnd kam Madame Mona auf Lisa zu. Sie sah ganz normal aus, nicht so mystisch, wie Lisa sich eine Wahrsagerin vorgestellt hatte.

„Nur keine Angst, bitte nehmen Sie Platz“, sagte sie mit sanfter Stimme, schob dabei Lisa einen Thonetsessel zu und nahm selber Platz.

„Das erste Mal?“, fragte sie dann lächelnd. Sie nahm Lisas Hände.

„Ja, so etwas habe ich noch nie gemacht.“

Auf dem kleinen Tisch stand eine Schreibtischlampe. Madame Mona führte Lisas Hände mit den Handflächen nach oben unter den Lichtkegel, beugte sich vor und betrachtete die Hände eingehend.

„Ein bisschen etwas vom Leid dieser Welt haben Sie schon hinter sich. Geschieden?“

„Ja.“

„Nun, es schaut nicht schlecht aus für Ihre Zukunft. Ihre Lebenslinie öffnet sich zusehend. Sie werden eine starke persönliche Entwicklung durchmachen. Sie können Selbstverwirklichung erlangen. Sie gehen einen spirituellen Lebensweg. Ein Mann kommt auf Sie zu, eigentlich zwei Männer. Die ganz große Liebe. Schon bald“, sagte sie. Aufmerksam schaute sie nun in Lisas Gesicht.

„Wirklich, Sie werden sehen!“, fügte sie hinzu, als sie Lisas ungläubigen Blick bemerkte. Dann fuhr sie fort: „Sie haben die Chance, sehr glücklich zu werden. Aber Sie müssen lernen, die Chancen zu nützen, die das Leben Ihnen gibt!“ Ihre dunkle, warme Stimme wurde eindringlicher.

„Es wird nämlich nicht ganz einfach sein mit ihm. Karma. Schauen Sie, diese Linie da, man kann es ganz genau sehen. Eine alte Verbindung ist das. Tief, sehr tief, aber karmisch belastet.“

Lisa hörte aufmerksam zu. Sie merkte sich jedes Wort. Die Party, Christiane, das Drumherum, alles war unwichtig geworden. Die Stimme der Frau, die sich Mona nannte, berührte sie in ihrem Innersten. Eine alte Ahnung, verborgenes Wissen und auch eine in ihr verborgene schlummernde Kraft wurden berührt.

„Karma, was heißt das? Ich meine, ich kenne den Begriff, auch wenn ich mir nicht so sicher bin, ob ich wirklich schon mal gelebt habe. Aber wenn vielleicht doch, welches Karma, was soll ich lösen?“, fragte sie mit erregter Stimme.

„Das kann ich so nicht sagen“, erklärte die Wahrsagerin. Abermals betrachtete sie aufmerksam Lisas Gesicht. „Sie haben viele schlummernde Fähigkeiten. Sie sollten Ihr Potenzial besser nützen“, ergänzte sie mit einem erneuten Blick auf Lisas Hände. „Auch der zweite Mann, der kommt, ist eine große Liebe. Weisen sie ihn nicht ab, er wird ihnen helfen.“

Damit konnte Lisa nichts anfangen. Mit eindringlicher Stimme fragte sie nochmals: „Aber das Karma, können Sie da nichts sagen? Bitte, Madame Mona.“

„Mona genügt“, sagte die Ältere mit einem freundlichen Lächeln zu Lisa. Sie zog aus einer Tasche ihres weiten Rockes ein Messingpendel hervor. „Halten Sie bitte Ihre Hände ganz ruhig.“

„Europa? Amerika? Lateinamerika? Südamerika? Russland? Asien?“ Das Pendel begann hin- und herzuschwingen. Beim Wort Asien begann es eine Kreisbewegung.

„Asien", wiederholte Mona.

„Vor Christus, nach Christus. Erstes Jahrtausend, zweites Jahrtausend. Elftes Jahrhundert, zwölftes Jahrhundert ..." Konzentriert, mit monotoner Stimme arbeitete Mona und Lisa lauschte aufmerksam erregt.

Was die Wahrsagerin herausfand war, dass die große Liebe ihres Lebens, der Mann, der bald auf sie zukommen würde, auch die große Liebe in einer fernen Inkarnation in Asien gewesen war. Sie behauptete, dass ihre Verbindung aus jener Zeit eine schicksalhafte Vorbelastung haben würde, eine Behinderung, die es in diesem Leben aufzulösen galt.

„Denken Sie daran", sagte Mona abschließend mit eindringlicher Stimme, „Sie haben wirklich die Chance, sehr glücklich zu werden mit diesem Mann, wenn sie nur den Mut haben, sich als Frau aufzurichten. Sie sind in dieser Inkarnation für eine gleichwertige Partnerschaft herangereift. Lernen Sie zu lieben, ohne sich selbst und Ihrer Bestimmung untreu zu werden. Horchen Sie auf Ihr Herz und lassen Sie sich nicht von anderen Menschen beeinflussen. Nur Sie selbst kennen Ihre Bestimmung und müssen lernen, frei und unbeeinflusst ihrem Lebensweg zu folgen." Dann stand sie auf.

Lisa, noch ganz eingenommen von dem Gehörten, kramte verlegen in ihrer Tasche. „Was darf ich Ihnen geben?", fragte sie unsicher.

„Geben Sie, was Sie für richtig halten", antwortete Mona mit warmherziger Stimme und drückte Lisa beide Hände.

„Sehr glücklich können Sie werden, so wie es wenigen Menschen bestimmt ist! Vergessen Sie das nicht. Alles Gute."

Lisa bedankte sich. Christiane setzte sich neugierig und nervös auf den Sessel.

An und für sich scheute sich Lisa vor mysteriösen Voraussagen. Doch eigenartigerweise hatte sie die Begegnung mit Madame Mona nun ganz anders erlebt. Sie konnte der Vorhersage nichts Konkretes entnehmen, aber ein tief in ihr prickelndes Gefühl erfüllte sie. Als ob eine Erwartung geweckt worden wäre, eine Ahnung. Ihr skeptischer Verstand begann sogleich dagegen anzukämpfen, er sagte ihr, dass Madame Mona wohl jeder Frau die ganz große Liebe prophezeien würde! Reine Geschäftssache. Das wollen die Leute doch hören! So ein Blödsinn. Seltsamerweise hatte aber ihr Verstand in diesem Fall keine Macht. Stark, pulsierend und mächtig war das Gefühl, das sie aus dieser Sitzung mitgenommen hatte. Ein Gefühl der Sehnsucht, der Erwartung, eine Hoffnung, noch fern am Horizont schwebend. Eine Hoffnung, die ein starkes Licht ausstrahlte. Es erfüllte sie mit einem Prickeln, mit Wärme in all ihren Zellen, es machte sie leicht, dehnte sie aus, schwebend stand sie da. Die Trivialen rundum versanken in der Schwere ihrer Kleinbürgerlichkeit, ihre marionettenhaften Bewegungen, ihre leeren Worte erreichten Lisa nicht mehr. Die ganz große Liebe. Ein Schein war ihr vorausgeeilt, ein Schein, der in seinem Strahl mit verzauberten Hoffnungen Lisa umfing und ihren Geist lockte, sich zu erheben, sich auszudehnen. Die ganz große Liebe. Das wäre schön.

Christiane riss Lisa aus ihren verträumten Gefühlen.

„Ich werde Rolf heiraten“, teilte sie triumphierend mit.

„Ist er jetzt da?“, fragte Lisa zerstreut.

„Lisa“, Christiane klopfte auf ihre Schultern, „denk dir, diese Mona sagte tatsächlich, ich und Rolf, wir werden heiraten!“

Nun wurde Lisa in die Gegenwart des engen Raumes zurückgerissen. Die Stimmen rundum, wie laut sie alle waren, die Gesten, wie gespielt, unecht, diese Bretter der Welt. Dick und grau, mit Rauchschwaden verhangen war die Luft. Lisa musste kurz die Augen zusammenkneifen, entdeckte dann Rolf inmitten einer Gruppe von Leuten am anderen Ende des

Raumes. Christiane stürzte sofort los, um sich Tommy an den Hals zu werfen. Froh, endlich seinen Part des Abkommens spielen zu dürfen, begann dieser, mit Christiane zu schmusen. Lisa war das Ganze sehr peinlich. Sie ging auf Rolf zu, der sie gerade entdeckt hatte.

„Hallo Lisa, was machst du in Wien?“, begrüßte er sie. Herzlich streckte er ihr die Hand entgegen.

„Ich besuche Christiane“, sagte sie wahrheitsgemäß.

Ein Schatten huschte über sein Gesicht: „Ist Christiane da?“ Er blickte sich um und entdeckte sie. „Sie ist ja sehr beschäftigt“, bemerkte er trokken. Dann stellte er Lisa seine Begleiterin vor. Eine nette Frau, etwas älter wohl als Christiane. Sie wechselten einige Worte. Lisa zog sich bald mit einem Vorwand zurück und bahnte sich einen Weg durch die Menschen. Sie hatte genug. Sie wollte hinaus. Sie beschloss, im Stiegenhaus auf Christiane und Tommy zu warten. So konnte sie ungestört ihren Träumen nachhängen. Es dauerte aber nicht lange, bis die beiden herauskamen.

„Da bist du ja, Lisa. Komm, wir wollen gehen.“

Später in Christianes Wohnung kuschelte Lisa sich fest in das Gästebettzeug auf der Couch. Sie fühlte sich aufgerüttelt. Sie dachte nochmals über jedes Wort von Mona nach und versank in dem verzauberten Schein, der einer verzauberten Liebe vorausgeeilt war. Rosarote Traumwolken, vibrierende Bilder tauchten tief aus ihrer Seele in ihr auf. Unruhig schreckte sie hoch. Der matte Lichtschein einer Kerze erhellte den Raum. Geräusche die von Christianes Bett zu ihr drangen waren eindeutig. Lisa drehte sich um. Tatsächlich, Tommy und Christiane! Die beiden nackten Körper waren geradezu mit Armen und Beinen ineinander verkeilt. Wilder, dynamischer Sex, offen und ungeniert. Die Töne und Wellen der Lust bewegten den ganzen Raum. Die in üppigen Falten künstlerisch drapierten, bis auf den Boden gebauschten lachsfarbenen Chintzvorhänge nahmen den Atem der Bewegung in sich auf.

Lisa zog die Bettdecke fest über den Kopf, sie hielt sich die Ohren zu. Gefühle, Sehnsucht, Erwartungen wurden von traumhaft kreisenden Gedankenbildern eingeholt in die Lebendigkeit ihres Körpers, der sein weibliches Verlangen nun in pulsierenden Strömen immer stärker und drängender ausdehnte. Mit jedem Atemzug fühlte sie, wie die Wellen der Erregung sich stärker auszubreiten begannen. Sie warf sich herum, auf den Bauch, grub das Gesicht in das Kissen, drückte ihre Brüste fest gegen die Schaumstoffauflage der Couch und ließ eine Hand zwischen ihre Schenkel gleiten. Die große Liebe mit ihrem vorauseilenden Schein hatte in wilder Sehnsucht ihr Wesen und ihren Körper erfasst. Gefühle und Bilder, Visionen, die wie Erinnerungen an die ersehnte Zukunft in ihr hochstiegen, trugen sie fort - tief hinein in das Land der Fantasie, wo sie in der Freiheit des Geistes Erfüllung finden konnte, was in der Enge des alltäglichen Daseins zu schnell an die Grenzen der Tabus stieß. Tabus, die in einer Gesellschaft, deren Angst vor Nähe und Berührung, wie warnende Ampeln auf Rotlicht geschaltet, den freudig schäumenden Fluss der Gefühle stop pten, bevor er sich entfalten konnte.

Lisas Atem, tief und voll, überrollte alle Grenzen, dehnte sich aus, weit hinein in Zeit und Raum dimensionsloser Lebendigkeit.

Als die Zeit still stand, Malaysia 1680

Milchig dunstiges Morgenlicht lag über den fruchtbaren Kalksteinhügeln, die sich hinter den Buchten Selangors an der Straße von Malakka ins immergrüne Land der üppigen malaiischen Tropenlandschaft erstreckten so weit das Auge reichte. Wie ein dämpfender Schleier, unter dem sich die Hügel in sanftem Erwachen wiegten, lag der zart goldene Morgendunst über den Palmenhainen, Reisfeldern und den dahinter liegenden Mangrovenwäldern sowie dem undurchdringlichen Tropendschungel.

In einer Gruppe von Kampung Häusern, Holzhäuser auf Pfählen gebaut, unter einem grünen Baldachin von Kokospalmen und Papayabäumen regte sich frühmorgendliches Leben mit seiner traditionellen Melodie.

Hühner- und Entengeschnatter, Vogelgesang und Kinderlachen drangen durch die dünnen Reismatten, die die Türöffnung eines Schlafraumes bedeckten. Es war das größte, am besten ausgestattete Haus vom ganzen Kampung.

Unter einem dünnen, weichen Betttuch streckten sich räkelnd zartgliedrige, hellhäutige Arme dem neuen Morgen entgegen. Auf Silais Lippen erwachte ein zärtliches Lächeln.

„Noch ein Tag, nur noch ein Tag und eine Nacht", waren die ersten Gedanken, mit denen die Tochter des Penghulu, des mit Orden reich bedachten Vorstandes des Kampung, den Tag begrüßte. Schon stand sie mit nackten Fußsohlen auf dem Boden, streckte die Arme weit von sich, wirbelte in einem wilden Tanz mit durch die Luft fliegenden gewellten dunklen Haaren quer durch den Raum. Ihre Schritte trugen sie zur offenen Tür hinaus, hinunter auf den fein säuberlich gepflegten Hof. Tief erfüllte der Duft von roten und gelben Bunga Raya ihre Lungen. Die Hände hoch empor streckend, blickte sie auf zu den gelben Blüten des Frangipanibaumes. In hellen Klängen erhob sich ihre Stimme zu einer geheimnisvollen Tonfolge von Lauten. Ohne Text, nur Klang, schwingend aus einer Herzenstiefe und wortlos erzählend von Freude, Erwartung, tiefer Liebe und verschämtem Erregtsein. Ein intuitives Beschwörungslied, um die Gnade der Göttin zu erwecken.

„Schon bald, nur du und ich!" Sprühende Funken stiegen aus Silais

Herz. Silais Augen blickten auf zu den bunten Schmetterlingen, die um die saftigen Blätter des Frangipanibaumes tanzten.

Maya, die in ihrem Alter unbestimmbare ältere Dienerin, seit dem Tod von Silais Mutter mütterlich Sorgende und Vertraute Silais, trat würdevoll, aber mit streng missbilligendem Blick hinter Silai. Der kleine idyllische Hof, durch die blühenden Hecken, Blumen und Blütenbäume abgeschirmt, gehörte gewissermaßen zu den Privaträumen von Silai. Maya brachte einen Krug mit Wasser, das über Nacht mit zart duftenden Blüten aufbereitet worden war, und frische Tücher, damit Silai sich für den Tag frisch machen konnte. Während die Töchter der Raayat-Raayat, der gewöhnlichen Leute, mit bis zu den Knien geschürztem Sarong, auf den Reisfeldern Sämlinge setzend, sich stöhnend den Schweiß unter den breiten konischen Hüten von der Stirn wischten, legte die treue Dienerin wunderbar weiche Tücher sowie den bunt bestickten Sarong für Silai zurecht. Mit großer Sorgfalt achtete Maya darauf, dass jede Falte des eng anliegenden traditionellen Baju Kebaya Gewandes richtig zu liegen kam und Silais Figur gut betont wurde. Auch jede Strähne des dunklen, kräftigen Haares musste sorgfältig gebürstet und mit feinen Haarnadeln kunstvoll hochgesteckt werden.

„Nicht so wild, nicht so feurig, Töchterchen, ruhig, ruhig und gelassen sein, musst du endlich lernen“, murmelte sie ohne Unterlass. Silai hörte diese Worte, die sie durch all ihre Mädchenjahre ermahnend, ja missbilligend, doch voller Liebe begleitet hatten, nicht mehr wirklich. Es war für sie nur noch ein vertrauter Sing Sang, der zu Maya gehörte, genau wie die Falten in ihrem Gesicht. Zeitlos, beides.

Aber sie bemerkte, dass Mayas Hände heute so sehr zitterten, dass ihr gar die Haarnadeln leichte Stiche auf der Kopfhaut zufügten. Ein Umstand, den es nie zuvor gegeben hatte. Silai nahm zärtlich das Gesicht der mütterlich Vertrauten in ihre Hände. Stumm, aber lächelnd blickte sie der alten Dienerin in die Augen. In strenger Würde versuchte Maya, die Geste abzuwehren, es geziemte sich derartige Vertrautheit ja nicht, aber sie konnte sich der aufsteigenden Tränen nicht erwehren.

„Er ist doch wundervoll. Wir werden sehr, sehr glücklich sein, Maya. Und Vater erlaubt ja, dass du mit uns kommst. Freue dich mit mir!“ Silais Stimme war weich und zärtlich.

„Ja ja“, sagte Maya, „ich weiß, eine glänzende Zukunft liegt vor dir. Dein Vater gibt deine Hand in die Hand eines angesehenen Mannes. Du wirst alles haben, aber wir gehen weit weg. Weit weg ist immer ungewiss.“

Und obwohl Maya gegen den für Silai auserwählten Mann Sang Loi, der ja immerhin reiche Orden trug, keine Einwände vorbringen konnte, begegnete sie dem Orang Puteh, dem Weißen, der zwar im Land geboren, doch portugiesischer Abstammung war, doch mit gebührender Distanz. Immerhin war Silais Mutter, wie auch Maya selbst, eine Senoi, eine echte Mah Meri, also Abkömmling eines hellhäutigen Volksstammes, der in hohen Ehren stand, in dem es gar nicht üblich war, dass die Tochter dem Manne folgte. Musste doch nach altem Adat, nach altem Brauch, unbedingt der Mann in den Haushalt der Frau eintreten.

„Aber Maya! Weit weg? Ein paar Buchten weiter, ein paar Stunden mit der Dschunke! Das ist nicht weit und auch nicht ungewiss“, antwortete Silai belustigt und ließ das haselnussbraune Gesicht der Alten los.

„Aber Töchterchen darf nicht so feurig sein, nicht so wild, das bringt Unglück für eine junge Frau.“

Silai hörte der Alten nicht mehr zu. Ihr Herz und ihre Gedanken waren bereits voller Ungeduld und Sehnsucht bei dem Mann, den sie von Kind an kannte, von dem sie alles wusste, mit dem sie so oft schon vertraute Gespräche geführt hatte. Dem Mann, dem sie jedoch noch nie in

Abwesenheit einer beobachtenden Vertrauten hatte begegnen dürfen. Doch nun endlich war der Zeitpunkt so nahe. Morgen war der Tag, an dem die große brahmanische Zeremonie begann. Es würde ein prächtiges Fest werden, eine rauschende Feier. Sie und er würden verehrt werden vom ganzen Dorf, den Feldarbeitern und Fischern. Sie würden mit Geschenken reich bedacht werden von Leuten aus dem Dorf ebenso wie von den chinesischen und portugiesischen Händlern und den Freunden ihrer angesehenen Väter.

Sie würden ein wunderschönes Paar sein als „König und Königin für einen Tag".

Milchig dunstiges, die Hitze des Tages niederdrückendes Abendlicht legte seinen geheimnisvollen Schleier über den Kokospalmenhain, zu dem ein schmaler Fußweg vorbei an den überfluteten Reisfeldern hinter dem Kampung führte. Der kräftig gewachsene junge Mann ließ seinen Blick achtsam über die Felder hin zu dem Dorf schweifen. Nein, er konnte sie nicht sehen. Nun, sie würde wohl nicht mehr kommen. Aber mit einem Schmunzeln erinnerte er sich an das Aufblitzen in ihren Augen, als er ihr, inmitten all der geschäftigen Vorbereitungsaktivitäten, unbemerkt von Maya, der ihr nicht von der Seite weichenden mütterlichen Dienerin, den Vorschlag zu dieser geheimen Begegnung am Abend gemacht hatte.

„Nur du und ich?", hatte sie ihm keck und mit besagtem Aufblitzen in den Augen zugeflüstert. War es eine Frage oder war es eine Zustimmung gewesen? Er hatte jedenfalls gespürt, wie sein Blut in starke Wallung geriet. Flammende Hitze war in ihm hochgeschossen. Er musste sich gegen eine plötzlich ihn überfallende Scheu und Unsicherheit, die so gar nicht zu ihm passte, mühsam hinwegsetzen. Seine Erziehung war erstklassig gewesen. Er war bestens darauf vorbereitet worden, Amt und Würde eines Händlers für Bendahara, also für einen Minister im Balai des Sultans, zu übernehmen. Loi war von seinem Vater in die rechte Ausübung des Seehandels eingeführt worden. Er würde für den Bendahara Erfolg versprechende Geschäfte führen. Er war es gewohnt, im pulsierenden Basar am Hafen Seide, Brokat und Porzellan aus China, Holzschnitzereien und Edelsteine aus Indien und Burma einzukaufen, Gewürze, Reis, Zinn, Gold und Produkte des Dschungels aus dem Hinterland zu verkaufen. Fünf große Dschunken seines Vaters, nun auch drei Dschunken von Silais Vater, der auch Handel betrieb, und viele wendige Auslegerboote segelten an der Küste von Bucht zu Bucht, von Insel zu Insel, um die Waren zu verteilen. Loi war über den rechten Umgang mit den Notwendigkeiten des Lebens wie auch über den Umgang mit Frauen bestens unterrichtet. Es war für ihn selbstverständlich, dass er die schönste, die lieblichste, feinfühligste Frau bekommen sollte. Er und Silai waren sich von Jugend an vertraut.

Ein zarter Hauch, vielleicht nur eine Ahnung in seinem Rücken, veranlasste Sang Loi nun, sich rasch umzudrehen. Und da stand sie, etwa zehn Meter entfernt, in ihrem eng anliegenden, kunstvoll bestickten Baju Kebaya und lachte ihn an.

Er war verdutzt. Wie lange war sie wohl schon so hinter ihm gestanden? Etwas verlegen fuhr er sich mit der linken Hand durch sein volles, glattes, schwarzes Haar. Sein Blick erfasste ihre zarte, doch kernige Figur, die schlanke Taille und die weichen Konturen ihrer Brüste, das stolze Kinn, das korrekt hochgesteckte Haar und die Augen mit ihrem offenen Blick. Die Freude, der Übermut, die Vertrautheit und Wärme, die ihre Augen ausstrahlten, durchfluteten ihn gänzlich. Mit wenigen Schritten war er bei ihr, neigte sich, sodass sie meinte, er verneige sich höflich vor ihr, und fasste sie mit sicherem Griff unterhalb der Hüften und hob sie mit einem Ruck der Freude hoch. Erschrocken und verlegen zugleich getraute Silai sich nicht, ihn um die Schultern zu fassen, und ihr Oberkörper kippte hilflos nach vorne. Schon fühlte sie sein Gesicht und seinen heißen Atem zwischen ihren Brüsten. Mit einem kleinen Aufschrei griffen ihre Finger fest in seine Haare, schoben seinen Kopf weg und sie strampelte sich frei. Als er sie sicher auf dem Boden aufgesetzt hatte, senkten beide verlegen ihre Augen. Sie waren das erste Mal allein.

Auch Silai hatte eine ausgezeichnete Erziehung genossen. Nach der kleinen verlegenen Atempause streckte sie ihm beide Hände hin zum traditionellen Gruß. Nachdem ihre Fingerspitzen sich leicht berührt hatten, führte Loi seine Hände an sein Herz, Silai als Frau führte traditionellerweise ihre Fingerspitzen zunächst an ihre Lippen, dann die rechte Hand an die Brust, was bedeutete: „Ich küsse den Gruß, nehme ihn durch meinen Mund an und leite ihn zu meinem Herzen." Und sie schenkte ihm ihren offenen, durch und durch zärtlichen Blick mit einem bezaubernden Lächeln.

Nebeneinander schlenderten sie entlang des Kokospalmenhaines und waren sich ihrer so selbstverständlich anmutenden Vertrautheit im Umgang miteinander genau so wenig bewusst wie der Tiefe, die ihr Gespräch bald erreichte. Die Schönheit ihrer jungen Körper hob sich als Silhouette vom Abendrot ab. Loi erzählte von der Bucht, dem großen Hafen, dem vielfältigen Angebot im Basar, den vielen Überraschungen und auch ein wenig von fremden Sitten, die Silais neue Heimat für ihr gemeinsames Leben bereithielt. Und ihre Fragen galten dem großen Haus mit dem großen Gemüsegarten und dem prächtigen Blumengarten, in dem sie wohnen würden. Er, sie und die Kinder, die sie sich wünschten.

Mulai, ein alter beliebter Feldarbeiter ihres Vaters, stand kopfschüttelnd, von den beiden Liebenden unbemerkt im Schatten eines großen Melakabaumes. Sein neugieriger Blick folgte den beiden, bis sie hinter dem Hügel verschwanden. Auf seiner Stirn gruben sich tiefe Falten der

Sorge in seine von der Feldarbeit ausgedorrte Haut.

„Oh, Töchterchen, Töchterchen ist zu feurig. Gibt ein Unglück, gibt ein Unglück", raunte er vor sich her, als er etwas später die ärmlichc, von den übrigen Gehöften abseits liegende Hütte betrat. Eine Frau durfte doch nicht allein sein mit einem Mann vor der großen Zeremonie, schon gar nicht durften sie einander berühren, außer mit den Fingerspitzen.

„Was sagst du da?", fuhr seine Frau erschrocken auf.

„Töchterchen ist viel zu feurig und zu wild", wiederholte der Alte kopfschüttelnd. „Gibt ein Unglück, gibt ein Unglück!"

„Ach, wirst du wohl den Mund halten, du dummer Alter. Beschwör das Unglück nicht!", fuhr ihn da seine Frau so schroff mit strafendem Blick an, dass er erschrocken innehielt. Niemals in all den Jahren ihres langen gemeinsamen Zusammenlebens hatte sie sich erlaubt, ihm dermaßen zu widersprechen. Ganz erstaunt schaute er ihr nach, wie sie aufgeregt losrannte. Sie sammelte Kräuter, Blüten und Hölzer zu Ehren der großen Geister, um sie gnädig zu stimmen.

Aber die großen Geister waren nicht gnädig.

Die Tage der großen Zeremonie, ein rauschendes Fest für das ganze Dorf, gingen vorbei. Silai und Sang Loi wurden gemäß den alten Bräuchen drei Tage vor der Hochzeit die Haare ein wenig geschnitten. Sie wurden gebadet in Lemonenwasser, symbolisch gereinigt und ihre Fingernägel wurden mit Henna gefärbt. Am letzten Tag vor dem Bersanding, der eigentlichen Hochzeit, nahmen Braut und Bräutigam gemeinsam an den Ritualen und der Färbezeremonie teil. Alle alten animistischen Rituale, zu Ehren der Geister, mussten genau befolgt werden, damit beide „duftend" aufeinader zugehen konnten und ihr Blut „süß" werden konnte.

Prachtvoll gekleidet und geschmückt, erwartete Silai am Morgen des Bersanding erregt und glücklich ihren Bräutigam am Treppenaufgang des Kampung Hauses. Sie stand da, zusammen mit ihrem Vater, den Gästen und den Bediensteten, um ihn mit Rosenwasser und Safranreis willkommen zu heißen. Sang Loi, begleitet von seinem Vater, einigen seiner angesehenen Freunde und der Besatzung ihrer im Hafen liegenden Dschunken, war ebenfalls edel gekleidet wie ein Sultan, in pachtvollem Brokatsarong mit dem Kis, als Zeichen seiner Würde.

Glücklich erlebten sie zusammen ihren Ehrentag. Ihre Vertrautheit wuchs von Stunde zu Stunde, ihre Liebe strahlte, weit sichtbar für alle. Seine ausgeprägte Persönlichkeit und ihr etwas schüchterner, doch spürbar feuriger Charme sprühten Funken. Zunehmend entstand Spannung und das Knistern des Begehrens wuchs zwischen ihnen.

Der noch vor einigen Wochen gefürchtete Abschied vom vertrauten Sarung Leben, vom Vater, vom Haus und den Gärten war nun eingehüllt in die große Sehnsucht nach trautem Vereintsein mit dem Mann, den sie liebte. Der Abschied schien nicht mehr schwer.

Immer wieder an diesem Ehrentag tauschten Silai und Loi glückliche verliebte Blicke aus. Voller Zärtlichkeit schauten sie sich in die Augen, als die Stille der Nacht sie in ihrer ersten Umarmung umfing.

Am nächsten Morgen, als Silai und Loi einander glücklich wach geküsst hatten, schlichen sie leise und unbeobachtet durch den Hof. Sie liefen Hand in Hand über schmale Fußwege entlang des Palmenhaines zu einer kleinen geschützt liegenden Bucht. Schelmisch hatte Loi ihr diesen Vorschlag gemacht. Sie beschlossen, den restlichen Besuchern zu entgehen, wollten den Tag ganz allein gemeinsam verbringen. Hinter ihnen spendeten Mangobäume, Ölpalmen und Fächerpalmen wohltuenden Schatten, vor ihnen tat sich eine sanft geschwungene Bucht auf, die kräuselnden, glitzernden Wellen des Meeres zeichneten feine Linien in den weichen Sand.

Schweigend, immer noch Hand in Hand, blieben die beiden Verliebten stehen, schauten auf das Meer. Sie lauschten seinem ewig sich wiegenden Klang und blickten ihrer Zukunft entgegen.

Doch bald zog Loi Silai weiter. Er hatte eine Überraschung für sie. Schon vor ein paar Tagen hatte er seinen wendigen Einhandsegler vom Hafen in die Bucht gebracht. Erstaunt betrachtete Silai das kleine Segelboot. So ein Boot hatte sie noch nie gesehen. Sie kannte die großen Dschunken mit den Augen am Bug, mit zwei oder drei Masten, mit ihren Segeln aus geflochtenen Bambusmatten und dem großen Ruder hinten am Rumpf, das an Seilen hing und in Küstennähe hochgezogen werden konnte. Sie kannte die kleinen und wendigen Auslegerboote, die auch mit ein oder zwei Segeln aus geflochtenem Reisstroh ausgestattet waren. Sie kannte die Flöße und die Einbäume, die meist auch zwei seitliche Ausleger hatten und mit Paddeln vorwärts bewegt wurden. Sie dienten dazu, die Flüsse stromaufwärts zu befahren, weit hinein in den Regenwald. So ein Boot mit einem dreieckigen Segel an einer langen, gebogenen Stange mit so kurzem Mast hatte sie noch nicht gesehen, aber natürlich, gerne war sie zu einem kleinen Abenteuer bereit.

Wie eine Raayat-Raayat schürzte Silai lachend ihren Sarong bis über die Knie, watete durch das Wasser und kletterte, gestützt von Loi's Hand, in das Boot.

Sie fuhren hinaus aufs Meer. Loi steuerte eine kleine unbewohnte Insel an. Sie verbrachten einen himmlischen Tag zusammen, voller Freude, voller Lachen, Spiel und Zärtlichkeit. Sie waren eingehüllt in den Klang der Wellen und das Spiel der Liebe, glücklich und zeitlos.

Später konnte Loi nicht einmal richtig sagen, wie das Unglück wirklich passiert war. Als sie am Abend von der kleinen Insel zurücksegelten, ermunterte Loi in seinem lebensfreudigen Übermut Silai, das Boot zu steuern. Doch plötzlich war Wind aufgekommen, riss an dem Segel. Vielleicht waren es nur Sekunden zu spät, die entscheidend waren, vielleicht war es eine unaufhaltbare schicksalhafte Vorsehung. Der Windstoß hatte das Segel so plötzlich gedreht, der Ruck entriss Silai die Querstange, Loi bekam sie gerade noch zu fassen, doch Silai hatte durch den Stoß den Halt verloren und stürzte mit voller Wucht rücklings, schlug hart mit dem Kopf auf dem Heck auf.

Lois angsterfüllter Schrei konnte ihren Körper nicht auffangen. Mit einem dumpfen Schmerz legten sich die Schleier der Bewusstlosigkeit über sie.

Loi stürzte herbei, sah sie so leblos daliegen. Mit zitternder Zartheit legte er langsam und behutsam seine Hände unter ihren Kopf, fühlte ihr warmes Blut durch seine Finger rinnen. Fühlte die große, klaffende Wunde.

„Silai, Silai, wach auf!" Seine Stimme, anfangs laut, wurde an der Tatsache des völlig Unfassbaren immer leiser und zaghafter. In vollkommen hilfloser Bestürztheit zog Loi Silais schlaffen Körper fest an sich.

„Silai", er legte sein Ohr an ihre Brust, fühlte ihren Herzschlag schwach, hörte ihren Atem kaum noch.

„Silai, wach auf, wach auf", seine Stimme wurde heiser und gebrochen. Heiße Tränen rannen über seine Wangen.

Für wenige kurze Augenblicke wichen die Schleier der Bewusstlosigkeit von Silai. Sie öffnete die Augen, schaute mit ungläubigem Blick in das angstverzerrte, tränennasse Gesicht ihres geliebten Mannes. Sie wollte sprechen. Sie konnte nicht erfassen, was geschehen war. Wie gebannt schaute sie in sein Gesicht. Zärtliche Liebe strömte aus ihren Augen.

„Silai, geh nicht von mir, Silai, nein", stammelte Loi über ihr.

Sie fühlte so große Zärtlichkeit für dieses Gesicht, konnte den Grund des Schreckens und der Angst in ihm nicht erfassen. Sie wusste nicht, was die Kälte bedeutete, die nun langsam durch ihren Körper kroch. Leise, mit einem sanften, zärtlichen Lächeln um die Augen flüsterte sie ihm zu: „Du Liebster du, wohin sollte ich gehen ohne dich?“

Loi presste sein Gesicht für Sekunden auf ihren Busen, er fühlte das warme Blut durch seine Finger laufen: „Nein, das darf nicht sein.“

Die Zärtlichkeit in ihren Augen suchte noch einmal seinen Blick.

„Du und ich, das ist ewig.“

Nein, er konnte diese Augen nicht verlöschen sehen. Unter Schluchzen vergrub er sein Gesicht nun ganz an ihrer Brust.

Er hielt sie, er wiegte sie, er drückte sie zärtlich an sich und fühlte, wie ganz langsam, doch unaufhaltsam das Leben aus ihr wich.

Loi konnte das Unvorstellbare nicht begreifen. Konnte nicht verstehen, dass sie hier in seinen Armen starb. Sie starb in seinen Händen, in denen sie hätte leben sollen, glücklich werden sollen. In Händen, aus denen sie alle Liebe und Zärtlichkeit der Welt hätte empfangen sollen. Er konnte nicht verstehen, dass ihr Sterben Abschied bedeutete, Abschied von etwas Wundervollem, das noch gar nicht richtig begonnen hatte. Mit ihrem Sterben starb etwas auch in ihm. Er fühlte, wie eine große Leere nach ihm griff. Eine Leere, die Angst und Schrecken einfach verschluckte. Eine Leere, in der nichts Platz hatte, kein Gedanke, kein Gefühl. Eine Leere, schwer wie ein Sog. Das Einzige, was in ihm widerhallte, waren ihre leisen letzten Worte:

„Du und ich, das ist ewig.“

Diese Worte wurden zum Anker in seiner Seele. Koppelten sein Leben an den Sog der dunklen Hoffnungslosigkeit, die sein Wesen überschwemmte. Auf diesem gespenstisch stillen Boot, das im Abendlicht nahe der kleinen Bucht dümpelte, starb die Liebe in ihm, erdrückt von schwarzer Trauer. Sein Stolz, seine Tatkraft, sein Ehrgeiz, sein Leben, seine Liebe, seine Hoffnungen und seine Kinder, die er mit ihr hatte zeugen wollen, alles versank.

Der erste dumpfe Gedanke, der es verstand, in die widerhallende Leere des Du und Ich zwischen Silai und Loi einzudringen, war der Gedanke: „Ich bin schuld."

„Ich bin schuld", sagte er mit vollkommen veränderter Stimme, „ich bin schuld an ihrem Tod." Und wie ein Anker senkten sich neben den Worten - *du und ich, das ist ewig* - die Worte - *ich bin schuld* - tief in seine Seele. Wurzeln der Schuld.

Ich und du, das ist ewig. Und: *Ich bin schuld* wurden gemeinsam verankert, ja gekoppelt an die hoffnungslose große Leere. Eine Leere ganz tief im Innersten seiner Seele, da wo die große Liebe noch vor so kurzer Zeit ihren hoffnungsfrohen und lebensbejahenden Zukunftsraum gehabt hatte. Wie ein dunkler, drohender Riegel, der die Tür zum Glück für immer verschloss.

Als die Trauerfeierlichkeiten vorbei waren, ging Sang Loi noch einmal zum Kokospalmenhain, an jenen Platz, wo Silai und er sich erstmals begegnet waren. Verloren glitt sein Blick über die Hügel. Keiner aus Silais Familie, von den Bediensteten oder Dorfbewohnern hatte gewagt, ihm einen Vorwurf zu machen. Auch Silais Vater nicht, doch er wich ihm aus, konnte Loi nicht in die Augen sehen. Apathisch hatte Loi sich bewegt, hatte getan, was getan werden musste, ohne Worte, stumm und verschlossen. Natürlich wurde über das Unglück mit dem fremdländischen Segel geredet, aber keiner gab ihm ernsthaft die Schuld an dem traurigen Unglück, das ja ihn selbst am härtesten getroffen hatte. Keiner gab ihm die Schuld, nur er selbst tat es. Der Gedanke, ich bin schuld, dass sie sterben musste, ich bin schuld, dass wir das Schönste nicht miteinander erleben durften, hatte sich in ihm festgebohrt. Dieser Gedanke wurde zum Felsen, zum einzigen Felsen, wie er glaubte, auf dem er überhaupt noch Halt finden konnte. Ein Felsen, der den Schmerz begrub, ein Felsen, der jede Vorstellung an eine sich erfüllende Liebe begrub, ja ein Felsen, der die Liebe selbst begrub.

Schützende Schleier

Lisa erwachte spät am nächsten Morgen. Sie fühlte sich wie gerädert, so als hätte sie eine unglaublich beschwerliche Reise hinter sich. Benommen hob sie den Kopf. Sie begann sich nun dunkel zu erinnern, dass sie ja zu Besuch bei ihrer Freundin in Wien war. Reglos blieb sie unter der Bettdecke liegen und sammelte die Bruchstücke an Erinnerungen an den vergangenen Tag im Kopf zusammen. Die Party, Madame Mona, Christiane und Tommy. Traumbilder aus einem fernen Land und einer fernen Zeit. Was hatte sie da geträumt?

Sie schaute zu Christianes Bett hinüber. Es war leer. Die Chintzvorhänge waren noch zugezogen, mattes Morgenlicht lag im Raum und hielt den Atem der Nacht noch umfangen. Lisa hörte Stimmen. Nach einiger Zeit fasste sie den Entschluss aufzustehen, schlug die Decke zurück, stellte die Zehen auf den Boden. Die unbewusste Traumreise der Nacht hatte klebrige Spuren um ihre Augen gezogen. Mit den Zeigefingern beider Hände rieb Lisa sich die Augen, begleitet von einem tiefen Gähnen. Ihr war nach Wasser, Frische und Zähneputzen zumute. Mit wenigen Schritten durchquerte sie den Raum und den schmalen Flur in Richtung Badezimmer. Zu ihrer Verwunderung sah sie Rolf im Bad. Er hockte auf dem geschlossenen Klodeckel. Christiane kauerte spärlich bekleidet vor der Dusche am Boden. Ihr Gesicht war mit Tränen verschmiert, die Reste des Make-ups vom

Vortag zogen dunkle Spuren über ihre Wangen.

„Du spinnst, du bist total verrückt", schluchzte sie gerade laut.

„Entschuldigung", murmelte Lisa, aber die beiden hatten sie gar nicht bemerkt. Erstaunlich, dachte Lisa bei sich, die Eifersuchtsmasche schien tatsächlich gewirkt zu haben. Und das Groteske an der Situation ihrer Freundin wurde ihr mit einem Mal bewusst. Rolf, die Aussage Monas, sie würden heiraten, der heiße Sex mit Tommy und nun diese Badezimmerszene. Lisa ging in die Küche, öffnete das Fenster, um die sonntägliche frühlingswarme Vormittagsluft hereinzulassen. Gelassen stand der große Rosskastinenbaum im Hof und streckte seine dicken, noch blätterlosen Zweige in den Himmel. Lisa setzte die Kaffeemaschine in Gang. Ihre Ehe hatte traumhaft schön begonnen und war in einem traurigen Chaos versunken. Die beiden begannen chaotisch, vielleicht würde ihre Ehe eine erfüllte Ehe werden. Nachdenklich schaute Lisa nochmals beim Küchenfenster hinaus. Auf der Dachrinne des Nachbarhauses saß eine gurrende Taube. Die Balkone im Hinterhof waren voll geräumt mit Kisten und Flaschen. Auf einigen befanden sich Ständer mit bunter Wäsche. Unten im Hof spielte ein kleiner Junge mit einem Ball. Die dumpfen Aufschläge des Balls schienen einen Mann zu stören, der mit einer alt klingenden Stimme rief: „Wirst du wohl aufhören an einem Sonntag so einen Lärm zu machen!"

Für eine Weile verstummten die dumpfen Aufschläge, doch bald schon waren sie wieder zu hören. Kinder in der Großstadt brauchen ein dickes Fell und viel Widerstandskraft, um ihren Lebensraum zu verteidigen. Sie löste sich vom Fenster, öffnete den Kühlschrank, nahm Butter, Käse und Milch heraus. Dann deckte sie den Tisch für Drei.

Begegnung

In den nächsten Wochen ertappte sich Lisa immer wieder bei dem Gedanken an die große Liebe. Sollte es ihn wirklich geben, ihn, den einen, den Wahren? Wie würde er sein? Älter, jünger, welchen Beruf würde er haben? Welchen Klang in der Stimme? Wie würde sich seine Umarmung anfühlen? Die Stunden in ihrem kleinen Wäschegeschäft waren oft lange. Die Kunden kamen und gingen. Sie hatte Zeit genug zum Träumen. Doch in dem Moment, da er kam, sie ihm das erste Mal begegnete, war sie doch völlig überrascht und unvorbereitet.

Alexander hatte sie eingeladen. Sommertheater, eine Aufführung im Freien, in Graz in den Kasematten am Schlossberg. Lisa, die in Graz zur Schule gegangen und durch ihren ersten Mann nach Salzburg gekommen war, freute sich sehr auf ein verlängertes Wochenende in der alten Heimat. Sie freute sich auf die altvertraute Stadt, ihre Familie und die Freiluftaufführung. Hoffentlich würde das Wetter halten. Das Wetter hielt. Es war eine wunderbare Aufführung an einem lauen Abend. La Traviata, die vom rechten Weg Abgewichene. Das Schicksal einer Frau, die sich in einer Welt bewegt, wo Liebe konsumiert wird. Das Schicksal einer Frau, in der unvorbereitet echte, tiefe Herzensliebe erwacht und von der verlangt wird, den Geliebten zu opfern, um seine „Familienehre" zu retten. Die Kulisse des Schlossberges, die Spiele des Lichtes, die Schwingung der Stadt, eine Stimmung, prickelnd, angeregt und angenehm. Lisa war bester Laune. Alexander hatte eine Menge Freunde zu begrüßen. So entschuldigte er sich in der Pause. Lisa ging mit beschwingten Schritten auf das Buffet zu, ebenso beschwingt mit einem Glas Sekt in der Hand wieder zurück auf ihren Platz.

„Hallo, ich bin Viktor Grohmann!“ Ein großer dunkelhaariger Mann trat neben sie hin, streckte ihr mit den Worten: „Wunderschön, wie du gehst und dich bewegst“, die Hand zum Gruß entgegen und fügte hinzu: „Darf ich? Lisa?“ Seine Stimme klang warm. Ein amüsierter Unterton schwang in ihr. Er setzte sich neben Lisa auf Alexanders Platz. Vollkommen verdutzt starrte Lisa ihn an.

„Äh, kennen wir uns?“

„Nein, aber ich habe mich dir ja gerade vorgestellt, Viktor Grohmann!“

Lisa trank erst einmal einen Schluck aus ihrem Glas. Da saß dieser wildfremde Kerl, machte ihr ein Kompliment, duzte sie einfach und kannte ihren Namen. Sie war verunsichert.

„Ich habe Alexander getroffen. Er sagte, ich solle mich ein bisschen um dich kümmern. Alexander und ich kennen uns.“

Aha, jetzt erhellte sich die Situation, doch Lisa wusste noch immer keine rechte Antwort.

„Na ja, und das wollen Sie jetzt tun?“, sagte sie, um endlich irgendetwas zu sagen. Sie schaute ihn von der Seite an. Kräftige Statur, um einiges älter als sie selbst, angenehmes Gesicht, angenehme Stimme, aber ziemlich frech. Das waren so ihre ersten Eindrücke.

„Ja, das will ich tun“, sagte er und ignorierte, dass sie ihn mit Sie angesprochen hatte. „Erzähl mir von dir, Lisa. Alexander sagte mir, du wohnst in Salzburg?“

Dankbar über die Brücke, die er ihr baute, begann sie nun eine zwanglose Kommunikation zu führen. Ihn zu duzen, wurde ihr selbstverständlich. Die Pause war viel zu schnell vorbeigegangen.

„Wartet hier“, sagte Viktor, „ich komme nach der Vorstellung vorbei.“ Er klopfte Alexander dabei freundschaftlich auf die Schulter. Lisa schaute ihm nach, wie er mit schlenkernden Armen und hängenden Schultern zurück an seinen Platz auf der anderen Seite ging.

„Ein Freund von dir, Alexander?“

„Freund ist zu viel gesagt, aber wir kennen uns aus meiner Wiener Zeit. Neulich im Städteschnellzug kamen wir im gleichen Abteil zu sitzen und haben geplaudert“, raunte ihr Alexander zu. Lisa konnte ihn nicht weiter ausfragen, da hinter ihnen bereits zischende Laute hörbar wurden, die ihnen befahlen, ruhig zu sein. Die Aufführung hatte wieder begonnen. Viktor kam am Ende der Aufführung wie versprochen auf Lisa und Alexander zu.

„Was haltet ihr von einem Altstadtbummel?“

Alexander hatte etwas anderes vor.

„Spaziert ihr beide durch die Stadt“, ermutigte er Lisa neckisch, „wie sagt Dumas so schön in seinem Roman: Die Liebe macht den Menschen besser, von welcher Seite sie auch kommen mag!“

Viktor lachte schallend. Wieder klopfte er Alexander auf die Schulter, nahm Lisa an der Hand und zog sie mit sich. Es war ein wunderbarer warmer Juniabend. Die Fußgängerzone von Graz mit all ihren nächtlichen Reizen, pulsierendes Leben ringsum nahm die beiden Menschen auf.

„Und du bist beim Theater? Schauspieler?“, fragte sie.

„Ja, als solcher habe ich begonnen. Doch jetzt übernehme ich nur noch selten eine Rolle, ich mache Dramaturgie.“ Sie begannen sich über seine Arbeit zu unterhalten.

„Pass auf!“, warnte sie Viktor plötzlich. Hinter ihnen klingelte eine Straßenbahn. Er zog Lisa auf die andere Seite, sodass sie geschützt am Gehsteig neben ihm gehen konnte, und bot ihr seinen Arm an. Als der Glockenspielplatz mit seinem regen Ambiente, den voll besetzten Tischen auf der Straße, den Klängen und Düften sich vor ihnen auftat, fragte Viktor: „Was hältst du von einer Kleinigkeit zum Essen? Hm?" Und ohne ihre Antwort abzuwarten, zog er sie schnell durch die engen Sesselreihen hindurch, denn in einer gemütlich aussehenden Ecke wurde gerade ein Tisch frei. Schnuppernd hob sie ihre Nase in die Luft. Es roch nach Cevapcici, Kotelette und Knoblauch.

„Was trinkst du, Lisa?", fragte Viktor. Er nahm von der Kellnerin die Speisekarte entgegen.

„Einen weißen Spritzer", antwortete sie, in die kulinarische Auswahl vertieft. Später, als sie beide die Teller von sich geschoben hatten, Lisa hatte mit großem Genuss ihren Salatteller mit gegrillten Hühnerbruststreifen geleert, Viktor hatte sich mit Appetit seinem Bauernsalat mit Erdäpfeln, Käferbohnen, Rindfleisch und Kernöl gewidmet, bestellte er für Lisa und sich noch zwei Spritzer. Dann fragte er: „Ist das eigentlich was Ernstes zwischen dir und Alexander?"

Lisa entging nicht, dass er sie dabei aufmerksam anschaute.

„Nein, es ist nicht wirklich ernst", sagte sie, „wir sind beide geschieden. Wir trösten einander von Zeit zu Zeit."

„Mit allem, was dazugehört?" Sein Ton wurde neckisch. Herausfordernd schaute Lisa ihn an. „Ja, mit allem, was so zwischen Mann und Frau dazugehört."

Die Antwort schien ihn zu befriedigen. Sie schwiegen.

„Und du?", fragte Lisa nach einer Weile, „verheiratet, verliebt, verlobt, geschieden?"

„Zum zweiten Mal verheiratet", sagte er.

„Glücklich verheiratet?", fragte Lisa. Der etwas bange Ton in ihrer Stimme war ihr gar nicht recht.

„Glücklich? Was ist das? Weißt du, was das ist, Lisa?" Er neigte sich vor, schaute ihr tief in die Augen. Etwas verlegen senkte Lisa den Blick.

Als sie nicht antwortete, erklärte er: „Ich weiß nicht einmal, wo Ana jetzt ist, geschweige denn, ob oder wann sie wiederkommt."

„Sie heißt Anna, wie meine Schwester!", sagte Lisa. „Habt ihr Kinder?"

„Sie heißt Ana, mit einem N, sie ist Rumänin. Kinder haben wir keine." Sein Ton war ungeduldig und etwas schroff geworden. Lisa spürte, dass er über seine Familienverhältnisse nicht weiter mit ihr reden wollte. Sie schwieg. Eigenartig, eben waren sie sich noch so vertraut gewesen. Jetzt fühlte sie eine kühle Wand zwischen ihnen.

„Es wird langsam Zeit, dass ich ins Bett komme", sagte sie daher.

Doch Viktor rückte seinen Sessel so nahe wie möglich an sie heran, legte kameradschaftlich und wärmend seinen Arm um ihre Schultern: „Na komm", sagte er, „erzähl noch ein bisschen von dir. Der Familienkram ist ja wirklich nicht interessant, oder? Aber ich hör dir gerne zu."

Lisa ließ es geschehen. Sie fühlte sich sehr wohl in seiner Nähe. Mitternacht war lange vorbei, als sie vor ihrem Auto standen.

„Wo musst du jetzt hin?", fragte er sie.

„Ach, nicht weit, nur nach St. Peter. Mein Vater und meine Schwester wohnen da."

„Es war ein schöner Abend", betonte Viktor, „und ich freue mich auf Salzburg mit dir."

Bereits nach einigen Tagen meldete sich Viktor bei Lisa in Salzburg. Sie vereinbarten ein Rendezvous. Als Lisa mit prüfendem Blick vor ihrem Kleiderschrank stand, kam noch einmal der Ärger über das verlorene Kostüm in ihr hoch. Es hätte jetzt gut gepasst. Schließlich entschied sie sich für einen knöchellangen schwingenden weißen Krepprock mit einem Gummigürtel in der Taille und eine zart geblümte Bluse. Sie föhnte ihre Haare, lackierte sich ihre Nägel, zog aufmerksam die Konturen ihrer Lippen nach, bevor sie Lippenstift auftrug, und betupfte sich mit ihrem Hermes Lieblingsparfum. Im Vorraum schwankte sie noch zwischen Pumps mit hohen Absätzen und flachen Schuhen. Sie entschied sich für die ihr lieberen flachen Schuhe, mit ihnen konnte sie sich freier, beschwingter und sicherer bewegen als mit den hochhackigen Stöckelschuhen, die dem Fuß die Schwingung nahmen. Prompt begrüßte sie Viktor wieder mit dem gleichen Kompliment.

„Wunderschön anzuschauen, wie du dich bewegst. Dein Schritt hat wirklich Klasse." Mit offenen Armen stand er da, vor dem Dom, den er als praktischen Treffpunkt vorgeschlagen hatte. Er umarmte sie. Es fühlte sich für Lisa ganz selbstverständlich an, dass er ihr nun zur Begrüßung einen Kuss auf den Mund drückte. Hand in Hand begannen die beiden ihren Nachmittagsbummel durch Salzburg. Aber es war nicht die Stadt, die sie interessierte. Sie waren ganz offensichtlich aneinander interessiert. Und das sogar sehr. Lisa fühlte, wie dieser Mann, der erste in ihrem Leben, der wirklich um etliche Jahre älter war als sie, sie mehr und mehr mit seiner Wärme umgab. Die Unterhaltung tat ihr wohl. Sie fühlte sich geistig wie körperlich sehr zu ihm hingezogen. So schmiegte sie sich zärtlich an ihn, als er den Arm um ihre Taille legte.

„Lass uns doch zu dir gehen", sagte Viktor am Abend, nachdem sie in einem kleinen Restaurant gemütlich gegessen hatten. Eine plötzliche Angst schnürte Lisa die Kehle zu.

„Nein, das geht nicht."

„Warum nicht?"

„Weil, weil du verheiratet bist."

„Ach Lisa, komm schon. Tröstest du halt zur Abwechslung einen verlassenen Ehemann statt einen Geschiedenen", scherzte Viktor.

„Nein, das ist was anderes", sagte Lisa.

„Wirst du jetzt tatsächlich moralisch?" Viktor lachte amüsiert und gab ihr mit seinem Fuß unter dem Tisch einen Schubs. Wie vertraut wir doch sind, dachte Lisa, laut sagte sie aber: „Ich kenne dich ja gar nicht. Ich treffe dich heute das zweite Mal."

„Wie oft müssen wir durch Salzburg spazieren? Dreimal, viermal, zehnmal, bis du mich erhörst?" Er schaute sie von der Seite an, gewann dann aber seinen charmanten, herzlichen Ton zurück und sagte: „Lisa, du und ich, wir haben uns doch viel zu geben."

In Lisa flackerte ein ängstliches Feuer. Einerseits fühlte sie sich sehr stark hingezogen zu ihm, hätte nichts lieber getan, als sich eng an ihn zu lehnen, andererseits war diese komische Angst, für die es eigentlich keinen Grund gab. Nervös drehten ihre Finger das leere Weinglas herum.

„Hm?" Zärtlich strich ihr Viktor eine Haarsträhne aus dem angespannten Gesicht.

„Du und ich", sagte er nochmals und nahm ihre Hand in die seine, „wovor hast du Angst?"

„Ich weiß eigentlich nicht, wovor ich Angst habe", antwortete Lisa ehrlich, „aber ich habe Angst. Weißt du, ich wünsche doch sehr eine eigene Familie, Kinder, eine innige Beziehung. Du bist verheiratet!" Es klang wie ein Vorwurf. Enttäuscht ließ er ihre Hand los. Er wollte sich abwenden. Aber Lisa griff seiner Hand nach, hielt sie fest, streichelte sie mit der zweiten Hand zärtlich. Sein Körper entspannte sich, er schaute ihr ins Gesicht. Sie entdeckte eine ganz tiefe Traurigkeit in seinen Augen. Er wurde verlegen. Um das zu verbergen, raffte er sich auf, zeigte ihr ein überlegenes Lächeln und sagte: „Na, muss ich mich wohl vor dir hinknien, damit du mich erhörst?" Und mit einem Ruck schob er den kleinen Tisch für Zwei beiseite und machte tatsächlich Anstalten, mit theatralischer Geste vor ihr auf die Knie zu sinken. Er küsste ihr dabei die Hand. Erschrocken wehrte Lisa ab. Die anderen Gäste im Lokal schauten erst irritiert, dann belustigt zu den beiden hin.

„Hör doch auf!“, lachte Lisa, „du Schauspieler du!“ Sie sprang auf, zog ihn zu sich und legte für einen Moment ihren Kopf an seine Schulter.

„Also komm“, sagte sie.

Als Viktor Grohmann am nächsten Abend mit der Bahn zurück nach Wien fuhr, musste er schmunzelnd immer wieder von seiner Lektüre aufblicken. Er legte sie schließlich vollkommen zur Seite. Mit ihm im Abteil reiste ein älteres Ehepaar, damit beschäftigt, von ihren Fensterplätzen aus die abendliche Landschaft zu betrachten, und sich darüber unterhaltend, was sich im Laufe der letzten Jahre entlang der Westbahnstrecke verändert hatte. Viktor hatte den Sitz neben der Tür mit dem Rücken zur Fahrtrichtung gewählt. Er ließ noch einmal die Stunden mit Lisa Revue passieren. Eine nette Biene, dachte er. Ein bisschen scheu, doch recht temperamentvoll, durchaus nach seinem Geschmack. Doch so, wie sie ihn umarmt hatte, wusste er auch, dass er aufpassen musste, denn auf etwas Verbindliches wollte er sich natürlich nicht einlassen. Seine erste Ehe war Enttäuschung genug gewesen. Er hatte sich geschworen, nur noch die angenehme Seite der Frauen in sein Leben zu nehmen. So hatte er sich mit der oberflächlichen Entwicklung in seiner zweiten Ehe auch abgefunden.

Vorsichtshalber hatte er Lisa beim Abschied gesagt, dass er sehr beschäftigt sei, beruflich viel unterwegs, und gab damit zu verstehen, dass sie sich eher selten sehen würden. Lisa hatte ihn nur mit großen Augen angeschaut. Es war ihm etwas unangenehm gewesen. Viktor war die Erinnerung daran nun auch unangenehm. Nervös rückte er auf seinem Platz umher. Ob es wohl einen Speisewagen gab? Er wollte unbedingt aufstehen, machte sich auf die Suche nach dem Speisewagen, wusste aber dann nicht so recht, was er eigentlich konsumieren sollte. Er bestellte sich daher nur ein Mineralwasser, von dem er aber auch nur die Hälfte trank.

Bald kehrte er zu seinem Platz zurück. Er nahm sich vor, Lisa doch noch gleich anzurufen, sobald er zu Hause war. Schließlich war sie wirklich sehr nett gewesen, diese Kleine. Und mit Hinblick darauf, dass er sich in den nächsten Monaten oft in Salzburg aufhalten würde, stand doch eine große Inszenierung am Landestheater bevor, würde er sich doch öfter mit ihr treffen können. Warum nicht!

Lisa und Viktor verbrachten wunderbare Wochen. Sie hatten zwar nicht sehr viel Zeit füreinander, denn Lisa hatte ihr Geschäft, Viktor sein Theater. Doch Lisa wurde ihm bald so vertraut, dass er sie ins Theater mitnahm und seinen Freunden vorstellte.

„Viktor, Viktor, was wird Ana dazu sagen, wenn sie zurückkommt?“, fragte ihn Elisabeth Bering eines Tages in der Cafeteria und zog ihn nekkisch am Ohr. Er und Elisabeth waren langjährige Kollegen, gute Kameraden.

„Weißt du, ich habe eure kleine Begrüßungsszene gestern vorm Theater gesehen“, sagte sie und zog wissend die Augenbrauen hoch. Ihre Augen funkelten. Sie suchte mit kleinen, schelmischen Blitzen seinen direkten Blickkontakt. Viktor neigte seinen Kopf ein wenig zur Seite, doch seine Kollegin ließ ihre Finger von seinem Ohr zu seinem Kinn gleiten, dabei drehte sie seinen Kopf zu sich.

Viktor lachte: „Aha, Spionin? Was hast du gesehen?“ Dabei wurde ihm bei der Erinnerung an den gestrigen Tag und die darauf folgende Nacht auch jetzt noch warm.

„Das war schon sehr, sehr verliebt“, antwortete Elisabeth mit besonderer Betonung. Sie neigte dabei ihren Kopf wiegend hin und her.

Er hatte sich mit Lisa vor dem Theater verabredet gehabt. Als er sie so unschuldig und voller Liebe auf ihn wartend dastehen sah, hatte er plötzlich eine ganz große Freude in sich gefühlt. Auch Lisa hatte das wahrgenommen. Meist war er noch ganz in Gedanken an seine Arbeit zu ihr gekommen. Es hatte oft eine Stunde und länger gebraucht, bis seine Aufmerksamkeit wirklich bei Lisa war. Doch dieses Mal hatte er schon von Weitem voller Freude zu ihr hingeschaut. Ein paar Schritte vor ihr, mit der linken Hand eine Haarsträhne zurückstreichend, hatte er sich dann plötzlich geduckt, Lisa an den Oberschenkeln gefasst, sie kerzengerade hochgestemmt und sein Gesicht gegen ihren Busen gedrückt. Lisa war überrascht und erschrocken. Lachend hatte sie sich dann an seinem Haar festgehalten. Er hatte sie langsam an seinem Körper herunterrutschen lassen und sie hatten sich innig geküsst.

„So ein erotisches Geschmuse in aller Öffentlichkeit! O Viktor, Viktor!“ Elisabeth ließ Viktors Kinn los, gab aber ihrem Kollegen noch einen Schubs mit dem Ellenbogen gegen die Rippen und eilte dann mit einem Blick auf ihre Armbanduhr eilig davon. Am Gang vor der Cafeteria kam ihr Rudolf entgegen.

„Elisabeth, wo bleibst du? Wir warten schon alle“, murrte er ungeduldig.

„Ach, ich hab mich mit Viktor verplaudert. Der ist wirklich verliebt.“

„Ja, Viktor und seine Bienen! Aber das geht ja schnell wieder vorbei, wie wir wissen“, Rudolfs Ton war abwertend. Jeder im Theater wusste, dass die Situation zwischen Viktor und Rudolf sehr gespannt war.

„Diesmal scheint es was Ernstes zu sein“, sagte Elisabeth, „die Wäscheverkäuferin erobert sein Herz. Das hat noch keine geschafft.“

„Sein Herz? Dass ich nicht lache! Hat er überhaupt eines?“ Rudolf schüttelte den Kopf, „nein, warte nur, bis die erste Begeisterung vorbei ist, dann lässt er diese Frau stehen. Es wird ihn nicht kümmern, was er in ihrem Leben angerichtet hat. Er ist kalt wie ein Eiszapfen.“

„Na komm, Rudolf, so schlecht ist er auch nicht. Ich weiß eigentlich nicht, warum du ihn so gar nicht magst. Deine Beziehungen endeten auch nicht alle in Frieden.“ Elisabeth ging schnell voran durch die Tür, die Rudolf ihr aufhielt, die wartenden Kollegen blickten sie ungeduldig an. Sie mussten ihre Unterhaltung beenden.

Währenddessen hatte sich Viktor noch einen kleinen Mokka bestellt. Seine Gedanken waren bei Lisa. Er hatte ihr gesagt, dass es spät werden könne, denn die Proben dauerten länger. Lisa hatte gelächelt und ihm den Wohnungsschlüssel in die Tasche gesteckt. Viktor griff nach dem Schlüsselbund in seiner Tasche, drehte ihn in seinen Fingern. Er schüttelte den Kopf und lächelte. Lisa, Lisa, was machst du mit mir?

Als Viktor an jenem Abend Lisas Wohnungstür aufsperrte und in den kleinen Flur mit der blau und weiß gestreiften Tapete eintrat, empfing ihn sanftes Kerzenlicht. Der Duft frischer Rosen, die Lisa auf der Kommode arrangiert hatte, und leise beruhigende Musik umfingen ihn. Wohl Ö 3, Musik zum Träumen, dachte er. Der Taxifahrer hatte denselben Sender eingeschaltet gehabt. Für einen Moment blieb Viktor reglos stehen, mit einem tiefen Seufzer atmete er die Anspannung des Tages aus, zog dann Schuhe und Jackett aus.

„Hallo Lisa! Wo steckst du denn?“

Er fand Lisa in der Badewanne unter einem großen Schaumberg. Sie sagte nichts, sie schaute ihn nur aus ihren großen Augen zärtlich und willkommen heißend an. Viktor lächelte sein herzliches Lächeln, das sie an ihm bereits so sehr liebte, gab ihr einen Kuss auf die Stirn und setzte sich zu ihr auf den Wannenrand. Mit einer Hand schubste er kleine Schaumberge und Wellen gegen Lisas Busen und Hals, ohne sie aber dabei zu berühren.

„Wie war dein Tag?“, fragte Lisa.

„Bin froh, dass ich da bin“, seufzte Viktor. Lisa merkte ihm Müdigkeit an. Er hatte anstrengende Arbeitsstunden hinter sich .

„Wie war dein Tag?“

„Ach, das Übliche“, entgegnete sie. „Geschäft! Erzähle du von deinem Tag, Viktor, das ist interessanter.“

Viktor war nicht nach Erzählen. Seine Fingerspitzen tauchten tiefer in den Schaumberg und er zog nun sanfte Konturen über Lisas Haut. Er fühlte, wie die Spannung in Lisas Körper wuchs. Er beobachtete jede ihrer Regungen in ihren Augen und in ihrem Gesicht. Es war schön, ihre Sinnlichkeit und ihr wachsendes Begehren mehr und mehr zu wecken. Er bemerkte, dass eigentlich sie es war, die seine Hände führte, in einem langsamen, zarten, erotischen Spiel. Viktor hatte mit vielen Frauen geschlafen. Doch noch keine Frau hatte sich ihm so hingegeben. So einfühlsam, so bereit, so selbstverständlich. Es machte ihn fast ein wenig unsicher und verlegen. Er griff daher nach dem großen, flauschigen Badetuch und breitete es aus.

„Komm raus, Lisa.“ Voll und warm klang seine Stimme. Lisa strich sich den Schaum ein wenig ab und stieg aus der Wanne. Zärtlich umhüllten sie das Handtuch und Viktors Arme. Sie legte ihren Kopf an seine Schulter und schmiegte sich eng an ihn.

„Ich liebe dich“, sagte sie leise und zärtlich. „Oh, wie tut das gut, so gehalten und umarmt zu werden.“

„Kann Madame noch so lange warten, bis ich geduscht bin?“ Viktor rang ein wenig nach Luft. So ganz wollte er sich nicht eingestehen, wie tief Lisas Hingabe und Zärtlichkeit ihn berührten. Lisa spürte seine Fassaden. In heiterem Ton sagte sie:

„Madame kann. Und Madame kann dir auch noch einen Martini aufgespritzt aus der Küche bringen, wenn du magst.“

„Ja gerne“, ein Martini mit viel Soda ohne Eis war sein Lieblingsgetränk. Als Viktor fertig geduscht hatte und mit dem Handtuch um die Hüfte geschlungen ins Schlafzimmer kam, saß Lisa im Schneidersitz mitten auf ihrem Bett. Die Bettdecke über Beine und Bauch gezogen, nippte sie an ihrem Glas Martini. Sein Glas stand am Nachttisch neben der Kerze unter einem großen Hibiskuszweig mit dunkelroten duftenden Blüten.

„Hat das etwas Besonderes zu bedeuten?", fragte er. Er schnupperte an den Blüten und nahm einen ordentlichen Schluck aus seinem Glas.

„Du weißt doch genau, was es bedeutet", sagte Lisa in geheimnisvollem Ton und stellte ihr Glas ab.

„So, meinst du, ich weiß das?", fragte er neckisch, kniete sich aufs Bett und suchte unter der Decke Lisas Beine. Er zog sie mit einem kräftigen Ruck zu sich hin, schob die sich zwischen ihnen aufbauschende Bettdecke zur Seite. Er drückte ihre angewinkelten Knie auseinander und hielt mit festem Griff ihre Beine fest. Lisa fühlte, wie seine Blicke langsam und aufmerksam ihren Körper mit all seinen Konturen bis zu ihrem Genitalbereich abtasteten. Seine Blicke waren wie wärmendes Prickeln auf der Haut. Es erregte sie mehr, als wenn er sie gestreichelt hätte. Sie spürte, wie er ihr Becken noch enger an sich heranzog, um ganz langsam und behutsam in sie einzudringen. Lisa erlebte diese Nacht anders. Es war mehr als das, was sie kannte, mehr als ein bisschen Sex mit einem Orgasmus. Es war ein tiefes, inniges und selbstverständliches Vereint-Sein. Ein Vereint-Sein als Mann und Frau. Eine Umarmung, die ein Verschmelzen von Körper, Geist und Seele mit sich brachte und ihnen beiden tiefe Erfüllung schenkte. Sie konnten und wollten sich nicht voneinander lösen. So hielt Lisa ihn umfangen, als er bereits eingeschlafen war. Sie war zärtlich darauf bedacht, ihn auch in der Entspannung, im Schlaf mit seinem ganzen Wesen, all seinen Träumen tief in sich aufzunehmen. Dabei rannen kleine Tränen des Glücklichseins leise über ihre Wangen. Sie fühlte, zum ersten Mal sich dessen bewusst werdend, „er ist mein Mann". Ein Gedanke, den sie vorsichtig mit großer Scheu betrachtete. Ein Gedanke, der ihr gleichermaßen Angst machte wie auch eine tiefe Dankbarkeit in ihr hervorrief. Als Lisa am nächsten Morgen erwachte, lag Viktor wach neben ihr und schaute in ihr Gesicht. Verschlafen rieb sich Lisa die Augen.

„Wie schön, du bist noch da", begrüßte Lisa ihn lächelnd. Sie wollte sich eng an seine Seite schmiegen. Er legte sich jedoch gerade auf den Rücken und zog Lisa auf seine Brust und seinen Bauch, nahm ihre Beine zwischen die seinen. Er drückte mit der rechten Hand ihr Gesicht in seine Halsbeuge: „Du Federgewicht!"

Lisa war zart gebaut und schlank. Viktor kräftig und etwas stärker. Fest drückte er sie nun mit seinen Armen an sich.

„Ach Lisa", seufzte er, „ich bin sehr glücklich mit dir."

„Du sagst es gerade so, als würde dir das Kummer bereiten?", fragte Lisa, die Regung in seiner Stimme wahrnehmend.

„Ja, Lisa. Bitte versprich mir, dass es zwischen dir und mir niemals zerbrechen darf. Nicht zwischen dir und mir! Versprich mir das, bitte."

„Ja, natürlich verspreche ich dir das", bestätigte Lisa sofort, „es wird nicht zerbrechen zwischen dir und mir. Sicher nicht. Ich liebe dich doch so sehr." Und doch fühlte sie einen Stich in ihrer Brust. Sie schob den Gedanken an Ana weit von sich. Am Papier war er verheiratet mit dieser anderen Frau, von der sie noch nicht einmal ein Foto gesehen hatte. Aber das, was zwischen ihnen geschah, wahr echter, wahrer, gültiger als jedes Papier der Welt. Das fühlte Lisa zutiefst. Daran klammerte sich ihre Hoffnung.

„Ana wird dich verstehen, wenn du ihr ehrlich die Situation erklärst", sagte sie.

„Es ist nicht wegen Ana", sagte Viktor. „Es ist wegen mir. Weißt du, Lisa, ich bin manchmal so, wie ich eigentlich nicht sein möchte. Ich kann manchmal ganz verkehrte Sachen tun, obwohl ich das nicht will."

Lisa richtete sich mit einem Ruck auf. Mit Empörung sagte sie: „Na hör mal, das klingt ja so, als wolltest du dich im Voraus für jedes Fehlverhalten entschuldigen."

Aber Viktor drückte besänftigend ihren Kopf wieder an seinen Hals, streichelte ihre Wange. „Nein, ich meine es ernst Lisa. Bitte, lass nicht zu, dass es zwischen dir und mir zerbricht."

„Schon gut", flüsterte sie, „für solche Momente mit dir wäre ich bereit, hundert Tode zu sterben."

Ein Zucken ging durch seinen Körper. „Lisa, ich bitte dich! Sag so etwas nicht. Sag so etwas nicht."

Viktor hatte ihr noch nie gesagt, dass er sie liebte, aber sie fühlte es. Eng kuschelte sie ihren Körper an den seinen.

„Ich schaue gut auf dich, das verspreche ich dir! Und ich sterbe auch nicht. Man sollte solche Worte wirklich nicht leichtfertig sagen."

Die Hibiskusblüten verströmten ihren Duft, die Sonne lachte zum Fenster herein, die kleine Standuhr auf der Kommode, die Lisa von ihrer Taufpatin bekommen hatte, tickte monoton. Lisa und Viktor schlossen die Augen, um eng umschlungen in den Tag hineinzudösen. Lisa fühlte sich so sicher in Viktors Armen. So vertraut war ihr seine Seele. Und Viktor fühlte sich so gut aufgehoben in der Wärme von Lisa.

Im Netz menschlicher Verbindungen

Die Sommermonate vergingen rasch. Die Zeit am Landestheater in Salzburg war für Viktor vorüber, aber er fühlte sich mit Lisa so wohl, dass er gerne an freien Tagen die Bahnfahrt Wien Salzburg auf sich nahm, um mit ihr zusammensein zu können. So freute sich Lisa wieder auf ein gemeinsames Wochenende mit Viktor. Da sie ihm angekündigt hatte, ein richtig festliches Abendessen für sie beide bereiten zu wollen, war sie gerade dabei, ihre Kochbücher zu studieren. Sie schrieb einen langen Einkaufszettel, als das Telefon klingelte. Ein Blick auf die Uhr sagte ihr, es müsse Viktor sein, es war die Zeit, zu der er anzurufen pflegte.

Freudig erregt hob sie den Hörer ab: „Hallo, da spricht Lisa!“

„Hallo Lisa, mein Schatz!“ Es war Viktor.

Er fragte, wie es ihr ginge. Lisa erzählte ihm im gewohnten Plauderton die kleinen Dinge des Alltags. Sie hatte die Mittagspause im Park mit dem kleinen Sohn ihrer Freundin Veronika verbracht, damit Veronika einen Zahnarzttermin wahrnehmen konnte. Der Kleine war allerliebst und drollig gewesen. Viktor liebte die kleinen Geschichten, die Lisa ihm gerne erzählte, ihr Plauderton, der ihn nicht forderte, war ihm sehr angenehm. Doch heute reagierte er nicht auf ihre Erzählung. Lisa merkte, dass etwas nicht stimmte. Sie sagte entgegenkommend: „Ach, ich langweile dich da mit meinen Alltagsgeschichten! Erzähl von dir! Bedrückt dich etwas?“

„Nein nein, Lisa, es ist alles in Ordnung. Ich hatte nur einen anstrengenden Tag.“

„Ach so! Nun, dann werden wir am Wochenende kein großes Programm machen, sondern faul sein. Uns ausruhen“, gab Lisa zur Antwort.

„Hör zu, Lisa, das schöne Essen müssen wir verschieben. Ich kann am Wochenende nicht kommen.“ Er bemühte sich, möglichst gelassen zu klingen.

„Wieso nicht?“ Ihrer Stimme war die Enttäuschung sofort anzumerken, „ich habe mich doch so gefreut.“

„Ja, ich weiß“, bestätigte Viktor, „aber ich verspreche dir, wir holen das gründlich nach.“

„Aber wieso kannst du nicht kommen?“

„Ja, weißt du, da ist eine wichtige Besprechung mit einer Schauspielerin. Sie ist nur zwei Tage in Wien, ihr kann ich nicht absagen."

„Aha!" Lisa kämpfte gegen aufsteigende Tränen.

„Komm, erzähle mir noch etwas", bat Viktor. Seine Stimme klang gezwungen.

„Da ist noch etwas, Viktor, da stimmt etwas nicht, ich kann das spüren. Ich habe plötzlich solche Angst", schnell und aufgeregt sprudelte Lisa diese Worte hervor. Viktor seufzte tief, er wusste, er konnte ihr nichts vormachen, nicht Lisa.

„Ja, weißt du, ich muss auch Sonntag Nachmittag Ana vom Flughafen abholen", erklärte er.

Lisa war wie erstarrt. Sie konnte keinen Ton sagen. Ana, wie dumm war sie gewesen zu glauben, diese Frau würde nicht mehr zurückkommen. Lisa fühlte, wie eine eiserne Hand nach ihrem Herzen griff, es zuzudrücken schien. Auch ihre Kehle war wie zugeschnürt, sie konnte keinen Ton sagen. Wie angewurzelt stand sie da, hielt den Hörer in der Hand.

„Lisa, sag etwas! Lisa!" Viktor lauschte in den Hörer. Doch nichts! Lisa gab keinen Ton von sich.

„Hör zu, Lisa", versuchte Viktor sie zu beruhigen, „es wird sich nichts ändern zwischen dir und mir. Wir verstehen uns so gut. Ich werde es einrichten, dass wir uns möglichst oft sehen können. Und ich kenne Ana, nach ein paar Wochen hat sie genug von mir und verschwindet. Lisa, ich verspreche dir, ich bin bald wieder bei dir."

Lisa wurde noch fassungsloser, als sie das hörte. Er würde es einrichten, er würde es zulassen, dass Ana ihn für ein paar Wochen hatte? Nein, das würde er sicher nicht tun! Das konnte er nicht tun. Er würde mit Ana reden, würde ihr sagen, dass da nun eine Frau sei, die er sehr liebte, und dass diese Liebe etwas Heiliges war. So schön, wie er es mit Ana sicher nicht erlebt hatte. Nein, sie verstand das alles jetzt nicht richtig.

„Lisa, jetzt sag endlich etwas!“ Seine Stimme klang nun ärgerlich.

Da sagte Lisa mit zitternder Stimme: „Entschuldige, bitte. Ich weiß nicht, was ich sagen soll!“ Und sie legte den Hörer auf.

„Scheiße“, fluchte Viktor am anderen Ende der Leitung, „ich wusste doch, sie wird mir Schwierigkeiten machen.“ Und Schwierigkeiten mit Frauen, nein Danke, das war das Letzte, was er wollte.

Lisa stand noch lange reglos vor dem Telefon. Die Angst, die sie zu lähmen drohte, hatte vollkommen von ihr Besitz ergriffen. In ihrem Kopf sausten Gedanken herum, die sie nicht ordnen konnte. Sie fühlte, sie war dieser Situation nicht gewachsen. Bilder und Szenen aus ihrer ersten Ehe tauchten auf. Zerbrochene Hoffnungen, Enttäuschungen. Lisa begann unruhig in der Wohnung auf und ab zu gehen. Es war weit nach Mitternacht, als sie sich schlafen legte. Doch nach zwei unruhigen Stunden mit diffusen Träumen war sie wieder hellwach. Ich muss mit ihm reden! Ja, das war es. Sie musste mit ihm reden, noch bevor Ana zurückkam. Schließlich hatten sie nie darüber gesprochen, was sein würde, wenn Ana zurückkam. Sie hatten das Thema sorgsam gemieden, beide.

Sie knipste die Nachttischlampe an. Vier Uhr! Heute war Donnerstag. Renate, ihre neue Verkäuferin, hatte am Nachmittag Dienst. Sie konnte also zu Mittag nach Wien fahren. Nein, das war keine gute Idee. Viktor war da vielleicht im Theater. Sie musste gleich fahren, jetzt sofort. Dann war sie früh genug in Wien, konnte Viktor, den Frühaufsteher, noch zu Hause erreichen. Ja, sie wollte einfach das Geschäft zusperren, das war es ihr wert. Sie brauchte jetzt die Beschäftigung. Ein Ziel haben, etwas tun. Nur dazusitzen und nachzudenken hätte sie jetzt nicht ertragen. Lisa stellte Kaffee auf, wickelte zwei Buttersemmeln in Folie. Sie duschte, zog sich an und verließ die Wohnung. Als sie an der Haustür war, fiel ihr ein, dass sie im Regal einen Stadtplan von Wien hatte. Zwei Stufen auf einmal nehmend, rannte sie die zwei Stockwerke hinauf, als gelte es, einen Pokal zu gewinnen. Sie kramte, nach Atem ringend, den Stadtplan aus einem Stapel von Zeitungen, Broschüren und Bedienungsanleitungen diverser Elektrogeräte hervor, nahm im Vorbeigehen noch zwei Äpfel und zwei Bananen aus der Obstschale am Tisch, steckte alles in ihre Tasche und sperrte die Wohnungstür hinter sich ab. Im Treppenhaus stockte sie plötzlich und fühlte, wie wieder Angst in ihr hochzukriechen drohte. Viktor, was würde er zu ihrem Überraschungsbesuch sagen?

Doch zu allem entschlossen, fuhr Lisa los. Zunächst musste sie zu ihrem Geschäft. Mit großen Buchstaben schrieb sie auf ein Blatt Papier:

HEUTE VORMITTAG AUSNAHMSWEISE GESCHLOSSEN!

Sie befestigte es mit Klebestreifen von innen an die Glaseingangstür, nahm ein zweites Blatt Papier und schrieb eine kurze Erklärung und Anweisungen für ihre Verkäuferin auf. Diese legte sie auf das Verkaufspult. Routinemäßig ließ sie ihren Blick durch den Verkaufsraum gleiten. Die gelben Regale mit sorgsam geordneter Unterwäsche, Strümpfen, Schlafanzügen, Morgenmänteln, die dekorative altmodische Kassa mit den silbernen Zahlenknöpfen, die Geldlade geöffnet, damit man von der Auslage aus sehen konnte, dass sich kein Geld darin befand. Die kleine indirekte Beleuchtung, die immer eingeschaltet blieb. Ja, es stimmte alles! Sie verließ das Geschäft. Im Auto hatte Lisa Zeit nachzudenken. Wo kam diese Angst her? Da war ein Mann, der sie gerne in seine Arme nahm, den sie liebte, dessen Liebe sie fühlte, bei dem sie sich so sicher fühlte. Ihm konnte sie alles anvertrauen und doch war da plötzlich diese unbegreifliche Angst.

Nachdem Lisa die Stadt hinter sich gelassen hatte und auf die Autobahn aufgefahren war, legte sie eine Kassette mit beschwingter lateinamerikanischer Musik in den Rekorder. Langsam kam die Freude, Viktor zu treffen, wieder zu ihr zurück. Als Viktors Telefon klingelte, wollte er sich gerade an seinen Schreibtisch setzen. Arbeit und unerledigte Post warteten auf ihn.

„Grohmann", meldete er sich förmlich.

„Viktor?", meldete sich Lisa etwas zaghaft, denn sie hatte vor dem Wählen doch wieder Herzklopfen bekommen. „Ich bin`s, Lisa."

„Lisa! Gott sei Dank, dass du dich meldest." Echte Erleichterung schwang in seiner Stimme. Viktor hatte versucht, das unglückliche Telefonat mit Lisa einfach wegzuschieben. Er hatte zwei ordentliche Kognak getrunken und war früh zu Bett gegangen. Allerdings hatte er sehr unruhig geschlafen und einen wirren und beängstigenden Traum gehabt.

„Geht es dir heute besser? Was war los mit dir gestern?" Warm und schmeichelnd hüllte seine Stimme Lisa ein. Sie war erleichtert.

„Ich bin in Wien", sagte sie, „ich muss dich sehen, bitte. Ich muss mit dir reden."

„Du bist in Wien? Das ist gut, Lisa. Wo bist du jetzt?"

„Ich bin am Westbahnhof. Ich habe zwar einen Stadtplan, aber es sind keine Einbahnstraßen eingezeichnet."

„Warte, Lisa, ich springe in ein Taxi. Ich bin in zehn Minuten bei dir. Wo stehst du?" Sie erklärte ihm, wo sie sich genau befand. Erleichtert und froh ging sie zum Auto, um auf ihn zu warten. Wie gut das tat, er umsorgte sie wieder. Sie fühlte sich sofort wieder sicher. Viktor kam wirklich prompt. Fest drückte er sie in seine Arme.

„Ach, Lisa, Mädl, was mache ich jetzt mit dir?" Er schaute Lisa aufmerksam an. Sie hatte sich keine Gedanken darüber gemacht, was er an diesem Tag mit ihr tun würde. In Salzburg war alles so selbstverständlich gewesen. Sie ging mit ins Theater, begleitete ihn durch die Stadt, durch seinen Tag und er konnte zu ihr nach Hause kommen, wann immer er wollte. Doch nun war sie in Wien, die Umgebung, in der er sich mit seiner Frau zeigte. Die Wohnung, die er mit ihr teilte. Lisa wurde sofort wieder unsicher.

„Was hältst du davon, wenn wir zum Neusiedlersee fahren und uns einen angenehmen Tag machen? Ich habe am Nachmittag einen Termin in der Stadt, aber den kann ich telefonisch verschieben, nur um sechs Uhr spätestens muss ich zurück sein." Viktor stupste mit seinem Zeigefinger leicht gegen Lisas Nase. „Na? Ist doch eine gute Idee."

Der See mit dem großen Schilfgürtel, etwa eine Autostunde von Wien entfernt, war Lisa nicht vertraut. Lisa war mulmig, aber sie nahm sich zusammen und lächelte ihn an.

„Ja, warum nicht? Das Wetter ist prächtig!" Viktor fuhr mit ihrem Wagen durch die Stadt. Er parkte in der Nähe seiner Wohnung.

„Komm mit, ich muss telefonieren und hole ein paar Handtücher!"

„In die Wohnung?", erschrocken schaute ihn Lisa an.

„Lisa!", sein Ton sagte alles. Er duldete keinen Widerspruch. Er schnappte sie an der Hand, zog sie mit sich. Scheu blieb Lisa im Flur stehen. Da wohnte er also mit Ana. Damenschuhe, ein Damenhut, ein Damenschirm, daneben seine Sachen. Bilder, die wahrscheinlich sie ausgesucht hatte, hingen an der Wand. Ein Gesteck aus Trockenblumen, total verstaubt. Nur mühsam kämpfte Lisa ihre Tränen nieder. Fern klang seine Stimme an ihr Ohr, als er telefonierte, um den Termin zu verschieben. Lisa entspannte sich erst ein wenig, als sie neben ihm in seinem Auto saß und sie Wien hinter sich ließen. Viktor hatte das gewusst, er kannte sie besser, als sie es ihm zugetraut hätte. Sommerliche Temperaturen im späten September bedeuteten stabiles Wetter.

„Wir nehmen uns ein kleines Segelboot", schlug er vor, „dann haben wir unsere Ruhe auf dem Wasser." Ihr war das recht. Als die Formalitäten, das Boot zu mieten, erledigt waren, stiegen sie in ein kleines Segelboot und legten ab. Es waren nur wenige Boote am See zu sehen.

„Willst du das Segel halten?", fragte er.

„Ich weiß nicht, wie das geht?"

„Komm, ich zeige es dir!" Viktor fühlte Lisas inneres Ringen. Er wollte nicht den leichten Plauderton verlieren, den er an ihr so liebte. Geduldig und einfühlsam erklärte er ihr einiges übers Segeln. Lisa jedoch war das Segeln nicht geheuer. Sie steuerte immer knapp am Schilfgürtel entlang. Viktor deutete das gänzlich falsch. Er sagte: „Kannst es nicht erwarten, mit mir zu schlafen, hm? Weiter draußen suchen wir uns ein nettes Plätzchen."

Lisa gab ihm keine Antwort. Doch als er das Segel eingeholt hatte, das Boot dümpeln ließ und zärtlich an Lisas Busen fasste, ihr das T-Shirt über den Kopf ziehen wollte, wehrte sie ihn mit einer Reflexbewegung ab. Sie gab ihm dabei einen solchen Stoß, dass er den Halt verlor und rücklings ins Wasser plumpste. Es war nicht zu sagen, wer mehr erschrocken war, Lisa oder er. Er machte ein paar erschrockene Schwimmzüge, dann kletterte er wieder ins Boot. Triefend nass stand er da. Mit Jeans, Hemd und Sportschuhen.

Lisa sah ihn an und begann zu lachen. Klingend und hell, wie ein Glockenschlag. Sie wollte ihn nicht auslachen. Doch das Lachen löste ihre innere Spannung, sie konnte damit nicht aufhören. Ihr Körper bog sich vor lauter Lachen.

„Entschuldige", presste sie mit erstickter Stimme hervor. Sie wischte sich Tränen aus den Augen. Es dauerte eine Weile, bis sie merkte, dass er wirklich verletzt, verstockt und sauer war. Er hatte die nassen Sachen ausgewrungen, zum Trocknen aufgelegt und sich anschließend, eingedreht in ein großes Badetuch, vorne auf den Bug gesetzt. Er ließ die Beine ins Wasser baumeln. Lisa tätschelte ihm freundlich auf die Schulter, er aber wehrte ihre Berührung ab. Still setzte sie sich auf die Bank im Boot und schaute über das Wasser. Die Sonne wurde richtig heiß. Lisa zog den Rock und das T-Shirt nun doch aus. Da sie keine Badesachen dabei hatte, wickelte sie sich auch in eines der Handtücher ein. Viktor kam nach einer Weile dann doch zu ihr, setzte sich schweigend neben sie hin.

„Tut mir leid", entschuldigte sich Lisa, „ich wollte dich nicht abweisen. Ich weiß nicht, woher meine Reaktion kam."

„Ja, ist schon gut, Lisa. Es nimmt dich ziemlich mit, dass Ana kommt, stimmt`s?"

„Ja, Viktor. Es macht mir Angst. Wie soll es weitergehen? Wir müssen reden!" Viktor wusste auch nicht, wie es mit ihnen weitergehen sollte. Er begann, stockend, aber doch aus seinem Leben zu erzählen.

„Meine erste Ehe hatte begonnen, wie Ehen halt beginnen. Aber bald hatten sich zwischen uns nur noch Missverständnisse aufgebaut. Da war nichts zu machen, weißt du. Es war eine einzige Misere. Du hast nie gefragt, aber im Theater haben sie dir sicher davon erzählt."

„Ja, haben sie. Du hast auch Kinder aus dieser Ehe, nicht war? Wie heißen sie, wie alt sind sie?"

„Einen Sohn, Gerald ist vierzehn."

„Siehst du ihn oft?"

„Nein, eigentlich selten. Ich habe zu ihm den Zugang verloren. Ich weiß nicht, warum, Lisa, aber ich habe den Zugang verloren." In Viktors Stimme war Schmerz zu spüren. Das war das erste Mal, dass er Lisa seinen verborgenen Schmerz zeigte. Einfühlsam sagte sie: „Im Theater haben sie mir erzählt, dass deine Frau ein uneingestandenes Verhältnis mit einem deiner Kollegen hatte."

„Ja, mit Rudolf. Er mag mich nicht. Dabei hat diese Beziehung auch nicht standgehalten."

„Oh, jetzt verstehe ich", betonte Lisa, „ich wusste nicht, dass das mit Rudolf war! Es hat dich sehr verletzt, nicht?" Während er sprach, hatte Viktor damit begonnen, ein Blatt Papier, Zeitungspapier, das am Boden des Schiffes lag, in kleine Stücke zu reißen. Er bastelte kleine Segelflieger daraus und ließ sie durch die Luft gleiten. Die Papiersegler kamen nicht weit, doch sie hielten sich erstaunlich lange, so am Wasser treibend. Sie lockten ein paar Schwäne an, die aus dem Schilf herbeikamen und Futter vermuteten. Enttäuscht schnatternd, schwammen sie suchend um das Boot.

„Na ja", gab Viktor vage zur Antwort, „aber du weißt ja auch, wie das ist."

„Ja", sagte Lisa, „meine Ehe war auch sehr unerfreulich. Er hatte immer wieder andere Frauen. Kurze, oberflächliche Geschichten. Mit der Zeit zerstört das jedes Vertrauen. Außerdem hat er mich immer wieder angelogen und beschwindelt, das war das Schlimmste für mich." Lisa runzelte bei der Erinnerung die Stirn.

„Weißt du, es war mir auch heute so unangenehm in deiner, in eurer Wohnung. Ich finde das eigentlich schäbig, eine andere Frau, mit der man was hat, auch noch in die Wohnung mitzunehmen. Es verletzt die Intimsphäre."

„Du vergisst, dass Ana beinahe ein Jahr diese Wohnung nicht einmal betreten hat. Und das, ohne zu sagen, wo sie ist oder ob sie beabsichtigt wiederzukommen", erklärte er.

„Schau, Viktor, schau doch", aufgeregt zeigte Lisa ins Schilf, wo sich gerade ein Storch niederließ.

„Oh je, ein Storch", sagte er prompt, „du wirst mir doch hoffentlich nicht schwanger, oder?"

„Wäre das so schlimm? Ich hätte schon gern ein Kind. Du nicht mehr?“

„Ich habe ja schon eines“, brummte er trocken.

„Ich weiß nicht, ob ich überhaupt Kinder bekommen kann. In sechs Jahren Ehe bin ich jedenfalls nicht schwanger geworden.“ Nachdenklich ließ Lisa ihren Blick in die Ferne schweifen. Sie schwiegen für eine ganze Weile. Es tat ihnen beiden gut, einfach nur so nebeneinander dazusitzen. Dann nahm sie einen direkten Anlauf und fragte mit etwas zittriger Stimme.

„Wirst du mit Ana reden? Wie wird unsere Zukunft aussehen?“

„Ich weiß nicht, wie unsere Zukunft aussehen wird. Ich muss dir nochmals sagen, Lisa, ich bin für eine enge Bindung nicht zu haben. Das halte ich nicht aus.“ Er hatte ihr das schon einmal gesagt. Fügte aber in liebevollem Ton hinzu: „Und wegen Ana, lass mir doch bitte noch ein bisschen Zeit.“

„Hast du Angst vor einer Bindung?“, fragte sie.

„Ich habe keine Angst vor einer Bindung. Es ist nur ...“, er stockte.

„Was ist?“, drängte sie.

„Ach was, ich will mir von einer Frau nie mehr weh tun lassen. Du bist sehr lieb, aber du bist eine Frau, die mir weh tun könnte. Für so etwas bin ich zu alt. Das tue ich mir nicht mehr an.“ Lisa kämpfte gegen aufkommenden Unmut, beherrschte sich aber und versuchte, weich und einfühlsam zu bleiben.

„Wenn du dich nicht auf eine tiefe Beziehung, eine Berührung einlässt, kannst du auch nicht glücklich werden. Der Preis für das Glück ist eben unsere Verletzlichkeit.“

Viktor gab keine Antwort.

„Außerdem glaube ich nicht, dass es in unserer Hand liegt, ob wir eine Bindung eingehen oder nicht“, nahm Lisa nach einer Weile den Gesprächsfaden wieder auf.

„So?“, fragte er belustigt, „wer ist es dann, der uns zusammenführt?“

„Gott“, erklärte Lisa. Dem festen Ton ihrer Stimme konnte er entnehmen, dass sie das durchaus ernst meinte. „Bindung geschieht, wir können das nicht willentlich machen oder nicht machen.“

„Du meinst, wir haben da keine Freiheit?“

„Doch schon, bis zu einem gewissen Grad. Aber letztlich geschieht Gottes Wille. Daran glaube ich.“

„Ja, ich kann dem durchaus etwas entnehmen, Lisa. Ich stimme dir sogar zu. Ich glaube auch, dass wir uns vor einem höheren Willen zu beugen haben.“ Nachdenklich schaute er Lisa von der Seite her an. „Es ist schön, mit dir hier zu sitzen und zu reden.“

„Ja, das ist es“, antwortete sie. „Es ist schön und auch ein wenig mystisch und allmählich auch sehr heiß.“

Viktor machte das Boot flott. Sie segelten noch ein Stück weiter hinaus auf den See. Er hatte die Idee, weiter unten in Rust, einem kleinen idyllischen Ort, anzulegen und in einem netten Lokal zu Mittag zu essen. Aber der Wind machte ihnen einen Strich durch die Rechnung. Aus einer sanften Brise wurde ein zarter Lufthauch, doch auch dieser versiegte. Kein Wind in den Segeln. Das Boot dümpelte im Wasser herum. Viktor sprang schließlich ins Wasser. Lisa folgte ihm nach. Sie schwammen ein Stück, lachten und alberten im Wasser herum. Zurück im Boot waren beide ordentlich hungrig. Lisa war froh, in ihrer Tasche wenigstens noch zwei Äpfel, zwei Bananen und die Buttersemmel zu haben, die sie sich sorgfältig teilten. Viktor hatte eine Flasche Mineralwasser am Kiosk vor der Anlegestelle gekauft. Als die Sonne sich bereits tiefer und tiefer neigte, wurde Viktor nervös. Kein Hauch von Wind.

„Ich werde meinen Termin noch verpassen, wenn das so weitergeht“, überlegte er. Sie fanden keine Paddeln im Boot, hatten bei der Übernahme nicht darauf geachtet. Viktor legte sich vorne am Bug auf den Bauch und versuchte, mit den Händen zu rudern. Aber keine Chance, das Boot bewegte sich nicht weiter. Es schaukelte nur hin und her. Schließlich gab er es auf.

„Siehst du! Gottes Wille geschieht. So einfach ist das.“

„Ja ja, dein Wort in Gottes Ohr. Wäre schön, wenn es wirklich immer so einfach wäre“, konterte er. Die beiden setzten sich wieder vertraut nebeneinander hin. Ein friedliches Schweigen umhüllte sie und es schläferte sie ein.

„Komm“, schlug Viktor vor, „den Termin kann ich ohnehin vergessen.“ Er breitete das Badetuch auf dem Boden des Bootes aus, legte sich hin und zog Lisa in seine Arme. Es dauerte keine zwei Minuten und beide waren tief und friedlich eingeschlafen. Als sie erwachten, war die Sonne blutrot, fast schon am Untergehen. „Gott sei Dank“, stellte Viktor erleichtert fest, als er den sanften Abendwind spürte. Sie schlüpften in ihre Kleider. Auch Viktors Sachen waren trocken geworden, nur die Schuhe waren noch feucht. Er hisste das Segel. Langsam, ganz langsam mit sanftem Wind segelten sie der Anlegestelle und dem Sonnenuntergang direkt entgegen. Lisa lehnte sich an Viktor und war tief versunken in die Schönheit des Naturschauspiels. Goldene Strahlen tanzten auf dem Wasser. Als sie bereits nahe am Bootssteg waren, bemerkten beide ein eng umschlungenes Liebespaar. Ihre Silhouette hob sich von den letzten Strahlen der Sonne ab.

„Auch ein Liebespaar“, lächelte Viktor. Er zog Lisa zu einer innigen Umarmung und einem hingebungsvollen Kuss eng an sich. Die beiden Menschen wussten nicht, dass an diesem Tag auf dem See etwas begonnen hatte, was der Heilung ihrer Seele diente. Doch die Ahnung war der Zukunft vorausgeeilt und hatte sich als Traurigkeit in Lisas Herzen eingenistet. Sie griff noch in derselben Nacht nach ihrem dicken in blaues Leder gebundenen Tagebuch.

Was ist es, schrieb sie mit ihrer sanft geschwungenen Schrift, *was ist es? Ich fühle einen Sog. Es zieht mich. Ich falle. Und ich weiß nicht, wohin. Ich habe Angst. Die Liebe, nach der ich mich sehne, ängstigt mich. Ich eile auf ein Glück zu, will es fassen und versuche doch zu entkommen. Was ist es, das nach mir greift? Wer ist es, der nach mir greift? Ist es mein Schicksal? Ist ER meine Bestimmung? Ich wünsche es so sehr und doch fürchte ich es auch so sehr. Wo bleibt die Hilfe, nach der ich rufe? Hört mich denn keiner? Gott und seine Engel, großer Meister? Warum schweigt ihr? Ich studiere tausend Blätter, suche in Versen und atme die Weisheit derer, die vor mir waren. Die es wissen müssten. Doch bleibt zwischen ihren Worten der Zwischenraum noch unergründlich für mich bestehen. Ist es der Zwischenraum, den nur mein gelebtes Leben, meine Erfahrung füllen kann?*

Stationen: Einsteigen, Aussteigen, Umsteigen?

Der kleine Dominik krabbelte, freudige Töne ausstoßend, voller Begeisterung einem bunten Ball nach. Lisa, am Boden sitzend, schubste den Ball immer wieder vor ihm her. Ihr Blick hing zärtlich an dem kleinen strammen Kerlchen.

„Er ist wirklich herzallerliebst", erklärte sie.

„Na, wenn du so viel Ausdauer beweist. Das gefällt ihm!" Veronika, ihre beste Freundin, warf einen stolzen Blick auf ihren kleinen Sohn. Sie war damit beschäftigt, grüne und rote lustige Quasten auf eine Kindermütze zu nähen. Veronika hatte immer ausgefallene, lustige Ideen, man sah das auch in ihrem Zimmer. Vorhänge mit großem, kräftigem Karo bedruckt, in gelb und orange. Praktische, einfache Naturholzmöbel, ein zartgrüner großer Ficus Benjamini Baum und verschiedene exotische Mitbringsel von Urlaubsreisen aus fernen Ländern gaben dem Raum seine persönliche Note. Auch ihr Kleidungsstil hatte immer etwas Auffallendes, Persönliches. An diesem Tag trug sie beispielsweise eine hellgrün gestreifte Latzhose, hatte ihr Haar zu einem Schweif mit einem ebenso knallig grünen Tuch hoch am Kopf zusammengebunden. Temperamentvoll, wie sie in ihren Bewegungen war, schwang der brünette Schopf auf ihrem Kopf lustig hin und her.

„Ein schönes Idyll, du und der Kleine. Und du hast dir den Raum wirklich sehr nett hergerichtet", sagte Lisa bewundernd, ihren Blick umhergleiten lassend. Der kleine Dominik begann aber sofort, lauthals zu protestieren, da sie ihm die Aufmerksamkeit entzogen hatte. Der Ball war unter einen Sessel gerollt. Lisa kroch nun auch auf allen Vieren durch den Raum, um den Ball zu holen. Der Kleine johlte vor Freude, es gefiel ihm.

Er schubste den Ball absichtlich gleich wieder unter den Sessel. Lisa machte das Spiel mit und kroch wieder drauf los.

„Du verwöhnst ihn mir noch!“, kritisierte Veronika ein wenig vorwurfsvoll. „Nicht genug, dass Oma das tut! Du nicht auch noch! Wenn du ihm jeden Wunsch erfüllst, gibt er bei mir keine Ruhe mehr.“ Sie stand auf, um eine Schere von der Kommode zu holen, und meinte dann: „Ja, ich bin auch froh, dass meine Mutter uns das große Wohnzimmer gegeben hat. Die Wohnung ist Gott sei Dank groß genug. In meinem Zimmer hätten wir es nicht ausgehalten, auch wenn Rainer meist nur am Wochenende da ist.“

„Denkt er nicht daran, mit dir bald zusammenzuziehen? Und was ist mit eurer Heirat?“ Lisa kannte Veronika schon jahrelang. Sie arbeitete als Sekretärin in einer Baufirma. Ihr Freund Rainer lebte in München. Er kam nur am Wochenende.

„Du weißt, ich bin ganz froh, dass ich bei meiner Mutter wohnen kann. Sie schaut auf Dominik. Ich brauche keine Krabbelstube und keine Tagesmutter. Für eine Oma muss man dankbar sein.“

„Ja schon. Aber deshalb könnte doch Rainer auch hier sein. Oder hat es mit dem Job in Salzburg nicht geklappt?“ Lisa wusste, dass ein Jobwechsel und Umzug Rainers nach Salzburg im Gespräch waren. Veronika hatte strikt abgelehnt, nach München zu ziehen. Ihr Argument war gewesen, nichts gegen München, niemals mit einem Kleinkind in einer Großstadt zu leben. Lisa konnte das gut verstehen. Sie hätte das auch nicht gewollt.

„Er hätte den Job schon bekommen, aber er hätte bedeutend weniger verdient. Wir haben uns entschlossen, noch ein oder zwei Jahre Pendeln in Kauf zu nehmen, dann können wir uns eine große Wohnung leisten und ein zweites Kind.“

„Na ja“, Lisa wiegte ihren Kopf hin und her. Genug vom Kriechen am Boden, nahm sie Dominik und setzte sich mit ihm auf die Couch, wo Schmusetiere zum Spielen herumlagen, „schade ist nur, dass er von Dominik so wenig mitbekommt. Dieses Alter ist doch so lieb, der Bezug zum Vater könnte ihm später fehlen.“

Veronika wehrte sich entschieden. „Nein“, widersprach sie, „für Dominik ist das ganz okay. Rainer kümmert sich am Wochenende sehr gut um ihn. Er hat Oma, Rainers Eltern, mich und auch dich hin und wieder. Kinder brauchen eine Großfamilie. Sie lernen von verschiedenen Bezugspersonen, es muss nicht immer dauernd Mama und Papa greifbar sein. Das macht Kinder nur abhängig!“

„Ist ja schon gut“, beschwichtigte Lisa, „ist ja schön, wenn ihr so wunderbar zurechtkommt!“

„Ja, wichtig ist, dass zwischen mir und Rainer alles stimmt. Das ist wichtig für uns, das spürt Dominik.“ Veronika schaute aufmerksam zu ihrer Freundin hin, „wie geht es dir mit Viktor? Zusammenziehen ist wohl dein Thema!“

Lisa biss sich auf die Lippen. Veronika war auf Viktor nicht gut zu sprechen. Die beiden waren sich zwei- oder dreimal bei Lisa begegnet. Seit Ana zurück war, hatte Veronika ihr des Öfteren ins Gewissen geredet.

„Ich sagte dir doch, vergiss diesen Kerl. Du weißt, ich finde, es ist vollkommen okay, wenn ein Mann und eine Frau einander lieben. Auch wenn einer von beiden verheiratet ist. Aber es ist nicht okay, nicht zu dieser Liebe zu stehen!“

„Aber er steht doch zu unserer Liebe, Veronika“, Lisa bemühte sich um Festigkeit in ihrer Stimme.

„Tut er nicht. Hat er schon mit seiner Frau geredet?“

„Er sagt, ich soll ihm noch Zeit lassen. Das muss man doch auch verstehen. Bindung und Ent-bindung sind eben ein Prozess", antwortete Lisa mit Betonung.

„Blödsinn. Wenn er dich liebt, muss er sich verantwortlich zeigen. Das tut er nicht. Warum auch. Ist ja sehr bequem für ihn. Du bist da, wenn er dich braucht, er kann kommen, wann er will. Lisa, wenn er seine Situation jetzt nicht klärt, wird er nie zu dir stehen. Nie! Verstehst du?" Veronika drehte sich um, da sie ein Geräusch an der Tür gehört hatte. Ihre Mutter trat ein.

„Ah, Grüß Gott Frau Mosbacher, schön, sie wieder einmal zu sehen. Wie geht es Ihnen?", Veronikas Mutter streckte freundlich ihre Hand aus. Lisa, die Dominik noch immer im Arm hatte, stand zur Begrüßung auf: „Danke, Frau Schönborn, es geht mir gut. Und Ihnen?" Sie war dankbar für die Unterbrechung.

„Gut, gut, danke. Dominik hält mich jung. Wollt ihr nicht eine Tasse Kaffee mit mir trinken? Ich habe gerade welchen aufgebrüht." Frau Schönborn, die nach dem Tod ihres Mannes vor ein paar Jahren kränklich geworden war, wirkte wieder frisch und munter.

„Ja, gerne bitte."

„Kommt ihr in die Küche oder soll ich ein Tablett hereinbringen?" Sie schaute ihre Tochter fragend an und sagte, ohne eine Antwort abzuwarten, „ich bringe euch Kaffee und Kuchen herein, dann könnt ihr ungestört weiter bereden, was für meine alten Ohren nicht mehr bestimmt ist."

„Ich helfe Ihnen", bot sich Lisa an. Sie drückte Dominik zwei Küsse auf die Wangen, übergab ihn seiner Mutter und folgte Frau Schönborn in die Küche. Als die beiden Freundinnen etwas später, gemütlich den dampfenden Kaffee und Schokoladenkuchen genießend, wieder beisammen saßen, nahm Veronika den Gesprächsfaden wieder auf.

„Also, was ist jetzt wirklich mit dir und Viktor?"

„Wir sehen uns seltener. Er telefoniert auch kaum noch mit mir. Ich rufe natürlich nicht an. Wo sie doch da ist! Aber wenn er kommt, haben wir es sehr schön. So ist das.“ Das war die Wahrheit.

„Und, wie soll es weitergehen?“ Veronika ließ nicht locker.

„In zweieinhalb Wochen begleite ich Viktor für zehn Tage nach Bonn. Er hat dort zu tun. Dann haben wir Zeit und Ruhe, um miteinander zu reden.“

„Was machst du mit dem Geschäft? Jetzt in der Vorweihnachtszeit?“

„Es kann in meinem Leben nicht immer nur das Geschäft wichtig sein! Mir kommt es so vor, wenn man ein Geschäft hat, erwarten alle, dass man sein Leben vollkommen zurückstellen müsse“, gab Lisa zu bedenken, war aber mit ihrer ganzen Aufmerksamkeit sofort wieder bei Dominik, der zu schreien begann. Sie trug ihn im Zimmer herum und redete beruhigend auf ihn ein. Als alles nichts nützte, schnupperte sie an seinem Windelpack und sagte: „Veronika, ich glaube, du musst ihn wikkeln.“

Veronika holte Pampers aus dem Kasten, schnappte den Kleinen und ging mit ihm ins Bad. Lisa trug das Kaffeegeschirr in die Küche, räumte den Geschirrspüler ein und ging mit einem Lappen zurück ins Zimmer, um den Tisch abzuwischen, der voll von Kuchenbröseln und Dominiks Kleckserei mit dem Obstbrei war. Sie hörte Stimmen im Flur. Rainer war gerade gekommen. Er begrüßte Veronika und Dominik, der laut und freudig zu quietschen begann. Anscheinend hatte Rainer auch noch jemanden mitgebracht, denn es war noch eine männliche Stimme zu hören.

„Ah, hallo Lisa“, Rainer begrüßte Lisa mit einem Kuss auf die Wange. Sie hatte den Küchenlappen in der einen und Brösel in der anderen Hand.

„Grüß dich, Rainer. Du bist ja ganz nass“, sagte sie mit einem Blick auf seine Haare und eilte in die Küche.

„Ja, so ein Sauwetter", schimpfte Rainer, „es regnet in Strömen. Wir haben keinen Parkplatz gefunden in der Nähe. Erst drei Häuserblock weiter, denk dir." Er wandte sich wieder Veronika zu und wollte Dominik nehmen.

„So zieh doch erst die nassen Sachen aus", forderte Veronika ihn auf. Sie gab ihm ein Handtuch. Weiter hinten im Flur stand ein junger Mann, er zog sich auch gerade die nasse Jacke und die Schuhe aus, kam dann nach vorne und begrüßte Lisa.

„Florian Jordan, hallo!"

„Lisa Mosbacher."

„Ihr kennt euch noch nicht, oder?", fragte Rainer. „Florian ist ein Freund von mir, er handelt mit sehr interessanten Sachen."

„Aha", bemerkte Lisa, „ich werde jetzt wohl gehen."

„Aber nein, so bleib doch!"

„Jetzt kannst du nicht gehen, Lisa. Würde ich ja gerade als beleidigend empfinden, wenn du gehst, wenn ich komme!" Das hatte Rainer gesagt. Er nahm nun Dominik in den Arm.

„Ich bleibe ja gerne", antwortete Lisa, „aber ich weiß ja nicht, vielleicht habt ihr eine Besprechung oder sonst etwas vor."

„Was sollten wir vorhaben?", fragte Florian.

„Na, ein Fußballspiel schauen im Fernsehen beispielsweise, das wäre so etwas, womit Rainer mich vergraulen könnte." Sie lachten und scherzten in Veronikas Zimmer. Rainer holte Bier, Mineralwasser und eine Flasche Weißwein. Frau Schönborn brachte ein paar belegte Brote und die Reste vom Kuchen, denn Rainer und Florian waren hungrig.

Sie plauderten über das Wetter, über die Ereignisse in der Firma, in der Rainer arbeitete; plauderten über die Fortschritte, die Dominik im

Laufe der Woche beim Krabbeln und Plappern gemacht hatte.

„Und was gab es bei Ihnen im Geschäft diese Woche, Frau Mosbacher?“, fragte Frau Schönborn.

„Ach bitte, sagen Sie doch einfach Lisa zu mir.“ Lisa kannte Frau Schönborn. Sie musste das bei jedem Besuch wiederholen. Jedesmal freute sich Veronikas Mutter darüber.

„Aber gerne, Lisa, natürlich sage ich gerne Lisa.“

„Wie war deine Woche, was machst du?“, fragte Florian.

„Lisa ist unsere Wäscheverkäuferin“, antwortete Rainer für sie. „Sie führt ein eigenes Geschäft“, betonte er.

„Jetzt hör aber auf, Rainer!“ Veronika versuchte, ihrem Freund den Mund zuzuhalten. „Hör auf und sekkiere Lisa nicht!“

„Du hast ein Wäschegeschäft?“ Florian lächelte ungläubig. „Welche Wäsche? Höschen und so?“

Lisa war das gewohnt, dass über ihr Geschäft gelächelt und gespöttelt wurde.

„Ja“, lachte sie, „Höschen, BH, Strümpfe, Socken, Hemden, Krawatten, Nachthemden, Pyjamas und so weiter!“

„Es ist ein sehr schönes Geschäft“, betonte Frau Schönborn. Die Unterhaltung ging weiter. Nach einer Weile hatte sich Frau Schönborn zurückgezogen, Rainer schaltete sein Tonband ein, er besaß lange Tonbänder mit Musikaufnahmen. Es war sein Hobby, im Radio gute Sendungen zu suchen und Musik verschiedenster Richtungen aufzunehmen.

„Eine Sammlung von Gustostückerln ist das!“, sagte er. Dann suchte er ein fein säuberlich beschriftetes Tonband heraus, mit Aufnahmen aus den verschiedensten Musikrichtungen: Jazz, Klassik, Gospels, Pop, Rock, Schlager. Alles bunt gemischt. Selten gehörte, besondere und wenig bekannte Aufnahmen. Rainer und Veronika kuschelten sich zusammen mit

Dominik auf das Sofa. Lisa saß am Boden auf dem dicken Teppich und Florian neben ihr im Fauteuil.

„Bist du glücklich mit deinem Wäschegeschäft?“, fragte er sie.

„Na ja“, antwortete Lisa. „Es ist ein bisschen eintönig mit der Zeit. Wenn ich ehrlich bin, kann ich mir nicht vorstellen, damit alt zu werden. Womit handelst du? Rainer sagte, mit interessanten Sachen?“

„Ja, ich hatte Glück“, erklärte Florian, „ich bin Geschäftsführer bei einer Großhandelsgesellschaft. Mein Spezialgebiet sind Edelsteine und Halbedelsteine und Souvenirs aus allen Ländern der Erde.“

„Das ist ja wirklich interessant. Erzähl mehr, fliegst du da herum?“

„Ja“, antwortete er, „ich bin viel unterwegs“.

„Er ist nur noch unterwegs“, meinte Rainer, „aber es ist wirklich interessant. Du solltest das Lager seiner Firma mal sehen. Da gibt es alles, was das Herz begehrt. Jade, Granat.“

„Lapislazuli, Amethyst, Aquamarin, Türkis, Onyx, Opal, Chrysopras, Jaspis, Rhodonit, Aventurin, Tigerauge, Bernstein, Flussmuscheln, Korallen, Süßwasserperlen und vieles mehr“, ergänzte Florian. „Aber unsere Firma handelt auch mit Souvenirs und Geschenkartikeln aus der dritten Welt. Wir haben alles, was das Herz begehrt.“

„An wen verkauft ihr weiter, an Juweliere?“, Lisa schaute ihn interessiert an.

„Nur zum Teil“, meinte er, „das meiste geht in die neuen Shops. Die wachsen ja wie die Schwammerl aus dem Boden. Passt ja alles gut in die ganze New Age und Alternativwelle. Die Sachen sind groß im Kommen.“

Veronika setzte sich auf, die Unterhaltung interessierte sie. „Ja, denk dir, Dominik bekommt doch seine Zähne. Jutta empfahl mir neulich, lass ihn doch an einem Bernstein lutschen. Du wirst sehen, wie gut das tut. Ich besorgte mir so einen Schmeichelstein, groß genug, dass er daran lutschen kann, ohne ihn zu verschlucken. Es tut ihm gut. Übrigens, Lisa, magst du nicht mit mir mal zu einem Meditationstreffen gehen? Jutta erzählte mir davon und neugierig wäre ich schon."

Lisa reagierte zustimmend. Sie war aber im Moment an der Geschichte mit den Steinen viel mehr interessiert.

„Wisst ihr", holte sie aus, „so ganz zufrieden bin ich mit dem Wäschegeschäft schon lange nicht mehr. Oft habe ich schon nachgedacht darüber, ob ich nicht mit interessanteren Dingen handeln könnte als mit Wäsche." Fragend schaute sie Florian an: „Meinst du, Florian, ich könnte mein Geschäft umstellen? Beispielsweise Steine verkaufen? Ginge so etwas in Salzburg? Ich meine", fügte sie schnell hinzu, „ich müsste das natürlich lernen. Ist das schwer?"

Rainer und Veronika reagierten spontan sehr begeistert. „Du, das wäre ja toll. Eine super Idee!"

Florian überlegte eine Weile und fragte: „Ist dein Geschäft in der Innenstadt?"

„Ja, die Lage ist gut", erläuterte Veronika sofort, „am Kapuzinerberg. Es gibt dort schon etwas in die Richtung, einen Naturkostladen. Da passt so etwas Esoterisches gut dazu."

Es war spürbar im Raum, dass da eine Idee geboren wurde, ein neuer Funke hatte gezündet. Und begeistert diskutierten die Vier und schmiedeten Pläne. Florian war der Meinung, Lisa könne sanft umstellen. Erst einmal eine Ecke einrichten mit asiatischen Seidentüchern, chinesischen Pluderhosen, indischen Saris und dergleichen. Er erzählte von einer Freundin, die in München solch ein Geschäft hatte. Sie flog immer selbst nach Indien und Indonesien und kaufte exotische Baumwollstoffe und Seide. Sie ließ auch gleich dort nach einfachen Schnitten alles spottbillig nähen. Er machte den Vorschlag, sich Lisas Geschäft selbst anzusehen, und wollte sie auch mit der Münchener Geschäftsfrau bekannt machen. Klein Dominik war, eingelullt in das Stimmengewirr, eingeschlafen. Als Lisa und Florian spät abends gemeinsam aufbrachen und Lisa sich nochmals zärtlich über den schlafenden Kleinen gebeugt hatte, meinte Veronika mit einem leichten Stöhnen: „Oh, er wird mitten in der Nacht schreien und hungrig sein, wo er nun vor seiner Abendfläschchenzeit eingeschlafen ist. Aber ich will ihn nicht wecken."

„Ein dankbares Kind", bemerkte Lisa, „unser Gerede hat ihn nicht gestört."

Sie verabschiedeten sich, einander herzlich auf die Wange küssend. Lisa und Florian schlugen beim Hinaustreten aus der Haustür die Mantelkrägen hoch. Es regnete immer noch in Strömen. Lisa hatte sich erboten, Florian noch schnell Richtung Freilassing zu fahren. Hätte sie es nicht getan, hätte Rainer nochmals in das schlechte Wetter hinaus müssen. Der schlanke große Mann, wohl kaum älter als Lisa, vielleicht sogar ein bisschen jünger, zwängte sich in ihr kleines Auto.

„Mein Wagen ist in der Werkstätte", erklärte er, „ich bekomme ihn erst morgen. Macht es dir wirklich nichts aus, den Umweg zu nehmen? Sonst könnte ich auch ein Taxi rufen."

„Nein, es macht mir wirklich nichts aus", erklärte Lisa. Sie hatte den Retourgang eingelegt und lenkte das Auto aus der Parklücke. Schweigend fuhren sie durch die Stadt. Nur hin und wieder gab Florian kurze Anweisungen den Weg betreffend. Lisa empfand seine schweigende Nähe als durchaus angenehm. Die Ampeln blinkten, das Licht der Scheinwerfer spiegelte sich auf der nassen Straße. Nur da und dort waren Fußgänger zu sehen, die geduckt unter aufgespannten Regenschirmen dem Regen und den spritzenden Fontänen der Autos am Gehsteig zu entkommen versuchten. Als Lisa vor dem hohen Wohnblock hielt, in dem Florian wohnte, reichte er ihr die Hand mit einem festen Druck.

„Also, danke. Bis bald!“, verabschiedete er sich. Er stieg aus und eilte auf die Haustür zu, ohne sich nochmals umzudrehen. Lisa schaltete den Blinker ein, schaute in den Rückspiegel und fädelte das Auto wieder in den träg dahinfließenden nächtlichen Verkehr ein.

Lisa war von dem Gedanken, ihr Geschäft zu ändern, vollkommen ausgefüllt. Bereits am nächsten Tag ging sie in die Dombuchhandlung und ließ sich unter fachlicher Beratung ein ganzes Sortiment zusammenstellen. Bücher über Edelsteine und Halbedelsteine, deren Heilkraft, chemische Zusammensetzungen, Kristallstrukturen und über die wichtigsten Fundorte. Die Buchhändlerin hatte ihr versichert: „Nun haben sie wirklich eine ausführliche Einführung in das Mineralreich.“

Zu Hause bis spät in die Nacht, auch im Geschäft, wenn keine Kunden da waren, beschäftigte sie sich eifrig damit. In freien Stunden machte sie sich auf in die Stadt, um Ausschau zu halten, was in Salzburg bereits an Artikeln aus Asien, Afrika oder Südamerika und an esoterischen Artikeln angeboten wurde. Von der Handelskammer hatte sie sich einen Ausdruck mit den in Frage kommenden Geschäften besorgt. Genaue Marktanalyse war unbedingt notwendig. Bald stellte Lisa fest, dass diese neue Geschäftswelle zwar im Anrollen, der Markt aber erst spärlich bestückt war. Nahezu täglich telefonierte sie mit Florian, der ihr immer geduldig zuhörte. Ihre Begeisterung und ihr Mut wuchsen von Tag zu Tag. Florian bestärkte sie sehr in allen ihren Aktivitäten. Er half ihr, wo er nur konnte, zeigte ihr das Lager und die ganze Handelsfirma, in der er arbeitete. Er erklärte ihr die Organisation, die Kalkulation, gewährte ihr vollen Einblick in die Geschäftsführung. Lisa war so sehr beschäftigt, dass sie keine Zeit hatte, ihre Reise mit Viktor nach Bonn ein wenig vorzubereiten. In letzter Minute legte sie wahllos Kleider, Strümpfe, Schuhe und Wäsche in den Koffer, ohne zu überlegen, was sie brauchen würde. Ein Umstand, über den sie sich bald ärgern sollte, denn sie musste in Bonn feststellen, dass ihre Garderobe unpassend zusammengestellt war. Sie freute sich aber sehr auf diese Zeit mit Viktor. Sie konnte es nicht erwarten, ihm von den neuen Geschäftsplänen zu erzählen.

„Schieß los“, sagte Viktor, als Koffer und Taschen verstaut waren, sie die Mäntel ausgezogen hatten und gegenüber an den Fensterplätzen Platz genommen hatten. Viktor fuhr gern mit der Bahn, es war bequemer, man konnte lesen oder arbeiten. Lisa sprudelte drauf los. Eine Weile hörte Viktor aufmerksam zu, doch immer mehr wurde ihm bewusst, dass Lisa ihn in ihre Pläne ganz realistisch mit einbezog und Gemeinsamkeit erwartete. Er war mit dem Verlauf der letzten Wochen sehr zufrieden gewesen. Lisa hatte sich den Umständen doch widerstandslos gefügt. Sie war lieb und so geduldig gewesen, hatte keine lästigen Fragen mehr gestellt. Er war ja wirklich gerne mit ihr zusammen. Das hatte ihn auch veranlasst, ihr den Vorschlag mit Bonn zu machen. Aber diese Begeisterung und die Zukunftspläne, die sie nun hatte? Es beunruhigte ihn.

„Lisa“, fragte er, „erwartest du, dass ich einen Verkäufer in deinem Geschäft spiele?“

„Hör auf zu blödeln, Viktor. Du weißt genau, wie ich das meine. Ich kann das Geschäft auch verkaufen, kann nach Wien kommen oder sonst irgendwohin, um mit dir zu leben. Aber ich muss die Weichen für meinen Beruf und unsere Zukunft stellen. Wir müssen in diesen Tagen auch wirklich ernsthaft über uns beide reden.“

Das klang ja wirklich gefährlich. Viktor musste sich diesem ernsten Ton sofort entziehen. Geschickt lenkte er ihre Aufmerksamkeit zurück auf ihr Vorhaben.

„Nun zeig erst einmal deinen Bücherschatz, den du da in der Tüte mit dir schleppst.“ Er langte nach der Tragetasche, nahm drei Bücher heraus und begann darin zu blättern.

„Oh je“, lachte er Lisa verschmitzt an, „wie ich das so sehe, wirst du die halben Nächte in hexagonale, tetragonale und kubische Kristallgitter vertieft sein. Ich habe dann gar nichts von dir.“ Er war aus seinem Schuh geschlüpft und begann, mit seinem rechten Fuß bedächtig mit Lisas Beinen zu spielen.

„Mit dir kann man nie etwas Ernstes reden, immer musst du ablenken!“ Lisas Blick war herausfordernd. Viktor gab mit einem Seufzen den Ablenkungsversuch auf, stand auf, nahm seine Aktentasche aus dem Gepäcknetz und zog eine Mappe heraus.

„Ich muss mich auf Bonn noch vorbereiten, Lisa, gleich morgen habe ich die erste Besprechung.“ Er blickte zu ihr hin, sah die Enttäuschung in ihrem Gesicht und Tränen in ihren Augen aufsteigen. Sie so traurig zu sehen, tat ihm weh. „Komm her“, forderte er sie einladend auf. Er nahm ihre Hand, zog sie vom Sitz hoch und sagte: „Wir machen es uns jetzt so richtig bequem.“

Sie waren allein im Abteil, er konnte also zwei Sitze auf einer Seite zu Liegesitzen herausziehen. Sie hatten nun nebeneinander genug Platz und konnten beide die Beine hochlegen. Er legte seinen Arm um ihre Schultern: „Gut so?“

Lisa schmiegte sich an ihn und nahm eines der Bücher in die Hand, Viktor widmete sich seinen Unterlagen.

Die Tage, die sie in Bonn verbrachten, waren nach außen hin geprägt von verspielten Umarmungen, fröhlichem Bummeln durch die glanzvolle vorweihnachtliche Lichterwelt der Geschäftsstraßen, genussvollen gemeinsamen Abendessen in exquisiten Restaurants und Viktors kecken Neckereien. Doch immer mehr machte sich die hintergründige Spannung bemerkbar. Er gab Lisa niemals wirklich die Möglichkeit zu einer ernsthaften Aussprache, auf die sie wartete. Gerade dies wäre ihr so wichtig gewesen. Lisa fühlte, wie Enttäuschung, Groll und Unmut in ihr wuchsen. Die Eskalation eines Konfliktes war vorprogrammiert. Eines Nachmittages, Lisa ging unruhig im Hotelzimmer auf und ab, während er wieder einmal zu arbeiten hatte, drückte er ihr ein paar Markscheine in die Hand und sagte: „Geh und kaufe dir etwas Schönes!"

Lisa war empört. Sie starrte auf die Geldscheine in ihrer Hand.

„Was soll das, Viktor? Ich brauche keine Geldscheine von dir, ich habe mein eigenes Geld!" Sie wollte sie ihm zurückgeben. Er aber drehte sich weg und bemerkte: „Ach, weißt du, ich bin nicht so groß im Geschenke aussuchen. Such dir also selbst etwas für Weihnachten. Bonn bietet viele Einkaufsmöglichkeiten."

„Du brauchst mir auch nichts schenken! Und Geldscheine, mit denen ich allein durch Bonn laufen soll, sind wirklich auch nicht das, was ich unter einem liebevollen Geschenk verstehe." Tränen stiegen in ihr auf, denn sie dachte an das Hemd und die Kleinigkeiten, die sie sorgfältig für Viktor ausgesucht hatte. Sie warf die Scheine aufs Bett.

„Und außerdem, wenn du mich los werden willst, dann sag es! Sag es gleich und sag es gerade heraus!" Sie fühlte Wut in sich aufsteigen.

„Willst du mir, nur weil dir langweilig ist, eine Szene machen, oder was?" Seine Stimme wurde schroff. Nun war Lisa noch mehr empört. Sie wurde erst richtig wütend.

„Du bist doch ein arroganter Macho! Was ist eine Frau für dich? Eine Puppe, die du mit dir herumschleppst? Die du wie aufgezogen neben dir herlaufen lässt, die lacht, wenn du den Knopf drückst, und schweigt, wenn du ihn abstellst? Was willst du von einer Frau? Was erwartest du?" Ihre Stimme war lauter und schärfer, als sie beabsichtigte.

„Hör sofort auf, Lisa. Du benimmst dich wie eine Emanze. Ich war einmal mit einer verheiratet und das reicht!“ Viktor klang sehr verärgert, „und ich will nichts von dir! War wohl keine gute Idee, dich nach Bonn mitzunehmen!“

Das verschlug Lisa die Sprache. Er stand mit dem Rücken zu ihr. Entsetzt starrte sie ihn an. Dann gab sie sich einen Ruck, ging festen Schrittes zu ihm hin, legte die Hand auf seine Schulter, drehte ihn herum und schaute ihm gerade ins Gesicht. Ihre Stimme wurde ganz leise:

„Wenn du nur eine Konkubine brauchst, die ihre Beine für dich aufmacht, dann hättest du das gleich sagen sollen.“

Er schnappte nach Luft, schwieg aber. Lisa nahm Mantel, Hut und Tasche, schlüpfte in die Schuhe und warf die Hotelzimmertür hinter sich zu. Viktor blieb betroffen wie angewurzelt stehen. Der Ärger war ihm mehr zu Kopf gestiegen, als ihm recht war. Schließlich gab er sich einen Ruck und traf eine klare innere Entscheidung, die er sich selbst laut bestätigte:

„Ganz klar! Dieses Verhältnis muss ich schleunigst beenden.“

Zufrieden mit diesem Entschluss, sammelte er die Geldscheine vom Bett, nahm die Unterlagen vom Tisch und steckte sie in seine Aktentasche. Er wollte im Theater weiterarbeiten. Eine Frau, die versuchte, ihn aus seiner Ruhe zu bringen, nein, das ging nicht! An der Rezeption fragte er dann doch nach, ob Lisa eine Botschaft für ihn hinterlassen hätte. Nein, hatte sie nicht. Auch gut! Sie kann ja kommen, wenn sie will, dachte er. Lisa kam aber nicht. Als ihm die Arbeit am Schreibtisch nicht mehr freute, beschloss er, in der kleinen Bar nahe am Theater noch einen Drink zu nehmen. Es war ihm ärgerlich, dass er den Gedanken an sie nicht los wurde. Sicher wartete sie nun im Hotel und würde ihn wieder mit Vorwürfen und lästigen Fragen empfangen. Er bestellte noch einen Kognak und zündete sich eine Zigarre an. Vielleicht war sie aber auch abgereist? Zutrauen würde er ihr das. Er dämpfte also die Zigarre gleich wieder aus, legte sie zurück in die Blechdose zu den anderen, kippte den Kognak hinunter, zahlte und ging. Lisa sah nur kurz von ihrem Buch auf, als er das Hotelzimmer betrat.

„Hallo“, grüßte er knapp.

„Hallo“, gab sie ebenso knapp zurück und vertiefte sich sofort wieder in die Zeilen. Er riskierte noch einen Blick in ihre Richtung. Sie lag im Bett. Sie hatte alle Kopfkissen und Decken um sich herum aufgebaut, ein gemütliches Nest, aber auch eine Festung. Also keine Fragen, keine Diskussionen, kein Streit, stellte er nach einer Weile erleichtert fest. Er ließ sich Zeit im Badezimmer. Sie rechnet wohl damit, dass ich einrenken würde, dachte er, aber da konnte sie lange schmollen, das hatte er nicht vor. Als er aus dem Bad kam, schaute sie wieder nur kurz auf, bemerkte dann aber, dass sie auch seine Decke und sein Polster in ihrem Besitz hatte, und warf sein Bettzeug achtlos auf seine Bettseite hinüber. Viktor legte sich verärgert ins Bett. Er drehte ihr demonstrativ den Rücken zu. Er sah nicht, dass sie ihn heimlich beobachtete und schmunzelte.

„Stört dich das Licht?“, fragte sie, „ich würde noch gerne ein bisschen lesen.“

„Nein, stört nicht“, gab er knapp zur Antwort. Lisa griff nach ihrem blauen Buch. Seit längerem hatte sie keine Eintragung gemacht. Nun schrieb sie:

Wir haben gestritten, Viktor und ich. Ich kann es nicht verhindern, ich fühle, es bleibt nicht aus, auch wenn ich es noch so wünsche. Aber irgendwie war der Streit auch gut. Ich kann wieder besser atmen. Und gerade jetzt fällt mir Carl Friedrich von Weizsäcker ein, was er sagt, in seinem „Garten des Menschlichen“. Es passt ganz genau auf Viktor und mich. Er sagt: „Nichts, was andere für dich und mich tun, nichts, was du für andere tust, was ich für andere tue, kann dir und mir die Aufgabe abnehmen, du und ich zu werden.“

„Ja, das passt genau“, flüsterte Lisa leise. Sie warf einen scheuen Blick hinüber zu Viktor, „wann wirst du der sein, der du eigentlich bist?“ Und wann werde ich die sein, die ich in Wahrheit bin, dachte Lisa und löschte das Licht.

Das Frühstück verbrachten sie mit höflicher Kommunikation, förmlich, aber vorsichtig gingen sie miteinander um. Er hatte im Theater zu tun. Sie entschloss sich doch zu einem Einkaufsbummel, mit eigenem Geld. Nachmittags, verabredeten sie, würde sie ihn vom Theater abholen.

„Einen Cappucino?“, fragte er sie, als sie das Theater verließen.

„Ja gerne“, meinte Lisa und sie gingen schweigend nebeneinander her. Kein Plauderton, kein Lachen, keine Neckerei.

„Also, du liebst es zu schmollen, Lisa. Okay, soll mir recht sein. Aber was hältst du davon, wenn wir ins Kino gehen. Dann kann ich mich wenigstens entspannen.“

Lisa wusste nichts zu sagen. Im nächstbesten Kino kaufte er Karten für die Nachmittagsvorstellung. Ein Visconti Film in italienischer Originalsprache. Es war ein komplizierter Film, wie Lisa bald bemerkte. Da sie nicht italienisch konnte, bekam sie fast nichts mit. Viele Gedanken gingen ihr durch den Kopf. Veronika hatte wohl recht gehabt. Sie sah keine Zukunft für diese Beziehung mit Viktor. Tapfer, denn sie wollte sich nicht anmerken lassen, wie traurig sie war, kämpfte sie immer wieder aufsteigende Tränen nieder.

An diesem Abend war sie es, die sich ganz an die Bettkante rollte und ihm den Rücken zudrehte. Der Film hatte Viktor auch nicht interessiert. Auch er hatte nachgedacht. Sein Entschluss war gefasst, er fühlte, dass er diese Beziehung beenden wollte und zwar schnell. Er glaubte, jetzt würde es Lisa weniger weh tun als später. Er überlegte daher krampfhaft, wie er ihr das möglichst schonend beibringen konnte, denn mit ihrem Schmerz und ihren Gefühlen wollte er nicht konfrontiert werden. Schmerz und Gefühle, das war nichts für ihn. Anderen Frauen, die er gehabt hatte, hatte er einfach seine Aufmerksamkeit entzogen. Er hatte sie, wenn sie zeterten, einfach stehen gelassen. Sie waren dann auch bald verschwunden. Mit Lisa war das doch anders. Mit offenen Augen lag er im Bett. Das Licht hatten sie bereits gelöscht. Er hatte bemerkt, dass Lisa so weit wie möglich von ihm weggerückt war. Er konnte nicht einschlafen und wälzte sich hin und her. Schließlich streckte er vorsichtig seine Hand nach ihr aus und fragte leise:

„Schläfst du schon?"

„Nein", ihre Stimme klang belegt.

Lisa hatte schon die längste Zeit still und leise vor sich hin geweint. Sie wollte aber nicht, dass er es merkte. Doch seine Hand tastete sich über Lisas tränennasses Gesicht.

„Na, komm schon", bat er da weich. Zärtlich zog er sie zu sich herüber. Da begann Lisa haltlos zu schluchzen. Sie konnte es nicht mehr unterdrücken.

„Du redest nicht mit mir. Du gehst mit mir in einen Film in italienischer Sprache, wo du weißt, dass ich nicht italienisch kann!" Sie schluchzte wirklich herzzerreißend. Er drückte sie mit einem Seufzer an sich.

„Und überhaupt, es ist alles so entwürdigend. Du bist verheiratet! Ich liebe dich doch so sehr, aber du denkst nicht daran, dich scheiden zu lassen." Ihr ganzer Körper bebte. Er hatte begonnen, sie unter dem dünnen Nachthemd zärtlich zu streicheln. Seine Hände liebkosten ihren Rükken und Nacken, er massierte ihren Busen, drehte ihre Brustwarzen zwischen seinen Fingern zu festen Knospen. Er streichelte ihren Bauch, ihre Beine. Langsam tasteten sich seine Finger zwischen ihre Schenkel. Er tat alles, was ihr gut tat, er küsste die Tränen von ihrem Gesicht weg, drückte sein Gesicht an ihre Brüste. Lisa fühlte, er versuchte ihr mit Zärtlichkeit und mit seiner Männlichkeit alles zu geben, was er hatte.

Beim Frühstück jedoch war Viktor sehr nervös. Er wirkte verspannt, seine schöne Stimme klang beklommen. Er musste es ihr sagen, jetzt gleich, dröhnten die Gedanken in seinem Kopf.

„Lisa, ich muss dir was sagen."

„Ja", ruhig und glücklich schaute sie ihn an. Es hatte ihr so gut getan, so innig und zärtlich geliebt zu werden. Sie strahlte eine verträumte Schwingung aus. Er jedoch versuchte sie abzublocken.

„Du weißt ja, Gerald kommt morgen."

„Ja, ich freue mich darauf, deinen Sohn endlich kennen zu lernen", antwortete Lisa sofort.

„Ja, aber weißt du, ich hab da nachgedacht. Mein Sohn ist halbwüchsig. Ein schwieriges Alter. Er würde wahrscheinlich die Sache mit dir nicht richtig verstehen."

Lisa schaute ungläubig in sein Gesicht.

„So versteh doch, Lisa. Das verstehst du doch? Ja?" Er fasste zärtlich nach ihrer Hand. Lisa schüttelte den Kopf. Erneut stiegen ihr Tränen in die Augen. Ich pack das alles nicht, dachte sie. Vorwurfsvoll sagte sie: „Nein, Viktor, das verstehe ich nicht. Warum nur kannst du zu unserer Liebe nicht stehen? Warum versuchst du immer zu fliehen?"

Nur nicht erneut so einen Gefühlsausbruch, dachte Viktor, nur das nicht. Er fühlte sich sichtlich nicht wohl. Ein Blick auf die Uhr sagte ihm auch, dass er sich beeilen müsse.

„Hör zu", er bemühte sich um einen versöhnlichen Ton, „ich werde nachdenken. Aber jetzt muss ich mich beeilen. Okay?" Er drückte ihr einen Kuss auf den Mund. „Lass dir noch Zeit, bestell dir noch etwas

Schönes, wir sehen uns zu Mittag."

Lisa nickte. Er stand auf, durchquerte den Frühstücksraum mit schnellen Schritten, drehte sich an der Tür aber nochmals um und schaute Lisa fragend an.

„Es ist okay", versicherte sie, lächelte und winkte ihm zu. Als er mittags zurück ins Hotel kam, fand er Lisa Koffer packend vor. Ein Anflug von Wut stieg in ihm auf.

„Bist du also so beleidigt, so verständnislos, dass du jetzt abreisen musst?"

Lisa drehte sich erschrocken um. Sie war so beschäftigt gewesen, hatte ihn nicht gehört. Sie sah den Zorn in seinem Gesicht, ruhig und aufrecht ging sie zu ihm hin:

„Nein, Viktor, ganz im Gegenteil! Ich habe nachgedacht. Du hast recht, für ein halbwüchsiges Kind ist die Situation wirklich schwer zu verstehen. Ich fahre heim. Es ist gut so."

Er sah in ihr Gesicht, er spürte, sie meinte, was sie sagte. Warum nur konnte er sie nicht gehen lassen?

„Ich habe auch nachgedacht", beteuerte er in versöhnlichem Ton, „ich könnte Gerald absagen. Für wenige Tage von Wien nach Bonn zu fahren, zahlt sich ohnehin nicht recht aus."

Sie spürte, dass er meinte, was er sagte. Sie atmete erleichtert auf.

„Ich bin froh, dass du das sagst, Viktor. Wirklich! Aber ich werde trotzdem fahren. Verstehe das aber bitte nicht falsch, ich habe wirklich nachgedacht. Ich werde mich nie zwischen dich und dein Kind stellen." Ihre Stimme war fest und sicher. Zorn, Ärger und Enttäuschung waren weg. Eigentlich ist sie eine wunderbare Frau, dachte Viktor bei sich.

„Und was meinst du, wie enttäuscht Gerald wäre, wenn du so kurz vorher absagst", fuhr sie fort. Sie drehte sich um und griff nach den restlichen Kleidern im Schrank. Er nahm ihr aber die Kleiderbügel aus der Hand und sagte: „Ich bin wirklich froh, dass du mich verstehst, Lisa. Aber Gerald kommt erst übermorgen, wir haben also noch einen Tag und zwei Nächte!“ Er zog sie an sich und hielt sie fest.

Chaot! Schrieb Lisa in ihr Tagebuch. *Du willst mich, du willst mich nicht. Du willst mich doch. Wovor hast du solche Angst. Davor, dass ich dich verlasse? Oder davor, dass wir uns wirklich tiefer finden und berühren könnten? Davor, dass du entdeckst, dass du mich wirklich liebst?!*

Lisa saß im Zug Bonn-München im Kurswagen nach Salzburg. Sie schaute aus dem Fenster auf die vorbeigleitende, in herbstlichen Nebel gehüllte Landschaft. Ein älteres Ehepaar und ein junges Mädchen saßen mit ihr im Abteil, alle drei lesend. Der etwas rundliche ältere Mann hatte sich gemütlich zurückgelehnt, hielt eine großformatige deutsche Zeitung vor sich, die er immer wieder geräuschvoll umblätterte. Seine Frau, schmächtig und mit einem eigenartigen altmodischen Hut auf dem Kopf, den sie nicht abgenommen hatte, als sie aus dem Regenmantel geschlüpft war, saß steif und aufrecht ihm gegenüber und las in einem Roman. Das Tor zum Glück, stand in großen Buchstaben auf dem gelben Paperback Cover. Das junge schlaksige Mädchen neben ihr las in Schulunterlagen, kaute zuweilen geräuschvoll an einem Kaugummi. Sie erntete dafür von der älteren Frau eindeutig tadelnde Blicke, doch es berührte sie nicht. Nach einer Weile kramte die ältere Frau aus ihrer Tasche eine Tüte mit Bonbons hervor, steckte eines in den Mund und hielt dann die Tüte ihrem Mann über die Zeitung vor seine Augen. Die Störung missbilligend, schob dieser aber mit der Hand die Tüte nur achtlos zur Seite. Von Zeit zu Zeit wiederholte sich das Ritual zwischen den schweigenden Eheleuten. Lisa hatte vorgehabt, zu lesen und sich mit ihrem Geschäft zu beschäftigen.

Doch immer wieder kehrten ihre Gedanken zu dem letzten Tag mit Viktor zurück. Sie fühlte, wie auch immer stärker eine große Traurigkeit von ihr Besitz ergriff. Sie hatte Mühe, die Tränen zurückzuhalten. Der Gedanke, er will mich los werden, hatte sich in ihr verankert. Dabei war dieser letzte Tag mit ihm wunderschön gewesen. Ja, er hatte sie verwöhnt, wie er nur konnte. Ein wunderbares Essen in einem italienischen Restaurant in der Bonner Innenstadt. Minestrone, Pasta, Hummer, Mousse au chocolat zum Nachtisch, Wein und Sekt und eine Liebesnacht, die sie wohl nie vergessen würde. Jeder Zentimeter Haut auf ihrem Körper wurde mit Zärtlichkeit bedacht. Er liebte sie innig, ja inbrünstig, voller Hingabe und Ausdauer. Lisa war der Gedanke durch den Kopf gegangen, mein Gott, für wie lange muss das jetzt reichen. Sie fühlte, er nahm Abschied von ihr. Hilflos, glücklich und zutiefst traurig zugleich, berührt und bewegt, gab sie sich ihm zum Abschied hin.

„Gut", sagte Lisa leise zu sich selbst. Sie bemerkte den erstaunten Blick der älteren Frau nicht. „Es hat so wenigstens etwas Edles behalten." Sie hatte den Morgen mit dem gemeinsamen Frühstück in leichtem Plauderton entspannt mit ihm durchgehalten. Sie hatte bemerkt, dass es ihm nicht gut ging. Er kämpfte innerlich mit sich selbst. Vielleicht hatte auch er, wie Lisa, in der Nacht lange wach gelegen und nachgedacht. Und wie immer sie versuchten, es zu drehen und zu wenden, sie wussten beide: Trotz aller Liebe und Nähe, er war verheiratet! Lisa durfte sich da nicht dazwischen stellen. Sie wollte ihm den Abschied nicht schwer machen. Doch als er sich anschickte, sie zum Bahnhof zu begleiten, hatte sie erschrocken abgewehrt:

„Nein, bitte kein Abschied am Bahnhof! Das macht mich zu traurig."

Der Koffer war also bereits in die Halle gebracht worden. Tasche und Regenschirm in der Hand, war Lisa einen Moment lang so unsicher vor ihm gestanden, hatte geglaubt, gleich umfallen zu müssen. Sie warf sich daher in seine Arme. Viktor hatte ihre Finger so fest um seinen Nakken gespürt, als wollte sie ihn nie mehr loslassen. Er versicherte ihr: „Ich rufe dich an, sobald ich wieder in Wien bin."

Plötzlich hatte sie sich losgerissen. Mit einem „Ciao!" war sie aus der Tür geflohen.

Auf das Eisenbahnfenster schlugen nun große Regentropfen, hinterließen schmutzige Striche auf der Scheibe und klopften einen monotonen Takt. Lisa zog ein Taschentuch aus der Manteltasche und drehte sich so weit wie möglich von den Mitreisenden weg. Dicke Tränen kollerten aus ihren starr aufgerissenen Augen, zogen nasse Spuren über ihre Wangen. Sie konnte sie nicht zurückhalten. Warum? Warum nur war dieses Leben so kompliziert? Warum nur wurde das, was schön und nahe schien, nun wieder von ihr genommen? Lisa fühlte, wie beklemmende Kälte in ihrem Körper hochstieg. Es fröstelte sie. Sie stand auf, hob ihre Reisetasche aus dem Gepäcknetz und suchte eine warme Strickjacke heraus. Sie passte nicht so ganz zu der Hose und dem Pullover, aber das war ihr nun egal.

Das junge Mädchen hatte sich auch erhoben und verließ mit einem gemurmelten Gruß das Abteil. Der Zug verlangsamte sein Tempo stark spürbar. Sie fuhren in den Bahnhof von Stuttgart ein. Lisa hätte beinahe das Gleichgewicht verloren und hielt sich am Gepäcknetz fest. Sie blickte aus dem Fenster. Obwohl es sie fröstelte, öffnete sie dennoch das Fenster. Tief zog sie die nasskalte Luft in ihre Lungen. Sie beobachtete das geschäftige Treiben, das am Bahnsteig herrschte. Menschen, junge und alte, Geschäftsleute, Mütter mit Kindern an der Hand, Männer mit aufgestellten Mäntelkrägen und ledernen Aktenkoffern, Zeitungsverkäufer, Bahnbeamte. Jeder hatte ein Ziel, alle eilten sie sicheren Schrittes, wie es schien, ihren Aufgaben entgegen. Lisa schaute ihnen nach. Was war Lisas Ziel? Auf welche Zukunft ging sie zu? Sie dachte an ihr Geschäft, ihre Pläne, Florian und ihre Freundinnen. Doch alles verblasste, die Begeisterung, die Freude, die sie noch vor einer Woche empfunden hatte, wo waren sie geblieben? Melancholischer Nebel umfing sie. Melancholischer Nebel, der den Schmerz der Enttäuschung verschleierte. Viktor, warum tust du mir das an? Und Lisa sah den Mann vor ihrem geistigen Auge, den Mann, der mit Riesenschritten ihr Herz erobert und so selbstverständlich in seinen Besitz genommen hatte und der nun dastand, hilflos mit hängenden Schultern. Die Zärtlichkeit in seinen Augen verlor sich in der Weite des Raumes, den er sich selbst und seiner Liebe nicht zugestand.

„Würden Sie wohl bitte das Fenster wieder schließen, mein Fräulein! Es zieht!“, zischte die alte Frau mit spitzer Stimme.

„Pardon“, sagte Lisa. Sie schob das Fenster zu. Sie mochte es so gar nicht, wenn sie Fräulein genannt wurde. Schon gar nicht, mein Fräulein. Mit einem kurzen Blick musterte sie die alte Frau, ihr spitzes Kinn, ihre schmalen Lippen, die Falten an ihrem Hals, den komischen Hut auf ihrem Kopf. Die ausgedorrten Hände und die dünnen Finger, die eben wieder ein Bonbon aus der Tüte angelten. Dieses Ehepaar war Lisa unangenehm. Sie verbreiteten eine unangenehme Spannung. Lisa überlegte sich, in einem anderen Abteil einen Platz zu suchen, aber eben wurde die Tür aufgeschoben und weitere Mitreisende, zwei Männer, offensichtlich Geschäftsleute, traten ein. Lisa war nun doch froh über ihren Fensterplatz. Eingehüllt in die warme Strickjacke, lehnte sie ihren Kopf an die Kopfstütze und blickte wieder aus dem Fenster. Gedankenbilder kamen und gingen, wechselten schnell wie die Bilder der vorbeihuschenden Landschaft. Der Regen klopfte weiterhin an die Scheiben, der Zug stampfte mit monotonen Geräuschen, der Waggon schaukelte. Lisa, des Fühlens müde, schloss schließlich ihre Augen und döste in einem seichten Halbschlaf vor sich hin.

Gefühle, die Wurzeln schlagen

Verena schmiegte sich eng an Lisa. Die beiden hatten sich in Verenas Kinderzimmer, eingepackt zwischen Decken und Polstern, auf den Boden gesetzt. Lisa hatte beschlossen, Weihnachten mit ihrer Familie zu verbringen und war nach Graz gefahren. Anna war froh, dass Lisa sich um Verena kümmerte, konnte sie so in Ruhe die Vorbereitungen für den Heiligen Abend erledigen.

„Lies mir eine Geschichte vor, Tante Lisa", hatte Verena gebettelt. Lisa war das recht. Sie hatten sich eine gemütliche Kuschelecke nahe am Heizkörper gebaut.

„Was soll ich dir vorlesen?", fragte Lisa. Verena kam mit einem Buch angerannt, das Lisa ihr zum fünften Geburtstag geschenkt hatte. Lisa nahm das Buch in die Hand.

„Die Möwe Jonathan", las sie und legte ihren Arm um die kleine Nichte.

„Auf der Erde lebte ein Möwenvogel, der hieß Fletcher Lynd. Er war noch sehr jung, doch hatte er schon böse Erfahrungen hinter sich und meinte, dass kein anderer je so hart von seinem Schwarm behandelt, dass niemandem je solches Unrecht angetan worden wäre. Mir ganz gleich, was sie sagen, dachte er wütend und ihm verschwamm alles vor den Augen, als er auf die fernen Klippen der Verbannung zuflog. Fliegen ist doch wichtiger, als nur von einem Ort zum nächsten zu sausen. Das kann jede Mücke! Eine kleine Rolle in der Luft rund um den Ältesten, nur so aus Spaß, und schon haben sie mich ausgestoßen.

Sind sie denn blind? Können sie sich das Glück gar nicht vorstellen, das richtiges Fliegen mit sich bringt? Mir ganz gleich, was sie denken. Ich werde ihnen zeigen, was fliegen heißt. Ich breche das Gesetz, sie wollen es ja nicht anders. Das wird ihnen noch leid tun...

Da vernahm er eine Stimme, die aus seinem Inneren zu kommen schien. Sie tönte ganz sanft und erschreckte ihn doch sehr, dass er erstarrte und durch die Luft taumelte.

Denk nicht so hart über sie, Möwe Fletcher Lynd, die anderen haben sich nur selbst geschadet, als sie dich ausstießen. Eines Tages werden auch sie begreifen, eines Tages werden auch sie sehen, was du siehst. Vergib ihnen und hilf ihnen.

Kaum einen Zoll entfernt von ihm segelte wie schwerelos und ohne eine einzige Feder zu rühren die reinste, die strahlendste Möwe der Welt. Mühelos hielt sie sein Tempo, das für ihn schon Höchstgeschwindigkeit war.

Der junge Vogel war völlig verwirrt.

Was ist das? Träume ich? Bin ich tot? Was ist das?

Leise und ruhig tönte die Stimme aus seinem Herzen fort und verlangte nach Antwort.

Möwe Fletcher Lynd, willst du fliegen?

Ja, ich will fliegen!

Willst du es so sehr, dass du bereit bist, deinem Schwarm zu vergeben? Da du lernen willst und nur lernen und dann zu ihnen zurückkehren und ihnen helfen, damit auch sie verstehen?

Diesem glorreichen überlegenen Wesen gegenüber gab es kein Ausweichen. So sehr der junge Vogel auch an seinem gekränkten Stolz litt, er musste nachgeben.

Ich bin bereit!“

Lisa legte das Buch in den Schoß und schaute ihre Nichte an.

„Warum können wir nicht fliegen?“, fragte Verena, „ich möchte so gerne fliegen!"

„Ja, warum nicht?", überlegte Lisa laut, „wir haben uns Flugzeuge gebaut. Damit können wir fliegen."

„Ja, aber das ist nicht so toll", Verena zog einen abweisenden Schmollwinkel um ihren Mund, „ich will ganz echt fliegen. So wie die Vögel."

„Bist du überhaupt schon mal mit einem Flugzeug geflogen? Du weißt doch gar nicht, wie das ist?"

„Also Tante!", empört gab ihr ihre Nichte einen Schubs, „natürlich bin ich schon geflogen. Wir waren doch im Sommer in Teneriffa!"

„Ach ja", erinnerte Lisa sich, Anna hatte doch vom Urlaub erzählt. Die Tür öffnete sich. Lisas Vater schaute herein.

„Da seid ihr", sagte er.

„Hallo Opa", Verena wurstelte sich schnell zwischen den Polstern hervor und rannte mit ausgebreiteten Armen ihrem Opa entgegen. Das Strahlen seiner Augen erhellte das ganze Zimmer. Er liebte seine Enkelin über alles.

„Tante Lisa liest mir eine Geschichte vor", erklärte die Kleine.

„Sehr schön", antwortete Lisas Vater. Zu Lisa gewandt sagte er: „Anna fragt, ob du eine Jause willst?"

„Ja, ich bin hungrig", rief die Kleine. Sie rannte voraus in die Küche. Anna hatte Brote hergerichtet und Tee aufgegossen, sie war gerade dabei, Teller aus dem Schrank zu nehmen.

„Wie das duftet", bemerkte sie und zog den Geruch von frisch gebackenem Kuchen ein.

„Ja, ich habe noch eine Schokoladentorte gebacken", meinte Anna, „für alle die am Christtag kommen, kann ich nicht genug Kuchen haben."

Mit *alle* war die Familie ihres Mannes gemeint. Seine Mutter und die drei Schwestern mit ihren Männern und Kindern. Es war Tradition, dass Anna die Familie am Christtag zum Mittagessen und zur Kaffeejause einlud.

„Ja, schön, dass du heuer auch wieder einmal da bist“, meinte ihr Vater. Lisa bemerkte den leicht vorwurfsvollen Ton in seiner Stimme. Nicht jedes Weihnachtsfest verbrachte sie bei ihrer Familie, so wie er es gerne gehabt hätte. Sie setzten sich zusammen an den Tisch und Verena zeigte ihrer Tante die Fenster im Adventkalender.

„Es fehlt nur noch eines!“, erklärte sie mit großer Genugtuung und es verriet, wie sehr sie schon auf das Christkind wartete.

„Was wünschst du dir vom Christkind?“, fragte Lisa. Verena begann sofort, eine lange Liste von Wünschen aufzuzählen.

„Also, ein neue Babypuppe, Schienen für die elektrische Eisenbahn, dann einen Puppenherd, den man wirklich anstecken kann, so wie Tanja einen hat, und Eislaufschuhe und ...“

Lisas Vater schüttelte missbilligend den Kopf. Er ärgerte sich immer über die vielen Spielsachen, die dann doch nur herumlagen, und sagte das auch.

„Schrecklich, was die Kinder heute alles brauchen. Sinnlos, liegt bereits nach zwei Tagen alles herum!“ Richtig ärgerlich war seine Stimme.

„Reg dich nicht auf, Opa“, beschwichtigte Anna, „das ist heute eben so.“

Lisa versuchte zu beschwichtigen.

„Nimm der Kleinen doch nicht die Freude, Vater. Du wirst sehen, wenn sie die Geschenke auspackt und ihre Augen leuchten, freust du dich wie jedes Jahr mit ihr!“

Anna fuchtelte geheimnisvoll hinter dem Rücken ihres Vaters mit den Händen herum. Lisa runzelte fragend die Stirn. Der Vater drehte sich um.

„Was ist denn?“, fragte er argwöhnisch.

„Nichts“, antwortete Anna, deutete Lisa jedoch mitzukommen.

„Schau du ein bisschen auf Verena", forderte diese und legte das angebissene Brot auf den Teller, „wir müssen schnell etwas erledigen."

Brummend schüttelte er seinen Kopf, nahm aber die Enkelin auf den Schoß. Lisa zwängte sich zwischen Küchenbank und Esstisch hervor.

„Hast du eine lange Leitung", brummte Anna, als sie die Küchentür geschlossen hatte. „Du musst mir helfen, Vaters Geschenk aus dem Auto zu tragen, bevor er zum Auto geht. Er fährt doch gleich nach der Jause zu seinen Freunden zum Kartenspielen!"

„Ach so", antwortete Lisa. Schnell schlüpfte sie in ihre Stiefel, denn im Hof lag Schnee. Die Familie hatte sie in ihren Alltag aufgenommen. Kindheitserinnerungen umfingen sie wie verträumte Schleier. Eine Wehmut, die wohlig und angenehm war, fing sie ein und bettete diese Weihnachtstage in eine watteweiche Zeit. Als sie wenige Tage später das große zweistöckige Haus verließ, das ihr Elternhaus war, und durch den Hof stapfte, um das große schmiedeeiserne Tor zu öffnen, blieb sie nochmals stehen. Sie drehte sich um und schaute zu den Fenstern der obersten Wohnung hinauf. Da hatte sie ihre Studentenzeit verbracht. Hinter diesen Fenstern hatte ihre erste Ehe begonnen. Nun war die Wohnung vermietet, wieder an eine Studentin, und vielleicht begann gerade jetzt wieder eine Ehe. Im Stiegenhaus hatte sie den jungen Mann getroffen, der eiligen Schrittes die Treppe hinaufgeeilt war. Einen Stock tiefer öffnete sich ein Fenster. Verena winkte und auch Anna tauchte im Rahmen des Fensters auf.

„Tante Lisa, komm bald wieder!", rief die Kleine. Die Fenster im Erdgeschoss, wo ihr Vater wohnte, blieben unbewegt. Er hatte es sich nicht nehmen lassen, sie zu begleiten, und kehrte den Neuschnee von ihrem Auto. Lisa drehte sich um und ging auf das Tor zu. Quietschend öffneten sich die beiden Flügel. Die Äste des großen Hollerbusches neigten sich unter dem Gewicht der Schneehaube tief über die Steinmauer der

Hofausfahrt zu. Lisa ging zum Wagen.

„Danke, Papa“, sagte sie und umarmte ihren Vater fest und herzlich.

„Du musst aufpassen beim Fahren, es ist Schneematsch auf der Straße“, empfahl er besorgt und hielt ihr die Autotür auf.

„Ja, natürlich. Ich fahre ganz langsam“, versicherte sie ihm. Sie startete den Motor, schnallte sich den Sicherheitsgurt um und legte den Retourgang ein. Langsam rollte der Wagen auf das Tor zu. Ihr Vater war auf die Straße getreten und wies sie mit beiden Händen winkend ein bisschen weiter nach rechts.

„Einschlagen, einschlagen“, hörte sie ihn durch das geschlossene Fenster rufen. Sie kurbelte die Scheibe herunter und streckte die linke Hand winkend hinaus. Langsam rollte der Wagen nach vorne an. Im Rückspiegel stand ihr Vater und winkte auch. Sie bog um die Ecke und er machte das quietschende Tor wieder zu. Lisa kurbelte die Fensterscheibe wieder hinauf. Ein Blick auf die leuchtende Benzinanzeige sagte ihr, dass sie bald tanken musste. Die watteweiche Weihnachtszeit war wieder vorbei.

Zurück in Salzburg kümmerte sich Lisa doch wieder mit Hingabe um die Neugestaltung ihres Geschäftes. Veronika und auch Florian blieb jedoch die große Traurigkeit, die Lisa umgab, nicht verborgen. Weihnachten war vorbeigegangen, Neujahr ebenso. Silvester hatte sie mit Veronika, Rainer, Florian und Jutta gefeiert. Es war ein lustiges Fest, zu dem Lisa ihre Freunde eingeladen hatte. Frau Schönborn hütete den kleinen Dominik. Veronika kam bereits am Nachmitttag. Gemeinsam bereiteten sie Aufstriche für belegte Brote und eine große Schüssel mit Mayonnaisesalat vor. Lisa hatte Sekt eingekühlt und gleich eine Flasche geöffnet. So waren sie und Veronika schon leicht beschwipst, als die anderen kamen. Sie hatten viel Spaß miteinander. Rainer zeigte sich von seiner humorvollen Seite. Er brachte sie immer wieder zum Lachen. Gegen Mitternacht bummelten sie durch die Altstadt und tauchten in die dahintreibende Menschenmenge ein. Über ihnen zischten Feuerwerksraketen. Bunte Strahlen und tanzende Sterne stiegen auf und spannten weite Bögen über die Dächer der Stadt. Aus den überfüllten Lokalen drangen alte Schlager und die Rufe „Prosit Neujahr!".

Florian hatte sich eine Sektflasche unter die Achsel gesteckt. Als das Tosen der Menschen und das Läuten der Domglocken Mitternacht anzeigten, zog er die Flasche hervor. Er öffnete sie mit einem Knall, der im Knattern der Feuerwerkskörper unterging.

„Gutes neues Jahr", rief er. Und da Rainer und Veronika sich gerade hingebungsvoll küssten und Juttas Blick am Himmel gefesselt war, schob er die spritzende Sektflasche lachend vor Lisas Mund. Sie trank, lachte und verschluckte sich. Ihr Gesicht war voller prickelnder Perlen.

„Ein gutes neues Jahr!" Florian gab ihr einen festen Kuss auf den sektnassen Mund. Jutta kam heran und umarmte Lisa und auch Florian stürmisch. Rainer und Veronika taten es ihr nach.

„Was es uns wohl bringen wird, dieses neue Jahr?", fragte Jutta. Florian reichte die Sektflasche weiter, damit jeder etwas bekam. Sie feierten, ausgelassen und fröhlich.

Wenig später wollte Jutta Lisa zum Schi fahren einladen, auf ein verlängertes Wochenende um den sechsten Jänner, doch sie hatte abgelehnt. Sie wollte lieber allein sein. Und war Silvester auch lustig gewesen, an den langen Abenden des neuen Jahres war Lisa doch oft sehr traurig.

„Ich weiß doch, dass es aus ist", schimpfte sie mit sich selbst, wenn sie sich dabei ertappte, bei jedem Klingeln des Telefons sofort an Viktor zu denken, und mit Herzklopfen den Hörer abhob. So auch an einem Abend, als sie müde und abgespannt heimgekommen war, gerade Teewasser aufstellen wollte und das Telefon klingelte.

„Mosbacher!“

„Hallo Lisa, du klingst aber traurig. Da ist Christiane!“

„Ah, hallo Christiane, wirklich nett, dass du anrufst.“ Lisa zog sich den Hocker näher zum Telefon und setzte sich. Mit Christiane würde das Gespräch wohl länger dauern. Die zwei Freundinnen telefonierten selten, nahmen sich dann aber Zeit füreinander.

„Was ist los? Geht`s dir nicht gut?“, fragte Christiane besorgt, der Klang in Lisas Stimme gefiel ihr nicht.

„Doch doch, ich bin nur müde. Weißt du, ich bin dabei, das Geschäft umzustellen und ich möchte...“

„Ach so!“, Christiane fiel ihr ins Wort, „du musst mir das später erzählen. Ich muss dir etwas Wichtiges mitteilen!“ Aufregung war in Christianes Stimme zu spüren.

„Ja, bin gespannt“, sagte Lisa.

„Kannst du es dir nicht denken?“

„Nein, ich weiß jetzt nicht, was du meinst? Ist etwas mit Rolf?“ Lisa wusste, dass es zwischen Christiane und Rolf doch wieder geklappt hatte und beide ein Paar waren.

„Ich bin schwanger“, triumphierend und voller Freude posaunte Christiane die Neuigkeit heraus.

„Oh, gratuliere! Das ist wundervoll, ein Baby.“ Christiane war viel zu aufgeregt über ihren eigenen Zustand. Sie spürte nicht, wie Lisas Tonfall sich noch mehr zur Traurigkeit hinsank. Lisa war froh, dass Christiane fortfuhr zu reden und erzählte, dass sie und Rolf heiraten würden. In wildem Durcheinander schilderte sie Lisa die Pläne für die gemeinsame Wohnung, die Ausstattung des Kinderzimmers, die Gestaltung der Hochzeitsfeier und das Ergebnis der ersten Ultraschalluntersuchung. Still und steif, mit Tränen in den Augen saß Lisa da und hörte zu. Das Glück war scheinbar nur für die anderen da. Nicht für sie!

„Ich gönne dir dein Glück von Herzen“, erwiderte Lisa, als Christiane ein wenig außer Atem ihre Schilderungen beendet hatte.

„Ja, toll nicht? Ich bin so glücklich!“ Es war durch das Telefon zu spüren.

„Aber jetzt erzähle von dir, was gibt es bei dir Neues?“

Lisa erzählte ihrer Freundin vom Geschäft und ihren Plänen. Christiane hörte zu, unterbrach dann aber plötzlich und sagte, „du, wir müssen es jetzt kurz machen. Rolf kommt gerade heim!“

Sie tauschten noch ein paar Worte. Lisa legte den Hörer auf. Sie ging in die Küche und setzte nun Teewasser auf. Aus der Lade wählte sie zwischen Früchte-, Earl Gray, Kräuter- und grünem Tee den Kräutertee aus. Sie legte den Einsatz in die Teekanne und gab die Kräuter hinein. Nun musste sie warten, bis das Wasser aufgekocht war. Sie ging hinaus auf den Flur, mit einem Lächeln holte sie eine große Einkaufstüte in den Wohnraum und zog aus dieser das Frühlingskostüm, das ihr vor mehr als einem halben Jahr vermeintlich gestohlen worden war. Das Telefon klingelte erneut. Veronika war am Apparat und wollte sich nach Lisas Befinden erkundigen. Lisa war dankbar für die liebevolle Fürsorge, mit der Veronika sie umgab, und erzählte ihr von dem Kostüm, das sie zurückbekommen hatte.

„Denk dir, bin ich doch heute in die kleine Boutique gegangen, um mir etwas für das Konzert zu kaufen, du weißt schon, etwas Klassisches. Die Verkäuferin schaute mich groß an und sagte, sie sind die Dame. Eilte davon! Doch denk dir, mit was sie zurückkam?“

„Weiß ich nicht“, überlegte Veronika.

„Mit meinem Kostüm! Erinnerst du dich, das Kostüm, das mir gestohlen wurde im Frühling! Wo ich meinte, es sei gestohlen worden", verbesserte sie sofort.

„Nein, tatsächlich, wie gibt es denn das?", Veronika lachte ungläubig.

„Ja, eine Frau hatte die Tüte im Geschäft abgegeben. Der Rechnungszettel mit der Anschrift der Boutique war in der Tüte. Sie hatte es unabsichtlich zusammen mit eigenen Einkaufstaschen mitgenommen. Sie war sogar zu der Bank am Kai zurückgegangen, als sie es bemerkt hatte. Da war ich aber nicht mehr da, erzählte die Verkäuferin. Also hat sie alles ins Geschäft gebracht und der Verkäuferin die Geschichte erzählt. Sogar eine kleine Packung Mon Chéri hat sie beigelegt."

„Ist ja wirklich eine unglaubliche Geschichte", erwiderte Veronika, „es gibt noch ehrliche Leute!"

„Ja, nicht wahr", bestätigte Lisa, „ich schäme mich auch ein bisschen, dass ich sogleich nur an Diebstahl gedacht habe." Die beiden unterhielten sich angeregt. Zwischendurch legte Lisa den Hörer kurz zur Seite, um den pfeifenden Teekessel von der Platte zu nehmen. Doch bis das Gespräch beendet war, war das Wasser nur mehr lauwarm. Es war spät am Abend desselben Tages, als das Telefon nochmals klingelte. Lisa hatte schließlich ihren Tee doch noch zubereitet und getrunken. Sie hatte ein Käsebrot gegessen und den Fernseher eingeschaltet. Zusammengerollt unter einer Decke lag sie gemütlich auf der Couch und folgte der Geschichte am Bildschirm. Ein Krimi aus der österreichischen Serie „Der Alte". Sie musste erst die Fernbedienung unter der Decke hervorsuchen, um den Ton leiser zu schalten, bevor sie den Telefonhörer abhob.

„Mosbacher."

„Hallo Mädl, entschuldige, dass ich dich so spät anrufe." Viktors warme Stimme klang an Lisas Ohr, berührte sofort ihr Herz.

„Viktor!" Sie wusste nicht, ob die Entschuldigung der Tageszeit oder den sechs Wochen galten, die seit Bonn vergangen waren.

„Wie geht`s dir denn? Welche Fortschritte macht dein Geschäft?“, fragte er in leichtem Ton. „Weißt du, ich wollte mich nur mal erkundigen, wie es dir so geht.“

Aha, die Weichen waren tatsächlich in Richtung Abschied gestellt, dachte Lisa sofort. Zögernd antwortete sie: „Ganz gut! Danke der Nachfrage. Und wie geht es dir?“

„Auch sehr gut! Du weißt ja, ich habe genug zu tun.“

Schweigen breitete sich aus. Lisa brach es, indem sie sagte: „Ich weiß nicht, was ich sagen soll.“

„Erzähle mir einfach.“

„Was soll ich dir erzählen? Du weißt, ich bin am Organisieren und Planen mit dem Geschäft. Ich komme gut voran“, irgendwie war Lisa gehemmt. Sie konnte nicht einschätzen, worauf sein Anruf hinauslaufen würde. Sie wollte ihn da haben, ihn fühlen, ihn sehen. So am Telefon, das war schwierig. Sie spürte wieder diese komische, beklemmende Angst.

„Ja, weißt du, eigentlich habe ich keine Zeit, nach Salzburg zu fahren, aber ich dachte, vielleicht möchtest du nach Wien kommen. Da habe ich zwar auch nicht viel Zeit, aber wir könnten zumindest gut Essen gehen und ein wenig miteinander reden. Ich möchte dir auch etwas Wichtiges sagen, persönlich“, sagte er mit Nachdruck.

„Ja, gerne“, antwortete sie erfreut. So stehen lassen kann er es also doch nicht, dachte sie. Gott sei Dank! Er will reden, das ist ja schon etwas!

Sie verabredeten sich für den nächsten Sonntag in Wien. Lisa setzte sich wieder auf die Couch, der Fernseher lief immer noch, doch ihre Gedanken waren ganz woanders. Was machte es bloß so schwierig mit ihm? Warum wollte er sich immer wieder dieser Beziehung entziehen und konnte doch nicht fort? Sie hatten es schön miteinander. Er zeigte ihr doch immer wieder, was er für sie empfand. Liebe und Zärtlichkeit. Er konnte so sanft und liebevoll sein, doch dann diese Mauern! Warum? Wo lag sein Problem? Lisa dachte noch längere Zeit nach, fand aber keine Antworten auf ihre Fragen. Nun gut, dachte sie, Sonntag! Sonntag in Wien.

Ein Kaffeehaus. Viktor hatte ihr genau beschrieben, wie sie es finden würde und wo sie ihr Auto parken konnte. Lisa war vor ihm da. Abgewetzte Lederbänke, dunkelrot, beige gestreifte Tapeten, ein alter knarrender Holzparkettboden, ein paar Spiegel, Drucke von Klimt in pompösen Rahmen, kleine Lampen seitlich an der Wand mit vom Rauch gelblichen Glaskristallen. Gablonzer Glas, dachte Lisa und bestellte eine Melange bei dem älteren herbeischlurfenden Kellner, dessen verwaschenes Hemd schlampig unter dem Jackett hervorhing.

„Bitte sehr, gnädige Frau, bitte gleich. Bitte gern", bestätigte er mit singender Stimme, sagte diesen Satz wohl zum hundertausendsten Mal in seiner Karriere als Kellner eines typischen Wiener Kaffeehauses. Dabei wischte er mit einem weiß und blau karierten Tuch mehrmals über den Marmortisch. Die Ärmel des Jacketts spiegelten an den Ellenbogen, so sehr waren sie abgewetzt. Lisa hatte die Beine übereinander geschlagen, wippte mit einem Fuß nervös hin und her, schlug mit ihrem Absatz gegen die Bank. Ihr Blick fixierte die Tür. Knarrend schwang sie auf. Lisas Herz schlug aufgeregt, doch ein alter Mann mit einem müde wirkenden Schäferhund an der Leine trat ein. Lisa nippte an ihrer Melange. Da ging die Tür wieder auf. Viktor trat ein. Er blickte zu ihr hin und neigte seinen Kopf etwas schief, sein Blick war fragend. Während er langsam auf sie zuging, schlüpfte er aus seinem grünen Lodenmantel, hängte ihn über einen Stuhl und neigte sich zu Lisa nieder. Lisa war sitzen geblieben. Es war ihr einfach nicht möglich gewesen aufzustehen. Sie fühlte die Wärme seines Atems, spürte seinen Kuss auf ihren Lippen. Sie war sich des Tisches, der zwischen ihnen stand, schmerzlich bewusst.

„Hallo Mädl! Tut gut, dich zu sehen." Warm und weich war seine Stimme.

„Hallo Viktor", Lisas Stimme klang zaghaft.

Viktor setzte sich ihr gegenüber auf einen Sessel, schob seine Hände über den Tisch und nahm Lisas Hände in die seinen. Zuerst die eine, dann die andere, führte er sie langsam an seine Lippen, ohne den Blick von ihrem Gesicht zu nehmen, und hauchte einen Kuss auf ihre Finger. Lisa sah in seine Augen und war berührt von der Geste.

„Bist du mir böse, weil ich mich so lange nicht gemeldet habe?"

„Du wirst mir sicher erklären, warum du dich nicht gemeldet hast."

„Ja", Viktor ließ ihre Hände los. „Ich will es versuchen." Der Kellner schlurfte wieder herbei, Viktor bestellte. Schweigend warteten sie, bis sein Mineralwasser gebracht worden war. Sie bemerkte seine Unsicherheit.

„Also komm, jetzt erzähle mir, was los ist", forderte sie ihn aufmunternd auf.

„Ja, weißt du Lisa, ich bin in einer schwierigen Situation. Zum einen ist da Ana und zum anderen ist da noch eine Frau, die ich schon lange kenne."

Lisa starrte ihn an. Noch eine Frau, sie konnte es nicht fassen.

„Ja, Gabi. Weißt du, wir hatten einmal etwas miteinander und sie hatte einen Partner, der war schwer krank, verstehst du?" Viktors Stimme war eindringlich geworden. Aufmerksam beobachtete er Lisa, sie zeigte jedoch keine Reaktion. „Ja", fuhr er fort, „und dieser Mann ist jetzt verstorben. Ganz scheußlich, an Krebs. Gabi ist so allein, so hilflos. Verstehst du, sie braucht mich jetzt. Sie braucht mich eben ein bisschen."

Lisa starrte ihn mit weit aufgerissenen Augen an. Sie saß nur da und starrte ihn an. Viktor langte wieder über den Tisch und versuchte, ihre Hände zu ergreifen, aber sie wehrte ab.

„Ich muss nun für sie da sein, Lisa. Und sie möchte mit dir sprechen. Sie wird dir alles erklären. Sie wartet. Kommst du mit?“, Viktor sah Lisa flehentlich an. Seine Stimme war merklich noch unsicherer geworden. Er sah, wie Lisa dasaß. Aufrecht, stumm und mit weit aufgerissenen Augen. Es machte ihm Angst. „Komm mit, sie wird mit dir reden. So von Frau zu Frau. Ihre Wohnung ist nicht weit von hier.“

Alles, was Lisa von ihm gehört hatte, drang wie in einem Traum in ihr Bewusstsein. Nein, sie konnte das nicht verstehen, konnte es nicht fassen. Hatte er da all die Zeit neben ihr und Ana noch eine Freundin gehabt?

„Und Ana?“, fragte sie daher, tief nach Luft ringend.

„Ach, lass Ana aus dem Spiel. Sie hat damit nichts zu tun.“ Viktor war sprungbereit auf die Sesselkante vorgerutscht. Die Szene war ihm höchst unangenehm. Wie blöd ich doch bin, dachte er bei sich. Was hatte ich mir nur davon erwartet. Er fühlte, wie Ärger in ihm hochschoss. Ärger auf Gabi. Das war ja ihre Idee gewesen, dieses Treffen mit Lisa. Eigentlich hatte er ja gemeint, Gabi würde Verständnis zeigen, wenn sie Lisa sehen und ihre stille Art, ihre vertraute Beziehung spüren würde. Gabi würde ihn loslassen und Lisa würde sich weiterhin mit einer oberflächlichen Beziehung zufrieden geben, aus Angst, ihn gänzlich zu verlieren. Das war so seine Kalkulation gewesen. Doch nun war Lisa so erschrocken. Er sah es, er fühlte, er tat nicht das Richtige. Aber was wäre das Richtige gewesen? Wieso hatte er sich bloß wieder bei Lisa gemeldet. Es wäre so einfach gewesen, es nicht zu tun! Auch Lisa beobachtete ihn nun nachdenklich, immer noch schweigend. Auch in ihrem Kopf überschlugen sich die Gedanken wie rasend. Schließlich hatte sie sich gefasst und sagte vollkommen ruhig und beherrscht:

„Viktor, ich habe in Bonn schon gemerkt, dass du dich verabschieden möchtest. Ich dachte, du nimmst wenigstens deine Ehe mit Ana nun ernst. Aber das jetzt, Gabi, eine arme hilflose Puppe, die du bemuttern musst!? Nein, tut mir leid, dafür habe ich kein Verständnis."

Viktor sah sie an und mit einer etwas verlegenen Geste strich er sein Haar zurück.

„Sie braucht mich. So komm doch mit!", bat er stockend.

„Hör zu", antwortete ihm Lisa, „und bitte, merke dir das. Es ist deine Entscheidung, in welchen Armen du liegen willst. Welche Frau du trösten musst. Ich brauche keinen Trost, ich wollte glücklich mit dir sein. Gemeinsam ein Leben aufbauen! Entscheidest du dich jetzt für Gabi, dann musst du zu ihr gehen und diese Erfahrung eben machen!" Ihre Stimme war klar, aber auch hart. Ihr Blick immer noch starr auf ihn gerichtet. Viktor sah sie an. Sie war wütend. Ihr war alles plötzlich so unerträglich. In scharfem Tonfall schrie sie ihn an:

„Geh jetzt, bitte! Geh!"

„Lisa?", er war fassungslos. „Du meinst, ich soll jetzt aufstehen und gehen?" Viktor fühlte Stiche in seiner Brust. Das war ja ein Hinauswurf. Sie schickte ihn fort?! Nein, unmöglich. Lisa, die immer so sanft war, schrie ihn an, mitten in einem Kaffeehaus. Es war ihm zu unangenehm, er hatte die Situation nicht im Griff.

„Ja, genau. Geh jetzt, bitte! Geh dort hin, wo du glaubst, hingehen zu müssen! Geh dort hin, wo du glaubst, glücklich zu sein!" Ihre Stimme wurde schrill, sie bebte vor Aufregung und Ärger.

Da sprang er auf. Stand noch für eine kurze Weile unsicher vor ihr, mit herabhängenden Armen, drückte ihr dann einen Kuss auf die Stirn und verließ fluchtartig das Lokal. Als die Schwingtür hinter ihm bereits zugeschlagen war, fiel ihm ein, dass er nicht einmal bezahlt hatte. Er betrat das Kaffeehaus erneut, ging an den Tresen, legte dem Kellner einen Schein hin. Er drehte sich um und schaute zu Lisa hin. Sie saß immer noch aufrecht auf der Bank, starrte vor sich hin. Er war nicht sicher, ob sie sein Zurückkommen bewusst wahrgenommen hatte. Plötzlich tat es ihm schrecklich leid, alles mitsammen. Am liebsten wäre er zu Lisa hingerannt, hätte sie fest in den Arm gedrückt. Aber irgendetwas hielt ihn zurück, irgendetwas in ihm sagte, ich kann nicht. Ich kann nicht mit dieser Frau. Als er erneut auf die Straße trat, fühlte er heiße Tränen in sich aufsteigen und würgte sie hinunter. Geweint hatte er doch noch nie. Er schüttelte den Kopf, stellte den Mantelkragen hoch. Wie benommen eilte er mit schnellen Schritten davon. Er schämte sich. Das war ein vollkommen neues Gefühl. Er, ein Mann in einer erfolgreichen Position, über vierzig Jahre alt, hatte sich dumm und geradezu lächerlich benommen. Was hatte er sich nur dabei gedacht? Lisa würde schluchzen, sich an ihn klammern? Ihn bitten, bei ihr zu bleiben? Ein paar Straßen weiter wurde ihm bewusst, dass er ziellos davongelaufen war. Er schaute auf. Dann machte er sich auf die Suche nach dem nächsten Taxistand.

„Schluss, Viktor Grohmann! Schluss mit all den Frauengeschichten. Ich werde mit Ana reden!“, laut sagte er sich das vor. Ja, Lisa hatte recht, es wurde Zeit, dass er eine ordentliche Ehe führte.

Lisa saß noch lange wie angewurzelt auf dem Platz. Ihre Gedanken kreisten wirr in ihrem Kopf. Ihr Herz pochte laut.

„Ich habe ihn weggeschickt!“, fassungslos formte sich die Realität in diesem Satz zur vollen Wahrheit. Ihr Blick ließ die Tür nicht aus den Augen, als meinte sie, er würde zurückkommen. Sie könnte mit ihm reden, könnte versuchen, ihn zu verstehen.

„Wollen die gnädige Frau noch etwas trinken? Oder essen?“ Der

Kellner wischte mit der freien Hand wieder mit seinem Tuch über den Tisch, in der anderen hielt er das Kaffeetablett mit Lisas Tasse und Wasserglas und dem Mineralwasserglas Viktors darauf.

„Ah? Wie bitte? Ach so, danke nein." Lisa konnte nun die Tränen kaum zurückhalten. Ein Zittern erfasste ihren Körper. Der Kellner, der ja die Szene beobachtet hatte, redete ihr gut zu.

„Essen Sie etwas. Es wird Ihnen gut tun. Gulaschsuppe, Hühnersuppe, ein Würstl mit Senf?", fragend hob er seine Augenbrauen. In seinem rundlichen Gesicht schoben sich die Falten wie bei einem Dackel in sanften Wellen über die Stirn, „einen Toast? Ja?" Warm, gutmütig und väterlich war seine Stimme.

„Nein danke", Lisa wehrte ab, besann sich aber, als der Kellner sich bereits resignierend am Absatz umgedreht hatte, eines Besseren und bestellte eine Hühnersuppe.

„Sehr gut, gnädige Frau. Hühnersuppe. Ja, bitte gern, ja, bitte gleich. Eine gute Hühnersuppe!"

Das Gefühl von Wut, Enttäuschung, Empörung wurde von dem schleichenden Gefühl, versagt zu haben, untergraben. Sie sah immer wieder Viktors Gesicht vor ihrem inneren Auge, es sagte ihr, es tut mir leid, ich kann nicht anders. Und waren es zunächst Tränen der Wut und des Schmerzes, die sie niederkämpfen musste, so waren es nun Tränen der Trauer. Woher kam dieses Gefühl? Diese Traurigkeit. Diese trostlose, hoffnungslose Traurigkeit. Später im Auto, zurück auf der Fahrt nach Salzburg versuchte sie, genau nachzudenken. Doch Gedanken und Gefühle waren zu aufgewühlt. Schneeregen klatschte an die Scheiben. Die Fahrbahn war glatt. Lisa musste ihre Aufmerksamkeit und Konzentration auf das Lenken des Autos richten. So nahm sie sich vor, mit Jutta zu reden. Jutta schien sehr offen für Probleme ihrer Mitmenschen zu sein. Und schließlich war sie älter, hatte mehr Erfahrung als Lisa und hatte so eine besondere Ausstrahlung. Ja, das kam wohl von diesen Meditationen, zu denen Jutta Lisa und Veronika schon öfter eingeladen hatte. Vielleicht sollte ich da einmal hingehen, dachte Lisa, konnte nun aber den Schmerz doch nicht zurückhalten und begann, haltlos zu weinen. Die Tränen verschleierten ihren Blick. Nasskalt, innen und außen. Lisa war froh, vor sich den Hinweis auf einen Rastplatz erblickt zu haben, sie schaltete den Blinker ein, bog von der Autobahn ab und ließ den Wagen langsam ausrollen. Sie suchte ein Taschentuch aus der Handtasche, schneuzte laut und energisch ihre Nase und fühlte, wie die Traurigkeit erneut der Wut wich.

„Blöder Scheißkerl! Ich werde mich wegen dir nicht kränken. Lauf halt zu deinen Frauen! Du wirst schon sehen, wie weit dich das bringt!" Lisa schimpfte laut vor sich hin, stellte den Mantelkragen hoch, zog sich eine Mütze über die Ohren und stieg aus dem Auto. Energisch stapfte sie einige Schritte durch den Matsch. Schimpfen, Tränen, Schneuzen, Wut, Schmerz und Trauer im Gesicht und im Herzen.

„Du Affe, du blöder, du blöder Kerl", schimpfte sie laut. Lisa hatte den vor ihr parkenden Fernlastwagen nicht beachtet. Der Fahrer, an einer Wurstsemmel kauend, hatte Lisa durch den Rückspiegel belustigt beobachtet, durch die heruntergekurbelte Fensterscheibe ihr schimpfendes Selbstgespräch mitgehört.

„Na, Ärger im Bauch?" Erstaunt verstummte Lisa und blickte in ein rotbärtiges, grinsendes Gesicht. Der Fahrer hatte sich aus dem Fenster gebeugt. Der Schneewind fuhr ihm durch sein struppiges Haar, das wie eine wilde Feuerdornhecke seinen Kopf umwucherte und in den langen, ebenso struppigen Bart überging.

„Ja", meinte Lisa knapp. Aus ihr unerklärlichen Gründen blieb sie wie angewurzelt stehen.

„Und immer sind wir Männer schuld! Stimmt`s?", lachte der Mann gutmütig.

„Ja, stimmt genau. Was Gott sich wohl dabei gedacht hat, die halbe Menschheit als solch verunglückte männliche Rasse zu erschaffen? Das frage ich mich wirklich!" Lisas Stimme wurde trotzig. Sie schneuzte sich nochmal kräftig die Nase. Es war ihr egal, was dieser Mann von ihr denken würde!

„Ja, lassen Sie es nur heraus! Nur zu, das tut gut. Schauen Sie, wir Männer schimpfen und fluchen und dann ist uns leichter. Das zumindest könntet ihr Frauen von uns lernen!" Er warf Lisa einen ermutigenden Blick zu. Als diese schwieg, ohne jedoch den Blick von seinem Gesicht zu nehmen, begann er auszusprechen, was in ihr tobte: „Scheißkerl, saublöder! Schleich dich doch, verdammte Arschgeige. Zisch ab, es gibt bessere als dich! Andere Mütter haben auch nette Söhne!", belustigt blickte der fremde Mann in Lisas Gesicht. Ein Anflug von Lachen huschte über Lisas Mund. Ihre blonden Haare, die unter der Mütze hervorhingen, waren bereits klatschnass und klebten an ihrer Stirn.

„Männer, Blödmänner, dumme, hirnverbrannte Klugscheißer. Schade um jeden Gedanken und jedes Wort, das ihr doch nicht versteht! Na? Ist doch so?!", fuhr der Rotschopf fort.

Lisa lachte nun lauthals. Fröstelnd hüpfte sie von einem Fuß auf den anderen.

„Sie sind ja schon ganz nass. Na, kommen Sie doch einen Moment herein zu mir. Ich habe eine gute warme Standheizung und heißen Tee."

„Nein, nein. Danke. Das geht nicht", sagte Lisa abwehrend.

„Warum nicht? Keine Sorge, mein Grundsatz ist, niemals Sex mit einer wütenden Frau. Das sind nämlich die, die wir dummen Männer dann heiraten!"

Lisas Lachen wurde laut und glucksend. Ihr war die Komik der Situation bewusst geworden. Sie stand da im kalten Schneeregen, das mit Tränen verschmierte Gesicht in den Nacken gelegt, um zu diesem Mann hochzuschauen, der, um sie zu erheitern, über Männer schimpfte. Und dies wie auch das Gesicht mit dem struppigen Feuerdornbart faszinierten sie mehr und mehr. Der Fahrer hatte die Tür geöffnet. Er reichte Lisa seine Hand. Er zog sie einfach hinauf auf die Fahrerseite, rutschte selbst auf den Beifahrersitz und ehe Lisa sich versah, saß sie hinter dem großen Lenkrad. Sie nahm ihre Mütze ab, wischte sich die nassen Haare aus dem Gesicht und die zerronnene Wimperntusche mit einem Taschentuch von den Augen. Dann nahm sie den Becher mit heißem Tee, den er ihr reichte, zwischen ihre Hände und wärmte sich die Finger daran. Sie sah ihm zu, wie er sich mit bedächtigen Bewegungen auch selbst einen Becher aus der Thermoskanne eingoss. Seine Hände waren kräftig. Auf den Handrücken kräuselte sich rot schimmernder Haarflaum. Unter den Fingernägeln hatte er dunkle Ränder. Er bemerkte ihren Blick auf seinen Hände. Entschuldigend sagte er: „Bei dem Sauwetter muss man andauernd etwas richten."

Lisas Blick wanderte weiter. „Wie in einem Cockpit", stellte sie mit einem Blick auf die Armaturen fest. Sie war sich bewusst, Cockpits auch nur aus Filmen zu kennen. „Ganz schön kompliziert so ein riesiges Ding!"

„Ja", brummte er und schob Lisa eine Wurstsemmel zu, die sie aber mit einem Kopfschütteln schweigend ablehnte.

„Wie geht es Ihnen mit Frauen?" Sie hätte ihn nach der Fahrtroute, der Ladung und den beruflichen Anstrengungen des Fernfahrens fragen können, aber es interessierte sie nicht wirklich. Lieber wollte sie etwas Persönliches von diesem kräftigen und durchaus sympathischen Kerl wissen. Neugierig schaute sie ihn über den Rand des Teebechers an, an dem sie nippte.

Wie alt er wohl sein mochte? Ende dreißig, Anfang vierzig?

„Mich hat eine gezähmt. Ich komme ganz gut zurecht mit der göttlichen Schöpfung des zweiten Teils der Menschheit." Sofort war wieder das amüsante Grinsen in sein Gesicht geschrieben. Auch er musterte Lisa von der Seite. „Man muss euch eben nehmen als das ihr seid. Angenehm zum Anschauen."

„War das ein Kompliment?"

„Ja, schon. Nun erzählen Sie schon! Was ist los mit Ihrem Freund? Was hat Sie so geärgert?" Seine Stimme war nun ernst und einfühlsam.

„Ach, nicht der Rede wert. Ich will da jetzt nicht mein Herz ausschütten. Erzählen Sie lieber von sich. Von Ihrer Frau. Das interessiert mich. Muss nicht einfach sein, da Sie ja sicher viel unterwegs sind?"

„Sind Sie schon lange zusammen mit Ihrem Freund?" Er ließ sich nicht abbringen.

„So ungefähr ein Jahr", antwortete Lisa zögernd.

„Ach, das ist noch gar nichts!", erklärte er. „Sie müssen Geduld haben. Es dauert schon, bis wir Kerle einmal Vertrauen haben können zu einer Frau. Bei mir hat es neun Jahre gedauert, bis ich kapiert habe."

„Neun Jahre? Wie meinen Sie das?", Lisa blickte ihn erschrocken an.

„Ja, neun Jahre hatte sie Geduld mit mir, meine Schnuckimaus, meine süße. Da sehen Sie, das ist sie!" Zärtlichkeit schwang in seiner Stimme. Er klappte die Sonnenschutzblende an der Windschutzscheibe vor Lisa herunter. Auf der Rückseite lachte ihr das grell geschminkte Gesicht einer rundlichen Blondine entgegen. Ein Foto, auf dessen unteren Rand etwas verwischt, aber deutlich sichtbar ein Lippenstiftkuss in grellem Rot prangte. Sei brav, Schmusekater, stand in blauer Kugelschreiberschrift daneben.

„Sehr schön", sagte Lisa und betrachtete das Gesicht der Blondine genauer, während sie dem Mann an ihrer Seite zuhörte.

„Ja, es hat lange gedauert. Ich war immer unterwegs. So richtig für Familie bin ich nicht geschaffen. Sie hat alles irgendwie überstanden mit mir, meine Lisbeth! Die Frauen, na, Sie wissen schon, wenn man so unterwegs ist. Und auch das Spielen. Das Spielen ist verhängnisvoll. Ich hab's gelassen. Ihr zuliebe."

„Was haben Sie gespielt? Roulette im Kasino?"

„Nein, Automaten. Stehen ja überall welche herum. Die Stopps am Wochenende sind langweilig. Darfst ja nicht weit weg vom Zug! Und die fressen ganz schön viel Bares. Verstehen Sie? Der ganze Sold war oft weg und manchmal machte ich sogar Schulden. Ich brachte nicht viel heim in den ersten Jahren. Aber sie hat alles geschaukelt mit ihrem Lohn als Verkäuferin in einer Trafik."

„Haben Sie Kinder?"

„Nein. Sie hat eine Tochter. Hatte sie schon vor mir. Sie ist schon groß."

„Wie alt ist Ihre Frau?" Lisa betrachtete immer noch das Foto.

„Ein bisschen älter als ich. Nicht viel, drei Jahre. Das ist gut für mich. Wissen Sie, ein Mann braucht dann doch irgendwann Halt und Ruhe und seine Gemütlichkeit. Wenn die wilden Jahre vorbei sind." Er öffnete geräuschvoll eine Packung mit Soletti und hielt sie Lisa einladend vor das Gesicht. Sie nahm nun ihren Blick von dem Foto, klappte mit einem Seufzer die Sonnenblende wieder hoch und langte nach ein paar Soletti.

„Wie lange dauern die wilden Jahre?"

„Sie werden es erwarten. Sie werden es erwarten, haben Sie doch ein bisschen Geduld mit ihm. Wahrscheinlich hat er mit so etwas wie mit Ihnen nicht gerechnet! Das muss er erst verarbeiten, sich dran gewöhnen, wissen Sie", sagte der Mann an ihrer Seite. Lisa spürte die Ernsthaftigkeit in seiner Stimme. Er hatte echtes Mitgefühl mit ihr.

„Sie sind wirklich sehr nett", antwortete Lisa. Beide schwiegen. Lisa nippte an ihrem Tee und knabberte noch ein paar Soletti, dann stellte sie den leeren Teebecher auf das Armaturenbrett.

„Es ist ungewöhnlich, hier zu sitzen. Doch es tut mir gut. Richtig nett von Ihnen. Und danke auch für den Tee." Sie griff nun nach ihrer Mütze, zog sie über den Kopf, stellte den Kragen wieder auf. Sie reichte ihm die Hand hinüber. „Ich muss nun aber weiterfahren. Danke vielmals."

„Ja, war nett mit Ihnen. Alles Gute!" Sein Handschlag war fest und freundschaftlich. Lisa suchte nach dem Türgriff, öffnete die Tür und kletterte vom hohen Lastwagen etwas umständlich hinunter.

„Grüßen Sie Ihre Lisbeth. Und gute Fahrt!" Lisa lachte dem Feuerdorngestrüpp umrankten Gesicht nochmals zu, drehte sich dann entschlossen ab und lief mit eiligen Schritten zu ihrem Wagen zurück. Der nasskalte Schneeregen peitschte ihr ins Gesicht. Als sie ihr Auto aufsperrte, sah sie seine Hand aus dem Fenster winken. EUROTRANSIT stand mit großen weißen Buchstaben auf der blauen und nun Schmutz verschmierten Plane des langen Lastwagens. Sie stieg in ihr kleines Auto. Erleichtert fuhr sie weiter. Wie lange war sie auf dem Rastplatz gewesen? Nicht einmal eine halbe Stunde! Doch es hatte etwas in ihr verändert. Der Fernfahrer hatte einen Samen in ihr Herz gelegt. Der Same hatte einen Namen: Geduld. Und hinter dem Wort *Geduld* stand verschwommen der Gedanke *heilige Ehe*.

Krisen sind die übliche Erscheinungsform des Kampfes der Wahrheiten im Individuum, schrieb Lisa an einem der folgenden Abende in ihr Tagebuch, nachdem sie wieder einmal einige Kapitel in Weizsäkkers Buch „Der Garten des Menschlichen" aufmerksam durchstudiert hatte. *Krise ist, wenn die Wahrheit in uns plötzlich zersprungen ist. Wenn wir plötzlich mehrere Teile von Wahrheit in unseren Händen halten, dann geraten wir in Unfrieden mit uns selbst. Der Friede ist der Leib der Wahrheit, sagt Weizsäcker und er sagt auch: Innerer Friede kann sowohl das Glück einer erreichten Einsicht der Wahrheit wie auch die Verdrängung einer beunruhigenden Einsicht der Wahrheit sein. Den einen wird man geneigt sein einen wahren Frieden zu nennen, den anderen einen falschen. Ich finde keinen inneren Frieden, Wut, Zorn und Empörung nagen in mir und doch, die Wahrheit meiner Liebe kann ich nicht verdrängen. Was soll ich tun?*

Viktor, was tust du? Was ist deine Wahrheit? Ja, und ist dein Friede ein echter? Was sagt dein Herz? Was sagt deine Seele?

Unsichtbare Bänder

ENTDECKE DIE MACHT DEINER WEIBLICHKEIT. In großen rotgoldenen Buchstaben stand dieser Satz auf einem riesig großen Plakat, neben einem prachtvollen Foto einer exotisch aussehenden, hellroten, samtig weich anmutenden und sich weit einladend öffnenden Blüte. Es zierte die Wand hinter dem Rednerpult, neben dem die zierliche Amerikanerin, das Mikrofon in der Hand haltend, stand. Ihr weites lachsfarbenes Kleid fiel in sanften Falten fast bis zum Boden. In einigem Abstand von ihr stand eine bereits etwas ältere Frau, ebenfalls ein Mikrofon in der Hand, und übersetzte mit viel Gefühl den Vortrag vom Englischen ins Deutsche. Lisa, Veronika und Jutta saßen nebeneinander in der dritten Reihe des dicht gefüllten Vortragssaales. Natürlich war es Jutta gewesen, die über Veronika den Impuls zu diesem Abend gegeben hatte.

„Was in diesem neuen Jahrtausend für uns als Menschheit ausschlaggebend wichtig sein wird, ist die Entdeckung der Macht der Weiblichkeit. Es ist das Sanfte, das Formlose, die unbeschreiblich weiche Kraft, derer wir so sehr bedürfen, um wieder heil zu werden. Vom Anbeginn der Zeiten an hatte das Weibliche und das Männliche in allen Kulturen sehr unterschiedliche und scharf voneinander getrennte Rollen hervorgerufen. Wir selbst haben definiert, was weiblich und was männlich ist. Über lange Zeit haben wir, mehr oder weniger unverändert, diese festgelegten Vorstellungen und Gedankenbilder beibehalten. Doch wie alles, was erstarrt, haben diese unsere Wertvorstellungen über Männlichkeit und Weiblichkeit auch ihre Lebendigkeit verloren. Sind zu leeren Schalen geworden, zu Maske. Sie sind zerbrochen, sind zerschellt. Der Bruch dieser Werte führte zu tiefgreifenden gesellschaftlichen Deformationen und einer

Orientierungslosigkeit in der Enge materialistischen Denkens, an der wir alle erkrankten. Was wir brauchen und nun auch erleben, ist die Explosion des Weiblichen. Des neuen Weiblichen, das im Begriff ist, sich zu entwickeln, und die Stagnation unserer begrenzten Wirklichkeit durchbrechen und verwandeln wird."

Sanft und doch bestimmt, langsam und nachwirkend drang die klare Stimme der Amerikanerin und die dunklere Stimme der Dolmetscherin an Lisas Ohr. Lisas Augen hingen an der zarten Gestalt der Amerikanerin, die von einem wahren Mantel aus Energie spürbar umgeben war. Sie lauschte aufmerksam und konzentriert, genoss das duale Klangbild der beiden Sprachen. Das American English, weich und fließend, das Deutsch der Dolmetscherin, klar und prägnant; sie war sehr gut eingestimmt auf den Vortrag.

„Die Explosion des Weiblichen bedeutet, dass das Formlose, das unserem Blick bislang verborgen war, jetzt plötzlich an die Oberfläche kommt", fuhr die Vortragende fort. „Denn das Wesen der Weiblichkeit, das Wesen der Yin-Energie ist formlos! Diese Energie, die erst wenige von uns spüren können, die wir nicht sehen und die die wenigsten Menschen zu nützen verstehen, gewinnt nun Lebendigkeit und drängt an die Oberfläche jenes dunklen Strudels, der uns zu verschlingen droht. Die weibliche Energie schießt hervor aus dem Dunkel der Unbewusstheit und zwingt uns, die ihr innewohnende Botschaft zur Kenntnis zu nehmen. Sie lädt uns ein, sie schöpferisch zu nutzen.

Und vielleicht ist das der Moment, meine Damen und Herrn, da uns bewusst wird, dass die göttlichen Repräsentanten männlichen Geschlechts, wie Herrgott und Himmel, feste Formen in unserer Vorstellung haben und wir ihren Ursprung, die sie gebärende Kraft vergessen hatten. Das formlose Yin, die ewiges Leben und sanfte Kraft schenkende Weiblichkeit der unsichtbaren Großen Göttin. Und ich habe bewusst das Bild der hawaiianischen Lehuablüte mit seiner weiblichen Kraft und Anmut ausströmenden Schönheit für das Plakat gewählt. Ist sie doch die Blüte der Ohiabäume, die als erste Bäume unverzagt auf einem neuen Lavafeld wachsen. Die hellroten Pompon-Staubgefäße sind der hawaianischen Vulkangöttin Pele geweiht. Ihre Blütenessenz fördert und stärkt die Weiblichkeit. Sie gibt neuen Schwung, stellt die Balance und die Freude am Ausdruck weiblicher Urkräfte wieder her. Und wenn am Beginn dieses neuen Zeitalters die erstarrten Krusten aufbrechen und der Vulkan des Feuers uns auch mit Lava überschütten mag, es wird das Weibliche sein, das unverzagt wie die Ohiabäume aus der Asche hervorsteigen wird, um eine neue Ordnung der Liebe, des Lichtes und der Harmonie zu errichten."

Lisa ließ sich forttragen von der weichen femininen Schwingung, die von der Amerikanerin ausging. Bilder glücklichen Lebens, Bilder der Lebensfreude, des Lebensgenusses stiegen in ihr auf und nahmen Formen an. Der Vortrag rührte an ihr weibliches Herz. Ein Herz, das Mut, Zuversicht, Kraft und Selbstvertrauen gierig aufzusaugen bereit war. Wie ein Schwamm saugte auch ihr Bewusstsein auf, was sie als neues Denken sich aneignen wollte. Frau-Sein und Weiblichkeit, nicht gemessen an konkurrenzhaftem Schritthalten in einer männlichen, leistungsorientierten Welt, sondern Frau-Sein und Weiblichkeit als Trägerin der Kraft der Liebe. Als Schöpferin von Harmonie und Balance.

„Haben Sie Mut", erklärte die Sprecherin zum Abschluss, „haben Sie Mut, die Kraft Ihrer Weiblichkeit und Ihrer Sexualität zu leben. Anstatt Männer nachzuahmen, anstatt typisch männliche Macht übernehmen zu wollen, anstatt sich selbst, der Natur und anderen Lebewesen einen engen Willen aufzuzwingen und den eigenen Erfolg mit dem Absturz anderer zu erkaufen, erlernen Sie einen neuen Tanz. Einen femininen Tanz. Den Tanz des Weiblichen. Es ist der anmutige, freudevolle, pulsierende und erregende Tanz des Lebens. Ein Tanz der Liebe, der Freude, der Schönheit. Ein Tanz, der die Quelle Ihrer Lebenskraft und Schöpferkraft öffnet. Erleben Sie ihre Weiblichkeit, leben Sie Ihre Weiblichkeit, sprengen Sie die Krusten der überholten Vorstellungen. Anstatt sich Kinder machen zu lassen, empfangen Sie Ihre Kinder bewusst in einer lustvollen, tiefen Vereinigung mit dem Männlichen. Anstatt Kinder in die Welt zu setzen, gebären Sie Ihre Kinder kraftvoll. Anstatt Ihre Kinder zu füttern, stillen Sie Ihre Kinder. Anstatt Ihren Männern zur Befriedigung zu dienen, nehmen Sie Ihre Männer mit Freude in sich auf. Anstatt sich selbst in Einsamkeit zu befriedigen, nehmen Sie sich das Maß an Lust und Gemeinsamkeit, das Ihnen zusteht. Anstatt sich von patriachalen Religionen von den Segen bringenden Ritualen ausgrenzen zu lassen, leben Sie Ihre Spiritualität. Am Endpunkt der Veräußerlichung bringen Sie Ihre verinnerlichte Kraft hervor. Haben Sie Mut, die Macht Ihrer Weiblichkeit zu leben. Als Macht der Liebe, des Lichtes und der Harmonie. Tanzen Sie Ihren ureigensten weiblichen Tanz."

Die letzten Sätze senkten sich langsam über das aufmerksame Publikum. Die zarte Amerikanerin verneigte sich still vor ihrem Auditorium und anschließend vor ihrer Dolmetscherin. Die bezaubernde Macht der Stille hielt die Menschen noch einige Augenblicke umfangen, dann kam der Applaus.

Die drei jungen Frauen strebten langsam, im Sog der Menschenmenge gefangen, dem Ausgang zu. Jede war noch sichtlich mit dem Widerhall des Gehörten in sich selbst beschäftigt. Erst als die immer noch kalte Märzluft sie in die Gegenwart riss, berieten sie, wohin sie am Besten gehen sollten, um gemütlich in einer warmen Stube Nachklang und Gedankenaustausch betreiben zu können. Möglichst bei einer guten Tasse heißem Tee! Da waren sie sich einig.

Als sie schließlich in einem kleinen gemütlichen Lokal an einem runden Tisch, geschützt in der Ecke des Raumes, Platz gefunden hatten, ihren Tee bestellt und Jutta ihre beschlagene Brille geputzt hatte, eröffnete diese das Gespräch mit der Frage: „Na, wie hat es euch gefallen?"

„Oh, gut. Ich fand das recht interessant", erwiderte Veronika. Lisa nickte mit dem Kopf. „Ich finde das sehr anregend", bestätigte sie, „ich muss da noch nachdenken. Das mit der formlosen Kraft hat mich sehr berührt."

„Ja genau", meinte Veronika, „das ist es. Eine neue Orientierung finden. Das steht uns wohl allen bevor. Auch bei mir in der Firma. Meine Art der Durchsetzung ist vielleicht zu vordergründig, zu sehr Ellenbogentechnik. Außerdem vergleichen wir uns zu sehr. Meinen, besser sein zu müssen als andere."

„Ich bin froh, dass euch der Abend gefallen hat", Jutta nickte mit dem Kopf. „Kommt ihr zum nächsten Meditationstreffen?"

„Was macht ihr da genau, Jutta? Erzähle ein wenig mehr über diese Treffs. Eine Sekte ist das ganz sicher nicht?" Lisa war doch noch unschlüssig, sich dem Neuen anzuschließen.

„Ach, kommt doch gleich der Sektenquatsch!", bemerkte Jutta verärgert, „immer wenn etwas Neues sich auftut, malen die Menschen den Teufel an die Wand. Scheußlich ist das. Als ob nicht endlich Menschen wieder zwanglos vereint zusammensitzen können, beten, singen und lachen? Aber nein, wir brauchen einen Papst, einen Pfarrer, ein Mannsbild, dem wir blöd nachplappern sollen, aufgereiht in der Kirchenbank wie die Spatzen auf der Stromleitung! Aber die fliegen gemeinsam in den Süden, wir verkriechen uns nur!"

„Na, komm, komm“, fiel ihr Lisa besänftigend ins Wort. Veronika rührte gelassen in ihrem Tee, sie kannte ihre Kollegin.

Jutta musterte Lisa.

„Du bist nicht glücklich!“, betonte sie. „Du lebst auf Sparflamme.“

Lisa lachte gezwungen. Da sie sich nun unter Juttas eindringlichem Blick doch ein wenig unsicher fühlte, schaute sie Hilfe suchend zu ihrer Freundin Veronika hin und ihr Blick blieb auf einer Halskette hängen. „Ist das die Kette, die Rainer dir zu Weihnachten geschenkt hat?“

„Ja, das ist sie“, antwortete Veronika, blickte auf ihre eigene Brust und drehte die Kugeln zwischen den Fingern. Rosenquarz in zartem rosa.

„Die würde dir auch gut tun“, meinte Jutta mit Blick hin zu Lisa.

„Ja, sicher“, bestätigte Veronika, „in der Beschreibung steht, dass Rosenquarz gut ist für Vertrauen und Liebe, uns hilft, Wunden, die dem Herzen zugefügt wurden, zu heilen. Er hilft uns, Stress abzubauen, hilft uns, Sorgen und auch Tränen loszulassen. Hat Viktor sich gemeldet?“

„Du hast Liebeskummer? Nicht wahr?“, hakte auch Jutta ein.

Lisa reagierte verstockt mit Schweigen. Sie wollte ihre Liebe hüten, beschützen. Sie fühlte, was alle dachten. Die Liebe wurde sofort entwertet, wenn einer verheiratet war.

„Er hat sich nicht mehr gemeldet“, stellte Veronika fest.

„Doch, er hat sich gemeldet“, antwortete Lisa mit Trotz in der Stimme und unterdrückte die aufsteigenden Tränen.

„Na, erzähl doch“, versuchte Jutta sie aufzumuntern, „dann ist dir leichter.“

„Er hat mich mit seinem Sohn besucht, mit Gerald. Du weißt schon, wegen ihm hatten wir den Zank in Bonn. Er wollte so wieder etwas gut machen. Er hat gesagt, platonische Liebe und Freundschaft wären ihm wichtig. Ja, und er will nun seine Ehe retten. Er hat auch mit Ana gesprochen über mich. Sie hat ihm versichert, dass ihre Liebe zu ihm ewig ist. Sie lässt ihn nicht los. Er fühlt sich verantwortlich."

„Und Gabi? Was ist mit der?", fragte Veronika. Jutta, die die ganze Geschichte bereits mitbekommen hatte, hörte schweigend zu.

„Nun, Gabi ist nicht aktuell. Er sagte, ich hätte das missverstanden, er wollte diese Gabi schließlich nur trösten." Und Lisa dachte an das gemeinsame Abendessen mit Viktor und Gerald und dachte daran, wie es Viktor sichtlich schwer gefallen war, als sie sich von ihm auf dem Parkplatz, wohin er sie begleitet hatte, verabschiedete.

„Verstehst du mich?", hatte er angstvoll gefragt.

„Ja", hatte sie geantwortet und wollte die Autotür zuschlagen. Er hatte sich aber dazwischen gestellt und den Vorschlag gemacht, sie sollte am nächsten Tag mit ihm und Gerald Schi fahren gehen.

„Na und? Habt ihr doch wieder miteinander geschlafen?", schob sich Veronikas Stimme zwischen Lisas Erinnerungen. Sie schwieg.

„Scheint eine komplizierte Beziehung zu sein", meinte nun Jutta, „hast du mal geforscht, ob das was Karmisches ist?"

Lisa erinnerte sich sofort wieder an die Wahrsagerin in Wien, Madame Mona. „Nein, habe ich nicht. Meinst du wirklich, wir leben öfter als einmal?", fragte sie.

„Natürlich", behauptete Jutta. „Wie sonst erklärst du dir, dass manche Menschen mit so großen Begabungen zur Welt kommen. Die haben geübt in ihren Vorleben. Mozart, Beethoven, Goethe, Michelangelo ..."

„Nun, dann habe ich nicht viel geübt, mir fehlen die Begabungen", lachte Veronika.

„Das ist aber nicht wahr", sagten Lisa und Jutta beinahe gleichzeitig. Und Jutta fuhr fort, „was glaubst du, woher deine gute Beziehung zu Rainer kommt? Das habt ihr euch erarbeitet. Das kommt nicht einfach so!"

„Meinst du wirklich?“, fragte Lisa. „Wie kann ich das erforschen und glaubst du, es würde mir helfen, mit meiner Situation mit Viktor besser zurechtzukommen?“

„Ja, natürlich!“ Juttas Stimme klang sehr bestimmt. „Nun, du kannst eine Reinkarnationstherapie machen. Dich zurückführen lassen beispielsweise.“

Die drei jungen Frauen unterhielten sich angeregt. Sie erzählten sich ihr Wissen, teilten einander ihre Gefühle mit, verbargen Ängste nicht voreinander und breiteten Hoffnungen gemeinsam aus. Nach der dritten Tasse Tee verflachte dann das Gespräch ein wenig. Erinnerungen an Weihnachten, Geschenke und die Familie fanden Beachtung. Als sie schließlich nach Mitternacht das kleine Lokal verließen, lag ein neuer samtener Schneeteppich auf dem Gehsteig. Dicke Flocken sanken langsam und ruhig vom Himmel. Lisa streckte ihre Arme den Schneeflocken entgegen und atmete langsam und tief die Nachtluft ein. Wie durch Watte gedämpft, nahm sie das Geräusch nur noch vereinzelt vorbeirollender Autos auf. Wie sanft und friedlich, wie zeitlos der Schnee die Stadt und die Menschen doch umhüllte. Veronika und Jutta hatten sich erboten, sie zu ihrer Wohnung zu fahren. Doch sie hatte abgelehnt und sich von den beiden Freundinnen verabschiedet. Sie liebte es, durch die nächtliche Stadt zu gehen. Der Schnee knirschte unter jedem ihrer Schritte, machte ihr ihre Bewegungen bewusst. Tanzen Sie Ihren ureigensten Tanz, hatte die Vortragende gesagt. Lassen Sie Ihre Weiblichkeit explodieren. Und Lisa begann zu tanzen, mit ausgestreckten Armen, spiralförmige Spuren auf dem Gehsteig hinterlassend, bis ihre Schritte in eine seitliche Einkaufspassage mündeten, die zur Querstraße führte, in der sie wohnte.

Die Geschäftsumgestaltung, die kleine Neueröffnungsfeier im Kreise ihrer Freunde und Stammkunden wurden ein voller Erfolg. Glücklich strahlte Lisa Florian an. Er hatte ihr bei allem geholfen. Eine tiefe Freundschaft wuchs zwischen den beiden. Florian, ein ehrgeiziger Einzelkämpfer, liebte Lisas weiche und einfühlsame Art. Sie bewunderte ihn. Das schmeichelte ihm. Lisa schätzte Florians Wissen, seinen Geschäftssinn, fand seine Ideen sehr anregend und profitierte dankbar von seinen vielseitigen Verbindungen. Der exotische Bereich, wie Lisa den neuen Geschäftsteil nannte, war eine durch und durch feminine Angelegenheit. Es passte gut zu dem alten Wäschegeschäft, denn Wäsche, auch die der Männer, vor allem Unterwäsche, Hemden, Pyjamas und dergleichen, war doch die Domäne der Frauen und Männer kamen nur, wenn sie nach Geschenken für Weihnachten, Geburtstag oder Hochzeitstag suchten. Bunt, geheimnisvoll, duftend und klingend, die Fantasie erweckend, so verstand es Lisa, ihre Ware anzubieten. Das neue Klangspiel über der Tür schlug seinen hellen einladenden Klang an, wenn die Tür sich merklich öfter als noch vor Monaten öffnete. Lisas Kassa klingelte und sie war sehr zufrieden. Florian hatte ihr empfohlen, sich einen Computer zu kaufen.

„Du brauchst das!“, hatte er gesagt, „Lagerlisten, Abrechnungen, Buchhaltung, Korrespondenz, Bestellungen und natürlich deine Werbung. Aussendungen, Kundenkarten, kannst du alles selbst machen! Und denk doch, du kaufst nun auch aus Asien, Afrika und Übersee ein. Da wird es etwas komplizierter mit der Währung, Devisenbestimmungen, Zoll und Umrechnungskursen. Ohne PC bist du glatt aufgeschmissen.“

Nun stand sie zwischen großen Kartons, Styroporhüllen, Bedienungsanleitungen und Kabeln etwas hilflos herum. Florian kniete am Boden und steckte die Kabeln zusammen. Installieren nennt man das, hatte er Lisa erklärt. Lisa hatte einige Überlegungen angestellt, den Computer im Geschäft in der kleinen Ecke, in der sie ihren Schreibtisch hatte, aufzustellen oder zu Hause, im Wohnzimmer. Weder das eine noch das andere war ideal. Für das Geschäft sprach, dass sie am PC arbeiten konnte, wenn keine Kunden zu bedienen waren. Für zu Hause sprach, dass sie mehr Ruhe für die Arbeit hatte. Platz gab es da wie dort nicht so recht. Letztlich hatte sie sich für zu Hause entschieden. Schweren Herzens schob sie die alte verschnörkelte Kommode mit dem großen Spiegelaufsatz in die Ecke, wo sie natürlich weit weniger zur Geltung kam, jedoch genug Platz für den neuen Computertisch freigab.

„Schrecklich, was man da alles braucht", bemängelte Lisa. Sie begann, die Kartons von Bildschirm, Drucker und Festplatte zu zerreißen. Selbst zusammengefaltet passte die Verpackung doch nicht in den Altpapiercontainer, dessen schmaler Einwurfschlitz Lisa jedesmal ärgerte. Und dann noch die großen Styroporhüllen, wohin mit all dem?

„Magst du einen Kaffee?", fragte Lisa. Florian war in seine Arbeit versunken. Er gab nur einen unklaren Laut von sich. Sie ging in die Küche zur Kaffeemaschine. Sie nahm eine Filtertüte aus der Schachtel, legte sie in den Aufsatz, gab fünf Messbecher Kaffeepulver hinein und füllte die Maschine mit Wasser auf. Ihre Gedanken aber blieben bei ihrer Neuanschaffung.

„Sei kein Pessimist", hatte Jutta gestern zu ihr gesagt, als Bedenken in Lisa hochkamen. „Du musst optimistisch denken! Gönne dir doch den Erfolg. Du bist erfolgreich, glaub es endlich!" Sie hatte sich nun öfter mit Jutta getroffen und diese schätzen gelernt. Sie dachte so anders als Veronika oder sie selbst, gab ihr immer wieder Impulse. Auch zu den Treffs war sie bereits einige male mit Veronika gegangen. In letzter Zeit, da Veronika wegen Klein-Dominik nicht immer Zeit hatte, auch alleine. Alles neue Menschen um mich, überlegte sie. Neue Gedanken, neue Technik, neue Waren. Wo bleibt ein neuer Mann?

„Aua!" Sie hatte sich den Finger in der Besteckladе eingeklemmt und lutschte nun fest daran. Schlechtes Zeichen, dachte sie, und verzog zwischen Schmerz und Lachen das Gesicht.

„Das duftet ja herrlich!“ Florian war hinter sie getreten und schnupperte mit der Nase. „Kaffee, super! Sag, hast du einen etwas größeren Schraubenzieher, das ist mit dem kleinen doch zu mühsam!“

„Ja, habe ich.“ Lisa ging, den gequetschten Finger immer noch reibend, in den Flur und suchte in der Werkzeuglade.

„Gar nicht schlecht für eine Frau“, bemerkte Florian. Er betrachtete Bohrmaschine, Handsäge, Hammer, Nägel und Schrauben, alles schön geordnet in der großen untersten Lade des Schuhkastens. „Der ist gut“, meinte er, als Lisa einen Schraubenzieher richtiger Größe gefunden hatte. Den Kaffee tranken sie nebenbei aus großen Tassen. Die Geräte waren bald zusammengesteckt, es kam der spannende Moment der Inbetriebnahme. Doch diese verlief ganz anders, als Lisa sich das vorgestellt hatte. Denn Florian packte eine Anzahl von Disketten aus, schob die erste ins Laufwerk und begann, für Lisa unverständliche Schriftzeichen auf die Tastatur zu tippen, die am Bildschirm dann ganz anders aussahen.

„Du meine Güte“, rief sie erschrocken aus, „das schaffe ich nie. Das ist ja Chinesisch!“

„Nein, Computersprache“, meinte Florian trocken, „mache dir keine Sorgen, das ist nur die Installation. Auf den Programmen kannst du dann einfacher arbeiten.“

„Computersprache!“, wiederholte Lisa, zog sich einen Hocker herbei und sah staunend zu. Es war spät am Abend, als Florian den Computer herunterfuhr und ausschaltete. Lisa schüttelte benommen den Kopf. „Ob ich mir wohl alles gemerkt habe? Wahrscheinlich habe ich die Hälfte vergessen und rufe dich morgen an!“

„Du wirst sehen“, ermutigte Florian sie, „du wirst es bald können. Es braucht nur ein bisschen Übung!“ Dabei hob und senkte er seine Schultern und machte drehende Bewegungen mit den Armen, um die Verspannung vom Sitzen und Tippen zu lösen.

„Trinkst du jetzt ein Bier? Soll ich noch ein Brot belegen?“, fragte Lisa fürsorglich. Sie nahm den Teller mit den Brotkrumen.

„Ein Bier trinke ich gerne, aber zu essen brauche ich nichts mehr. Die Brote waren ausreichend“, meinte Florian und setzte sich auf die bequeme Couch. Lisa ging in die Küche und kam mit zwei geöffneten Bierflaschen zurück. Sie öffnete den Schrank, nahm zwei Tulpengläser heraus, setzte sich neben Florian und zog gewohnheitsmäßig die Beine in den Schneidersitz. Er beobachtete sie mit amüsiertem Blick, während er das Bier für Lisa und sich selbst einschenkte.

„Aus dir wird noch eine echte Asiatin“, erklärte er. „Deine Meditationen tun dir gut!“

„Oh, im Schneidersitz sitze ich schon von Kind an am liebsten“, entgegnete Lisa, nahm einen Schluck Bier, wischte sich mit dem Handrücken den Schaum von den Lippen und fuhr fort: „Aber die Meditationen tun mir gut. Da hast du recht. Kannst ja einmal mitkommen! Wäre auch für Männer empfehlenswert, doch die sind da spärlich gesät.“

„Ja, warum nicht“, überlegte Florian, „wäre sicher gut.“

„Ich schätze das an dir“, sagte Lisa, „du bist einerseits cleverer Geschäftsmann, ehrgeizig und erfolgreich, andererseits hast du viel Feingefühl und Sinn für das Neue und Hintergründige unserer Zeit. Du hast Intuition und auch viel Yin-Stärke.“

„Wow, du singst ja ein Loblied! Willst du mich erobern?“ In vertrauter Verspieltheit legte Florian seinen linken Arm um Lisas Schulter und zog sie zu sich hin.

„Oh, tut das gut“, Lisa lehnte sich in Florians Arm und legte ihren

Kopf auf seine Schulter. „Du bist wirklich ein erstaunlich angenehmer Mann!“

„Ja, hast du noch nie etwas von Management by Love gehört? Das habe ich studiert. Ich bin daher beruflich wie privat unwiderstehlich!“ Er langte frech unter Lisas Pullover und kraulte ihren Bauch mit den Fingern. Sie ließ es geschehen.

„Nun, hast du diese Rückführung gemacht, wie du es vorhattest?“, fragte er nach einer Weile.

„Oh, ja!“ Lisa setzte sich bei der Erinnerung mit einem Ruck auf.

„Erzähle, wie war es. Erlebt man da wirklich ein anderes Leben?“

„Ja, das war wirklich spannend. Weißt du, es ist schon so, dass man nie genau sagen kann, ob das wirklich ein anderes Leben war, aber die Bilder, die aus der Seele auftauchen, haben große Bedeutung. Warum tauchen sie auf? Was wollen sie uns sagen? Sie bringen eine Botschaft!“ Lisa griff nach einem Kissen, schob es hinter den Rücken und lehnte sich bequem zurück. Sie hatte sich so gedreht, dass sie Florian anschauen konnte.

„Also, mach es nicht so spannend! Sag, was hast du gesehen?“

„Zuerst hatte ich ein eigenartiges Bild. Ich sah, nein ich erlebte, wie ich in einen Raum trat, der sah aus wie im vorigen Jahrhundert, ich hatte ein langes hellblaues Kleid an, das um die Schultern viele Rüschen und Spitzen aufgenäht hatte. Ich glaube, ich war schön, hatte lange dunkle Haare. Aber ich war unsicher, als ich den Raum betrat. Und da war eine Frau, die lachte hysterisch. Sie war auch sehr schön, aber nicht dezent schön, sondern auffällig. Grell. Sie lachte mich aus. Sie verspottete mich. Das war sehr eigenartig. Ich fühlte mich sehr verletzt durch ihren Spott, gleichzeitig tat sie mir unendlich leid.“

Florian sah, wie sich in Lisas Gesicht die Spuren der Erinnerung der damit verbundenen Gefühle abzeichneten. Es faszinierte ihn zu beobachten, wie ihr Gesicht, ihr Ausdruck während des Erzählens sich veränderten. Auch ihre Körperhaltung veränderte sich, ihre ganze Ausstrahlung. Sie wirkte noch viel zarter, so verletzlich. Ihr Gesicht wurde durchscheinend, eine nervöse Anspannung machte sich bemerkbar. Lisa fuhr sich mit beiden Händen über die Schläfen und Augen, als wollte sie die Bilder der Erinnerung einfangen, und fuhr mit ihrer Erzählung fort.

„Es ging dabei um einen Mann. Aber den konnte ich nicht sehen. Ich habe dann den Raum verlassen.“ Die Anspannung auf Lisas Gesicht löste sich, plötzlich wirkte sie sehr müde. Sie schwieg gedankenverloren.

„Was war dann? Wo bist du hingegangen?“, fragte Florian interessiert.

„Das weiß ich nicht. Irgendwie hat sich mit dem Verlassen des Raumes alles verloren. Ich fühlte mich sehr traurig. Abgrundtief traurig. Ich konnte nichts Rechtes mehr wahrnehmen. Nur so ein Schaukeln und Nebel. Vielleicht ein Schiff. Ich war überwältigt von Traurigkeit. War traurig über diese Frau, einen Mann und mich.“

„Du weißt also nicht, wie das weiterging?“ Florian beobachtete Lisa eindringlich.

„Nein. Der Therapeut versuchte, mich weiterzubringen, aber es kam nichts Klares mehr. Nur Stimmen, Nebel und Traurigkeit.“

„Weißt du, wo das war? Welches Land? Welche Sprache? Welche Zeit?“

„Das weiß ich auch nicht so recht. Ich fühlte mich englisch, so mit den Rüschen. Der Raum war auch irgendwie englisch, aber auch exotisch. Ja, irgendetwas war exotisch. Blüten, viele Blüten und üppige Vegetation. So irgendwie und Stimmengewirr. Viele verschiedene Sprachen. Mehr weiß ich nicht.“ Lisa fuhr sich wieder mit den Händen über das Gesicht und sagte plötzlich: „Oh, da war doch noch etwas. Die Stimme von einem Mann und sein Gesicht tauchte in dem Nebel, als der Therapeut mich weiterzuführen versuchte, mehrmals auf. Das war eine angenehme Stimme, die Halt gab. Es hat sich so angefühlt, als sei das mein Bruder. Aber ich glaube nicht, dass ich einen Bruder hatte. Ein brüderlicher Freund wahrscheinlich!“

„Das war ich!“, spontan, mit absoluter Sicherheit kam dieser Satz von Florian. Lisa, zurückgerissen in die Gegenwart, blickte ihn erstaunt an.

„Du?“

„Ja, doch. Das war ich. Ganz sicher. Ich fühle das. Ich war dein brüderlicher Freund. Ist doch wie heute auch! Wir wiederholen das!“ Florian begann zu lachen. Es war kein freies Lachen, eher, als löse sich eine große Anspannung durch sein Lachen ein wenig. Lisa schwieg nachdenklich. Ihr Gesicht war angespannt, kleine Falten gruben sich in ihre Stirn, ihr Blick war in eine weite Ferne gerichtet. Florian schüttelte seinen Kopf. Auch sein Gesicht war nachdenklich angespannt.

„Ich kann dir auch sagen, wo das war. Ich spüre das. Britische Kolonie. Indien oder Vorderasien. Ich war dort sicher beim Militär. Ich weiß das.“ Nun beobachtete Lisa, wie sich Florians Gesicht zu verändern begann. Ihre Erzählung hatte ihn sichtlich sehr berührt. Sie konnte wahrnehmen, wie es nun in seinen Gedanken, Gefühlen und Erinnerungen zu arbeiten begann. Sein Gesichtsausdruck wurde ernst. Er wirkte plötzlich viel härter. So, als wäre er bereit, sofort aufzuspringen und zu kämpfen. Seine Hände hatten sich zu Fäusten geballt.

„Ich muss dich beschützen, Lisa. Ich musste wohl und muss jetzt auch. Ich habe, seit wir uns kennen, das Gefühl, dir geschieht eine große Ungerechtigkeit, doch das werde ich nicht zulassen.“ Sein Blick lag nun in tiefer zärtlicher Freundschaft auf Lisas Gesicht. Lisa fühlte tiefe Wärme aus ihrem Herzen aufsteigen für diesen Mann. Sie öffnete ihre Arme weit und umarmte ihn herzlich: „Brüderchen“, flüsterte sie in sein Ohr.

Die beiden saßen noch eine Weile schweigend da. Jeder hing seinen eigenen Gedanken und Gefühlen nach. Schließlich fragte Florian:

„Und dann war die Rückführung aus?"

„Nein, nein", erwiderte Lisa, „als da nichts weiterging, kam ein noch ganz anderes Bild. Eine andere Zeit. Ein anderes Leben, wenn du so willst. Da war ich wieder eine Frau. Und ich liebte einen Mann, liebte ihn sehr tief. Wir waren glücklich. Heirateten.

„Wo war das?"

Wahrscheinlich in Asien. Ich sah Palmen, tropische Blumen und Reisfelder." Lisa griff nach der Bierflasche auf dem Couchtisch und ihrem Glas. Sie schenkte sich noch einen Schluck Bier ein, stellte fest, dass in der Flasche noch etwas drinnen war. Da Florian seine Flasche bereits geleert hatte, griff sie nach seinem Glas und füllte den Rest hinein.

„Danke", sagte Florian, als sie ihm das Glas reichte. „Ist wirklich interessant. Bin neugierig, wieviel du noch herausfinden wirst und wie es dir weiterhelfen wird."

„Ja, es ist spannend. Weißt du, was mich daran am meisten fasziniert hat? Es verändert etwas in unserem Bewusstsein. Plötzlich ist das Leben mehr als eine Schachtel, die mit sechs Seiten begrenzt ist! Es tut sich etwas auf. Seelenraum. Ja, Lebensraum vergrößert sich. Das gibt Hoffnung, aber es macht auch sehr nachdenklich."

„Warum? Wie meinst du das?", fragte Florian.

Lisa blickte ihn direkt an und sagte: „Ja, es zeigte mir, dass leben eine höchst verantwortungsvolle Sache ist. Das heißt, es wurde mir bewusst, dass ich ein viel höheres Verantwortungsbewusstsein für mein Leben entwickeln sollte. Denk dir, Beziehungen, Ereignisse prägen wirklich die Seele, wir nehmen das mit durch die Zeiten. Da geht das nicht mehr zu sagen, wenn ich tot bin, ist alles egal!"

„Ja, das ist ein interessanter Aspekt“, überlegte Florian nachdenklich. „Ich denke dabei vor allem auch an die Auswucherungen, die unsere Zeit mit sich bringt. Den Müll, den wir produzieren, die Natur, die wir ausbeuten, die Tiere und Pflanzen, die wir ausrotten. Wir vererben nicht nur unseren Kindern eine beeinträchtigte Zukunft, sondern so gesehen auch uns selbst. Der Tod als Flucht- und Endpunkt funktioniert nicht mehr. Hat ausgedient. Interessant!“ Florian wiegte seinen Kopf hin und her.

„Sterben ist Transformation, davon war ich immer schon überzeugt“, entgegnete Lisa, „was mich aber bewegt, ist die Frage, ernten wir im nächsten Leben die Früchte unserer verpatzten Handlungen oder bekommen wir eine großartige neue Chance?“

„Ich würde wohl sagen beides, Lisa. Du erntest, was du säst, steht schon in der Bibel, glaube ich. Besser gefällt mir die Idee der neuen Chance. Daran will ich arbeiten! Aber jetzt will ich bald mal den kleinen Bruder des großen Todes genießen. Und wenn du es nicht darauf anlegst, dass ich morgen hier bei dir mit griesgrämigem Gesicht, denn ich bin ein Morgenmuffel, einen Kaffee schlürfe, dann musst du mich jetzt rausschmeißen!“ Florian blickte auf seine Uhr, die weit nach Mitternacht anzeigte. Das löste sofort ein tiefes Gähnen bei ihm aus.

Lisa stand auf, nahm die Gläser und Bierflaschen und trug alles in die Küche. Sie kam zurück und sah, wie Florian die Kissen auf der Couch zurechtlegte.

„Du bist wirklich ein unglaublich angenehmer Mann“, bestätigte sie ihm zum zweiten Mal an diesem Abend, ging dann nochmals zu ihrem neu gestalteten Computerplatz und strich über die Geräte.

„Danke, Florian, danke für alles.“ Lisa drehte sich um.

Florian war bereits im Flur. Er zog seine Schuhe an.

„Ich rufe dich morgen an. Tschüss.“

Er drückte Lisa, die ihm mit einem herzhaften Gähnen in den Flur nachgegangen war, einen Kuss auf die Stirn. Sie blieb in der Wohnungstür stehen, bis er am Treppenabsatz um die Ecke gebogen war. Er sprang auch lieber die zwei Stockwerke hinunter, als auf den Lift zu warten. Lisa schloss die Tür, drehte den Schlüssel um, legte die kleine Sicherheitskette vor. Nochmals gähnend ging sie ins Bad, zog Rock und Bluse aus und griff nach ihrer Zahnbürste. Morgen war Donnerstag, also ein ganz normaler Arbeitstag. Der Schlaf würde ihr fehlen, wenn sie sich nun nicht beeilte. Sie drückte die grüne Zahncreme auf die blaue Zahnbürste, beugte sich über das Waschbecken, hielt aber plötzlich inne, richtete sich wieder auf. Sie betrachtete die Zahnbürste in ihrer Hand. Kolonialzeit, hatte Florian gesagt. Ob es da bereits Zahnbürsten und Zahncreme gegeben hatte? Ihre Augen suchten ihr Spiegelbild, und während sie nun doch ihre Zähne zu bürsten begann, musste sie immer wieder laut lachen und schüttelte ihren Kopf, sodass ihr blonder Haarschopf hin und her flog. Ein anderes Leben! All die Bilder der Seele. Vielleicht ist doch alles nur ein Blödsinn, vielleicht nur reine Fantasie, sagte sie sich, beeilte sich nun aber und war dann froh und glücklich, sich wohlig in ihrem Bett ausstrecken zu können. Sie schlief sofort ein.

Florian hatte der Abend mit Lisa nachdenklicher gemacht, als er ihr das gezeigt hatte. Ein eigenartiges Gefühl ließ ihn nicht los, denn er erinnerte sich an einen immer wiederkehrenden Traum. An einen Traum, in dem er immer über den gleichen Friedhof ging, mit Schmerz und Beklemmung hin zu einem Grab, vor dem ein Mann kniete und weinte. Ein Mann, von dem er wusste, er war einmal sein Freund gewesen, doch den er nun mit hasserfüllten Augen ansah. Und immer wieder endete der Traum gleich. Er zerrte den Mann vor dem Grab hoch, wurde selbst groß wie ein Riese und schlug ihm die geballte Faust ins Gesicht, schrie ihn an: „Du bist schuld an ihrem Tod!“ Dann wachte er schweißüberströmt auf.

Gedankenverloren lenkte Florian sein Auto durch die schlafende Stadt. Die Ampeln blinkten alle bereits nur noch gelb, die meisten Lichter waren verloschen, nur einige wenige Autos kamen ihm entgegen. Eine bleierne Trostlosigkeit schlich langsam durch seinen Körper. Florian Jordan, der tüchtige, selbstbewusste und erfolgreiche Geschäftsmann fühlte sich plötzlich elend und klein. Als er sich der Salzachbrücke näherte, die ihn endgültig aus der Stadt hinausführen würde, überlegte er, nochmals umzudrehen, um die kleine Nachtbar aufzusuchen, die bis in die Morgenstunden geöffnet hatte. Ein Blick auf die Uhr, der Gedanke an den nächsten Arbeitstag ließen ihn aber in die Kreuzung einfahren. Er nahm die Ausfahrt über die Brücke, die ihn in wenigen Minuten nach Hause bringen würde. Nach Hause, das war eine kleine Wohnung, eher ein Studio, wo er immer noch als Junggeselle lebte. Ein Studio, das gut eingerichtet war, nüchtern und förmlich, ja kalt, wenn man es mit der gemütlichen Wohnung Lisas verglich.

„Du wirst dich doch nicht verliebt haben? Alter Knabe?“, sagte er laut zu sich selbst, verwarf aber den Gedanken sofort wieder. Nein, er mochte Lisa, mochte sie sehr gerne, aber sie war nicht die Frau, die ihn reizte. Das Prickeln, der kleine Machtkampf, die Lust, sich mit ihr zu messen, was jedes Abenteuer ja erst spannend machte, das fehlte zwischen den beiden. Und auch Lisa hatte ihm ja nie mehr als warme, freundschaftliche Zuneigung entgegengebracht. Kein Flirt, keine erotische Anziehung. Warum war ihm dann so mulmig zumute. Hatte Lisa mit seinem Traum zu tun? War sie die Frau, um die es zwischen ihm und dem anderen ging? Florian wusste es nicht, beschloss aber, den Hintergrund seines Traumes zu erforschen. Er nahm sich vor, Jutta anzurufen und die Adresse des Reinkarnationstherapeuten zu erfragen. Lisa wollte er vorerst nichts davon sagen.

So fand nun auch er seine Ruhe. Die Müdigkeit machte seine Glieder schwer. Florian Jordan war unendlich froh, als er die Bettdecke fest über den Kopf ziehen konnte und auch sofort einschlief.

Schatten über Singapur 1826

Dr. Roosevelt zog sein Taschentuch aus der Tasche und wischte sich den Schweiß von der Stirn. Noch vor wenigen Jahren hatte er die Treppe in den dritten Stock der großen britischen Klinik in der Kronkolonie Singapur spielend zehnmal auf und ab laufen können. Die hohe Luftfeuchtigkeit und drückende Hitze hatten ihm nichts ausgemacht. Doch heute fiel es ihm schwer, die Steintreppe so oft auf und ab steigen zu müssen. Aber die Betreuung seiner Patienten machte es notwendig. Und das Wohl der Patienten war der Lebensinhalt des britischen Mediziners, der schon in jungen Jahren dem Ruf gefolgt war, in den britischen Kolonien medizinische Aufbauarbeit zu leisten.

„Sie arbeiten zu viel, Herr Doktor. Sie vergessen, dass auch Sie älter werden“, dieser Satz, den Oberschwester Flora Ashley ihn immer wieder hören ließ, ging ihm nun durch den Kopf. Er fuhr sich mit der Hand durch das schüttere graue Haar, seufzte tief und betrat nach kurzem Anklopfen den Raum der Patientin, die ihm besonders ans Herz gewachsen war.

„Guten Morgen, Julai. Wie geht es Ihnen? Haben Sie brav gefrühstückt?“ Dr. Roosevelt wusste, dass er von der jungen Frau keine Antwort bekommen würde. Trotzdem hatte er das Gefühl, dass es wichtig war, sie anzureden. Die junge Frau saß in einem bequemen Korbstuhl, den Schwester Flora nahe zum großen doppelflügeligen Fenster gestellt hatte, das einen zauberhaften Blick auf den Park freigab. Sie trug ein zart geblümtes helles Kleid mit gestärktem Kragen, das dunkle Haar war, zu einem leichten Knoten gedreht, am Hinterkopf hochgesteckt, einige Stoppellocken fielen ihr schmeichelnd über die Schläfen. Die tägliche kleine Mühe, Julai zu frisieren, ließ sich Schwester Flora nicht nehmen. Dr. Roosevelts Blick lag beobachtend auf seiner Patientin. Zart und verletzlich wirkte sie und es ihm fiel auf, dass ihr Blick noch weiter in jene geheimnisvolle Ferne gerichtet war. Ihm schien auch, als hätte sie wieder abgenommen. Er notierte sich die Anweisung an die Pflegerin, Julai zum Wiegen zu bringen. Dann schweifte sein Blick weiter auf den kleinen Tisch, das Frühstückstablett war nicht angerührt. Missbilligend schüttelte er den Kopf.

„Was soll das werden, wenn Sie nicht essen, mein Kind? Ihr Vater wird sich im Grab umdrehen und ich als sein vertrauter Freund finde keinen ruhigen Schlaf mehr, wenn es mit Ihnen so weitergeht." Er tätschelte zärtlich Julais Wange, doch die junge Frau zeigte keine Reaktion. Dr. Roosevelt zog wieder sein Taschentuch hervor, wischte sich den Schweiß von der Stirn und schneuzte sich geräuschvoll die Nase. Er wollte sich selbst nicht eingestehen, dass ihn der Anblick der schönen jungen Frau, die geistig nicht in der Gegenwart lebte, immer wieder schmerzte. Sir Benjamin Armstrong, der Vater Julais, war ein langjähriger vertrauter Freund von Dr. Roosevelt gewesen. Dieser war mit den Holländern ins Land gekommen und lebte seit 1795, als die Engländer Malakka übernahmen, als Handelsattache in Malaysia. Dort hatte er eine wunderschöne zarte Malaiin geheiratet, die jedoch bald nach Geburt der kleinen Tochter gestorben war. In dieser Zeit hatten sie sich kennen gelernt. Von da an war Dr. Roosevelt der Arzt der Familie. Er hatte der Frau seines Freundes das Leben nicht verlängern können. Umso schmerzhafter war es für ihn, dann auch der Nervenkrankheit der Tochter mehr oder weniger hilflos gegenüberstehen zu müssen.

Dr. Roosevelt lehnte sich nun müde gegen das Fenstersims und blickte in den Park hinunter. Eine Anlage, die sowohl britische Ordnung und Gartenarchitektur sowie den üppigen tropischen Blütenzauber in sich vereinte. Dieser Park um das Krankenhaus war eine besondere Insel der Ruhe und Schönheit, inmitten des geschäftigen Treibens des immer größer werdenden Freihandelshafens.

Park und Krankenhaus waren fünf Jahre zuvor errichtet worden, bald nachdem Stamford Raffles Singapur betreten hatte. Er war es auch gewesen, der Dr. Roosevelt hierher geholt hatte. Sobald die Anlage fertig war, hatte der Arzt seinem Freund vorgeschlagen, Julai hier zu betreuen. Er hoffte, der Ortswechsel würde ihr gut tun. Ihr Zustand hatte sich jedoch nicht verbessert. Sie blieb apathisch und geistesabwesend. Einzig und allein wenn Edward kam, zeigte sich Bewegung in Julais Gesicht. Er war der einzige, dem es zeitweise gelang, ein wenig mit ihr zu reden und ein paar Antworten zu bekommen. Edward kümmerte sich auch rührend um Julai. Die beiden waren wie Geschwister aufgewachsen, da die Eltern Edwards, ein britischer Colonel und seine Frau, mit einer Dschunke im Sturm gestrandet waren und verschollen blieben. Julais Vater hatte den Jungen aufgenommen. Er hatte ihn geliebt wie seinen eigenen Sohn, und nachdem die geheimnisvolle Krankheit bei seiner einzigen Tochter ausgebrochen war, war ihm der Stiefsohn noch wichtiger geworden. Er hatte ihm auch das Versprechen abgenommen, sich auch nach seinem Tod, den er aufgrund seiner Herzbeschwerden näher kommen sah, um Julai zu kümmern. Es war wohl die Trennung von seiner Tochter gewesen, die dem alten Mann, der spät Vater geworden war, das Herz tatsächlich zerbrechen ließ.

„Gut zwei Jahre her, mein Freund“, murmelte Dr. Roosevelt vor sich hin, „dass ich dich zur Ruhe legen musste.“ Der alte Arzt drehte sich um, zog einen Sessel heran und beobachtete seine Patientin. Er sprach sie an, stellte ihr Fragen. Er beobachtete jede kleine und kleinste Reaktion in ihrem Gesichtsausdruck und machte sich Notizen. Als er nach geraumer Weile aufstand, tätschelte er väterlich Julais Wange. Dann machte er sich auf, Schwester Flora zu suchen, seine rechte Hand und Stütze. Er fand sie in der Teeküche, wo sie den jungen Schwestern Anweisungen gab. Auf den Wink des Arztes folgte sie ihm in seinen Ordinationsraum.

„Ich muss mit Ihnen über Julai sprechen“, kam er sofort zur Sache. Über das Gesicht der Schwester huschte ein sorgenvoller Ausdruck.

„Ich möchte etwas wagen! Einen Versuch. Ich habe gerade lange mit Julai kommuniziert, das heißt, ich habe ihr Fragen gestellt und jede Regung genau beobachtet. Und denken Sie sich, sie hat jedesmal reagiert, wenn ich ihren Mann erwähnt habe!“

Das Gesicht der Schwester verdüsterte sich sofort. Dr. Roosevelt spürte die Ablehnung.

„Habe ich mir gedacht“, sagte er, „dass Sie so reagieren. Sie mögen ihn nicht, den Leutnant, obwohl Sie ihn nur einmal gesehen haben. Doch hören Sie zu, Flora. Vielleicht liegt gerade da das geheimnisvolle Problem. Julai war schließlich sehr verliebt gewesen in den jungen Mann, den keiner mochte.“ Er dachte daran, wie schwer es für Julai gewesen war, die Heirat mit dem einstigen portugiesischen Freund Edwards, der ihn ins Haus gebracht hatte, bei ihrem Vater durchzusetzen. Wie sehr waren alle betroffen, auch der Leutnant selbst, als Julai sich weigerte, nach der Hochzeit mit ihm zu gehen. Verstockt und unnahbar hatte sie sich in ihr Mädchenzimmer zurückgezogen und war immer schweigsamer geworden. Keiner wusste, was zwischen den beiden vorgefallen war. Julais Vater hatte den Schwiegersohn dann zur Rede gestellt. Dr. Roosevelt wusste, dass der junge fesche Leutnant immer wieder beteuerte, er wisse nicht, warum Julai ihn plötzlich ablehne. Es sei nichts vorgefallen. Keiner hatte ihm geglaubt. Er hatte das Haus verlassen und erkundigte sich seither nur einmal im Jahr, an Julais Geburtstag, nach ihrem Zustand, schickte ihr manchmal Blumen. Edward hatte ihm erzählt, er lebe nun in Malakka mit einer Art Bardame in einem wilden Verhältnis. Seine Lebensführung war miserabel. Er hatte hohe Spielschulden gemacht. Er konnte sich als Leutnant nur mit Mühe halten. Auch zwischen den einstigen Freunden war es zum Bruch gekommen. Alle gaben ihm bewusst oder unbewusst die Schuld am schlechten Gesundheitszustand von Julai. Was aber keiner wusste, Edward nicht, nicht der Arzt und auch nicht Schwester Flora, war, dass Julai ihrem Mann Luic Briefe schrieb. Briefe, die sie dem alten Gärtner anvertraute und die dieser weitergab an seinen jungen Neffen, der auch im Militärdienst stand und sie dem Leutnant überbrachte. Briefe, unbeantwortete Briefe, die eine Ehe aufrecht erhielten. Briefe, die von einem Mann gelesen wurden, der genauso hilflos wie der Vater, der Freund, der Arzt und all die anderen Vertrauten dem Schicksal und der Krankheit Julais gegenüberstand.

„Ich werde dem Leutnant eine Depesche zukommen lassen und ihn bitten zu kommen. Ich muss mit ihm reden, es ist der einzige Ansatzpunkt, den wir haben, um dieser jungen Frau weiterzuhelfen." Dr. Roosevelts Stimme klang fest entschlossen.

„Sie verträgt diesen Besuch nicht. Sie wissen, Doktor, was geschah, als der Mann vor zwei Jahren zu Besuch kam. Sie wird wieder dieses hohe Nervenfieber bekommen. Es war reines Glück, dass sie es überlebt hat." Die Schwester schüttelte den Kopf.

„Das war zu unvorbereitet gewesen. Niemand hatte ihn angekündigt. Er war zu plötzlich vor ihr gestanden! Ich werde mit ihr reden. Ich bin überzeugt, sie hört uns zu, wenn wir Wichtiges mitteilen, auch wenn sie wenig Reaktion zeigt. Sie hört zu, sie versteht. Sie ist schließlich nicht dumm!“ Schwester Flora merkte, dass der alte Arzt fest entschlossen war. Jede Gegenrede war wohl zwecklos.

Währenddessen saß Julai immer noch reglos in ihrem Korbsessel am offenen Fenster. Angeregt durch die Fragen des Arztes, stiegen Bilder der Erinnerung in ihr hoch. Schließlich traten Tränen in ihre Augen, die still und leise schimmernde Spuren über ihre Wangen zogen. Diese große Traurigkeit, dieses Gefühl der Hoffnungslosigkeit ergriff von ihr Besitz. Als sie jedoch wie jeden Tag am späten Nachmittag ihren Spaziergang durch den Park machte, nahm ein für sie unglaublicher Gedanke Gestalt an.

„Ich muss nach Malakka. Ich muss zu meinem Mann.“ Sie griff mit ihrer Hand unter ihren Gürtel, der die schmale Taille betonte, und fühlte den Brief. Sie machte sich auf die Suche nach dem Gärtner, fand ihn bei den Blumenbeeten und überreichte ihm den Brief.

„Ah“, sagte er, „wird gleich heute erledigt. Mein Neffe fährt morgen früh nach Malakka. Das passt hervorragend!“ Dankbar steckte er die ihm gereichten Geldmünzen in die Tasche. Es war nichts Ungewöhnliches für ihn, derlei Bitten der Patienten zu erfüllen. Er wusste, dass die Schwestern zuweilen ein zu strenges Regiment führten.

Julai setzte sich auf eine Bank in den Schatten einer Kokospalme. Sie schaute dem Gärtner bei seiner Arbeit zu. Als dieser die Geräte weglegte, um Feierabend zu machen, entschloss sie sich, ihm nachzugehen, um zu sehen, wo er wohnt. In ihr war mit ungewöhnlichem Mut der Entschluss herangereift, dem Neffen am Morgen zu folgen und sich selbst nach Malakka einzuschiffen. Sie hatte dieses Jahr vergebens auf einen Besuch ihres Mannes zu ihrem Geburtstag gewartet. Nur ein Strauß Blumen war für sie abgegeben worden. Sie wollte ihn sehen, wollte ihn sprechen, wollte sehen, wo er lebte und wohnte.

Es war wohl eine Fügung des Schicksals, dass Julais gewagtes Verlassen des Krankenhausgeländes nicht bemerkt worden war. Unbemerkt auch vom Gärtner, war sie diesem gefolgt, hatte beobachtet, wie er seinem Neffen den Brief übergab, hatte sich das Gesicht des jungen Mannes gut eingeprägt. Langsam war sie zurück zum Krankenhaus gegangen. In aller Frühe hatte sie das Krankenhaus wieder verlassen, war zur Unterkunft des Neffen des Gärtners gegangen und diesem bis zum Hafen gefolgt. Sie hatte sich auf der Dschunke unter das gewöhnliche Volk gemischt. Schweigend und unauffällig unter ein Tuch gehüllt, war sie niemandem aufgefallen.

Julai war sehr müde von der langen, anstrengenden Überfahrt, und als die Dschunke im großen Hafen mit seinem geschäftigen Treiben anlegte, blickte sie hilflos über das Getümmel. Ein Zufall fügte es, dass gerade in diesem Moment der Neffe des Gärtners vor ihr auftauchte. Sie stellte sich ihm in den Weg und bat ihn, ihr den Brief an den Leutnant auszuhändigen.

„Ich möchte ihn persönlich übergeben“, erklärte sie mit zitternder Stimme und fügte hinzu, „bitte, bringen Sie mich zu ihm.“ Der junge Mann schaute sie erstaunt an. Es war wohl die stolze Zahl an Münzen, die Julai ihm unter die Nase hielt, die ihn veranlasste, keine Fragen zu stellen, sondern nur ihrer Bitte nachzukommen. So kam es, dass Julai einige Stunden später mit Beinen, die ihr vor Müdigkeit nahezu den Dienst versagten, und mit einem bleiernen, dumpfen Gefühl in der Tür zur Unterkunft ihres Mannes stand. Luic war gerade vom Dienst gekommen, hatte sich die Stiefel ausgezogen, einen Brandy eingeschenkt und traute seinen Augen nicht, als hinter dem jungen Mann, der ihm immer ihre Briefe überbrachte, nun Julai selbst in der Tür erschien.

„Julai!“ Erstaunen, Freude und Angst schwangen in gleichem Maße in seiner Stimme. „Julai, was machst du hier, bist du allein?“ Er schaute suchend den Flur entlang, konnte aber niemanden entdecken. Julai war beim Klang seiner Stimme aus ihrer Dumpfheit aufgerissen worden, mit weit aufgerissenen Augen stand sie vor ihm und blickte ihn Hilfe suchend an. Zwei verunsicherte Menschen, die voreinander standen und sich ansahen. Luic fasste sich.

„Komm“, lud er sie ein und reichte ihr seinen Arm. Er deutete auf seinen bequemen Lehnstuhl, das einzige Möbelstück, das er in seiner Unterkunft liebte. Julai wankte, er musste sie stützen. Als sie im Lehnsessel saß, sank sie vollkommen in sich zusammen. Ihr Blick wurde wieder so unwirklich und fremd. Das war etwas, was sofort tiefes Unbehagen in ihm hervorrief. Er zog sie nochmals hoch, schleppte sie mehr, als sie zu führen, zu dem Sofa hinter einem Vorhang, den er zurückzog. Dort sank ihr Körper nieder und er hob ihre Beine auf das Sofa. Unschlüssig blickte er zu ihr nieder. Er bemerkte den Brief in ihrer Hand. Mit einem zärtlichen Lächeln nahm er den Brief an sich. Ganz gewohnheitsmäßig ging er zu dem hohen dunklen Schrank, nahm eine Kassette heraus und wollte Julais Brief zu den anderen sorgfältig aufgehobenen Briefen legen. Er würde ihn später lesen. Plötzlich fiel ihm ein, er müsste ihr wenigstens etwas zu trinken geben. Er stellte die Kassette auf den Tisch, legte den ungeöffneten Brief daneben und griff nach einer Karaffe mit Wasser. Er ging zurück zu dem hohen Schrank und nahm ein Glas heraus. Er bemühte sich, Julai etwas aufzurichten, setzte ihr das Glas an die Lippen. Sie trank. Und als sie das Glas leergetrunken hatte, schaute sie ihn aufmerksam an.

„Ich hatte das Gefühl, ich muss selbst kommen“, sagte sie matt.

„Ja, das ist gut“, bestätigte er. „Ruh dich jetzt ein bisschen aus. Ja? Du wirkst müde.“

„Ja, ich bin sehr müde“, bestätigte sie. Sie legte sich zurück und war bald darauf tief eingeschlafen. Der große Mann schob den Lehnstuhl vor das Sofa. Er setzte sich und schaute ungläubig auf die zarte Frau, die vor ihm schlief. Julai, seine Frau, rechtmäßig mit ihm seit Jahren verheiratet, war für ihn doch unerreichbar geblieben. Nun war sie gekommen. Er fuhr sich mit der linken Hand verlegen durch sein dichtes dunkles Haar. Ein tiefer Seufzer löste sich aus seiner Brust. Vom Hof drang Stimmengewirr laut durch das Fenster. Er stand auf, zog die Fensterflügel zu. Er holte sich sein Brandyglas vom Tisch, kippte den Brandy hinunter, schenkte sich nochmals ein. Er setzte sich wieder. Sein Blick glitt über ihren schmächtigen Körper. Er erinnerte sich an eine Zeit großer Verliebtheit zwischen ihm und ihr, an Pläne. Gemeinsame Pläne, an eine Zukunft, die wohl nie kommen würde. Es schien ihm, als sei alles, das Vergangene wie das Zukünftige, weit weg, verborgen hinter einem dichten Nebelschleier. Aber jetzt, jetzt war sie tatsächlich da! Unglaublich! Er trank seinen Brandy aus. Sie kam ihm so zerbrechlich vor. Ja, es war ihm irgendwie peinlich, sie so anzustarren. Doch konnte er den Blick nicht von ihr lösen. Er stand nochmals auf und hob das leichte Tuch auf, in das sie eingehüllt erschienen war. Er legte das Tuch vorsichtig über ihren ruhenden Körper, strich ihr langsam und behutsam eine Haarlocke aus dem Gesicht. Dann ging er zum Tisch, nahm die Kassette, den Brief und die Brandyflasche, zog ein kleines Beistelltischchen nahe an den Lehnstuhl heran, stellte alles griffbereit ab und setzte sich wieder in den Lehnstuhl.

Er öffnete ihren Brief und las ihn. Als er fertig gelesen hatte, faltete er den Brief sorgfältig zusammen, hob den Stapel Briefe aus der Kassette heraus, legte den eben gelesenen Brief zuunterst und alle anderen Briefe obenauf. Dann lehnte er sich zurück und schaute Julai an. Nach einiger Zeit griff er nach dem obenauf liegenden Brief und begann zu lesen. Langsam und aufmerksam. Als er ihn gelesen hatte, legte er ihn mit der gleichen rituellen Geste wie zuvor wieder zuunterst in die Kassette, lehnte sich zurück, betrachtete Julai. Dann griff er nach dem nächsten Brief. Das ging so fort, gute drei Stunden lang. Zuweilen schenkte er sich einen Brandy nach, später dann auch ein Glas Wasser und las schweigend Brief um Brief. Einige der Briefe waren noch ungeöffnet und ungelesen. Er öffnete sie und las auch diese. Das Abendlicht war schwach geworden, zu schwach, um zu lesen. So stand er auf, holte die Petroleumlampe und zündete sie an. Da hörte er Schritte im Flur, im nächsten Moment stand Isobel vor ihm. Wie jeden Tag kam sie um diese Zeit, um ihn abzuholen und mit ihm in die nächtlichen Vergnügungen der Hafenstadt einzutauchen.

„Was soll denn das?“, rief sie aus, als sie die schlafende Frau am Sofa bemerkte. Dann fiel ihr Blick auf die Briefe.

„Das ist Julai, meine Frau“, erklärte Luic. Verdammt, dachte er bei sich, an Isobel hatte er nicht gedacht. Er erinnerte sich an ihre bissigen Bemerkungen, wenn Briefe von Julai gebracht worden waren, und auch daran, dass sie einmal, als er nicht da war, die Kassette geöffnet und einen Teil der Briefe mit Spott und Hohn gelesen hatte. Er war damals so wütend gewesen. Er hatte ihr verboten, die Briefe anzutasten. Ihr kaltherziger Spott und ihr beißender Hohn hatten ihr Lachen noch verschärft, als sie ihn vor allen seinen Freunden ausgelacht hatte.

„Die Verrückte, die Wahnsinnige! Wie kommt denn die da her?“ Isobel begann auch nun hysterisch zu lachen. Sie griff nach einem Brief, hielt ihn zur Lampe und las unter höhnischem Lachen: „Luic, mein Liebster! *Luic mein Liebster*“ wiederholte sie, „die Gedanken meines Herzens wandern zu dir ...“

Luic versuchte, ihr den Brief zu entwenden. Sie tänzelte um den Tisch, foppte ihn und rief: „Hol ihn dir doch. Hol dir die Trophäe, na komm schon, mein Lieber..."

Währenddessen war Julai aufgewacht. Erschrocken hatte sie sich aufgesetzt. Sie hatte sichtlich Mühe, sich darauf zu besinnen, wo sie war. Sie sah die Frau, grell und laut hysterisch lachend vor sich und Luic, der immer noch versuchte, dieser den Brief zu entwenden. Da wurde Isobels Lachen noch hysterischer. Sie zerriss den Brief in lauter kleine Teile und streute diese mit wilden Gesten in die Luft. Dann bückte sie sich und griff nach dem nächsten Brief. Doch Luic packte ihr Handgelenk. Als sie noch hysterischer zu Schreien begann, schlug er ihr hart ins Gesicht.

Wie versteinert stand Isobel nun da und starrte Luic an. Dann schrie sie: „Sie soll verschwinden. Sofort!"

„Nein", entgegnete Luic, „sie bleibt."

„Sie muss verschwinden, mein Lieber", schrie Isobel, „denn du gehörst mir! Ich habe dich gekauft. Ich habe all deine Spielschulden bezahlt. Du gehörst mir. Ohne mich bist du gar nichts. Du musst tun, was ich sage!" Und die Stimme der bereits alternden Bardame, eine gebürtige Neuengländerin, gestrandet in einem fernen Hafen, überschlug sich, wurde grell, verzerrt und verzweifelt.

„Nein!", schrie Luic, „nun nicht mehr." Und er bückte sich und hob die Briefe auf.

Da stürzte Isobel hin zu Julai, riss an ihren Haaren und schrie: „Verschwinde, du Idiotin du! Du bist nicht seine Frau, kannst es nicht sein! Bist zu verrückt dazu! Eine Närrin. Zu dämlich. Geisteskranke Idiotin!"

Die Szene in dem mit flackerndem Petroleumlicht gespenstisch beleuchteten Raum hatte etwas Unwirkliches, Maskenhaftes erreicht. Gefühle, bewusste Ansprüche und unbewusste Verstrickungen, das Schicksal dreier Menschen hatten sich gekreuzt und waren eskaliert an einem Punkt in der Unendlichkeit des Seins. Ein Geschehen, das Spuren hinterlässt und einen wilden, flackernden Schatten wirft. Einen Schatten, der vorauseilt in eine unbekannte Zukunft.

Luic stürzte sich nochmals auf Isobel. Angewidert fasste er sie so fest an den Handgelenken, dass sie vor Schmerz aufbrüllte.

„Nimm in diesem Raum, was dir gehört", sagte er gefährlich leise, „und dann verschwinde. Verschwinde auf immer! Lass dich nicht mehr blicken." Bisher hatte er sich den Bedingungen Isobels immer gefügt. Nahezu willenlos war er tiefer und tiefer in ihre Abhängigkeit gesunken. Der Befreiungsschlag kam für sie vollkommen unvermutet.

Julai hatte mit erstaunlicher Klarheit die ganze Situation aufgenommen. Nun stand sie auf und forderte mit fester Stimme: „Lass sie Luic. Sie tut mir leid. Ich werde wieder gehen." Sie griff nach dem Tuch, schlug es sich um die Schultern, ging durch den Raum auf die Tür zu, ohne sich umzudrehen. Sprachlos standen die beiden Menschen da und starrten ihr nach. Erst als Isobel wieder hysterisch zu lachen begann, wurde Luic aus seiner Erstarrung gerissen. Er lief in den Flur hinaus. In dem Moment hörte er ein beängstigendes Poltern. Julai war zusammengesackt und stürzte die Stufen hinunter.

München 1988

„Das ist wirklich ungewöhnlich! Sehr erstaunlich." Florian Jordan richtete seinen Oberkörper auf, er stützte sich dabei auf seinen rechten Ellenbogen und drehte sich ein wenig zur Seite, um Dr. Lothar Berchthold ins Gesicht sehen zu können. Der Therapeut saß auf einem Drehsessel an seiner rechten Seite und lächelte ihn an. Florian schüttelte den Kopf, als müsse er etwas aus seinem Kopf herausschütteln. Er fuhr sich dann mit beiden Händen über das Gesicht und die Haare und legte sich langsam wieder auf der bequemen Liege zurück.

„Lassen Sie sich Zeit, sprechen Sie nicht gleich. Reflektieren Sie die Bilder“, forderte der Analytiker.

Florian ließ seinen Blick durch das helle Zimmer schweifen. Der Kirschholzverbau mit Lamellenholztüren, zwei Glastüren in der Mitte, befanden sich direkt in seinem Blickfeld. Die Glastüren gaben den Blick frei auf eine Ansammlung kleiner und etwas größerer Fläschchen, Arzneien. Wohl eher homöopathische Mittel, vielleicht Aromatherapie, dachte er. Dazwischen Bücher, Fachliteratur und auch Edelsteine. Utensilien des zwanzigsten Jahrhunderts. An der Decke eine Reihe von Halogenlampen. In der anderen Ecke des Raumes Lampen und Folien für Lichttherapie, daneben eine kleine gemütliche Sitzgruppe. Alles hell, freundlich und zeitgemäß. Im davor liegenden Raum der große Schreibtisch des Therapeuten, mit Telefon, Fax und einer Computeranlage mit Internetanschluss. Ja, zwanzigstes Jahrhundert. Florian begann zu lachen. Dann setzte er sich endgültig auf.

„Ich habe Ihnen geschildert, wie mich die Nachricht des Doktors erreichte, wie ich mich schnellstens auf den Weg gemacht habe, Lisa zu suchen. Das wilde Treiben in dem exotischen Hafen. Wie ich Lisa gefunden habe unten am Treppensatz in dem dunklen Flur, wie der Mann, mein einstiger Freund, sie aufgehoben hat. Die hysterisch lachende Frau oben am Stiegengeländer. Ich habe Ihnen erzählt ...“

„Kommen Sie“, unterbrach ihn Dr. Berchthold, „kommen Sie, wir setzen uns hinüber zum Tisch. Ich gebe Ihnen etwas zu trinken.“

„Ja, gut“, sagte Florian und stand auf. Er hatte ein eigenartiges Gefühl in den Beinen, durchquerte den Raum und setzte sich in den Korbsessel in der Ecke. Dankbar nahm er ein Glas Wasser an, das Dr. Berchthold mit ein paar Tropfen aus einem kleinen Fläschchen angereichert hatte.

„Bachblüten“, erklärte er. „Bitte, erzählen Sie weiter. Alles, ich will alle Ihre Eindrücke hören.“

„Ja. Ich kann alles beschreiben, das Haus, das Holz, die Menschen, die Kleider. Aber das Verrückte ist, ich habe es nicht nur gesehen, ich war dort! Ich habe mich so hineinversetzt, als wäre ich dort.“ Florian trank mit einem Zug das Wasser aus. „Ich war dort. In einer anderen Zeit, in einem anderen Land, in einem anderen Körper. Also, das muss ich erst verarbeiten. Ich war dort, als fühlender Mensch. Wütend, unglaublich wütend. Und gleichzeitig da. In einer Praxis des zwanzigsten Jahrhunderts, ruhig, klar und gelassen auf einer Liege. Also, das muss ich erst verarbeiten.“

„Was ist mit ihrer Wut?“, fragte Dr. Berchthold, „und so gelassen waren Sie auch nicht. Die Wut kam herüber bis ins zwanzigste Jahrhundert! Ich möchte gerne, dass Sie die Verbindung mit dem Traum herausfinden. Können Sie jetzt Zusammenhänge erkennen?“

„Ja“, bestätigte Florian, „das kann ich. Also, ich bin mir absolut sicher, dass diese Frau von damals, zu der ich mich wie ein Bruder fühlte, heute Lisa ist. Und der Mann, das ist das Arschloch von Mann, mit dem sie es wieder zu tun hat!“

„Sie mögen ihn nicht. Kennen Sie ihn?“

„Nein, nur aus Erzählungen. Gesehen habe ich ihn nie!“

„Das ist es. Sie haben etwas Unbewältigtes aus einer anderen Zeit in dieses Leben herüber transportiert und beschuldigen jemanden, den Sie nicht mal persönlich kennen.“ Dr. Berchtholds Stimme war sachlich.

„Ja, das stimmt eigentlich“, musste Florian zugeben.

„Schauen Sie einmal in die Szene hinein. Sie haben geschildert, wie der Mann Lisa aufgehoben hat. Zärtlich, sagten Sie sogar. Und was haben Sie getan?“

„Ich habe sie ihm weggenommen!“, erkannte Florian. Nun war seine

Stimme nicht mehr wütend, sondern zerknirscht. „Ja", wiederholte er, „mit der Macht eines Bruders oder eines Vaters habe ich über Lisa verfügt und sie weggebracht, zurück in die Klinik."

„Ja, genau", hakte Dr. Berchthold ein, „und was ist dort passiert?"

„Lisa, also ich nenne sie so. Denn diese Frau damals, das ist ja Lisa heute", erklärte Florian, so als müsse er Dr. Berchthold davon überzeugen, und fuhr fort: „Also, sie, diese Frau, hatte sich den Arm beim Sturz gebrochen. Das war nicht so schlimm. Aber sie bekam wieder dieses Nervenfieber. Sie redete im Fieber wirr."

„Ja. Und was sagte sie immer wieder?"

„Ja, sie nannte immer einen Namen. Seinen Namen. Sie sagte, sie will zu ihrem Mann. Ja, scheußlich. Wir haben ihm aber verboten, sie zu sehen." Florian war die Reaktion im Gesicht anzusehen. Seine linke Augenbraue begann zu zucken.

„Ich muss mit Lisa reden, ich muss ihr alles erklären. Mich entschuldigen für mein Verhalten in jenem Leben!", sprudelte er hervor.

„Nun, bleiben wir bei Ihnen. Bleiben wir im Geschehen. Was passierte dann?"

„Lisa starb."

„Wissen Sie, was zwischen den beiden vorgefallen war am Anfang ihrer Ehe?", fragte Dr. Berchthold.

„Nein. Das weiß ich nicht."

„Meinen Sie, es ginge Sie etwas an?"

„Nein! Das reicht jetzt!" Florian sprang auf.

Über Dr. Lothar Berchtholds Mund huschte ein Schmunzeln. Der große schlanke Therapeut, wohl so um die fünfzig Jahre, verfügte über ausgezeichnete Menschenkenntnis und viel Erfahrung. Er blieb gelassen sitzen, sagte nichts. Florian schaute ihn etwas unsicher an.

„Setzen Sie sich noch eine Minute“, bat der Therapeut, „da sind noch Fragen offen. Ich habe Ihnen versprochen, sie am Ende unserer Sitzung zu besprechen. Möchten Sie eine Tasse Tee?“

Ohne eine Antwort abzuwarten, stand er auf, ging zur Tür und bat Mathilde, seine Assistentin, ihnen eine Kanne Tee zu bringen. Florian brauchte eine Weile, um sich zu erinnern, was seine Fragen gewesen waren. Als sie ihm einfielen, sagte er: „Ja, ich möchte wirklich wissen, ob viele Menschen so eine Rückführung machen. Klappt es immer? Kommen auch Männer? Denn gehört habe ich es bis jetzt nur von Frauen.“

„Aber Sie sitzen hier. Ein Mann! Erfolgreich, so Mitte Dreißig, aufgeschlossen und bereit, dem Leben auf den Grund zu gehen. Oh, es ist nicht die Masse, aber gerade erfolgsbewusste Männer sind es, die kommen.“

Die Assistentin brachte den Tee. Die beiden Männer waren vertieft in ein Gespräch, das bald freundschaftliche Töne annahm. Als Florian sich verabschiedete, kamen sie nochmals auf die Ereignisse des anderen Lebens zu sprechen.

„Sie meinen, ich kann nicht viel für Lisa und ihren Freund tun?“, fragte er nochmals.

„Nein. Selbsterkenntnis kann nur für sich selbst und niemals für einen anderen erfolgen. Aber alles, was Sie für sich gelöst haben, wirkt sich positiv auch auf den anderen aus. Alles Gute, Florian. Viel Glück. Melden Sie sich bitte wieder.“ Die beiden schüttelten sich die Hand. Florian marschierte zur Tür hinaus.

„Danke für den Tee. Auf Wiedersehen“, grüßte er die Assistentin im Vorbeigehen, die ihren Blick kurz vom Bildschirm nahm und Florian anlächelte. Lärm und Tumult der Großstadt nahmen Florian in Empfang, als er aus dem Haustor auf den Gehsteig trat. Er hob den Kopf und schaute über die modernen Münchener Häuserfassaden, um einen Blick vom Himmel zu erhaschen. Doch dieser war wolkenverhangen, ein kühler Wind fegte die Straße entlang. Staub und kleine Papierstücke, eine leere Zigarettenschachtel tanzten über den Gehsteig zwischen den dahineilenden Beinen von Frauen und Männern. Florian hatte es nicht weit bis zur nächsten U-Bahnstation. Dort hatte er einen Parkplatz gefunden und sein Auto abgestellt. Er hatte es plötzlich eilig, dieses zu erreichen. Er wollte auf schnellstem Weg heimfahren. Ihm war nach Duschen, nach einem Bier und danach, sich auf der Wohnzimmercouch auszustrecken. Er fühlte, es gab da noch einiges, worüber es sich lohnen würde nachzudenken.

Die Zeit verging wie im Flug. Veronika und Rainer beschlossen nun doch zu heiraten, Christiane und Rolf waren bereits verheiratet. Klein Dominik entwickelte sich zu einem strammen und selbstbewussten Kerlchen und Christiane schenkte einem Mädchen das Leben. Lisa verbrachte viel Zeit mit Florian. Lisas Geschäft lief gut, sie stellte eine zweite Verkäuferin ein. Florian hatte sie mehr und mehr in das Großhandelsgeschäft einbezogen. Auf Provisionsbasis hatte sie den Großhandel für Österreich mit Edelsteinen, Halbedelsteinen und Waren aus Indochina, China und auch Afrika übernommen. Hin und wieder flog sie sogar gemeinsam mit Florian zum Einkauf in die dritte Welt, was ihr großen Spaß machte. Bald war es so, dass Lisa kaum noch Zeit für ihr Geschäft hatte. Sie hatte nun selbst ein eigenes Büro in Freilassing, direkt neben Florians und sie hatte gelernt, im Team zu arbeiten. Sie erzielten wunderbare Umsätze und hatten große Freude an der Arbeit. Eines Tages bat Florian sie, einen amerikanischen Geschäftsmann in Berlin zu treffen. Er selbst hatte keine Zeit und der Geschäftspartner machte nur ein paar Tage Stopp in Europa. Es handelte sich um die Übernahme einer besonderen Lieferung. Smaragde aus Kolumbien.

„Okay“, hatte Lisa zugestimmt, „dann fliege ich halt.“

Frau Meiser, die neue Sekretärin, hatte alles vorbereitet, den Flug gebucht und für Lisa ein Zimmer bestellt. Gut gelaunt und froh über die Abwechslung machte Lisa sich auf die Reise. Vom Flughafen in Berlin ließ sie sich mit einem Taxi zum Hotel bringen. Sie hatte zwei Stunden Zeit. Frau Meiser hatte den Termin für drei Uhr Nachmittag fixiert. Lisa beschloss, ein gemütliches Bad zu nehmen, bevor sie sich umzog. Im Flugzeug hatte sie begonnen, ein neues Buch zu lesen. Es war von einem amerikanischen Autor, von dem sie alle Bücher las, und hieß „Die Brücke über die Zeit“. Sie nahm es mit ins Bad, legte sich in die Wanne und las die spannende Geschichte des Mannes, der sich auf den Weg gemacht hatte, seine ideale Partnerin zu finden. Als ein Blick auf die Uhr ihr sagte, dass sie sich beeilen musste, klappte sie das Buch zu, stieg aus der Wanne und trocknete sich ab. Das Kleid, das sie tragen wollte, hatte sie sich schon zurechtgelegt. Bald war sie fertig und ließ die Hotelzimmertür hinter sich zufallen. Der Lift brachte sie in die Halle. Sie wandte sich sofort an die Rezeption.

„Ich bin mit Herrn Goldman verabredet.“

„Frau Mosbacher?“

Lisa nickte.

„Herr Goldman erwartet Sie schon. Wenn Sie bitte mitkommen!“ Die Rezeptionistin begleitete Lisa in das Café im Wintergarten des Hotels. Zwischen großen exotischen Pflanzen standen kleine gemütliche Sitzgruppen. Ein groß gewachsener Mann, athletisch, wohl so um die fünfzig, stand sofort auf, als er Lisa in Begleitung der Rezeptionistin sah.

„Frau Mosbacher? Guten Tag. Ich bin Mark Goldman.“ Er reichte ihr die Hand und schob ihr einen Sessel zurecht. „Wie reizend, dass Herr Jordan keine Zeit hatte und eine so attraktive Vertretung schickt.“

„Danke für das Kompliment, Herr Goldman“, antwortete Lisa etwas trocken. Sie setzte sich, legte sofort ihre Geschäftsunterlagen auf den Tisch. Der Ober kam an den Tisch und sie bestellte Mineralwasser. Mark Goldmann hatte sich bereits etwas offensichtlich Schärferes servieren lassen.

„Wie war Ihr Flug? Sind Sie gerade erst aus Salzburg angekommen? Eine zauberhafte Stadt, wirklich. Zauberhaft wie Sie." Er begann, Lisa in einen Small Talk zu verwickeln. Seine Blicke musterten sie, mit kleinen Schmeicheleien zeigte er sein Interesse an ihr. Mann oh Mann, dachte Lisa, der macht mich an. Wie anstrengend. Das war es aber nicht lange, denn Mark Goldman gelang es bald, Lisa zum Lachen zu bringen. Auf seine offene, ulkige Art teilte er ihr alle seine Eindrücke mit, die er so hatte.

„Die Welt ist ein amüsantes Theater. Jeder spielt seine Rolle. Manche gut, manche schlecht. Ihre Rolle ist geheimnisvoll, Lisa." Er streifte sie wieder mit einem durchdringenden Blick von der Seite.

Lisa schwieg. Sie hatte sich zurückgelehnt und musterte die Form seines Kopfes, die irgendwie eigenartig war. Hoch und oval, nicht kantig und doch prägnant. Das dunkle Haar glatt nach hinten gekämmt. Er sieht so aus, als würde er Golf spielen, dachte sie und sie schmunzelte.

„Wissen Sie, man muss mit offenen Augen durch die Welt gehen", erklärte er mit gespielter Wichtigkeit, „sehen Sie die Dame dort an dem Tisch? Dort drüben am Fenster?"

„Ja, ich sehe sie."

„Nun, das ist eine, die lebt für das Feine. Sehen Sie. Alles an ihr ist fein. Das fein gekämmte Haar, die fein gebügelte Bluse, der exakt gefaltete Schal dazu. Ich möchte wetten, dass sie auch ganz fein spricht, so ein bisschen lispelnd, wissen Sie. Und sehen Sie! Wenn sie in das Brötchen beißt, dann spreizt sie sicher ihren kleinen Finger weg. Sehen Sie." Mark hatte sich zu Lisa gebeugt. Sein herbes Eau de Cologne hüllte sie ein. Es war ihr peinlich, dass er über eine Fremde so sprach. Doch sie musste hinschauen. Tatsächlich, die zierliche ältere Frau nahm das Brötchen, biss hinein und spreizte ganz graziös den kleinen Finger weg. Lisa musste herzlichst lachen. Zufrieden lehnte Mark Goldman sich zurück.

„Ja, sehen Sie, man muss immer aufmerksam beobachten."

„Aber es ist schrecklich, was Sie da machen. Sie sezieren die Leute ja!" Lisa lachte noch immer.

„Sezieren ist gut", meinte er. „Aber das würde ich mir nicht anmaßen. Ich beobachte nur. Schauen Sie den Hund an, der zu unserer Dame gehört. Er ist natürlich auch fein. Sehr fein sogar und ordentlich gekämmt."

Lisas Blick ging noch einmal in die Fensterrichtung. Tatsächlich, zu Füßen der Frau saß ihr Hund. Ein Pudel, wie könnte es anders sein. Ordentlich geschoren und am Kopf eine Spange, die die Pudelhaare aus dem Gesicht hielt. Nun musste Lisa sich krümmen vor Lachen. Mark Goldmann zog das entsprechende Gesicht dazu und zuckte mit der Schulter. Als der Ober dann noch ein paar Blatt aufgeschnittene Wurst auf einem Teller brachte und sie nach Anweisung der Dame dem Hund reichen musste, war es um Lisas Fassung vollkommen geschehen. Auch Mark musste jetzt lauthals lachen.

„Die Pointe war wirklich unvorstellbar gut. Nicht?", zwinkerte er Lisa zu. Sie suchte ein Taschentuch aus ihrer Tasche und wischte sich die Tränen aus den Augen.

„Nein wirklich, ich habe lange nicht so gelacht."

„Dann wurde es Zeit! Das Leben ist zum Lachen da", entgegnete er, griff nach ihrer Hand und hauchte einen Kuss darauf. Lisa war hin und her gerissen. Einerseits war es wirklich amüsant mit diesem Mann. Es gefiel ihr, ihm zu gefallen, andererseits machte er sie unsicher. Das war ihr unangenehm.

„Und Sie leben in Amerika? Wo?“, versuchte sie dem Gespräch eine andere Wendung zu geben.

„Ich lebe in Neumexiko. Aber die meiste Zeit verbringe ich in Hotels. Das bringt mein Beruf mit sich.“

„Wie kommt es, dass Sie so hervorragend Deutsch sprechen?“

„Mein Vater war Preuße. Die ersten Jahre meines Lebens verbrachten wir in Deutschland. Ich kenne auch Österreich. Meine Mutter liebte die Salzburger Festspiele, Mozart und Karajan“, erzählte er. Lisa war froh, ein Gesprächsthema gefunden zu haben. Ihre Unterhaltung plätscherte fröhlich dahin. Lisa ließ sich zu einem Glas Sekt überreden und hörte ihm zu. Er erzählte von der fernen Welt, von seinen Reisen, den Tücken des Geschäftslebens. Er war ein wirklich guter Beobachter. Bemerkte jede Regung in Lisas Gesicht und ihrer Körperhaltung. Er machte ihr Komplimente, schenkte ihr die Aufmerksamkeit, die sie lange vermisst hatte.

„Was verbergen Sie, Lisa?“, fragte er schließlich.

„Nichts. Was soll ich verbergen?“

„Sie sind hübsch, charmant. Sie sind intelligent. Sie geben humorvolle Antworten, doch Sie stellen immer wieder eine Mauer vor sich hin. Warum? Was versuchen Sie zu verbergen?“ Er hatte sich wieder vorgebeugt. Aus seinen klaren grauen Augen kam sein Adlerblick. Lisa rückte ein wenig zur Seite und verschränkte die Hände vor der Brust.

„Ich verberge nichts.“

Sie bemerkte seinen Blick auf ihren Hände, ihre Abwehrhaltung wurde ihr bewusst, sie legte die Hände etwas unsicher in den Schoß.

„Sie sezieren schon wieder!“, beanstandete sie vorwurfsvoll.

„Oh, entschuldigen Sie. Das wollte ich nicht. Ich möchte Sie nur kennen lernen“, er zog die Stirn in kleine Falten.

Lisa wagte einen Angriff. „Sie wollen mit mir flirten?!“

Er grinste. „Sie tun das. Sie haben mit mir geflirtet vom ersten Augenblick an. Ihr Blick, Ihr Lachen. Jede Ihrer Bewegungen war Flirt. Von Anfang an."

Lisa lachte etwas unsicher.

„Es gefällt mir", versicherte er. Dann, ganz unvermutet wurde er ernst.

„Nun gut. Kommen wir zum Geschäft." Sorgfältig breitete er ein Samttuch aus und holte die Steine aus seinem Aktenkoffer. Die Steine waren wundervoll. Er hatte in verschiedenen Größen geschliffene und ungeschliffene Smaragde mitgebracht. Er reichte Lisa eine Lupe.

„Sehen Sie sich die Prachtstücke an. Erste Qualität aus Kolumbien."

Lisa war begeistert. Es war ein herrliches Sortiment.

„Eine seltene Kostbarkeit!", rief sie aus. Sie ließ einige Steine durch ihre Finger gleiten. Ihr transparentes Grün schimmerte unvergleichlich schön im Licht. Mark Goldman holte eine weitere Papiertüte aus seinem Aktenkoffer und entnahm ihr noch seltenere Beryllen, die wundervoll glitzerten. Er suchte einen heraus und legte ihn in Lisas Handfläche.

„Sehen Sie? Fühlen Sie?" Der Stein war in glatter Tafelform geschliffen. Eine starke Kraft strahlte von ihm aus.

„Nun schauen Sie durch, Lisa. Halten Sie ihn gegen das Licht! Er ist vollkommen transparent."

Sie nahm den Stein zwischen Zeigefinger und Daumen der rechten Hand, hielt ihn gegen das Licht und betrachtete ihn genau.

„Wundervoll, wirklich. Ich bin beeindruckt!", bestätigte sie den erwartungsvollen Blick von Mark Goldman.

„Smaragde sind meine Lieblingsteine", erklärte er gedehnt, „sie lehren uns, die Dinge mit mehr Weisheit zu betrachten und die Liebe in unser Wesen zu integrieren. Sie sind ein Smaragd, Lisa! Sie sollten auch einen tragen."

Lisa zog die Unterlagen aus der Mappe, die Florian von Frau Meiser hatte vorbereiten lassen, und begann zu disponieren. Es dauerte eine gute Stunde, bis alles Geschäftliche erledigt war und Mark Goldman die Schatulle und seinen Aktenkoffer schloss. Er schaute auf seine Uhr.

„Ich muss noch ein paar Telefonate erledigen", erklärte er, „dann treffen wir uns zu einem exquisiten Abendessen? Ich darf Sie doch einladen."

Lisa zögerte, sah seinen offenen Blick und sagte zu. Es wurde ein zauberhafter, fröhlicher und auch prickelnder Abend. Lisa war froh, dass sie ein halbwegs passables Kleid eingepackt hatte und hochhackige Schuhe. Sie steckte sich die Haare hoch, trug ein wenig Rouge auf und zog die Lippen sorgfältig nach. Mark begrüßte sie mit Blicken, die durchaus seine Begeisterung verrieten. Er reichte ihr seinen Arm als charmanter und fürsorglicher Kavalier. Eine lustige Mischung aus biederer guter alter Schule und amerikanischer Lässigkeit. Lisa sagte ihm das im Taxi, er lachte herzlich.

„Nur, woher haben Sie Ihre Offenheit, Mark?"

„Meine Offenheit? Ich weiß nicht. Woher haben Sie die Ihre?", konterte er.

Lisa überlegte. „Das ist meine Waffe, meine Offenheit schützt mich."

Er legte seinen Arm andeutungsweise um Lisa, abgestützt auf der Rückenlehne des Wagens. „Sie sind eine blitzgescheite Frau", bemerkte er. „Es ist wirklich eine Waffe. Sie erobern gerne selbst. Nicht war? So langweilig umgarnt zu werden, das ist nichts für Sie. Ich sehe, ich muss meine Taktik ändern."

Nun lachten sie beide. Mark Goldman hatte ein wunderbares Restaurant ausgesucht und Lisa überließ es ihm, ein Menü zusammenzustellen. Er tat es mit Sorgfalt und es schmeckte köstlich. Sie tranken Wein, aßen, plauderten und flirteten im Schein der Kerzen.

„Ich möchte mit dir tanzen, Lisa", bat er schließlich. Sie waren sehr vertraut miteinander geworden. Er bezahlte und sie standen auf. Er kannte eine Bar, in der eine Band spielte. Lisa zögerte nicht, denn getanzt hatte sie lange nicht mehr. Dabei tanzte sie leidenschaftlich gerne. Auch in der Bar empfing sie Kerzenschein. Die Luft war zwar mit Rauchschwaden verhangen, die Atmosphäre war aber sehr angenehm. Mark bestellte Sekt und zog Lisa auf die Tanzfläche. Sie fühlte seine Arme um die Taille, seine Wärme, seine Kraft und begann sich mit ihm zu drehen. Lisa wusste genau, dass Vorsicht angebracht war, aber der Mann verstand es, sie zu halten, zu führen. Er genoss ihre Bewegungen und sie auch die seinen. Die erotische Schwingung zwischen ihnen baute sich mehr und mehr auf.

„Wirst du bei mir bleiben, wenigstens für eine Nacht?", flüsterte er ihr ins Ohr.

„Würdest du das wollen? Für eine Nacht?"

Er sagte nichts. Er drehte Lisa und hielt sie. Im Taxi kämpfte Lisa mit innerer Unentschlossenheit. Da war die Sehnsucht nach Wärme, nach Liebe, nach Zärtlichkeit, nach Sex und da war die Stimme, die Nein sagte. Aber Mark war geschickt. Er baute die Brücken, die sie brauchte, und gab ihr doch die Freiheit. Er führte und verführte sie, bis er in ihrem Zimmer stand. Ich bin verrückt, dachte Lisa, mich auf so eine Nummer einzulassen. Doch er zog sie aufs Bett und seine Hände tasteten über ihren Körper. Lisa fühlte die Erregung auf der Haut, ihr Atmen wurde schneller. Sie hatten kein Licht angeknipst. Die Dunkelheit gab beruhigenden Schutz. Lisa wurde fortgerissen von ihrem Verlangen und eine wilde Leidenschaft erfasste ihren Körper. Mark hatte Erfahrung, er wusste sie zu berühren. Doch dann, als sie nackt dalag und er in sie eindringen wollte, war es plötzlich aus. Mit einem Schlag war Lisa nüchtern geworden und sie wehrte ihn ab. Es war ihr peinlich. Ja, sie schämte sich. Er versuchte sich auf ihre

Gefühle einzulassen, aber Lisa wies ihn ab.

„Es tut mir leid, es tut mir leid. Entschuldige“, stammelte sie und flüchtete aus dem Bett. Sie eilte ins Bad, wickelte sich ein großes Badetuch um und kam zurück ins Zimmer. An der Wand blieb sie stehen. Am liebsten hätte sie sich unsichtbar gemacht.

„Entschuldige, bitte. Ich kann nicht“, wiederholte sie. Sie bemerkte, dass Mark wirklich betroffen war. Sie fühlte, er hätte es gebraucht, dass sie jetzt mit ihm sprach, aber sie konnte nicht. Das Einzige, was sie wollte, war, dass er verschwand. Sie musste sich ganz unglaublich beherrschen, um das nicht herauszuschreien.

„Erkläre es mir, Lisa. Habe ich etwas falsch gemacht?“ Die Betroffenheit stand zwischen ihnen wie eine unverrückbare Scheibe. Er fühlte ihre undurchdringliche gläserne Wand ganz deutlich. Er wusste, dass jedes seiner Worte zwecklos war. Er hatte die Frage gestellt, um etwas zu sagen, und nicht, um eine Antwort zu bekommen. So begann er, in der Dunkelheit nach seiner Wäsche zu suchen.

„Nein, du hast nichts falsch gemacht. Entschuldige. Das Problem liegt bei mir.“

Lisa war die Situation unerträglich. Sie wusste, sie musste das Licht andrehen, damit er seine Sachen fand. Sie tat es. Wollte etwas Unverbindliches, Nettes sagen, aber es fiel ihr nichts ein.

„Du bist doch eine Frau mit Mauern und Geheimnissen“, stellte er fest, als er fertig angezogen war. Er kam auf sie zu, gab ihr einen Kuss auf die Wange, ohne ihre gläserne Mauer zu verletzen.

„Gute Nacht“, sagte er und schloss die Tür hinter sich.

Lisa blieb wie angewurzelt stehen.

„Scheiße“, schimpfte sie laut, „und das muss mir passieren.“ Dann ging sie ins Bad und drehte die Dusche an. Als sie zurück ins Zimmer kam und das zerwühlte Bett sah, war ihr klar, dass sie jetzt nicht schlafen konnte. Sie zog sich an, nahm ihre Tasche und fuhr in die Halle. Beim Nachtportier bestellte sie ein Taxi. Sie ignorierte seinen Blick. Es war kurz nach zwei Uhr morgens. Die Stadtluft war lau. Sie stieg in das Taxi.

„Guten Abend. Wohin bitte?“, fragte der Fahrer.

„In eine Bar“, sagte sie, „sie kennen sicher eine Bar, wo eine Frau wie ich auch jetzt noch so halbwegs hingehen kann. Ich kann nicht schlafen“, fügte sie hinzu.

„Eine Frau wie Sie“, murmelte er und musterte sie über den Rückspiegel. „Okay, wird gemacht.“ Der Blinker leuchtete auf. Das Taxi fuhr los.

Es war eine kleine Bar. Wieder schlugen Lisa Rauchschwaden entgegen. Die Atmosphäre war angenehm. Hauptsächlich Paare saßen an den Tischen. *New York New York* - Frank Sinatras Stimme drang an Lisas Ohr. Sie ging an die Bar, schob sich einen Barhocker zurecht. Ein Pärchen stand an der einen Seite, eine ältere Frau alleine auf der anderen.

„Bitte, was darf ich bringen?“, der Barmann sah sie fragend an.

Lisa wusste es nicht so recht. Am besten, ich bleibe beim Sekt, dachte sie und sagte: „Ein Glas Sekt Orange, bitte.“

Sie sah sich um und musste plötzlich lachen. In so vielen Lokalen wie an diesem Tag war ich seit Jahren nicht, dachte sie. Dann schüttelte sie wieder den Kopf über sich selbst. Zu dumm, dachte sie. Noch dazu mit einem wichtigen Geschäftspartner! Wenn Florian das erfährt! Aber geschehen war geschehen.

„Na, Liebeskummer?“ Die Frau von der rechten Seite rückte näher heran. Einsam wie ich, dachte Lisa, lächelte ihr zu, sagte aber nichts.

„Na ja“, meinte die andere, „ohne Grund geht man nicht um zwei Uhr alleine hierher. Aber auf Aufriss bist du nicht. Das merkt man gleich.“

Lisa konnte sich nicht entschließen zu antworten. Sie nahm aber das auf der Theke liegende Feuerzeug und gab der Frau, die offensichtlich etwas beschwipst war, Feuer für ihre Zigarette.

„Danke", sagte die Frau und fragte nochmals, „wieso bist du da?"

„Weil ich nicht alleine sein will. Ich wollte Menschen um mich spüren", antwortete Lisa.

„Ja", meinte die andere, „so wie ich. Ich wollte auch nicht alleine sein. Ein bisschen Musik. Reden, so wie jetzt mit dir." Sie schaute Lisa forschend an. Sie nahm einen tiefen Zug und blies den Rauch genau in Lisas Richtung. Diese wandte sich etwas ab.

„Entschuldigung", murmelte die andere. Sie stützte ihren Arm mit dem Ellenbogen auf der Bar ab und legte ihr Gesicht in die Hand. Schweigend starrten die beiden Frauen vor sich hin. Jede mit ihren Gedanken beschäftigt. Lisa nippte an ihrem Sekt. Sie fühlte, wie sie sich allmählich beruhigte. Die Musik aus den Boxen war angenehm. Eine Mischung aus alten Schlagern, Jazz und Filmmusik. Nach einer Weile begann die Frau an Lisas Seite wieder zu sprechen. Sie erzählte von ihren Kindern, die bereits groß waren und keine Zeit mehr für sie hatten. Lisa hörte zu, erwiderte ein paar höfliche Sätze. Mehr und mehr fühlte sie die Müdigkeit. Sie zahlte, bat den Barmann, ein Taxi zu rufen, reichte der einsamen Frau die Hand und ging. Im Hotelzimmer erinnerte sie das zerwühlte Bett immer noch an die peinliche Affäre. Lisa schüttelte die Kissen auf. Sie zog sich aus und rollte sich unter der Bettdecke zusammen.

Am nächsten Morgen wusste Lisa, dass sie Mark Goldman nicht so stehen lassen konnte. Sie duschte lange, putzte sich die Zähne und ließ sich dann über die Rezeption mit Goldman verbinden.

„Hallo", antwortete er. Seine Stimme klang noch verschlafen.

„Guten Morgen. Da ist Lisa. Ich hoffe, du verfluchst mich nicht. Und ich hoffe, ich habe dich nicht geweckt", erklärte sie und versuchte, gelassene Höflichkeit in ihre Stimme zu legen.

„Du bist wirklich eine blitzgescheite Frau“, sagte er sofort. „Mutig und klug genug, um mich um ein gemeinsames Frühstück zu bitten?“

„Ja, genau“, erwiderte Lisa, „der Abend war doch schön. Für ein Frühstück hätte ich noch Zeit. Wir können noch alles Geschäftliche besprechen, dann reise ich ab.“

Er nahm an. Gerettet, dachte Lisa und seufzte erleichtert. Ihr gelang es, am Frühstückstisch unverbindlich und höflich zu bleiben. Marks Versuch, ihre Mauer gewitzt mit Humor zu durchbrechen, glitt an ihr ab wie nasse Seife auf einer Fliese. Mark Goldman nahm es gelassen zur Kenntnis, aber Lisa merkte doch, dass seine Eitelkeit sehr verletzt war. Er blickte mehrmals auf die Uhr, schob wichtige Geschäftstermine vor und nahm die erste Möglichkeit wahr, um sich von ihr galant, aber merklich abgekühlt zu verabschieden. Als er mit gemessenen Schritten durch den Frühstücksraum ging, steif aufgerichtet mit zurückgeworfenem Kopf, tat er Lisa plötzlich leid.

„Einsamer Wolf“, flüsterte sie. Als hätte er es gespürt, drehte er sich um und schenkte ihr ein offenes Lächeln.

Lisa beeilte sich, Berlin zu verlassen. Sie war froh, als sie den Schlüssel in die Wohnungstür steckte und sicheren Boden betrat. In ihr Tagebuch schrieb sie:

Peinlich, peinlich. Doch was soll man machen?

Und doch habe ich gelernt: Der Körper lügt nicht!

Mein Körper hat mir gezeigt, mit wilder mich bezwingender Kraft, was er begehrt, wonach er sich sehnt und was er brauchen würde. Und mein Körper hat mir auch gezeigt, wo meine Grenzen sind. Der Körper lügt nicht. Er ist ehrlich. Sex ohne Liebe geht nicht.

Ich will mir die Ehrlichkeit meines Körpers bewahren.

Wendezeiten

Veronika hatte den Vorschlag gemacht, an einem heißen Augusttag zum Wolfgangsee zu fahren.

„Komm, Lisa", hatte sie am Telefon gesagt, „lass uns zum Baden fahren. Für das Wochenende wird herrliches Badewetter angesagt. Rainer ist in München. Um Mama kümmert sich Frau Klara. Wir beide und Dominik können einen Tag am See genießen. Du hast ohnehin zu viel gearbeitet! Ein wenig ausspannen wird dir gut tun."

Lisa hatte eingewilligt. Sie war wirklich überarbeitet und wusste, auch Veronika brauchte diesen Tag. Frau Schönborn war wochenlang im Krankenhaus gewesen, der Arzt hatte schlimme Befürchtungen, dass sie das Lungenleiden nicht mehr lange würde ertragen können.

Die beiden Freundinnen saßen im Bikini auf einer aufgerollten Liegematte am Ufer des Wolfgangsees. Herrlich schimmernd lag der See vor ihnen, malerisch war der Blick auf die Kulisse der Berge. Lisa spielte mit Dominik Memory unter dem strahlend blauen Himmel. Keine einzige Wolke. Nur Kondensstreifen von Flugzeugen, verblassend bereits, zogen sich über das tiefblaue Firmament, das sich wie eine heilige Kuppel über den See spannte. Das Flimmern der heißen Luft lag über dem Wasser. Lisa und Veronika hatten vorsorglich einen Sonnenschirm mitgebracht, unter dem sie nun gemütlich saßen. Lisa hatte die Memory Karten auf dem Badetuch verdeckt aufgelegt.

„Nein, so etwas, die kleinen Häschen, hast du dir die Karte gemerkt und ich nicht! Aber jetzt, jetzt, gewinne ich! Nein, schon wieder nicht, eine Tulpe und ein Pferd passen nicht zusammen. So ein Pech! Ich merke mir die Karten nicht so leicht."

Lisa war vertieft in das Spiel. Dominik lachte fröhlich, drehte und suchte mit großer Aufmerksamkeit jeweils zwei zusammenpassende Karten. Sein gurrendes Lachen verriet die Begeisterung, mit der er spielte. Veronika lehnte mit dem Rücken seitlich gegen den Kinderwagen, den sie zur Vorsicht mitgebracht hatte. Vielleicht, so hoffte sie, würde Dominik doch vom Baden und Spielen müde werden. Dann konnte sie ihn in den Wagen legen, auch wenn dieser schon fast zu klein geworden war.

„Es ist unglaublich, wie viel Dominik sich merken kann. Mehr als ich, Veronika!“ Lisa drehte sich der Freundin zu.

„Du wärst so eine gute Mutter, Lisa. Oft denke ich, du machst es besser mit ihm als ich.“ Veronikas Stimme klang weich an Lisas Ohr, sie lächelte die Freundin an. Abrupt drehte Lisa sich wieder weg.

„Ich weiß! Du willst davon nichts hören, aber deine Jahre vergehen. Lisa! Gib dir einen Ruck und schmeiße diesen Viktor aus deinem Herzen. Du liebst ihn immer noch? Stimmt`s?“ Veronika legte ihre Hand auf Lisas Schultern.

„Weiterspielen, weiterspielen“, quengelte Dominik. Lisas Blick, der zwei Schmetterlingen gefolgt war, die im zarten Hauch der heißen Nachmittagsluft vor ihren Augen tanzten, kehrte zu dem aufgelegten Kartenbild zurück. Mechanisch drehte sie zwei Karten um. Seit fast einem Jahr hatte Lisa Viktor nicht gesehen. Bald nachdem sie mit ihm und Gerald Schi fahren gewesen war, war Viktor noch einmal für ein Wochenende gekommen. Sie hatten sich geliebt und festgehalten. Stärker und tiefer als je zuvor. Er hatte ihr mitgeteilt, er habe ein Angebot, an einem Film in den Staaten mitzuarbeiten. Ein Projekt, das wohl etwa zwei Jahre dauern würde. Ana hatte darauf bestanden, mit ihm zu gehen.

„Und ich, was ist mit mir?“, hatte Lisa ihn angstvoll gefragt. Doch er hatte nur gelächelt, sie fest an sich gedrückt. Es war ihnen beiden nicht möglich gewesen, über die Zukunft zu sprechen.

„Schreib mir", hatte Viktor gebeten. „Schreib mir, Lisa, damit ich weiß, wie es dir geht."

„Ich schreibe ihm noch immer, Veronika. Ich liebe ihn und spüre das mehr und mehr." Lisa fuhr mit der Hand zärtlich über Dominiks Kopf und zog den kleinen Kerl an sich heran. Er gähnte bereits müde.

„Mag nicht mehr", sagte er und kuschelte sich an Lisa.

„Du schreibst ihm noch? Ja, und antwortet er?" Veronika war erstaunt. „Ist er immer noch in den Staaten und mit dem Film beschäftigt?"

„Ja, ich glaube schon. Die letzte Post von ihm kam aus Kanada. Da hatten sie Dreharbeiten, aber das ist schon eine Weile her." Lisa legte sich zurück, stopfte sich ein Handtuch unter den Nacken und zog Dominik an sich heran. Durch die Bewegung aufgeschreckt, richtete er sich aber auf, blickte wieder munter um sich und verlangte fröhlich nach einem Eis.

„Und du schreibst ihm nach Kanada. Ist Ana noch bei ihm?", fragte Veronika und beschwichtigte Dominik, „ja, gleich bekommst du noch ein Eis. Mama muss erst das Geld aus der Tasche suchen."

„Nein, ich schreibe ihm nach Wien, wie vereinbart. Seine Schwester schickt ihm die Post nach. Und Ana?", Lisa sah nun ihrer Freundin offen ins Gesicht, „ich glaube nicht, dass Ana noch bei ihm ist. Ich fühle das."

„Das heißt, du machst dir tatsächlich immer noch Hoffnungen, dass aus eurer Liebe etwas wird. Etwas Realistisches, Vernünftiges, eine Familie? Das sind jetzt Jahre, Lisa, deine Jahre, mit denen du bezahlst!"

„Mag ein Eis!" Dominik wurde ungeduldig. So stapfte Veronika mit ihrem Sohn an der Hand davon.

„Ich bringe dir auch ein Eis mit, Lisa", rief sie ihrer Freundin über die Schulter zu und schüttelte dabei heftig den Kopf. Dieser Viktor! Er ruiniert ihr Leben, dachte sie.

Lisa schaute ihrer Freundin und dem kleinen Dominik nach. Eine Mutter, die ihren Sprössling an der Hand führte. Eine Frau, die einen liebevollen, fürsorglichen Mann zu Hause hatte. Plötzlich stiegen Tränen in ihr auf. Eine Welle von Selbstmitleid erfasste sie. Lisa ließ ihren Blick gleiten, über den See, über die Berge, hin zu einer Hoffnung, die ihr nun langsam wie die untergehende Sonne zu entweichen drohte. Der Gefühlsausbruch war ihr peinlich. Sie stand auf, grub ihre Zehen tief in die kleinen Steine, ging ans Wasser. Klar, ruhig, tief, alles aufnehmend lag es da vor ihr. Wasser steht für Gefühl, dachte sie, steht für das Weibliche und Lebenspendende. Wasser als Urquelle allen Lebens. Sie fühlte mit den Zehen die Temperatur. Dann ging sie weiter hinein, bis der Rand ihrer Bikinihose nass wurde. Sie beugte sich vor. Mit beiden Händen bespritzte sie ihren heißen Körper mit dem kühlen Wasser und tauchte dann geschmeidig in den See. Mit ruhigen, kraftvollen Zügen schwamm sie weit hinaus. Herrlich, wie angenehm das Wasser war. Es prickelte auf ihrer Haut. Als Lisa wendete, stand Veronika schon winkend am Ufer und hielt das Eis hoch in der Hand.

„Komm, es zerrinnt ja bereits“, rief sie und schleckte abwechselnd an der eigenen und an Lisas Tüte. Dominik saß bereits im Sitzwagen und schleckte auch genüsslich an seiner Tüte.

„Herrlich“, Lisa schüttelte den Kopf und das Wasser spritzte in feinen Tropfen von ihr. „Danke! Du solltest auch nochmals rein. Jetzt ist es richtig schön.“ Sie griff nach dem Eis und die beiden Freundinnen setzten sich neben den Kinderwagen auf die Matte. Für eine Weile war eine jede andächtig damit beschäftigt, das Eis zu lutschen und den eigenen Gedanken nachzuhängen. Dann nahm Veronika den Gesprächsfaden wieder auf.

„Kannst du nicht anrufen? Du musst die Beziehung klären, so oder so.“

„Habe ich schon probiert, aber irgendetwas hielt mich davon ab, den Anrufbeantworter zu besprechen." Lisa langte zu Dominik und wischte ihm fürsorglich mit einem Taschentuch den völlig verschmierten Mund ab. Er ließ es geschehen. „Glaubst du an die Liebe, Veronika?"

„An die Liebe?" Veronikas Stimme hörte sich fragend an.

„ Vielleicht ist es eine Prüfung, die wir erleben. Eine göttliche Prüfung!" Lisas Gesichtsausdruck wurde plötzlich sehr nachdenklich. „Eine Prüfung der Engel! Eine Prüfung der großen Göttin. Ich glaube an die Liebe, die keine Bedingungen stellt. "

„Also komm, Lisa. Das ist mir zu abgehoben. Engel! Sag bloß, du betest zu ihnen und zündest Kerzen an vor dem Altar der Muttergottes!" Veronika schüttelte wieder ärgerlich den Kopf und Sorgenfalten gruben sich in ihre Stirn. „So ein Blödsinn!"

„Ja Veronika, genau das tue ich! Es ist unsinnig, mit dir darüber zu reden. Du baust immer eine Mauer auf, wenn es um geistige Dinge und höhere Führung geht. Du, die du so viel Liebe geschenkt bekommst, bist so oberflächlich und undankbar!"

Nun war Lisas Stimme ärgerlich geworden. „Und außerdem", fügte sie hinzu, „habe ich es satt, wie ein armer Tollpatsch behandelt zu werden! Nur weil ich einen Mann liebe, mit dem ich derzeit nicht zusammenleben kann. Primitiv, durchschnittlich wie die meisten Menschen denkst du! Du orientierst dich an einer Norm, die nichts weiter als der Durchschnitt der breiten Masse der Primitiven ist! Entschuldige, aber ich bereue jeden Satz, mit dem ich versucht habe, mich in meinem Denken und Fühlen dir anzuvertrauen. Ich dachte, unsere Freundschaft ginge tiefer. Liebe, das gibt es für dich nur, solange alles leicht und bequem ist."

Veronika saß da, wie erstarrt. Noch nie hatte sie die Freundin, die immer sanft und nachgiebig war, so erlebt. Sie starrte Lisa mit erschrokkenen, aufgerissenen Augen an. Vor ihr saß eine Frau, die sie so noch nie gesehen hatte. Überzeugt, sicher, selbstbewusst und der gerade Blick ihrer Augen sagte, so ist es! Das Eis in Veronikas Hand begann zu tropfen. Rote Himbeerspuren und braune Schokoladenkleckse tropften auf das fliederfarbene Handtuch.

„Dein Eis tropft", machte Lisa ihre betroffene Freundin auf das rinnende Eis aufmerksam. „Du solltest mal ein Buch von Paulo Coelho lesen", fuhr sie fort, „er weiß etwas zu erzählen über die Liebe der Wüstenfrauen, die warten können, bis ein Mann seine Bestimmung erfüllt und sich selbst gefunden hat. Und ich bin eine Frau der Wüste, die lernt barfuß im Herzen über die Wolken der Weltenseele entgegen zu gehen."

Dann stand sie auf, warf den Rest ihrer eigenen Eistüte in einen wenige Schritte entfernten, unter einem kleinen Birkenbaum stehenden Abfalleimer, ging zum Ufer und tauchte schnell wieder ins Wasser ein. Eine Welle lebensfreudiger Naturkraft umspülte Lisas Körper. Sie ließ sich treiben. Die Welle entführte die schlanke Gestalt wie eine in Liebe eingefangene Beute weit hinaus in die Mitte des Bergsees. Dahin, wo Wassernixen und Froschkönige darauf warteten, endlich entdeckt zu werden. Dahin, wo auf glitzernden Sonnenstrahlen schillernde Elfen sich freudevoll wiegten. Und dahin, wo im Sog einer stillen Tiefe die Kraft des ewig Weiblichen ruhte. Lisa schnappte tief nach Luft. Sie hielt sich mit einer Hand die Nase zu und tauchte mit offenen Augen in die Tiefe. Das Wasser schlug über ihrem Kopf zusammen. Der See begrüßte sie mit seinem geheimnisvollen Raunen. Je öfter und je tiefer sie tauchte, umso mehr fühlte sie die alten Geheimnisse des Wassers. Es umwarb sie, es lockte sie, es umschmiegte sie, es erweckte ihre Weiblichkeit. Zeit, Raum, der Halt des Ufers waren entschwunden. Der Ozean immerwährender Wandlungen, Geburten zum Sein, Dimensionen der göttlichen Vielfältigkeit durchströmten Lisa. Ein ungewöhnliches Glücksgefühl erfasste sie wie eine riesige Woge.

Freiheit! Freiheit, du bist in mir! Mit mir! Als wollte der See ihr freudig zustimmen, klangen zart glucksende Laute wie wissendes Lachen an ihr Ohr. Sie öffnete die Augen noch weiter und suchte den Grund zu erforschen. Sie wusste es, sie fühlte es, das beseelte Wesen des Sees, die Fürstin des Wassers war hier. War hier mit ihr. Lisa tummelte sich längere Zeit im Wasser. Veronikas Blicke suchten immer wieder den blonden Haarschopf der Freundin am Wasser auszumachen. Nachdenklich lag ihr Blick auf dem See. Klein Dominik war tief und fest eingeschlafen. Die Ruhe des späten Nachmittages legte sich wie der lange Schatten der Bäume auf das Seeufer. Die meisten Badegäste waren bereits damit beschäftigt, Liegestühle, Sonnenschirme, Picknikkörbe und nasses Badezeug einzupacken. Ein junges Pärchen spielte Federball. Ein anderes Pärchen schmuste und ein älteres Ehepaar spazierte langsam Hand in Hand am Ufer entlang. Der heiße Sonnentag hatte die Menschen zufrieden gestimmt. Lisa kam etwas fröstelnd aus dem Wasser, sie rieb sich mit ihrem Handtuch ab und legte ihren Kopf schief, um das Wasser aus den Ohren zu tupfen. Es war nur zu offensichtlich, dass sie sich wunderbar fühlte. Beschwingt neigte sie sich zu ihrer Freundin hinab:

„Verzeih, Veronika. Es ist gut, du lebst eben anders als ich."

Veronika machte einen Ansatz, sich zu verteidigen. Sie meinte, sie würde Lisa sehr wohl zuhören, sei bereit, diese zu verstehen. Sie mache sich eben wegen der tiefen Freundschaft halt so ihre Sorgen.

„Ist gut", beschwichtigte sie Lisa. „Du brauchst dich nicht zu verteidigen. Ich weiß, dass du das Beste für mich willst. Aber wie willst du wissen, was das Beste für mich ist? Hm?" Lisa hatte das Badetuch um ihren Körper geschlungen, geschickt streifte sie den nassen Bikini ab. Sie schlüpfte in ihre Shorts und ein leichtes T-Shirt.

„Ich möchte doch nur, dass du glücklich bist. Dass du geliebt wirst!"

„Du redest, wie meine Mutter geredet hat! Vielleicht bin ich glücklich? Vielleicht werde ich geliebt? Tiefer, geheimnisvoller, als du es dir vorstellen kannst?“ Lisa warf einen zärtlichen Blick auf den schlafenden Dominik. Sie drehte den kleinen Sonnenschirm etwas weiter, damit die Sonne ihm nicht voll ins Gesicht schien. Die Abendsonne hatte immer noch große Kraft und Sonne hatte der kleine Kerl den ganzen Tag über wohl genug gehabt.

Veronika schwieg nachdenklich, griff dann in den Korb und holte zwei Pfirsiche heraus.

„Magst du?“

„Ja, danke. Gerne.“ Lisa setzte sich neben Veronika auf die Badematte und genoss nun die warmen Sonnenstrahlen auf der Haut.

„Erinnerst du dich an den Vortrag über die Macht der Weiblichkeit?“, fragte sie ihre Freundin.

„Ja, natürlich.“

„Weißt du, ich denke, zu dem vollen Erwachen unserer Weiblichkeit gehört das Wiederentdecken, besser gesagt, das Wiedererwecken echter tiefer Liebe dazu. Wir müssen wieder lernen, wirklich zu lieben. Zu lieben, verstehst du? Nicht zu fordern, das bringt uns nichts. Wir haben den Magnetismus, die Macht der Liebe verloren. Denn die Liebe selbst ist doch die größte Macht. Die Liebe wurde in den letzten zweitausend Jahren mehr und mehr unterdrückt. Verspottet als romantische Liebe. Als Schwäche, als Träumerei abgetan. Dadurch ist die Liebe auch schwach geworden. Letztendlich wurde sie zum Tabu! Die Liebe trägt Trauer in unserer Zeit. Sie wird nicht erkannt als das, was sie ist.“

Lisa schaute ihre Freundin eindringlich an.

„Das Sterben und die Liebe sind die beiden größten Tabus unserer Zeit. Es ist unmodern geworden zu lieben. Sex, ja, den haben wir befreit!

Verstehst du Veronika? Bumsen, vögeln, alles das ist gesellschaftsfähig geworden. Erlaubt. Aber lieben!? Vom Herzen her lieben? Nein, das darf man nicht! Und vor allem darf man nicht lieben, wenn es da noch jemanden gibt, der denselben Menschen begehrt! Denk doch, welch ein schrecklicher Schwachsinn! Nur, weil da eine Frau ist, die auch liebt, darf eine andere nicht lieben? Als hätte die Liebe ein Besitzrecht? Hat sie aber nicht! Ja, ich wage zu behaupten, Liebe ohne Freiheit gibt es nicht. Besitzanspruch tötet die Liebe. Und das Tabu, welches das wahre Wesen der Liebe verschleiert, hat zu den vielen verhängnisvollen Abhängigkeiten in den Beziehungen zwischen Männern und Frauen geführt."

Veronika seufzte: „Ja, ich verstehe schon irgendwie, wie du das meinst. Aber du stehst es nicht durch, Lisa!"

„Und ob ich das durchstehe, Veronika! Ich glaube nämlich an die Liebe. Die wenigsten kennen die Liebe. Denn unter dem Begriff Liebe wird vieles verkauft!" Trotz schwang in ihrer Stimme.

„Ja, das mag sein. Und du hast schon recht. Worüber ich nachdenken möchte, ist das, was du über Tabus gesagt hast. Auch über das Sterben." Tränen belegten Veronikas Stimme nun. Lisa strich mitfühlend über die Hand ihrer Freundin.

„Ich weiß, Veronika. Deine Mutter. Wie geht es ihr?"

„Nicht gut. Sie wird sterben, Lisa!" Es war ein schmerzvoller Aufschrei, der sich nun aus Veronikas Herzen erhob, schluchzend warf sie sich in die Arme ihrer Freundin.

„Sie wird sterben, Lisa. Oh Gott, was soll ich nur tun?"

Lisa umfing mit ihren Armen den bebenden Körper Veronikas.

„Weine nur, weine nur", besänftigte sie ihre Freundin, „das ist wichtig. Es löst." Und auch in ihre Augen traten Tränen. Sie dachte an den Tod ihrer Mutter vor mehr als zehn Jahren. Zu plötzlich, zu schmerzlich war das damals für sie gewesen. Nach kurzer Krankheit und einer schweren Operation war sie im Krankenhaus verstorben. Die Ärzte hatten in der Intensivstation bis zur letzten Minute um das Leben ihrer Mutter gekämpft.

„Veronika, deine Mutter ist nun zu Hause. Wirst du sie da behalten, wenn es so weit ist?"

Erschrocken machte sich Veronika aus der Umarmung frei.

„Ich weiß nicht, ob ich das kann. Es macht mir Angst."

„Denk doch nach. Ich empfand es so unwürdig, meine Mutter im Krankenhaus sterben zu lassen, auch wenn es nach der Operation nicht anders möglich war. Aber bei deiner Mutter ist das anders. Ich sehe da ein natürliches Ende kommen." Zögernd blickte Lisa zu ihrer zitternden Freundin hin, die ein Taschentuch aus der Tasche herausholte und sich nun laut und heftig die Nase putzte. Dann sagte Veronika plötzlich erstaunlich gefasst:

„Ich habe bereits darüber nachgedacht. Musste ich! Denn, denke dir, Mama sagte mir ganz offen, es sei ihr einziger Wunsch, den sie noch habe, dass sie zu Hause in Frieden einschlafen dürfe."

„Ja. Das passt zur Persönlichkeit von Frau Schönborn. Ich kann sie verstehen."

Mit lautem Krächzen flogen zwei Krähen heran und setzten sich in die Äste des nahen Birkenbäumchens. Wie Boten des Todes hockten sie da im Schein der untergehenden Sonne, während weiter draußen über dem See Wildenten vom Wasser abhoben und mit eleganten Schwüngen zum Wald hinflogen.

„Ich werde deine Mutter besuchen. Und ich werde dir helfen, falls du deine Mutter tatsächlich zu Hause pflegst." Lisas Stimme gab Veronika Halt und Zuversicht. Sie beruhigte sich etwas. Lisa, der das Versprechen ernst war, dachte mit Bangen an die geplante Reise mit Florian nach

Kuala Lumpur. Sie dachte an die umfangreichen geschäftlichen Vorbereitungen, die für diesen Großeinkaufstrip noch zu tun waren.

Ein sanfter leichter Abendwind hob die Schwere der drückenden Tageshitze vom Boden auf. Seine kreisenden Bewegungen belebten die kleinen Kieselsteine, belebten das Ufergras weiter hinten und eine Grille, die laut zu zirpen begann. Lisa hatte nochmals ihre Arme um die Freundin gelegt. Still aneinander gelehnt saßen sie da. Zwei junge Frauen und ein kleines schlafendes Kind nach einem erholsamen Tag des Ruhens und Rastens, nun doch eingeholt vom Drama des Lebens. Jeder von uns muss lernen, seine Rolle so gut wie möglich zu spielen, dachte Lisa. Ihr war, als würde ihr aus dem Boden von den warmen Steinen eine große Kraft zuströmen. Eine Kraft, die ihr Mut und Stärke einflößte, eine Kraft, die ihr Hoffnung gab. In weiser Ruhe hauchten die aufragenden Berge ihren Atem auf das goldglühend aufleuchtende Ufer des Sees. Eine Welle lebensfreudiger Naturkraft rollte heran, um Tier und Pflanze, Mensch und Stein zu nähren. Die Gräser vergaßen ihre sonnenmüde Trägheit und richteten sich auf. Veronika und Lisa standen auch auf, packten all ihre Badesachen zusammen und gingen langsam, den Kinderwagen vor sich her schiebend, auf den Parkplatz zu.

Dumpfe Stille lag in dem halb abgedunkelten Raum. Schmal und zerbrechlich, schwach, aber doch hellwach lag Frau Schönborn, gestützt von einigen dicken weißen Federkissen, auf der rechten Seite des großen dunklen Ehebettes. Ihr schütteres Haar war sorgfältig gescheitelt und zurückgekämmt. Der Kragen ihres zart rosaroten Nachthemdes wirkte gestärkt. Sie hatte die Hände übereinandergelegt auf der Bettdecke liegen. Die Hausschwester, die zweimal am Tag kam, um sie zu pflegen, war soeben gegangen. Auf der linken Bettseite hatte sie ein Tablett mit frischem Tee, weichen Hörnchen und dünn aufgeschnittenem Burgunderschinken auf das Krankentischchen gestellt. Auf der Kommode neben dem alten schweren Kleiderschrank stand eine Vase mit frischen Blumen. Seitlich davon hing ein Bild an der Wand. Das Hochzeitsbild von Frau Schönborn und ihrem Gatten in einem schweren goldenen Rahmen. Die Tapeten des Raumes waren ebenso verblichen wie die Vorhänge an den beiden Fenstern. Doch sie hatte sich hartnäckig gegen das Drängen ihrer Tochter, den Raum doch neu zu tapezieren, gewehrt. Nein, alles sollte so bleiben, wie es zu Zeiten ihres geliebten Justus gewesen war. Und wie so oft in letzter Zeit glitten ihre Gedanken zurück in die Vergangenheit. Wie sie getanzt hatte am Offiziersball, wie sie gelacht hatte mit ihren Schulfreundinnen. Wie ihr Herz geklopft hatte, als Justus sich vor ihr verbeugt und ungeschickt gesagt hatte: „Na, also dann. Wirst du meine Frau, nicht wahr?“

Nicht wahr, diese zwei Worte hatte er gewohnheitsmäßig immer angehängt. Veronika wird zu den Ursulinen gehen, nicht wahr? Wir fahren nach Kärnten auf Sommerfrische, nicht wahr? Am nächsten Wochenende kommst du mit zum Fischen, nicht wahr? Ein glückliches Lächeln huschte über das ausgezehrte Gesicht und wich dann einem tiefen Schatten. Denn Frau Schönborn erinnerte sich an das letzte „nicht wahr“ ihres Gatten, als er sagte: „Liesbeth, ich werde jetzt sterben, nicht wahr?“

Sie hatte damals seine Hand gehalten, ließ sie nicht mehr los, bis er zwanzig Stunden später seinen letzten Atemzug getan hatte. Ein Seufzen hob Frau Schönborns Brust. Nun ist es bald bei mir so weit, dachte sie. Der Tod war jetzt keine ferne Möglichkeit mehr, nein, er war nahe, das fühlte sie. Aber sie hatte keine Angst davor. Veronika und den kleinen Dominik wusste sie gut versorgt. Rainer war ein Schwiegersohn, wie man ihn sich nur wünschen konnte. Sie würde keine Lücke hinterlassen. Das Klopfen an der Tür riss die alte Dame aus ihren Gedanken.

„Ah, Fräulein Lisa. Wie schön."

Lisa hatte Wort gehalten. So oft sie konnte, war sie in den letzten Wochen für ein bis zwei Stunden gekommen, um am Bett von Frau Schönborn zu sitzen und mit der alten Dame zu reden.

„Wie geht es denn heute?", fragte sie sanft und schloss leise die Tür hinter sich. Langsam ging sie auf das Bett zu, beugte sich zu Frau Schönborn hinunter, gab ihr auf jede Wange einen Kuss.

„Setz dich, mein Kind. Setz dich." Frau Schönborn strich ein wenig die Decke beiseite, sie liebte es, wenn Lisa bei ihr am Bettrand saß, obwohl am Fußende des Bettes ein gepolsterter Sessel für Besucher hingestellt worden war.

„Wie geht es dir? Was gibt es Aufregendes zu berichten? Deine Reise steht vor der Tür."

Lisa setzte sich an die Bettkante und begann, von ihrem Alltag zu erzählen. Frau Schönborn musterte die junge Frau mit aufmerksamen Blikken. Lisa trug nun ihr blondes Haar kurz geschnitten in sanften Wellen, es machte sie jugendlicher. Wie meistens trug sie eine Hose, einen sportlichen Blazer, heute hatte sie einen blauweiß gestreiften Schal um den Hals gelegt. Ihre Hände waren schlank, die Nägel lackiert in dezentem Rot. Eine schlichte Armbanduhr mit Lederriemen trug sie am Handgelenk.

„Du bist eine so schöne Frau, Lisa", bemerkte Frau Schönborn nach einer Weile. „Du und Florian würdet gut zueinander passen. Er ist ein reizender junger Mann. Gestern hat er Rainer besucht und auch mir seine Aufwartung gemacht. Er erzählte von euren gemeinsamen geschäftlichen Erfolgen. Das wäre eine ideale Verbindung."

„Was ist schon eine ideale Verbindung, Frau Schönborn?", fragte Lisa leichthin und versuchte wieder einmal, das Thema zu umgehen.

„Wie haben Sie Ihren Mann kennen gelernt, Frau Schönborn?" Lisa hatte endlich durchgesetzt, dass die alte Dame sie duzte. Sie selbst blieb aber lieber beim höflichen Sie. Das Ablenkungsmanöver gelang.

„Oh, es war ein herrlicher Tag, als ich meinen lieben Justus kennen lernte“, erinnerte sich Frau Schönborn. Langsam begann sie, aus der ersten Zeit ihrer Verlobung und jungen Ehe zu erzählen. Die Kriegszeit mit den Entbehrungen und Ängsten, wie sie wohl in jedem Menschen, der dies mitgemacht hatte, verankert war, kam in glorifizierter Erinnerung zu Tage. Ihren späteren Mann Justus, einen Steuerbeamten, hatte sie im Krieg kennen gelernt. Er kam zusammen mit ihrem Bruder auf Heimaturlaub. Damals, 1943, war ein sehr strenger Winter gewesen, erinnerte sich die alte Frau. Die Bahnverbindungen waren aus Kriegsgründen und wegen des schlechten Wetters unpassierbar geworden. So war der junge Mann gezwungen, die Gastfreundschaft im Hause ihrer Eltern anzunehmen, bevor er nach Kärnten zu seiner Familie aufbrechen konnte.

„Weißt du, Lisa, es waren nur wenige Tage gewesen. Doch sofort habe ich gewusst: Er ist es! Ja, das war vom ersten Augenblick an vollkommen sicher zwischen uns.“ Ein verträumter Schleier legte sich über das Gesicht der alten Frau, als sie weitererzählte. Erzählte vom stillen Sich-Einander-Versprechen. Erzählte von der Fortdauer des Krieges, dem bangen Warten auf die Feldpost. Erzählte vom Zittern bei jedem Bombenangriff. Erzählte vom Ende des Krieges. Ihr Bruder hatte Glück gehabt. Er war unverletzt heimgekehrt, doch Justus, ihr späterer Mann, war in russische Gefangenschaft geraten.

„Ich habe gewusst, er lebt! Ich habe ganz fest daran geglaubt. Das muss man als Frau tun, das spüren die Männer. Später hat Justus oft zu mir gesagt: Wenn er nicht gespürt hätte, wie sehr ich bei ihm sei, hätte er all das nicht überlebt. Die Gefangenschaft, den Hunger, die Entwürdigungen, die Strapazen.“ Die Hände der alten Frau strichen über die Bettdekke. Eine Weile starrte sie nur so vor sich hin. Lisa schwieg. Dann plötzlich schaute Frau Schönborn auf und sagte: „Aber was erzähle ich da von den alten Zeiten. Du kannst das sicher nicht verstehen, Lisa. Heute ist alles anders!“

„Vielleicht kann ich Sie doch verstehen, Frau Schönborn“, erwiderte Lisa sanft. Doch die alte Dame war bereits wieder in ihre Erinnerungen eingetaucht. Lisa hörte ihr zu. Das Leben dieser Frau, die bereit war zu sterben, breitete sich in kleinen Geschichten noch einmal aus. Veronika steckte zwischendurch den Kopf zur Tür herein, brachte Lisa ein Glas Limonade. Sie schimpfte ein wenig mit ihrer Mutter:

„Mama, schrecklich, all die alten Zeiten. Du quälst Lisa.“

„Nein, Veronika“, entgegnete Lisa, „es quält mich nicht.“

„Mich hat es gequält, seit Vaters Tod muss ich mir das anhören, immer wieder.“

Die alte Frau ignorierte ihre Tochter. Lisa wusste, dass es nicht stimmte! Denn Veronika mochte nicht zuhören, tat es nie. Gerade deshalb waren Lisas Besuche bei Frau Schönborn so wichtig. Die alte Frau wollte Abschied nehmen von ihrem Leben. Sie brauchte noch einen Zuhörer für ihre Geschichten. Geschichten, die ebenso verblassen würden, wie die Tapeten und Vorhänge dieses Raumes. Doch Geschichten, die nun, da sie sie erzählen konnte, ihren verzauberten Schleier auf die Wunden ihres Lebens legten. Trost, Verzeihen und Milde blieben erhalten. Erzählungen, deren Schleier einzufangen wagten, was an enttäuschten Hoffnungen und unerfüllten Möglichkeiten versagt geblieben war. Im Erzählen füllte sich der Gral von der Jugend bis hinauf ins Alter. Lisa stand auf und zog die Vorhänge zur Seite, damit das späte Dämmerlicht den Raum erfüllen konnte. Ihr Blick glitt in den Hof, auf den das Fenster führte. Wäscheständer, zwei abgestellte alte Fahrräder, zwei Mülltonnen, ein Behälter für Altpapier. Ein paar Fenster auf der gegenüberliegenden Häuserfront waren bereits beleuchtet.

„Soll ich das Nachtlicht anknipsen?“, wandte sie sich fragend der alten Dame zu, die nun schweigend die Bilder der Erinnerung betrachtete.

„Oh, entschuldige, Lisa. Ich langweile dich sicher. Ja bitte, das kleine Licht dort drüben. Das ist gemütlich.“

„Ich schenke Ihnen auch etwas Tee ein. Ja?“ Lisa knipste das Licht an, griff dann nach der Teekanne. Sie reichte der Kranken den Becher mit Tee in die zittrige Hand. Nahm ihn jedoch nochmals, half Frau Schönborn, sich höher aufzusetzen und schüttelte die Bettpolster auf. Dann gab sie ihr den Tee wieder in die Hand, legte eine Serviette auf die Bettdecke und stellte den kleinen Teller mit dem Hörnchen darauf.

„Geht es so?“

„Ja, danke Lisa. Wunderbar. Bitte, iss du das zweite Hörnchen. Hier, nimm.“ Sie langte zum Tischchen hinüber und gab ein Hörnchen an Lisa weiter. Diese hatte wieder am Bettrand Platz genommen, trank ihre Limonade und aß schweigend das Gebäck.

„Sie haben eine schöne und tiefe Lebensgeschichte, Frau Schönborn“, beteuerte Lisa nach einiger Zeit.

„Ja, ein Leben halt, wie es so ist. Das deine liegt noch vor dir. Nimm es dir, mein Kind.“ Die alte Dame griff nach Lisas Hand. Zerbrechlich und knochig fühlte sie sich an.

„Ich möchte dir so gerne etwas dalassen. Eine meiner guten Eigenschaften. Aber ich weiß eigentlich nicht, was wirklich gut an mir war.“ Fest drückten die alten Finger Lisas Hand.

„Ja, ich möchte etwas mitnehmen. Möchte etwas von dir nehmen, Lisa, was du los werden möchtest. Ich habe die Muttergottes gebeten, es zu erlauben.“ Ihre Stimme war ernst, leise und eindringlich geworden.

Lisa schaute erstaunt. Sie wusste nicht so recht, was Frau Schönborn meinte.

„Wie meinen Sie das?", fragte sie etwas unsicher.

„Denk nach, Lisa. Denk gut nach, was du loswerden möchtest. Eigenschaften, meine ich. Sterbende können uns etwas abnehmen oder dalassen oder beides. Justus hat mir seine Liebe zum Tiergarten dagelassen. Er ging so gerne in den Tiergarten. Er sprach mit den Tieren hinter den Gittern. Wir sind genau so eingesperrt wie diese, pflegte er zu sagen. Nur unsere Gitter sind unsichtbar. Er hat mir diese Liebe dagelassen, denn ursprünglich liebte ich den Tiergarten nicht. Doch du weißt, wie oft ich mit Dominik dort hinging, als es mir noch besser ging. Die Tiere gaben mir Kraft. Lehrten mich, mit den Gittern des Daseins zu leben, und nun auch, ihnen zu entfliehen. Verstehst du das, Lisa?" Lisa dachte daran, dass Veronika oft erstaunt darüber war, wie beschwingt ihre Mutter jedesmal war, wenn sie einen Besuch im Tiergarten hinter sich hatte. Sie hatte nachdenklich zugehört. Nun erwiderte sie: „Ich denke schon."

„Ja, und mitgegeben habe ich Justus meine Sucht zu nörgeln. Er sagte, wer soll sich das anhören, deine Nörgelei, wenn ich nicht mehr lebe?" Die alte Dame begann bei dieser Erinnerung verschmitzt zu lachen. „So sagte er, gib mir dein Nörgeln mit auf den Weg. So meine ich das, Fräulein Lisa." Herausfordernd blickten die kleinen grauen Augen aus ihrem Gesicht.

„Was könnte ich Ihnen mitgeben? Was darf ich Ihnen mitgeben?" Lisa war nun sehr nachdenklich geworden.

„Ah, ich weiß, was ich von Ihnen da behalten möchte. Ja, das weiß ich. Ihre sanfte Geduld, bitte lassen Sie mir Ihre sanfte Geduld. Denn mich quält oft die Ungeduld." In Lisas Tonfall war erkenntlich, dass es ihr Ernst war, was sie sagte.

„So so“, meinte die Alte, „sanfte Geduld. Ja, das ist ein Geheimnis.“ Sie stellte den Teebecher zurück auf das Tischchen, ebenso den Teller mit dem zur Hälfte gegessenen Hörnchen. Dann richtete sie sich ein Stück auf und schaute voller Aufmerksamkeit in Lisas Gesicht.

„Geduld heißt nicht, nichts tun. Geduld heißt, nicht den Kopf in den Sand stecken. Sanfte Geduld heißt, warten können auf etwas, das ganz sicher geschieht! Auf etwas, woran man glaubt, und das dadurch, durch Glaube, Geduld und sanften Wind, sozusagen in Bewegung gesetzt wird. In Bewegung hin zu dir. Verstehst du, was ich meine?“

Lisa hatte erstaunt zugehört.

„Ja, durchaus. Ich verstehe das sehr gut. Was Sie sagen, klingt wie das, was wir in den Meditationsstunden von unserer Meisterin hören. Geduld als Magnetismus. Oh ja, Frau Schönborn, bitte, das will ich gerne.“ Lisa war zutiefst berührt. Sanft schmiegte sie ihr Gesicht an die alten Wangen und drückte der Mutter ihrer besten Freundin einen dankbaren Kuss auf die Stirn.

„Geduld, sanfte Geduld als Magnetismus, um mein Leben zu bereichern. Die Liebe anzuziehen. Geduld um Gott in mir und Gott in jedem Antlitz zu finden“, wiederholte sie andächtig. Ein tiefes glückliches Lächeln lag um ihren Mund. Sie dachte daran, dass Gott ja Liebe ist und Liebe und Gott untrennbar verbunden seien. Ohne Gott zu finden konnte sie die Liebe nicht finden. Die alte Dame hatte die junge Frau genau beobachtet. Lisa war ihr oft näher als ihre eigene Tochter. Zärtliche Tränen schimmerten jetzt in ihren Augen und ihre Stimme war etwas holprig, als sie sagte:

„Ja, und was gibst du mir mit? Nimm wirklich etwas, das deinen Lebensweg stört.“

Lisa dachte nach. Alles Mögliche fiel ihr ein. Ihre Unsicherheit, die sie zuweilen hatte, die Nervosität, unter der sie bei wichtigen Entscheidungen litt, die Schwankungen zwischen einer lyrischen, immer nach Harmonie trachtenden Weltsicht und einem plötzlichen harten, burschikosen, ja herausfordernden Verhalten, wenn sie sich ärgerte. Aber das war es nicht.

„Ist gar nicht leicht", überlegte sie. Die alte Dame tätschelte nur leicht und schweigend ihre Hand. Der ganze Raum war nun in warmes Licht gehüllt. Alles Dumpfe und Schwere war verschwunden. Der Reichtum der Gegenwart höherer Schwingung, der Segen, den eine Weihe älteren Lebens bewirkt, das sich mit seiner Weisheit dem jüngeren hingibt, lag fühlbar über den beiden Frauen.

„Jetzt weiß ich es!", verkündete Lisa, „bitte, Frau Schönborn, nehmen Sie meine Kleinlichkeit, mein kleines Denken, meine kleinkarierte Lebenseinstellung mit. Diese will ich nicht mehr."

„Ein weiser Entschluss. Gerne, Lisa. Kleinlichkeit macht das Leben eng. Großzügigkeit gibt ihm Weite und Fülle. Gott segnet die Weite in uns und im Universum." Die alte Dame hielt noch immer Lisas Hand, legte nun auch noch die zweite Hand segnend darüber. Die beiden verstanden sich. Tief verstanden sie sich in diesem Moment, wo jedes weitere Wort die Größe des Ganzen niederträchtig geschmälert hätte. Schweigend, dankbar saßen sie da. Einmal blickte Lisa kurz auf, suchte die Antwort auf eine aus ihrem Herzen aufsteigende unausgesprochene Frage: „Wer bist du? Seelenvertraute." Sie forschte in den alten grauen Augen. Unbewegt hielten diese dem suchenden Blick stand: „Ich bin, die ich bin." Ein wenig beschämt senkte Lisa den Blick. Sie dachte daran, wie oft sie sich etwas überheblich bemutternd und bevormundend der alten Frau gegenüber verhalten hatte. So, als sei sie, die Jüngere, jene, die der Alten mit liebevoller Nachsicht den Weg zu weisen hätte. Sie hatte die Weisheit des

Alters heute zum ersten Mal erkannt.

Die Turmuhr der nahen Franziskanerkirche schlug achtmal. Acht klare, klobige Schläge, die über das Viertel herabrollten. Mahnend. Den Wert der Stunde, den Wert der Zeit ins Gewissen rufend.

„Es wird Zeit zu gehen, liebe Frau Schönborn“, flüsterte Lisa, um das Band der vertrauten Stille nicht zu hart zu zerreißen.

„Ja, Lisa. Ich wünsche dir eine gute Reise. Gott segne dich!“

Plötzliche Angst schnürte Lisa das Herz zusammen, sie atmete tief durch und fand schließlich den Mut zu sagen, was sie dachte.

„Bitte, Frau Schönborn, Sie dürfen nicht gehen, ehe ich wieder zurück bin. Bitte. Versprechen Sie mir das?! Ich muss Sie wiedersehen.“

„Ach, ist schon gut, meine Liebe. Haben die alten Knochen so lange schon durchgehalten, können sie auch noch drei, vier Wochen durchhalten. Keine Sorge, Lisa, es dauert noch, bis Petrus das Tor für mich öffnet.“

Die beiden Frauen verabschiedeten sich voneinander und tauschten Segenswünsche aus.

„Danke für deinen Besuch, Lisa“, sagte die alte Dame noch winkend, als Lisa bereits in der geöffneten Tür stand und nochmals zum Bett hinblickte.

„Ich habe zu danken“, beeilte sich Lisa zu antworten, verneigte sich mit gefalteten Händen über dem Herzen. Zum ersten Mal war es keine höfliche Redewendung, sondern ein Danke, das wirklich aus tiefstem Herzen kam. Dann schloss sie leise die Tür. Entgegen ihrer Gewohnheit klopfte sie nicht mehr an Veronikas Tür, sondern ging still den Gang entlang zur Wohnungstür hinaus. Etwas Heiliges lag über diesem Abend, etwas, das sie so lange wie möglich mitnehmen und bewahren wollte.

Die Tage der Abreise kamen immer näher. Die Besuche bei Frau

Schönborn waren anstrengend, bewegten Lisa sehr. Die Arbeit am Schreibtisch wuchs in hohen Stößen von Tag zu Tag. Lisa fühlte sich zuweilen kraftlos und mutlos. Eines nachmittags hatte sie plötzlich genug. Sie stellte den Computer ab, klappte die Bestellmappe zu, stand auf, schob den Sessel gegen den Schreibtisch. Frau Meiser blickte erstaunt auf, als Lisa um diese Zeit das Büro verließ.

„Für heute bin ich nicht mehr erreichbar, Frau Meiser", hörte diese ihre Chefin sagen, die eilig den Flur bis zur Treppe durchquerte.

Das Wetter war neblig feucht, aber mild. Lisa beeilte sich, durch den Stadtverkehr so schnell wie möglich zu ihrer Wohnung zu kommen. In Windeseile zog sie sich um. In bequemen Hosen und Schuhen stieg sie bald wieder in ihren Wagen.

„Nur raus aus der Stadt", sagte sie zu sich und fuhr aufs Geradewohl in Richtung Voralpen. Ihr Gespür führte sie bald eine schmale Asphaltstraße entlang, die sich zwischen Hügeln, Dörfern und Wäldern durchschlängelte. Wenige Autos waren unterwegs, dafür aber Traktoren mit Hängern und breiten Maschinen, die schwer zu überholen waren. Die Straße war nass. Matschige Erde von den Äckern, die Profile der Traktorenreifen zeigend, machten die Straße glitschig. Die Kurven wurden enger. Lisa drosselte die Geschwindigkeit. Vor einiger Zeit hatte sie sich ein neues, ein besseres, ein stärkeres Auto gekauft. Der Wagen lag gut auf der Straße und es machte ihr Spaß zu fahren. Auf einer Kuppe entdeckte sie eine Abzweigung. Sie bog von der Straße ab, fuhr einige hundert Meter den Waldweg entlang, suchte und fand eine Möglichkeit, den Wagen zwischen den Bäumen abzustellen. Vom Rücksitz nahm sie ihre Jacke, stieg aus und warf die Autotür zu. Herrlich, wie frisch die Luft war. Würzig und doch mild. Der Waldboden war weich. Der schmale Weg, auf dem wohl nur selten ein Forstfahrzeug oder ein Traktor fuhr, war mit dem nassen Laub der Bäume bedeckt, durch das dicke grüne Grasbüschel versuchten, sich ihr Recht ans Licht zu bahnen. Lisas Schritte versanken darin leise. Nur hin und wieder knackte ein Ästchen unter ihrem Schuh. Tautropfen fielen ihr von den Blättern ins Gesicht. Sie wischte sie nicht ab. Der Weg zog sich sanft einen niedrigen Bergrücken hinauf. Es war abzusehen, dass er auf der anderen Seite genauso gemächlich wieder in eine Talmulde hinabkriechen würde. Gemächlich und behaglich nahm der Wald sie auf. Immer wieder hob Lisa den Kopf und blickte in die Kronen der weit ausladenden und ineinander verstrickten Bäume. Buchen, Eschen, Eichen, dazwischen einzelne Birken, Eiben, Föhren und Fichten, an deren unteren Ästen die Nadeln entweder abgefallen oder braun waren. Der gleichmäßige Takt eines an einen Baumstamm hämmernden Spechtes drang an Lisas Ohren. Sehen konnte sie ihn nicht, obwohl ihre Augen die Stämme absuchten. Aus der Ferne, gedämpft durch den Hügel, der wohl dazwischen lag, war das zeitweise Aufheulen einer Motorsäge zu hören. Dazwischen war es still. Wohltuend still. Lisa ging weiter. Ein leichter Wind streifte ihr Gesicht, spielte in ihren kurzen Haaren. Wie tut das gut, dachte sie. Und sie streckte die Arme weit aus. Begann, sie zu bewegen, als wollte sie fliegen. Ein Traum der letzten Nächte kam ihr in den Sinn. Im Traum war sie hoch auf einen Berg gestiegen, hatte sich ganz knapp an den Rand eines felsigen Grates gestellt, die Arme gehoben wie jetzt und hatte sich langsam vornüber geneigt. Es war ein wunderbares Gefühl gewesen. Wie in Zeitlupe hatte sich ihr Körper bewegt, sanft und selbstverständlich hatte die Luft sie aufgenommen und getragen. Langsam war sie durch die Luft geschwebt. Hatte die Arme bewegt und weite Kreise gezogen. Herrlich, frei, entkommen war sie der irdischen Enge. Unter sich sah sie die Wälder, ein Dorf, Häuser klein wie Legosteine. Ein Leben, das sie nicht mehr kümmerte. Mit sanften Schwingen flog sie davon. Hinein in eine Landschaft aus blauen und grünen Tönen, die sie wie sanfte Dünen aufnahmen in einer weichen Landung. Ein wundersamer Traum war das gewesen.

Ein Knacken im Unterholz rechts von ihr lenkte ihren Blick wieder auf die Erde. Etwas Braunes huschte zwischen den Baumstämmen durch. Vielleicht ein Reh, dachte Lisa. Sie ging weiter. Ihre Schritte hatten ihren Rhythmus gefunden. Sanft rollten sich ihre Fußsohlen von der Erde ab. Zügig, leicht und mühelos bewegten sich ihre Beine wie automatisch, ihr Körper schwang in der Bewegung mit. Mit dem gleichmäßigen Gehen schaukelte sich ihr Wesen in eine wohltuende Ruhe. Ihre Gedanken verloren an Spannkraft. Sie kamen und gingen wie sanfte Wellen, ohne konkrete Spuren im Bewusstsein zu hinterlassen. Das wogende Auf und Ab ihrer angespannten Gefühle verflachten sich zu einer Wohligkeit, die einer schnurrenden Katze gleicht, wenn sie sich zusammenrollt. Lisa hätte ewig so weitergehen können. Es war ihr nicht einmal bewusst, wie lange sie schon gegangen war. Die Zeit hatte an Dimension gewonnen und ihre beschränkte Unzulänglichkeit aufgegeben. Der Zeiger des Werdens und Vergehens war in diesem Wald auf eine andere Skala eingestellt. Schließlich gab es hier noch vereinzelt Bäume, die in ihrer Generation gute zweihundert Menschenjahre überblickten. Die stillen Majestäten hielten mit Gelassenheit ihre Wache. Sie boten ihre Kronen dem Wind und den Vögeln an, ihre Stämme den Borkenkäfern, den Eichhörnchen zum Auf- und Niederspringen, den Rehen zum Schutz. Ihre Wurzeln beherbergten Waldmäuse. Igel konnten sich zwischen ihnen verkriechen und Ameisen trugen ihre Nadeln manchmal hunderte von Metern. Sie trotzten dem sauren Regen, den Abgasen und dem Ozonloch. Und kam die aufheulende Motorsäge auf sie zu, ergaben sie sich still, dienten als Balken und Streben und überlebten als gar mancher Dachstuhl nochmals zweihundert Jahre.

Das späte Nachmittagslicht verblasste die Farben zu verschwommenen Grautönen. Mit dem Sinken des Lichtes wurde die Stille noch stiller. Die Sprache der Seele der Natur kam ihr in dieser Stille mit lautlosen Botschaften entgegen. Lisa horchte auf. Das Schweigen des Abends hatte seinen eigenen Ruf. Sie fühlte ihr Herz. Sie fühlte, was ihr eigenes Herz ihr zu sagen hatten, es erzählte ihr ein Lied von Liebe und Sehnsucht und Hoffnung.

Plötzlich schaute Lisa sich um, verabschiedete sich mit einem Blick in die Ferne und kehrte um. Ihre Schritte waren noch immer nicht müde geworden. Der Weg zurück verzichtete auf zeitliche Dauer. Nur das Licht sank exakt mit der Uhr. Als Lisa ihr Auto erreichte, war es dunkel. Ihre Hände tasteten nach dem Schloss an der Tür, sie schob den Schlüssel hinein. Die Innenbeleuchtung schaltete sich ein. Wenig später warfen die Lichtkegel des Wagens ihre gespenstischen Streifen auf die Stämme der Bäume. Es kostete Lisas ganze Aufmerksamkeit, mit dem Retourgang den schmalen Weg zurück zur Straße zu fahren. Dort wendete sie und bog ein auf die Fahrbahn Richtung Stadt.

Salzburg begrüßte sie mit seinen Lichtern. Friedlicher waren sie heute, stiller. Weniger aggressiv waren sogar die Leuchtreklamen.

„Kuala Lumpur, der Name der Hauptstadt bedeutet trübe Flussmündung. An der Stelle, wo heute die malerische Masjid Jami vor dem Hintergrund der modernen Hochhäuser steht, nämlich am Zusammenfluss von Klang und Gombak, entstand vor etwa 130 Jahren eine Zinnarbeitersiedlung. 1857 zogen 87 Männer von der Gegend des heutigen Klang mehrere Tage flussaufwärts auf der Suche nach neuen Zinnvorkommen. An der Stelle der Flussmündung wurde der Fluss zu seicht. Sie ließen die Boote zurück und gingen zu Fuß weiter. Im Gebiet des heutigen Ampang schlug die Wünschelrute des mitgenommenen Pawag, des malaiischen Magiers und Spezialisten für die Zinnsuche, aus. Ein ausgedehntes Zinnfeld war entdeckt worden. In Körben brachten die Chinesen das Erz zu den Booten. An der trüben Flussmündung entstand sofort eine Siedlung, die Geburtsstätte Kuala Lumpurs."

Florian Jordan legte den Reiseführer auf seine Knie.

„Hörst du mir überhaupt zu?" Er blickte zu Lisa hinüber, die neben ihm zusammengekauert auf dem schmalen Sitz des Flugzeuges saß.

„Oh ja, natürlich. Ich kann bloß nicht mehr sitzen. Da ist absolut zu wenig Platz für die Beine!" Lisas Stimme klang etwas müde. Florian klappte die Armlehne zwischen ihnen hoch und zog Lisas Beine auf seinen Schoß.

„Besser?"

„Ja, bedeutend. Danke." Lisa rückte sich zurecht. Sie waren nun seit guten zehn Stunden im Nonstopflug mit einer Boeing der Malaysia Airlines von Frankfurt nach Kuala Lumpur unterwegs und hatten noch knappe zwei Stunden Flugzeit vor sich. Die Begeisterung und die Erwartung Lisas, in das asiatische Leben einzutauchen, war nun doch einer schleichenden Müdigkeit gewichen. Sie freute sich zunächst ganz simpel auf ein klimatisiertes Hotelzimmer, eine Dusche und ein Bett.

„Und bereits morgen haben wir den ersten Termin?", vergewisserte sie sich über den Zeitplan.

„Ja, das konnte ich nicht mehr ändern. Der Händler hat nur morgen Zeit. Aber wenn du willst, kann ich den Termin alleine wahrnehmen und du kannst in deine asiatischen Lebensfreuden eintauchen, Lisa." Florian war entgegenkommend wie immer. Es war wunderbar, ihn zum Geschäftspartner und Freund zu haben.

„Lies weiter", bat Lisa. „Ich möchte ein wenig vorbereitet sein. Durch meine Besuche bei Frau Schönborn hatte ich keine Zeit dazu."

Florian schmunzelte, kraulte Lisas Waden, nahm den Reiseführer wieder auf und begann, ihr weiter vorzulesen.

Die Tage in Kuala Lumpur wurden zu einem wunderbaren geschäftlichen Erfolg. Florian hatte alles bestens organisiert und vorbereitet. Lisa führte die Verhandlungen mit so viel Anmut und Grazie, mit Geschick und Gefühl, als hätte sie nie etwas anderes getan. Sofort, bereits beim Eintreffen in das Hotel veränderte sich ihre Haltung. Florian war sehr erstaunt. Vom ersten Moment an fand Lisa immer die passenden Worte, war passend gekleidet, war zurückhaltend und graziös in ihren Körperbewegungen, ganz so wie die Malaien es liebten und von den derben Westlichen nicht gewohnt waren. Sie verstand es, das Nein zu vermeiden, wenn die Verhandlungen zu hart wurden oder ins Stocken gerieten, lenkte sie gekonnt immer wieder die Aufmerksamkeit darauf, wo man das nächste Geschäftsessen gemütlich einnehmen konnte. Dass Essen und Speisen als Thema immer richtig waren, da es den Lokalpatriotismus und die großzügige Gastfreundschaft der Malaien anregte und zu guten Abschlüssen führte, das verriet ihr ihr Instinkt. War es geschafft, stand sie da, zart und lächelnd, hielt die Hände vor dem Herzen zusammen und hob die Fingerspitzen zu den Lippen. Die Malaien waren begeistert, von ihr das alte Begrüßungsritual gewürdigt zu sehen. Und hatte Florian mit entzückten Ausrufen ob der Pracht und Vielfalt des asiatischen Lebens gerechnet, so wurde er eines Besseren belehrt. Für Lisa wirkte all das vertraut. Ganz selbstverständlich bewegte sie sich vor der Skyline der überdimensionalen Bürohochhäuser und neu geschaffenen Regierungskomplexe, die sich zum Teil unmittelbar in den Primärurwald hineinzufressen schienen, an die Plantagen angrenzend. Der Tumult des asiatischen Verkehrschaos störte sie nicht. Sie genoss sichtlich das quirlige, laute Treiben auf den Straßen. Chinesen, Inder, Malaien, geschäftiges Treiben in kleinen Geschäften, Handwerksbetrieben und Lokalen. Sie ließ es sich nicht nehmen, eine Fahrradrikschka zu mieten, geziert von einem farbenfrohen Schmetterling seitlich an den Radspeichen, mit einem hochklappbaren Sonnendach. Die chinesischen und malaiischen Geschäftspartner erfüllten ihr jeden Wunsch. Ein Rundgang durch Chinatown, beginnend dort, wo die Geschichte Kuala Lumpurs ihren Anfang nahm, führte zur Besichtigung der zierlichen Kuppeln und Minarette, der rot-weißen Backsteinfassade des palmenbestandenen Innenhofes der Moschee, die wie eine Oase inmitten der zahlreichen Glas- und Betonkomplexe wirkte. Von dort ging es weiter zum Royal Selangor Club, dem Treffpunkt der einstigen Kolonialelite und dem heute exklusivsten Club der High Society malaiischer Geschäftsleute. Vor allem der chinesische Geschäftspartner, ein Mann so um die fünfzig Jahre, war begeistert, sein geschichtliches Wissen ausbreiten zu können, und so führte er Lisa und Florian durch die Stadt. Da ihnen jeden Tag ein neues Programm geboten wurde, wurden die Geschäftsabschlüsse fast nebenbei getätigt. Jade, Süßwasserperlen und eine Anzahl von Edelsteinen wurden eingekauft, Lieferbedingungen fixiert, Nachbestellungen geregelt. Florian hatte genug zu tun, alle Aufträge mit seinem praktischen Laptop zu bearbeiten und zu speichern. Das tropische Klima machte ihm sichtlich zu schaffen. Lisa aber war fit und nicht zu bremsen.

Am Abend des fünften Tages, als Florian und Lisa an der Bar ihres Hotels saßen, meinte Florian etwas kleinlaut:

„Lisa, mit deinem Engagement habe ich nicht gerechnet. Du gibst eine Intensität vor, da kann ich kaum mithalten. Zugegeben, wir haben super Einkaufsbedingungen herausgeschlagen, aber die vielen Besichtigungen halte ich nicht mehr lange durch und dann noch die endlosen Zeremonien beim Essen!“

„O du mein Ärmster“, neckte ihn Lisa, „du wirst mir doch nicht schlapp machen. Morgen steht noch der Rundgang durch die westliche City bevor. Unser lieber Geschäftspartner Ching Pang hat mir versprochen, mir noch die moderne Masjid Negara Moschee zu zeigen. Sie hat eine sternenförmige verzierte Kuppel und die Innenausstattung ist der großen Moschee in Mekka nachempfunden, streng traditionell islamisch. Das müssen wir sehen! Oder willst du mit mir nach Mekka?“

„Wenn es nur das wäre, aber du hast ja nie genug. Du musst dann noch in die National Art Gallery, zum Thean Hou Tempel, in den Butterfly Park, den Bird Park, in den Hibiskus Garden und weiß Gott wohin!“

„Ja, genau“, konterte Lisa trocken, „die Chance muss ich nutzen. Wer weiß, ob ich jemals wieder hierher komme. Es sei denn, ich werde hier nochmals geboren.“ Es war leichthin gesagt. Vergnügt hob Lisa ihren Longdrink an die Lippen und saugte genüsslich an dem Strohhalm. Dabei tippte sie mit ihren Zehen gegen Florians Beine. Dieser sagte nach einer Weile:

„Na, jedenfalls bin ich froh, dass wir übermorgen Kuala Lumpur verlassen. Ich freue mich schon auf unseren Geschäftsfreund in

Georgetown."

„Ja, ich auch", hakte Lisa sofort begeistert ein, „der Chinese sagte, die Insel Penang ist wunderschön. Sie ist die Perle des Orients und das klingt doch wirklich verheißungsvoll. Die Familie hat uns wirklich zu sich eingeladen?"

„Ja. Du wirst sehen, Wilhelm Sauerbach ist ein netter Kerl." Florian hatte ihn auf einer Geschäftsreise in Hongkong kennen gelernt. Ihm hatte er die guten Kontakte in Malaysia zu verdanken. Nun hatte er sie eingeladen, einige Tage in seinem Haus im Kampung auf der Insel Penang zusammen mit seiner großen Familie zu verbringen. Er hatte eine Malaiin geheiratet, die malaiische Staatsbürgerschaft angenommen, jedoch seine deutschen Wurzeln nicht vergessen, er betrieb ein expandierendes Großhandelsunternehmen, in das nun auch sein Sohn eintreten sollte.

„Kommen Sie nach Malaysia, Herr Jordan! Es ist das Tor zur asiatischen Welt! Es ist die Drehscheibe, die die Völker, die verschiedenen Kulturen und alle Weltreligionen verbindet. Kommen Sie! Sie werden profitieren." Das hatte Wilhelm Sauerbach in Hongkong etwa vor einem Jahr zu Florian gesagt. Nun war es so weit. Er war der Einladung gefolgt. Per Fax und E-Mail hatten sie korrespondiert, die Geschäftstermine organisiert. Von Kuala Lumpur nach Bayan Lepas Airport, neunzehn Kilometer südlich von Georgetown, gab es mehrmals täglich eine direkte Flugverbindung. In einer Flugzeit von einer Dreiviertelstunde brachte die MAS Lisa und Florian bequem auf die Insel. Wilhelm Sauerbach holte sie persönlich vom Flughafen ab. Seine knorrige Stimme schallte über die Köpfe der ankommenden Passagiere, die er um Kopfeslänge überragte, hinweg.

„Hallo, Florian Jordan, hierher!" Sein brauner stark behaarter Arm ragte als unübersehbarer Wegweiser aus der Menge. Eine Lautsprecherdurchsage hätte nicht annähernd die Chance gehabt, sich in dem Gewirr von Stimmen und Sprachen so eindrucksvoll durchzusetzen. Keine Frage, die Stimme des deutsch-malaiischen Geschäftspioniers hatte ebenso Format wie sein Leibesumfang und seine Größe.

„Florian Jordan“, lachte er dröhnend, als sie sich im schiebenden Tumult mühsam einen Weg gebahnt hatten und voreinander standen. Freundschaftlich klopfte Wilhelm Sauerbach Florian auf die Schulter, musterte dann Lisa mit einer knappen Verneigung und reichte zuerst ihr die Hand. „Charmant, charmant, ihre Geschäftspartnerin.“

Lisa war froh, als sie sich am Rücksitz des bequemen BMW zurücklehnen konnte. Mit Aufmerksamkeit betrachtete sie die vorbeiziehende Landschaft. Florian und Wilhelm Sauerbach führten eine angeregte Konversation über Geschäfte. Lisa war froh, sich aus dem höflichen Small Talk zurückziehen zu können. Sie fuhren in nordwestliche Richtung. Sobald sie das Stadtgebiet verlassen hatten, erstreckten sich weite Kautschuk-, Pfeffer-, Bananen- und Muskatplantagen entlang des Weges. Später erhoben sich hügelige Waldgebiete, in die große Reisfelder eingeschmiegt waren. Sie durchquerten kleine vom Tourismus kaum berührte Dörfer und Lisa sog die Vielfalt der Landschaft und des pulsierenden Lebens in den Dörfern tief in sich ein. An den Flussufern bestaunten ihre Augen die traditionell gebauten Kampung Häuser. Holzbauten auf Pfählen, die an Stelzen erinnerten. Hoch über dem Wasser, um vor Überschwemmungen in der Monsunzeit sicher zu sein. Am Rande der alten Dörfer gab es aber bungalowähnliche Ein- und Zweifamilienhäuser in westlicher Bauart. Der Weg führte sie in Richtung Teluk Bahang in ein kleines Fischerdorf an der Mündung eines Flusses.

„Wir werden euch alles zeigen“, versprach Sauerbach gerade, „wir wohnen mit dem Forest Reserve Naturschutzgebiet auf der einen Seite und den goldenen Badestränden Batu Fernringhi und Tanjung Bunga auf der anderen Seite. Sie werden die kleinen Buchten, den Sandstrand und die hohen Palmen lieben, Lisa. Und natürlich werden wir Georgetown besichtigen, einen Trip aufs Festland nach Butterworth machen, die Affen und die Schmetterlinge bewundern und vieles mehr. Meine jüngste Tochter Tamara freut sich schon, den Guide für euch zu spielen."

„Ein Programm für mehr als einen Monat. Wir haben gerade eine Woche lang Zeit. Und was ist mit unseren Geschäften, mein Freund?", lachte Florian.

„Freund ist gut!", donnerte Wilhelm Sauerbachs Stimme gemütlich, „schlag ein! Wir sind per du!" Er reichte Florian die Hand und mit einem Blick in den Rückspiegel zu Lisa fragte er neckend: „Ob natürlich junge Damen sich von einem alten Piraten duzen lassen?"

„Aber ja, gerne", antwortete Lisa fröhlich und Sauerbach erwiderte: „Nach deutscher Sitte muss das aber mit einem Maß Bier und einem Kuss besiegelt werden. Ihr seht, ich habe die Heimat nicht vergessen."

Der Empfang, der Lisa und Florian von Wilhelms Familie bereitet wurde, übertraf alle Vorstellungen, die die beiden Europäer sich hätten machen können. Nahezu alle Familienmitglieder hatten sich im Hause eingefunden. Eine schnatternde, lachende Anzahl kleiner und großer Gesichter umringten die beiden Ankömmlinge. Gläser mit erfrischenden Drinks wurden gereicht, Verneigungen, Händeschütteln, staunende Fragen und weiterleitende Hände nahmen die beiden bereits am oberen Absatz der Treppe überschwenglich in Empfang. Lisa hatte beim Aussteigen aus dem Auto schon einen bewundernden Blick auf das große, geräumig anmutende Kampung Haus geworfen. Ein massives dunkles Holzhaus, traditionell auf Pfählen errichtet, mit Schnitzereien an der Fassade, mit relativ großen mit Seide und Brokat dekorierten Fenstern, mit einem hoch aufgeschwungenen Dach und drei sichtlich später angereihten Zubauten schien es asiatische Tradition und westlichen Komfort in sich zu vereinen.

Die fragenden und lachenden Gesichter umringten Lisa so eng, dass sie nur mühsam, über Schuhe und Sandalen hinweg stolpernd, die Empfangshalle des Hauses erreichte. Alles, was sie sich so schön zur Begrüßung zurechtgelegt hatte, „salamat petang", also guten Tag, und „nama saya Lisa", also ich heiße Lisa, ging vollkommen in dem Gewühle der vibrierenden Begegnung unter. Lisa wusste nicht, welcher Aufforderung sie als erstes nachkommen sollte. So tat sie, was sie nur tun konnte. Stand bald mit einem zweiten Begrüßungsdrink in der linken Hand da, suchte und fand eine Abstellmöglichkeit für das halb geleerte erste Glas, steckte ein kleines Stück Reiskuchen, das ein kleines Mädchen ihr entgegenstreckte, in den Mund und versuchte gleichzeitig, aus den Schuhen zu schlüpfen. Dabei bemerkte sie, dass um sie herum die verschiedensten Sprachen gesprochen wurden. Sie vermutete, Bahasa Malaysia, die Nationalsprache, ebenso zu hören wie Deutsch und Englisch. Ihr Blick wurde hin und her gerissen zwischen einer eleganten zarten Malaiin, wohl die Dame des Hauses, zwei jüngeren Frauen, wunderschöne Eurasierinnen, von denen besonders eine ihre Aufmerksamkeit erregte, da sie sie sofort umarmte und auf beide Wangen küsste, was ungewöhnlich war. Dann wanderte ihr Blick zu der Vielzahl halbwüchsiger lärmender Kinder. Weiter im Hintergrund stand steif und förmlich eine junge Chinesin, zwei Männer mittleren Alters und zwei schon alte Frauen schauten aus den Türen angrenzender Räume.

„Nun mal langsam", dröhnte die Stimme von Wilhelm gutmütig über die Köpfe. „Seid still, ich will euch vorstellen."

Lisa und Florian waren erstaunt, dass es tatsächlich augenblicklich ruhig wurde. Wilhelm hatte auch Format als Familienoberhaupt, das war sofort spürbar. Anscheinend verstanden alle Deutsch. Ein wenig zumindest, wie Lisa später feststellte. Wilhelm übernahm die Vorstellung. Lisa hatte richtig geraten, die elegante Dame war seine Frau. Die jüngeren Frauen seine Töchter. Die eine mit einem Inder verheiratet, dazu bereits drei Kinder, die andere, die Lisa geküsst hatte, war Tamara, die jüngste Tochter.

„Studiert derzeit in Berlin", erklärte Wilhelm. Lisa entging nicht die galante Verbeugung Florians und das zauberhafte Aufblitzen in Tamaras dunklen Augen. Die Chinesin war die Gattin des Sohnes, eines schlanken sehr intellektuell anmutenden Mannes. Zu ihnen gehörten Zwillinge, zwei Mädchen mit entzückenden mandelförmigen Augen. Die beiden alten Frauen wurden als Tanten vorgestellt. Ein kleiner weißer Hund mit stehenden Ohren, der aufgeregt um Wilhelms Beine tänzelte, und ein schwarzer Kater, unbeteiligt auf einer Kommode ruhend, schienen ebenso zum engen Familienkreis zu gehören, denn ganz selbstverständlich sagte Wilhelm zum Schluss: „Und das ist Sang Harimau, was so viel wie Herr Tiger heißt, und das ist Susu unser Kater, der heißt so, weil er so viel Milch trinkt."

Somit war die Begrüßung beendet. Sofort entflammte wieder das lustige Geschnatter und Gelächter. Lisa fühlte sich vom ersten Moment an wunderbar in diesem Haus und in dieser Familie. Florian aber hatte vom ersten Moment an fast nur Augen für Tamara.

Nachdem ihre Koffer hereingebracht waren und ihnen das Bad gezeigt worden war, in dem sie sich frisch machen konnten, legte sich der Tumult ein wenig. Die Familienmitglieder verteilten sich im Haus. Tamara kümmerte sich um Florian, Vanessa, ihre ältere Schwester, begann eine anregende Konversation mit Lisa zu führen, während sie ihr das Zimmer, in dem sie schlafen würde, zeigte. Ein kleiner Raum mit hübschem Blick auf den bunt blühenden Innenhof. Offensichtlich eines der Zimmer ihrer Kinder, das für den Besuch frei gemacht worden war.

„Sie sprechen sehr gut Deutsch“, staunte Lisa.

„Ja, ich habe ja auch in Deutschland studiert. Vater hat darauf Wert gelegt, dass wir auch die zweite Seite unserer Wurzeln pflegen“, erwiderte sie und die beiden unterhielten sich bald im vertraulichen Ton.

Etwa nach einer Stunde wurden sie gebeten, in den großen Salon zu kommen. Die Düfte der geheimnisvollen asiatischen Küche durchwehten bereits das ganze Haus und kündeten ein herrliches Essen an. Lisa huschte noch schnell in das Gästezimmer, wo sie schlafen würde, holte aus ihrem Koffer das kleine, in lachsfarbenes Seidenpapier eingewickelte, mit goldener Schleife und kleinen Kunstseidenblumen verzierte Gastgeschenk. In einer Nische am Flur fiel ihr Blick auf den Familienaltar. Den Mittelpunkt bildete eine bemalte hölzerne Statue der Göttin Guan Yin, die als Göttin der Gnade von Anhängern aller chinesischen Religionen verehrt wurde. Um die Statue herum waren Blumen, Räucherwerk, Kerzen, Muscheln, kleine Edelsteine und mancherlei geheimnisvolle Relikte arrangiert. Lisa, die in Kuala Lumpur eine Einführung über das Wunderwirken von Kwan Yin, wie sie bereits auch im Westen bekannt war, von ihrem chinesischen Geschäftsfreund erfahren hatte, faltete die Hände andächtig vor der Brust, hob die Fingerspitzen auf die Stirn und verneigte sich. Als sie wieder aufsah, traute sie ihren Augen kaum, entdeckte sie doch unter den vielen Kerzen tatsächlich eine weiße Kerze mit dem Bild der Muttergottes vom Altar in Mariazell, die hinter dem reich bestickten Kleid den kleinen Jesusknaben am Schoß hielt. Eine österreichische Marienkerze hier am Altar der asiatischen Gnadengöttin! Einer Eingebung folgend, löste Lisa eine Seidenblume von der Geschenkpackung und legte sie vor der Statue nieder.

Im großen Salon wurden ihnen die Plätze zugewiesen, anscheinend ein Ritual, das alle gewohnt waren, denn jeder, auch die Kinder, warteten artig, bis die Dame des Hauses ihnen einen Stuhl zuwies. Lisas Blick schweifte über die dampfenden Schüsseln in der Mitte des Tisches, ihre Nase sog die Düfte der Gewürze auf und sie freute sich auf das Mahl. Ihr wurde zur Rechten von Wilhelm der Platz angewiesen. Florian saß links neben der Hausfrau, neben ihm Tamara, neben Lisa Vanessa und dann die anderen Mitglieder der Familie.

„Stäbchen, Gabel, Löffel oder einfach die Finger?“, fragte Vanessa. Lisa entschied sich nach einem nochmaligen schnellen Blick auf den Inhalt der Schüsseln für Stäbchen. Wie sie bald feststellte, waren in dieser Familie wirklich alle Kulturen vereint. Wilhelm und Florian aßen mit Gabel und Messer, der Sohn und die chinesische Frau aßen mit Stäbchen, die Hausfrau, Tamara, Vanessa und auch deren Ehemann kugelten gekonnt mit den Fingern der rechten Hand die Speisen zu kleinen Bällchen und schoben sie in den Mund, die beiden alten Frauen aßen auch mit der rechten Hand, nahmen aber immer wieder auch einen Löffel zu Hilfe. Die Kinder patzten, wie alle Kinder es tun, stritten um Gabel und Löffel und brachten das meiste doch mit den Händen in den Mund.

„Schön“, bekundete Lisa begeistert, „es ist so spannend, so viele Menschen mit verschiedenen Sitten in einer Familie an einem Tisch friedlich vereint zu sehen!“

„Das kommt, weil wir alle zu Guan Yin beten und ihr vertrauen“, meldete sich eine der älteren Frauen erstmals zu Wort.

„Ja“, beteuerte die Gastgeberin, „wir Malaien sind ein friedvolles Volk. Lisa, Sie haben sich an unserem Hausaltar verneigt?“

Lisa hob erstaunt die Brauen. Sie hatte gemeint, allein zu sein. Florian unterbrach seine Unterhaltung mit Tamara.

„Ja“, erklärte er, „Lisa hat bereits unseren chinesischen Geschäftsfreund verwundert, über ihr Wissen, ihre Ehrerbietung für Kwan Yin.“

„Bei uns haben die Wände Ohren, Lisa, das müssen Sie wissen. Jeder in der Familie weiß bereits, dass sie eine Blume auf unseren Hausaltar gelegt haben, das bedeutet große Ehre für uns." Wilhelm schenkte ihr einen verschmitzten Blick.

Lisa war ein wenig unsicher, ob jetzt der richtige Moment gekommen war, das Gastgeschenk zu überreichen. So sagte sie: „Florian und ich haben ein kleines Gastgeschenk mitgebracht."

Sie drehte sich zur Kommode, hob die dort abgestellte Schachtel auf und reichte sie der Dame des Hauses über den Tisch. „Die Blume für den Altar habe ich hier heruntergenommen."

Alle bedankten sich. Sie versicherten, sie wollten das Geschenk nach dem Essen in Ruhe auspacken. Lisa widmete sich mit großem Appetit dem köstlichen Essen. Würzige Gerichte mit Hühnerfleisch, Lamm und Rind, vielerlei Gemüse, stark gewürzte Früchte, Morcheln, gekochter Reis, gebratene Nudeln, Chapati, die knusprigen indischen Fladenbrote, Kartoffeln in Curry. Die Gänge schienen kein Ende zu nehmen. Das Tischgespräch war anregend. Lisa und Florian erzählten von ihrem Leben in Europa. Vanessa und Tamara fielen ihnen immer wieder begeistert ins Wort, erzählten von ihren Erfahrungen in Deutschland. Die jungen Leute waren schnell und unkompliziert zum Du übergegangen.

„Hast du je überlegt, in Deutschland zu bleiben, da es dir dort gefallen hat, wie du sagst?", fragte Lisa ihre Tischnachbarin.

„Nein, ich nicht. Für meine Schwester ist das eher ein Thema. Sie liebt Europa. Tamara war übrigens auch schon in Österreich. Mehrmals sogar." Vanessa hatte die Teekanne angehoben und blickte Lisa fragend an.

„Bitte gerne, der Tee ist herrlich", bestätigte diese und fügte hinzu, „hat Tamara die Kerze aus Mariazell mitgebracht?"

„Ja, das hat sie. Sie verehrt auch eure Gottesmutter. Tamara hat eine besondere Beziehung zu den weiblichen Gottheiten", antwortete Vanessa lachend.

„Trinkt denn niemand mit mir ein kühles Bier?", meldete sich Wilhelm lautstark zu Wort. Lisa hatte das Gefühl, nun auch mit ihm ein wenig Konversation machen zu müssen, schließlich war das wirklich ein Ehrenplatz neben dem Hausherrn, der verpflichtete. Und da sie im Moment nicht über Geschäfte sprechen wollte, fragte sie höflich: „Wie lange leben Sie schon in Malaysia. Wie kamen Sie hierher?" Damit hatte Lisa ein Lieblingsthema von Wilhelm angesprochen, denn sofort begann er, voller Begeisterung zu erzählen. Mit seiner vollen Stimme rollte er jeden Satz in seinem Mund zu einer bedeutsamen Aussage.

„Ja, dafür ist eigentlich mein Großvater verantwortlich", erzählte er. „Er war es, der die besonderen Reize Malaysias bereits im vorigen Jahrhundert entdeckte." Und Lisa erfuhr, dass der Großvater, verheiratet mit einer Britin, für etwa zwei Jahre als angesehener Arzt eine Abteilung für Interne Medizin eines britischen Krankenhauses in Malakka leitete. Dabei hatte sich der alte Herr, wie Wilhelm ihn nannte, in eine wunderschöne Malaiin verliebt und einen Sohn mit ihr gezeugt. Da er aber jeden Skandal vermeiden wollte und auch seine Ehe nicht zerstören wollte, verließ er das Land wieder. Er hinterließ der Geliebten eine ansehnliche Summe Geld. Später, in alten Jahren, vor allem nach dem Tod seiner Frau, packte ihn späte Reue. Er wollte wissen, was aus seinem Sohn geworden war. Er stellte Nachforschungen an, die ergebnislos verliefen. Kurz vor seinem Tode vertraute er sich Wilhelms Mutter an, die er als Schwiegertochter hoch achtete und schätze, und übergab ihr Briefe und Unterlagen sowie ein Sparbuch mit einer beträchtlichen Summe. Sie musste ihm hoch und heilig versprechen, den Sohn ausfindig zu machen.

„Ja, und da kam wieder nur ich in Frage“, schloss Wilhelm seine Geschichte. „Ich, der junge, tatkräftige Sauerbach, wurde in die fremde weite Welt geschickt.“

„Ja und? Haben Sie den Sohn des Großvaters, Ihren Onkel gefunden?“, fragte Lisa neugierig.

Wilhelm, genüsslich kauend, antwortete: „Natürlich! Was ein Sauerbach angreift, bringt Erfolg! Er ist ein angesehener Geschäftsmann geworden. Seine Mutter hatte einen Tamilen geheiratet, er hat mehrere Schwestern und Brüder. Er ist hier gut verankert. Mit dem Sparbuch haben wir unsere ersten gemeinsamen Exportgeschäfte gestartet. Ihr werdet den alten Herrn in Butterworth kennen lernen.“

„Sehr schön“, erwiderte Florian und wandte sich an die Dame des Hauses. „Darf ich fragen, wie Sie ihren Gatten kennen gelernt haben?“

„Mein Vater hatte große Teeplantagen in den Cameron Highlands. Tee, der exportiert werden wollte. Und da das Handelsgeschick von Wilhelm Sauerbach sich bald herumgesprochen hatte, wurde der Kontakt geknüpft. So haben wir uns kennen gelernt.“

„Ja“, bestätigte Wilhelm, „diese wunderbare Frau, dieses wunderbare Land und der verdammte Handel sind mein Schicksal geworden!“ Er lachte dröhnend, bis sein stattlicher Leibesumfang in lustige Schwingungen geriet. Es wurde lange und genüsslich weiter gegessen und geplaudert. Den Kindern wurde erlaubt aufzustehen, sie stoben fröhlich davon. Die Frauen beendeten das Mahl mit einem starken Mokka, die Männer tranken Kognak und Whisky. Bald lockerte sich auch die Sitzordnung auf. Lisa half beim Abräumen, was ihr zwar energisch und einstimmig von allen Damen untersagt worden war. Sie ließ sich aber nicht einschüchtern, sondern folgte, beide Hände mit Platten beladen, Tamara und Vanessa in die große Küche.

Als dann die Frauen unter sich, die Männer hatten sich zurückgezogen, auf der großen mit blühenden Schlingpflanzen überwucherten Veranda saßen, mit dem Blick über das Dorf hin zum Fluss und den Reisfeldern, seufzte Lisa ganz tief. „Ihr seid eine wunderbare Familie! Ich fühle mich sehr wohl bei euch. Und ich nehme mir in dem Moment vor, mich auch wieder mehr um meine eigene Familie zu kümmern. Wir Europäer sind da oft nachlässig!"

Und so plauderten sie weiter. Lisa erzählte von ihrer Schwester, der kleinen Nichte und dem Vater. Erzählte von Veronika und Rainer, von Frau Schönborn, von Weihnachten und Ostern. Der Unterschied der Bräuche wurde geschildert, das soziale Gefüge besprochen und zuletzt kam das Gespräch wieder auf das Essen.

„Was kochen Sie zu Ihren Festen, Lisa?", fragte Frau Sauerbach. Und Lisa erzählte von Schweinsbraten und Krautsalat, von Gugelhupf und Palatschinken, von Wienerschnitzeln und Backhendln, von Sachertorten und heißer Schokolade mit Schlag. Lange schon war es dunkel geworden, Vanessa hatte die Kinder zu Bett gebracht und Florian, bereits müde, hatte den Kopf zu einem Gute-Nacht-Gruß durch die Tür gesteckt. Wilhelm und seine Frau zogen sich auch zurück. Tamara, Vanessa und Lisa saßen schweigend in den bequemen Rattanmöbeln auf der Veranda des Kampung Hauses. Die Geräusche der tropischen Nacht, der Schein zweier Kerzen, das Niedersinken einer Begegnung zu einer Realität, die Vertrautheit annahm, umfing die drei jungen Frauen wie eine zarte Melodie.

„Mir ist, als würden wir uns schon ewig kennen", behauptete Tamara. Lisa und Vanessa antworteten einstimmig mit: „Ja!"

Als auf dem alten hoch aufragendem Uhrturm, gestiftet von einem chinesischen Kaufmann anlässlich des diamantenen Thronjubiläums der großen Kolonialkönigin Victoria, die Turmuhr elfmal schlug, bogen Lisa, Florian und Tamara von der Leboh Light Straße in den Padang, den Hauptplatz von Georgetown, ein. Nach einem angenehmen malaiischen Frühstück, bestehend aus in Kokosmilch gekochtem Reis, hartgekochtem Ei, Anchovis, Gurken mit Chili und einer Lisa zuliebe zubereiteten Kanne Kaffee, waren sie sogleich losgefahren, um sich von Tamara Georgetown zeigen zu lassen. Sie schlängelten sich durch das turbulente Treiben. Tamara deutete auf ein großes im britischen Kolonialstil erbautes Haus mit Doppelsäulen, korinthischen Kapitellen und Rundbogenfenstern.

„Das City Council! Es hat einmal das Rathaus beherbergt."

„Beeindruckend", staunte Lisa, konnte den Blick aber nicht lange auf dem Gebäude halten, denn die lebhafte Menschenmenge ringsum zog ihre Aufmerksamkeit auf sich. Aus den Geschäften dröhnte teilweise laute Musik, europäische, amerikanische, italienische und asiatische Klänge vermischten sich. Florian stupste Lisa lächelnd an und sagte: „Hörst du?"

Von der einen Seite schallte der Schlager *Griechischer Wein* und von der anderen Seite erklang *Strangers in the Night.* Die Drei wurden weiter geschoben und in eine enge Gasse gedrängt, vorbei an Türmen von rosa Damenwäsche, vorbei an überfüllten Kramläden, Kaufhäusern und Markthallen mit prall gefüllten Körben voller exotischem Gemüse, Früchten in allen Farben, Nüssen, Bananenstauden, gebündelten Kräutern und zerriebenen Gewürzen. Vorbei an meterhohen Hochzeitstorten aus rosa Buttercreme, vorbei an Galerien von geheimnisvollen Glasbehältern, in denen Schlangen in giftgrünen oder rubinroten Säften sich ringelten und als Liebeszauber angepriesen wurden. Tamara deutete mal links, mal rechts. In ihrem pastellfarbenen, leicht gewellten Baumwollkleid war sie entzückend anzuschauen. Sie war nicht sehr groß, hatte aber eine ausgezeichnete Figur mit zarter Taille, der Ausschnitt ihres Kleides betonte die Form ihrer Brüste. Ihr Nacken wurde umspielt von den gelockten dunklen Haaren, ihre Bewegungen waren graziös und doch temperamentvoll. Ihre rechte Hand wies auf die Zwillingtürme der Cathedral of the Assumption, einer der ältesten katholischen Kirchen Malaysias, und schwenkte langsam weiter zum daneben liegenden alten zweigeschoßigen chinesischen Shophouse mit glasierten Dachziegeln, Schnitzarbeiten und bunten Art-Nouveau-Glasfenstern:

„Ist das nicht eine gelungene Mischung östlicher und westlicher Stilelemente?“, lachte Tamara heiter, nahm Florians Hand und winkte Lisa weiterzugehen. Sie kamen wieder in eine etwas breitere Einkaufsstraße. Überall Menschen verschiedenster Rassen, zu Fuß, auf dem Motorroller, mit dem Fahrrad, dazwischen hupende Autos und vereinzelt dazwischen alte Fahrradrikschas.

„Die alten Rikschafahrer sind fast alle opiumsüchtig, besonders bei uns in Penang“, erklärte Tamara, hob ihren Kopf und warf Florian einen amüsierten Blick zu, als dieser verwundert einem Rikschafahrer nachsah, der mehr am Fahrrad hing als saß.

Ein beeindruckend vielfältiges Straßenbild. Von jedem Haus ragte eine Reklametafel in die Straße hinein. Meist waren es in die Höhe gezogene Blechschilder mit chinesischen Schriftzeichen in rot auf gelb oder weiß, dazwischen arabische Schriftzeichen. Überall strömte der Duft scharf angebratener und gewürzter Speisen aus den kleinen Restaurants, Coffeeshops und Food Stalls empor. In nur einer Straße befanden sich eine anglikanische Kirche, ein mit filigranen Steinmetzarbeiten reich verzierter chinesischer Tempel, eine hinduistische Andachtsstätte und eine islamische Moschee dicht beieinander. Lisa wollte den buddhistischen Tempel besichtigen, doch Tamara zog sie an der Hand weiter.

„Komm“, sagte sie, „ich weiß, welchen Tempel du besuchen musst.“

Und sie zog sie weiter zum ältesten Tempel von Penang, dem chinesischen Goddess of Mercy Temple.

„Voila“, rief Tamara vergnügt, als sie vor dem beeindruckenden Tempelbau standen, „das ist Guan Yin Tong, er wurde 1880 erbaut und ist Guan Yin, unserer Göttin der Gnade, geweiht. Da müssen wir hinein.“ Tamaras Augen sprühten Funken. Lisa entging nicht, dass Florian ihr zärtlich über den Rücken strich.

„Schaut euch die tanzenden Drachen an!“, rief Florian entzückt und deutete mit der anderen Hand zu den Figuren auf den Firsten der kunstvoll geschwungenen Dächer des Tempels.

„Ja, sie sind da postiert, um den bösen Geistern den Zutritt zu der Andachtsstelle zu verwehren, genau wie die grünen Löwen aus Stein vor dem Eingang. Bei uns ist der Drache ein Glückssymbol, er verleiht Stärke, sorgt für Gerechtigkeit und ist ein Bewacher für alles Wertvolle. Kommt, ich will noch Opfergeld kaufen! Mit leeren Händen geht man nicht zu Guan Yin“, erklärte Tamara und drehte sich noch einmal um. Neben dem Tempel befand sich ein Verkaufsstand. Florian kaufte eine Kerze, Tamara besagtes Opfergeld. Lisa schaute versonnen zu den wunderschönen Blumen hin, die in großen Kübeln am Boden standen.

„Oh!“, rief sie aus, „das gibt's doch gar nicht. Florian, schau, da gibt es Pfingstrosen, wie bei uns.“ Und schon war sie dort und suchte aus einem großen Bund hellrosa und dunkelrote Pfingstrosen aus.

„Nein, gibt es das wirklich!“, rief Lisa entzückt.

Tamara lachte, „natürlich gibt es die auch bei uns. Sehr schön sind sie. Willst du sie der Göttin bringen?“

„Ja“, bestätigte Lisa verlegen und fühlte sich sofort ertappt.

„Du denkst an deinen Liebsten, stimmt's?“, flüsterte ihr Tamara ins Ohr.

Lisa lächelte verlegen. Beim Anblick der Pfingstrosen musste sie immer an Viktor denken. Ein einziges Mal hatte er ihr Blumen geschenkt. Und das war am Markt in Salzburg gewesen, wo Lisa ihn entzückt auf die schönen Pfingstrosen, ihre Lieblingsblumen, aufmerksam gemacht hatte.

„Die Bauernrosen gefallen dir?“, hatte er in spöttischem Ton gefragt. Dann hatte er mit einem Lachen den ganzen großen Bund genommen und hatte ihr die tropfend nassen Blumen ans Herz gedrückt.

Und so drückte nun auch Lisa den Strauß an ihre Brust, Florian zahlte, Lisa nahm dankend einen Plastikbecher mit Wasser von der Chinesin am Stand an. Sie freute sich, dass auch Europäer bereit waren, Opfergaben der Göttin Guan Yin zu bringen.

Bereits am Eingang wurden sie von überdimensionalen Räucherstäbchen und Öfen empfangen, in denen fortwährend Räucherwerk und Opfergeld glimmten. Die bescheiden ausgestatteten Innenräume nahmen sie auf. Lisa bestaunte die Holzschnitzereien. Sie stellten Heilige und Krieger der chinesischen Mythologie dar, Pflanzen, Blüten und Tiere mit symbolischer Bedeutung. Die Säulen und Wände waren vom Rauch geschwärzt, denn überall brannten Räucherstäbchen und Räucherspiralen. Auf den verschiedenen Altären befanden sich Statuen Guan Yins, die die Göttin der Gnade in ihren verschiedenen Inkarnationen zeigten. Davor legten die Besucher ihre Opfergaben nieder: Früchte, Speisen, Geld, Lotosblumen, Chrysanthemen oder Orchideenblüten.

„Bei uns sagt man, Guan Yin habe geschworen, solange immer wieder auf die Erde wiederzukommen, solange auch nur ein Kind noch weine“, flüsterte Tamara erst Florian und dann Lisa ins Ohr. Sie knieten sich vor einen der Altäre gemeinsam nieder. Lisa sprach ein stilles Gebet, Florian und Tamara hielten Andacht auf ihre Weise. Danach legten auch sie ihre Opfergaben auf den Altar.

Wieder draußen auf dem Platz zog Tamara die beiden weiter zu einem der vielen Händler ringsum, die empfohlene Opfergaben wie Räucherwerk, Kerzen, Blumen, Früchte und Opfergeld verkauften. Es war offensichtlich, dass er Tamara gut kannte, denn er begrüßte sie herzlich.

„Kommt", rief Tamara, wir wollen das Orakel befragen. Und schon griff sie nach Florians Arm.

„Bitte, du zuerst!"

„Was soll ich tun?", fragte Florian erheitert.

„Wir lassen uns die Schicksalsstäbchen werfen!" Tamara erklärte ihnen, dass der Wahrsager die Striche, die sich auf den Bambusstäbchen befanden, zu deuten verstand. „Du musst die Dose nur vorsichtig schütteln und das erste Stäbchen, das herausfällt, kündet dein Schicksal."

„So ein Blödsinn", behauptete Florian. Er gehorchte aber und schüttelte den Becher mit den Stäbchen. Der Malaie hob das Stäbchen auf, betrachtete die Zeichen nachdenklich und sagte: „Große Freuden und viel Erfolg. Aber auch Prüfungen durch Kummer."

„Na ja", meinte Florian, „das wird schon so sein. Nun du, Tamara!"

Tamara zappelte von einem Fuß auf den anderen, schloss die Augen und begann zu schütteln. Wieder schaute der Wahrsager ernst auf die Zeichen:

„Großes Glück und jähes Ende. Aber auch große Freiheit und sehr viel Liebe."

„Na, Hauptsache Liebe", lächelte Tamara. Lisa griff zögernd nach der Dose. Ganz langsam kam ein Stäbchen heraus.

„Große Geduld. Langsames Wachstum und glückliche Ehe", verkündete der Wahrsager.

„Jeder hört das, was er hören will", lachte Florian. Er nahm Tamara an der Hand. Lisa beobachtete lächelnd, wie schnell die beiden einander mehr und mehr zugetan waren.

Der Tag verging wie im Flug. Den späten Nachmittag verbrachten sie im botanischen Garten, dem Waterfall Gardens. Lisa war entzückt von den riesigen Regenbäumen, den Schlingpflanzen, Farnen und wilden Orchideen, zwischen denen die diebischen Affen ihr schelmisches Unwesen trieben und kleine Zwergrehe sich von den Besuchern bestaunen ließen. Müde von der Besichtigungstour setzten die drei sich auf eine Bank unter einem der riesigen Regenbäume. Florian hatte seinen Arm um Tamara gelegt und sie lehnte sich an seine Schulter.

„Wann kommst du nach Deutschland, Tamara?“, fragte Lisa.

„Nun, in ein paar Wochen werde ich mich wieder auf die Reise machen. Kommst du mich in Berlin besuchen, Lisa?“, erwiderte Tamara mit fragendem Ton.

„Gerne, Tamara. Doch du musst auch nach Österreich kommen. Wir zeigen dir unser Land, es ist auch sehr schön. Salzburg wird dir gefallen. Tamara muss bald mal kommen, nicht wahr Florian?“

Lisa, die neben Tamara saß, beugte sich vor und schaute Florian lächelnd ins Gesicht. Florian wirkte abwesend. Verträumt. Lisa beschloss aufzustehen, um die beiden alleine zu lassen. Es war offensichtlich, dass beide im Moment mehr damit beschäftigt waren, die Nähe zueinander zu fühlen, als Konversation zu betreiben. Lisa hatte Lust, barfuß durch das weiche Gras zu gehen. Kurz entschlossen zog sie ihre Sandalen aus, hob ihren langen weiten dünnen Seidenrock etwas hoch, machte seitlich einen Knoten hinein, damit er nicht weit über die Knie hängen konnte und sie mehr Bewegungsfreiheit hatte. Sie ging langsam mit weit ausholenden Schritten in das hohe Gras hinein. Ihr Blick folgte den flatternden Schmetterlingen, die um die Blüten der Sträucher tanzten, und ihre Gedanken schwelgten in den überreichen Eindrücken, die dieses Land erzeugte.

„Wie reich mich diese Reise macht“, sagte Lisa leise zu sich selbst. Sie dachte daran, dass sie in den nächsten Tagen über die längste Brücke Asiens auf das Festland nach Butterworth fahren würde, um Geschäftspartner zu treffen und Verträge auszuhandeln. Sie dachte an die vielen Aufgaben, die noch vor ihr lagen, und hoffte, dass ihnen zumindest ein Urlaubstag an dem herrlichen Palmenstrand bleiben würde, von dem Tamara ihr bereits vorgeschwärmt hatte. Nahe dem kleinen Wasserfall, der mit rauschendem Tosen sich über die Felsen fallen ließ, setzte Lisa sich auf einen Stein an der Uferböschung des Baches zwischen die Farne. Sie streckte ihre sonnengebräunten Zehen mit den zartrosa lackierten Nägeln aus, um kleine schillernde Wassertropfen aufzufangen. Auf einem der Baumriesen hinter ihr schnatterten die Affen. Alles rund um sie atmete Leben ein und aus. Sie lauschte diesem Atem und wurde mehr und mehr eins mit ihm, bis alles um sie und sie selbst zu versinken schien in der zeitlosen Fülle des Seins. Ein wogender Lebensfluss, getragen von den satten Farben der Erinnerung, durchdrängt vom Klang der aus der Tiefe hervorquellenden Gefühle. Gefühle, die wie Sektperlen prickelnd zur Oberfläche strebten, um dem zarten Schein einer Zukunft zu folgen, die unsichtbar noch dem Atem voraneilte und dennoch bereits ihre Schatten warf.

„Lisa? Kommst du?“ Tamaras helle Stimme hob Lisa aus dem Rhythmus des zeitlosen Herzschlages, in dem dieser tropische Garten des Friedens eingebettet lag. „Unsere Familie wartet mit dem Essen. Vater liebt es, uns alle am Tisch vereint zu sehen. Wir müssen uns beeilen.“

„Ich komme schon!“ Lisa warf einen Blick auf ihre Armbanduhr. Die schmalen Zeiger der Uhr zeigten auf fünf. Tatsächlich, es war mehr als eine Stunde vergangen. Freudestrahlend standen Tamara und Florian in der Nachmittagssonne, die mit ihrem goldenen Schein ihre Silhouetten umhüllte. Lisa eilte ihnen entgegen:

„Ein schönes Paar!“, sagte sie leise, „Geheimnisvoll gewachsen in einer Stunde.“

Florian hielt Tamara mit seiner rechten Hand umfangen und glücklich lächelnd zog er nun Lisa mit seiner linken Hand an sich. Lisa langte mit ihrer rechten Hand zärtlich hinter Florians Rücken, drückte sanft die Hand der Frau, die ihr in wenigen Stunden so lieb und vertraut geworden war wie eine Schwester.

„Welch schöne Seelenfamilie wir doch sind!“

Das monotone Geräusch der rollenden Räder wiegte Lisa in einen seichten Halbschlaf. Der Inter City Express Frankfurt-München sauste Kilometer für Kilometer durch die Landschaft. Lisa hatte einen Platz mit Rücken zur Fahrtrichtung an der Tür zum Korridor unter den wenigen freien Plätzen gewählt. Sie war nach dem langen Flug müde, dennoch innerlich aufgewühlt. Einem inneren Impuls folgend, hatte sie am Flughafen, während sie und Florian auf die Ausgabe des Gepäcks warteten, plötzlich das Bedürfnis gehabt, Veronika anzurufen, um sich nach Frau Schönborn zu erkundigen.

„Warte, bis das Gepäck da ist, dann kannst du mein Handy benutzen“, hatte Florian gesagt. Er wusste, was Lisa Frau Schönborn und Veronika versprochen hatte, auch wenn sie das Thema auf der Reise gemieden hatten. Lisa war es nicht recht, so mitten im Gewühle der Menschen zu telefonieren, sie hatte sich lieber eine Telefonzelle gesucht. Bereits als Rainer den Hörer abhob, wurde Lisa innerlich erfasst von dem Sog, der entsteht, wenn ein Mensch im Sterben liegt. Ein Sog, der alle Aufmerksamkeit ganz plötzlich nur auf diesen einen Punkt hinzieht und alles andere, was gerade noch so wichtig erschienen war, an den Rand einer nicht erwähnenswerten Belanglosigkeit verbannt.

„Mein Gott, Lisa, Gott sei Dank, dass du sofort anrufst. Warte!" Lisa hörte, wie Rainer durch das Zimmer rief, „Veronika, es ist Lisa. Ich sagte es dir doch, sie ruft sicher sofort an." Und Lisa spürte das Beben in Rainers sonst so fröhlichen Stimme, spürte das Beben durch den ganzen Raum.

„Entschuldige, Lisa. Aber Veronika ist so beunruhigt. Sie kann es kaum erwarten, dass du kommst."

„Steht es so schlecht um Frau Schönborn?" Lisa fragte, um etwas zu sagen.

„Ja", antwortete Rainer mit einem tiefen Seufzen, „Großmutter wartet wohl nur noch auf dich. Sie ist nur noch zeitweise bei Bewusstsein. Bitte, komm schnell. Kannst du den nächsten Zug nehmen? Ich hole dich ab, in Salzburg oder auch München, wie du willst." Rainer und Lisa besprachen das Notwendigste. Als Lisa die Telefonzelle verließ und auf Florian zuging, der immer noch umhüllt war vom aufkeimenden Samen der Liebe, da wurde ihr sehr schwer ums Herz. Der Schatten, der über sie gefallen war, spiegelte sich sofort in Florians Augen wieder, als sie sagte: „Florian, ich muss sofort nach Salzburg zu Veronika. Zu Frau Schönborn."

Es schmerzte sie, diesen Schatten nun in Florians Augen zu sehen. Gerade war da noch alles so voll vom Wunder der Geburt einer tiefen Liebe zwischen zwei Menschen, die jung und freudvoll in eine glückliche Zukunft schauten, die grenzenlos schien. Es war kaum ein paar Stunden her, als Lisa im Flugzeug in Florians Augen geblickt hatte und fragte: „Tamara ist die Richtige. Nicht wahr?"

„Ja, sie ist es. Sie ist es!", hatte Florian geantwortet, mit einer Weichheit und Zärtlichkeit, einer Ruhe und Gewissheit in der Stimme, die absolut war. In seinen Augen hatte ein Licht aufgestrahlt, ein Licht wie ein Stern.

Spontan legte Lisa ihre Arme um Florians Nacken. Für einen Moment drückte sie ihren Körper ganz fest an den seinen, als müsse sie die Kraft des Lebens spüren und halten.

„Bleib in deiner Wolke, Florian. Hüte deine Träume! Wiege die junge Liebe zu Tamara, sie muss dich spüren, über alle Zeitunterschiede und Kilometer hinweg. Diese Reise mache ich alleine!"

Florian drückte Lisa dankbar einen Kuss auf die Wange.

„Ich kümmere mich um alles, Lisa. Auch um dein Gepäck und um unsere Geschäfte. Schnapp' dir ein Taxi zum Bahnhof! Grüße mir die Salzburger!"

„Ja", erwiderte Lisa, machte sich los und drehte sich um. Sie wusste, es war das Beste, sofort zu gehen. Die Wohnungschlüssel hatte sie im Handgepäck, sie hatte alles in Salzburg, was sie brauchte. Nach einigen Schritten drehte sie sich nochmals um. Florian stand da mit hängenden Armen, gedankenverloren hatte er ihr nachgeschaut. Plötzlich fuhr Leben in seine Glieder, seine Körper spannte sich, er hob den rechten Arm und winkte ihr zu.

„Be happy!", rief Lisa.

„Be strong!", rief er zurück. Und beruhigt bemerkte Lisa sogar über die Entfernung einiger Meter, dass das Strahlen und Funkeln der Sterne in Florians Augen zurückgekehrt war.

Jetzt, da Lisa eingehüllt in eine Jacke in ihrem Eisenbahnsitz saß, den Kopf an die seitliche Kopfstütze gelehnt, die Beine ausgestreckt mit übereinandergelegten Knöcheln, die Arme über dem Bauch verschränkt, um eine einigermaßen entspannte Haltung für ihren müden Körper zu finden, flogen Gedanken, Erinnerungen und Bilder genau so schnell vorbei, wie die Landschaft seitlich der Bahnstrecke. Projektionen wie Diabilder, die statt auf eine Leinwand quer in den Raum hinein projiziert wurden und deren Konturen und Farben sich mit der Realität der gegenwärtigen Umgebung vermischten. Asien, die vielen Eindrücke, die Familie Sauerbach, Wilhelm und seine Töchter, die Tempel und Moscheen, das pulsierende Leben, die erfolgreichen Geschäfte. Der lange Flug, die Gespräche. Im Zeitraffer huschten die Bilder über den Gang des Zugabteils, flogen zum Fenster hinaus, um zurückzubleiben wie die Strommasten, die Fabrikhallen und langweiligen Fassadengesichter der Siedlungsbauten entlang der Bahnstrecke. Mit dem Rücken voran, nicht sehend, was kommen würde, bewegte Lisa sich einer Schwelle entgegen, über die zu gehen jedem einmal bestimmt war. Ihr unruhig flackernder Geist wurde in einen verschleierten Halbschlaf gewiegt.

Erst zwischen München und Salzburg raffte Lisa sich auf. Sie machte sich frisch in dem kleinen Waschraum, ging in den Speisewagen und bestellte sich ein Pizzabrötchen mit Tomaten und Mozarella, dazu einen Orangensaft. Sie wusste, sie musste versuchen, fit zu sein. In Salzburg am Bahnsteig wartete Rainer auf sie. Der sonst so fröhliche Rainer stand da, geduckt mit eingezogenem Kopf, als hätte er eben einen Tadel über sich ergehen lassen müssen. Er musterte angestrengt die aussteigenden Passagiere. Lisa hatte ihn zuerst entdeckt. Sie stellte sich auf die Zehenspitzen, versuchte, die Menge zu überragen und winkte ihm zu. Ungeduldig eilte er auf sie zu, legte ihr den Arm um die Schultern, drückte ihr einen Kuss auf die Wange. Er sagte mit echter Erleichterung in der Stimme: „Gut, dass du da bist. Wir schaffen das nicht allein."

An der Wohnungstür stand Veronika mit blauroten Rändern unter den Augen und fiel der Freundin um den Hals. Dominik stand verschämt und ein wenig verschüchtert neben der Kommode, auch sein Blick suchte Lisas Aufmerksamkeit. Er konnte wohl nicht verstehen, was da vor sich ging. Schweigend drückte Lisa die Freundin und hob den Kleinen auf den

Arm. Sofort legte er begeistert seine Arme um ihren Hals und schmiegte sich an sie.

„Erschrecke nicht, Lisa. Es ist schlimm. Mama ringt nach Atem. Es ist so furchtbar, sie röchelt. Sie kämpft." Veronikas Körper wurde von einem tiefen Schluchzen erfasst.

„Komm Veronika, lass Lisa zuerst eine Tasse Kaffee trinken und ankommen", meinte Rainer einfühlsam. Er zog seine Frau in seine Arme. Dominik wollte Lisa sein neues Matchboxauto zeigen. Sie gingen in die Küche. Lisa versuchte, erst einmal Ruhe auszustrahlen, Ruhe und Stille. Es gelang ihr erstaunlich gut. Nach einer Tasse Kaffee wusste sie, dass die Ärztin zweimal am Tag kam, die Krankenschwester dreimal, dass auch bereits ein Priester dagewesen war, um Frau Schönborn die Sakramente zu spenden. Die Unruhe, das Flackern um Veronika hatte sich gelegt.

„Ich gehe jetzt zu ihr, ich gehe allein." Lisa erhob sich.

Das Zimmer von Frau Schönborn war abgedunkelt. Nur die kleine Lampe, die sie so liebte, brannte. Eine dumpfe Schwere lag im Raum. Die alte Frau war zwischen den Kissen kaum auszumachen. Lisa hörte ihren schweren Atem und fühlte das Beben, das durch ihren Körper ging. Langsam ging sie zum Bett, beugte sich über die vertraute Gestalt, streichelte ihr über die Wange, setzte sich auf die Bettkannte und nahm die dürre ausgezehrte kleine Hand in die ihre.

„Ich bin es, Lisa. Ich bin jetzt da. Wie versprochen, Frau Schönborn. Ich bin da!" Lisa drückte die kleine Hand und fühlte die Antwort. Die alten verkrampften Finger erwiderten ein klein wenig den Druck. Lisas Blick lag auf der zusammengesunkenen Gestalt. Nach einer Weile stand sie auf, öffnete das Fenster ein wenig. Dann ging sie zu Veronika und Rainer in die Küche, um sie zu bitten, einige Besorgungen zu machen. Ein zartes erfrischendes Aromaöl, Aura Soma Rescue Öl zum Einreiben, Rescue Bachblüten und den kleinen CD Player wollte sie haben. Ja, und ein paar Kerzen.

„Willst du mit Mama feiern?", fragte die Freundin zaghaft.

„Ja, genau. Ich will es festlich haben", antwortete Lisa mit sicherer Stimme. Sie wusste, wie sehr Frau Schönborn Bach und Vivaldi liebte. Sie hoffte, die Musik und der Duft und die Stimmung würden ihr gut tun. Sie wollte für eine Atmosphäre sorgen, um Angst und Verspannung zu lösen.

Und sie hatte recht. Als die Krankenschwester kam, um Frau Schönborn für die Nacht zu versorgen, betonte sie sofort: „Frau Schönborn ist viel ruhiger geworden. Vielleicht habt ihr eine friedliche Nacht. Und wie angenehm besänftigend die leise Musik doch ist."

Veronika und Rainer stellten eine Campingliege ins Zimmer, damit Lisa sich ausstrecken konnte. Doch zunächst setzte sich Lisa wieder auf den Bettrand. Frau Schönborn war bei Bewusstsein, sie drückte Lisas Hand. Lisa begann zu erzählen. Von Asien, von Florian und Tamara, von der Liebe, von der Freude, von der Vergänglichkeit und von der Ewigkeit. Die Worte flossen ihr aus dem Mund, ruhig, warm und leicht. Manchmal atmete die alte Frau schwer, begann, ein wenig zu röcheln. Lisa drehte dann ihren Kopf, tropfte ihr Tee auf die Lippen, in den sie die Bachblüten gegeben hatte. Die Turmuhr schlug Mitternacht, als Lisa zum Umfallen müde aufstand. Sie wendete die Bettdecke der alten Frau, benetzte nochmals ihre Lippen, vergewisserte sich, dass die Kerze nichts anbrennen konnte. Und sie legte ein Tuch über den Lampenschirm, um das Licht noch weiter abzudämpfen. Dann schlüpfte sie aus ihrer Hose und ihrem T-Shirt. Sie rollte sich nur mit der Unterwäsche bekleidet unter die Decke auf der Campingliege. Alles war ruhig und friedlich. So faltete sie auch ihre Hände und begann mit tiefem Gefühl aus ihrem Herzen zu beten. Erbat Segen und Gnade auch für sich selbst und schlief über dieser Bitte tief und fest ein.

„Schlaf weiter, Lisa, ich schaue nur nach Mama." Veronika war auf leisen Sohlen in den Raum gekommen. Sie zog die Vorhänge ein wenig zur Seite. Sanftes Morgenlicht fiel in den Raum. Lisa richtete sich ein wenig auf, rieb ihre Augen. Veronika trat an die Campingliege heran, zärtlich beugte sie sich über die Freundin und drückte diese zurück in das Kissen. „Schlaf noch ein wenig. Mama geht es anscheinend gut. Sie schläft."

„Wie spät ist es?" Lisa merkte, dass ihr die Stimme fast versagte. Sie fühlte noch große Müdigkeit in ihrem Körper.

„Es ist erst halb sechs. Schlaf noch. Die Schwester kommt erst um acht!" Veronika schlich leise zur Tür hinaus, Lisa drehte sich herum, zog die Decke über die Ohren und ließ sich nochmals in die Arme jener Gottheit fallen, die den Segen spendenden Schlaf hütete.

Später, als die Schwester Frau Schönborn versorgte und Lisa bei Veronika in der Küche ihren heißen Morgenkaffee schlürfte, wurde Lisa plötzlich die Endgültigkeit eines letzten Einschlafens bewusst. Sie konnte es nicht zurückhalten, dicke Tränen bahnten sich nasse Spuren über ihre Wangen und ein Beben erschütterte ihre Brust. Sie schob die Kaffeetasse von sich, vergrub das Gesicht in die auf den Ellenbogen am Tisch abgestützten Hände.

„Verzeih, Veronika!", murmelte Lisa schwach. Sofort übertrug sich das Weinen auf Veronika, die gerade mit einer langen Bürste das Milchfläschchen von Dominik auswusch. Auch Veronika setzte sich an den Tisch und legte den Kopf auf die verschränkten Arme. Ihr Körper wurde vom Schluchzen durchgeschüttelt. Dominik kam zur Tür herein. Betroffen blieb er mitten in der Küche stehen. Veronika stand auf, hob ihren kleinen Sohn hoch und presste ihn fest an sich.

„Es ist schon gut, mein Schatz. Ist schon gut. Deine Mami muss nur ein bisschen weinen." Und sie küsste und herzte ihn. Lisa sah nun auch Rainer im Türrahmen stehen. Unsicher beobachtete er die Szene in der Küche.

Lisa stand auf, ging quer durch den Raum und riss zwei Blatt Papier von der Küchenrolle, die neben dem Kühlschrank an der Wandhalterung verankert war. Sie schneuzte sich und reichte das zweite Blatt Veronika.

„Ich weiß nicht, was ich sagen soll", murmelte Rainer und schloss nun die Tür hinter sich. Er setzte sich zu Veronika.

„Das ist es ja", stöhnte Lisa, „wir wissen nicht, was wir sagen sollen. Wir haben das Sterben und den Tod als Tabu unberührt vor uns her geschoben, bis die Situation uns überrollt. Und dann wissen wir nicht, was wir sagen sollen. Können nicht damit umgehen."

„Ich kann mir nicht vorstellen, dass Mama in ein paar Tagen nicht mehr da ist. Ich habe das Gefühl, ich darf das nicht denken. Es ist, als versündige ich mich mit jedem Gedanken an ihr Sterben an ihr, da sie doch noch lebt!" Die Worte brachen aus Veronika hervor. Dominik umklammerte fest ihren Hals.

„Wir müssen alle einmal sterben. Und für die, die zurückbleiben, muss es weitergehen. Das ist eben so!", beteuerte Rainer. Er stand auf, um von der Anrichte die Kaffeekanne zu holen. „Ist noch was drinnen?", fragte er und schüttelte die Thermoskanne hin und her.

„Wird nicht mehr viel drinnen sein. Aber bitte, würdest du noch einmal Kaffee zustellen? Die Krankenschwester trinkt auch gerne noch eine Tasse, wenn sie mit Mutter fertig ist." Veronikas Stimme war anzumerken, dass sie sich wieder etwas gefangen hatte. Rainer öffnete den Küchenschrank und nahm Kaffee und Filtertüten heraus, um die Kaffeemaschine erneut in Gang zu setzen.

„Der Schlaf ist der kleine Bruder des Todes, sagte Florian einmal“, bemerkte Lisa und setzte sich wieder auf die Küchenbank. Dominik kletterte vom Schoß seiner Mutter hinüber auf die Bank und auf den Schoß von Lisa. „Und der Schlaf ist in meinen Augen ein wunderbarer Segen. Er lässt uns alles vergessen. Er nimmt uns auf, wir versinken, dürfen alles abgeben. Unsere Sorgen, unsere Ängste. Der Schlaf ist wohltuend.“

„Es sei denn, du hast Albträume“, entgegnete Rainer.

„Träume sind wieder etwas anderes“, beharrte Lisa, „aber, denk doch. Der Schlaf, der Tiefschlaf ist doch wirklich ein Segen. Wie wohl er uns tut. Vielleicht ist auch der Tod ein Segen. Ein Ausspannen zwischen einem Lebensende und einer neuen Geburt.“

„Hoffentlich kann Mama wenigstens ruhig einschlafen.“ Veronikas Körper wurde erneut von Schluchzen durchgeschüttelt.

„Veronika, wir werden bei ihr sein.“ Lisa langte über den Tisch. Sie streichelte Veronikas Hände, die schlaff auf der Tischplatte lagen.

„Lisa, magst du noch eine Tasse Kaffee?“, Rainer stellte zwei Tassen, eine für sich und eine für die Krankenschwester, auf den Tisch.

„Ja gerne. Schenk bitte drauf, der Kaffee ist schon kalt“, meinte Lisa und schob Rainer ihre halb volle Tasse über den Tisch. Missbilligend schüttelte dieser den Kopf, goss den Rest aus Lisas Tasse in den Abguss, schwemmte die Tasse aus und schenkte frischen Kaffee ein.

Die Sonne war nun über die Dachkante des Zinshauses auf der gegenüberliegenden Häuserzeile gestiegen. Ihre Strahlen fielen durch das Küchenfenster auf den Tisch und tauchten den Raum in wärmendes Licht. Eine Fliege war wohl von der Sonne geweckt worden und flog nun summend um die Köpfe der vier Menschen. Dominik ließ es geschehen, Lisa versuchte, sie zu verscheuchen. In diesem Moment klopfte die Schwester an die Tür. Sie fragte nach frischer Wäsche für Frau Schönborn und Rainer begann, eine Einkaufsliste zusammenzustellen.

Am späten Vormittag dieses Tages saß Lisa wieder alleine am Bett von Frau Schönborn. Rainer war mit Dominik unterwegs, um in der Stadt Einkäufe zu erledigen. Veronika, war in die Küche gegangen. Lisas Blick lag auf dem blassen alten Gesicht, sie hielt die Hand der Sterbenden. Frau Schönborn war den ganzen Vormittag ohne Bewusstsein gewesen, doch nun seufzte sie tief, rang nach Atem und öffnete die Augen. Ihr Blick war klar. Sie schien Lisa zu erkennen und suchend glitt ihr Blick zur Seite. Lisa bemerkte ein Flattern in ihren Augen. Für einen Moment fühlte auch Lisa einen Ring der Angst sich um ihre eigene Brust legen. „Mein Gott, sie stirbt jetzt wirklich!“, schoss ihr der Gedanke durch den Kopf. Lisa zwang sich, selbst ruhig durchzuatmen; streichelte Frau Schönborn beruhigend über die Stirn. Langsam stand sie auf, nahm das Fläschchen mit den Bachblüten in die Hand und ging in die Küche.

„Komm, Veronika“, sagte sie mit gefasster tiefer Stimme. Veronika fühlte sofort, was das bedeutete. Sie legte stumm das Messer, mit dem sie Zwiebeln geschnitten hatte, zur Seite, wusch sich die Hände. Ein wenig schwankend stand sie da, während Lisa zwei Gläser mit etwas Wasser füllte. Sie gab ein paar Tropfen Rescue hinein und reichte Veronika schweigend das Glas.

„Komm“, sagte die Freundin ermutigend.

Zusammen gingen sie ins Zimmer. Erstaunlich ruhig setzte sich Veronika ans Bett und griff nach der Hand der Mutter.

„Ich bin da, Mama“, sagte sie leise.

Frau Schönborn schloss beruhigt die Augen. Lisa öffnete das Aura Soma Rescue Öl. Bereits am Morgen hatte sie die Brust und die Stirn von Frau Schönborn sanft damit eingerieben. Nun öffnete sie das Nachthemd über der Brust und goss das Öl auf Frau Schönborns nun schwer nach Atem ringende Brust. Sanft rieb sie das Öl ein. Dann sagte sie: „Lassen Sie es geschehen, Frau Schönborn. Lassen Sie es geschehen. Es ist gut."

Die alte Frau öffnete noch einmal die Augen, blickte zu Lisa hin, blickte zu ihrer Tochter, seufzte tief auf, schloss ihre Augen wieder und wurde ruhig. Vollkommen gebannt stand Lisa neben dem Bett. Veronika schaute fast erstaunt auf ihre Mutter. Sanft, und wie selbstverständlich atmete diese ihr Leben aus. Etwas so Sanftes, Stilles und Heiliges schwebte um den ausgezehrten blassen Körper. Die beiden jungen Frauen wagten sich nicht zu rühren. So ist das, dachte Lisa. So selbstverständlich. Auch Veronika war sehr ruhig. Sie schien fast erleichtert zu sein. Sie hielt die Hand ihrer toten Mutter und schaute zärtlich in ihr Gesicht.

„Mutter", sagte sie und legte die Hände über die Brust der Toten zusammen. Erst, als die beiden Rainer und Dominik im Flur hörten, waren sie in der Lage, sich zu bewegen. Lisa ging hinaus, sagte mit ruhigen Worten, dass Frau Schönborn für immer eingeschlafen war. Dann schob sie Rainer durch die Tür zu Veronika ins Sterbezimmer, schloss diese hinter ihm und ging mit Dominik in die Küche. Der Kleine, hatte begriffen, was geschehen war.

„Kommt Oma jetzt in den Himmel?", fragte er.

„Ja, gewiss", erwiderte Lisa, „sie kommt in den Himmel." Und sie wischte sich die Tränen ab. Dominik streckte ihr seine Ärmchen entgegen. Sie hob ihn hoch, zärtlich legte er seine Arme um ihren Hals.

„Du brauchst doch nicht weinen", erklärte er bestimmt, „wo doch sicher ist, dass sie in den Himmel kommt."

„Du hast recht, Dominik", bestätigte Lisa, „aber ich weine, denn sie wird uns hier auf Erden doch fehlen. Auch dir wird deine Oma fehlen." Lisa drückte den Kleinen ganz fest an sich.

Die felsigen Zinnen des mächtigen Bergmassivs ragten wie Antennen in den Himmel. Fest verankert und verwurzelt in den tiefen Tälern, über denen der Morgennebel noch seine schützenden Schleier über Wälder und satte Almwiesen gelegt hatte, stemmte sich das Bergmassiv empor, Wind und Wetter trotzend, in königlicher Vormachtstellung über die Lande sich erhebend. Unbezwingbar, unerschütterlich schien der Bergriese allen Wandlungen der Zeiten entgegenzuwirken. Die ersten Sonnenstrahlen begrüßten die Zinnen, ließen sie aufflammen wie die Zacken einer goldenen Krone. Mit gellendem Schrei erhob sich ein Steinadler aus seinem Horst im Geklüft der Felswand, elegant zog er seine den Tag begrüßenden Kreise, die wie bei einem spielerischen Zirkelschlag am Blatt Papier eine geheimnisvolle Rosette im Bannkreis des Gipfels entstehen ließen. Vielleicht wusste er, der prächtige Raubvogel, dass sogar die Vormachtstellung eines Jahrmillionen zählenden Gesteins inmitten der Dimension des Sternenhimmels doch auch von begrenzter Dauer war.

„Schau", sagte Jutta und wies mit dem Kopf hin zu dem im Sturzflug herabbrausenden Adler.

„Gewaltig, die Bischofsmütze", staunte Lisa. Andächtig legte sie den Kopf tief in den Nacken und schaute zu den Berggipfeln hoch.

„Ja", antwortete Jutta, stellte ihren rechten Fuß auf einen aus dem Almboden herausragenden Stein, beugte sich nieder und begann, ihren Bergschuh sorgfältig zuzuschnüren. Die beiden Frauen waren am frühen Morgen mit Lisas Auto von Salzburg aufgebrochen und vor wenigen Minuten auf dem Hochplateau angekommen, von dem aus sie zu Fuß weitergehen wollten. Zwei große Rucksäcke lehnten an einem gefällten Baumstamm auf dem Parkplatz. Lisa nahm sich einen leichten Anorak aus dem Rucksack, die herbstliche Morgenluft war hier heroben noch recht kühl, schlüpfte hinein und zog den Reißverschluss hoch. Dann nahm sie Wollsocken aus dem Rucksack, setzte sich auf den Baumstamm, zog sie über die Füße und schlüpfte in die Bergschuhe. Als die beiden sich für den Aufstieg zur Berghütte fertig gemacht hatten, auf der sie für ein verlängertes Wochenende bleiben wollten, verstauten sie, was sie nicht benötigten, im Auto. Lisa schloss es ab und zog sich die Gurte des Rucksackes über die Schultern.

„Los geht's", rief Jutta fröhlich. Sie hatte sich schon sehr auf diese Tage in der freien Natur der Bergwelt gefreut. Sie war es gewesen, die Lisa zu dieser Tour eingeladen hatte.

„Wird dir gut tun", hatte sie gemeint, als sie sich beim letzten Meditationstreffen begegnet waren. „Du wirkst so melancholisch und überarbeitet. Du musst einmal richtig Natur und Leben auftanken!"

„Und Ursula und Günther kennen den Weg?", fragte Lisa.

„Ja natürlich!", antwortete Jutta. „Die Hütte gehört ja Günthers Eltern. Mit ihnen war ich schon oft hier. Du wirst sehen, es wird dir gefallen." Ursula und Günther sollten am nächsten Tag nachkommen, so war es vereinbart. Schweigend begannen sie den Aufstieg. Vom Parkplatz aus führte ein schmaler markierter Weg über den Almboden, der sich bald in Serpentinen über den steilen Almhang zu winden begann.

„Ganz schön schwer, mein Rucksack, und ganz schön steil, der Weg", meinte Lisa, nach Luft ringend, „da wird mir bald die Luft ausgehen. Eine sehr gute Kondition habe ich nicht."

„Nur langsam", antwortete Jutta. „Der Anfang ist das Wichtigste, nur langsam und ohne Reden. Du schaffst das schon."

Mit gleichmäßigen Schritten, nicht allzu weit ausholend, ging Jutta voran. Es dauerte ein wenig, bis Lisa ihren Rhythmus gefunden hatte. Anfangs musste sie konzentriert auf den Boden schauen, um nicht über Steine und Latschen zu stolpern. Später gelang es ihr, ihre Schritte intuitiv und rhythmisch zu setzen. Ihr Blick glitt über das Almgras, die kleinen Blüten, Steine und wunderschönen Almkräuter. Bald hatten sie die Alm mit den Kühen hinter sich gelassen. Die Kuhglocken tönten nur noch ferne, die Sonne wurde wärmer, das Gesteinsgeröll knirschte unter ihren Schritten. Da und dort bedeckten niedrige Föhren und Kräuter den steinigen Boden. Lisa war froh, als Jutta endlich den Rucksack von ihren Schultern gleiten ließ und sich auf einen Stein setzte. Keuchend und schwitzend setzte Lisa sich neben sie. Sie wollte den Anorak ausziehen, doch Jutta sagte: „Mache ihn nur auf! Du schwitzt, aber beim Sitzen wird es bald wieder kühl."

Sie stärkten sich mit heißem Tee aus der Thermoskanne, aßen Äpfel und ein Stück Brot. Lisas Blick glitt andächtig über das Tal. Unter der Baumgrenze über der Schlucht mit dem Wasserfall, die sie auf einer Brücke mit dem Auto überquert hatten, hing immer noch der Nebel wie ein glitzernder Schleier. Es war Anfang September und doch begannen sich die Blätter der vereinzelt zwischen den Fichten und Tannen stehenden Laubbäume bereits gelb und rot zu färben. Ein früher Herbst kündigte sich an.

„Ein prachtvolles Land. Eine wunderbare Heimat haben wir! Stimmt's?" Jutta biss genüsslich in den festen Apfel.

„Schade, dass Florian und Tamara nicht mitkommen konnten. Es hätte ihnen sicher gefallen!" Lisa lehnte sich zurück, hob das Gesicht in die Sonne und schloss die Augen. „Die zwei Verliebten!"

„Florian ist mit ihr wieder nach Malaysia geflogen? Für wie lange?", fragte Jutta.

„Für einen Monat, glaube ich."

„Er und Tamara fehlen dir. Stimmt's? Sie ist auch deine Freundin geworden?"

„Ja, ich mag sie sehr gerne. Sie hat so etwas Sanftes. Wir brauchen nicht viel zu reden. Wir verstehen uns einfach. Ich würde es sehr begrüßen, wenn sie ihr Studium in München beenden würde statt in Berlin. So wäre alles einfacher, auch für Florian."

Lisa richtete sich auf und suchte aus dem Rucksack die Sonnencreme hervor. Sie schraubte sie auf, legte den Verschluss zwischen die Steine und drückte sich die gelbe Creme in die Handfläche. Sorgfältig tupfte sie mit ihren Fingern hinein und verteilte die Creme über das Gesicht und den Hals. Den Rest verrieb sie über den Handrücken und Handgelenken.

„Wenn er nicht da ist, bleibt alle Arbeit auf deinem Schreibtisch. Zuviel für dich!" Nun langte auch Jutta nach der Tube.

„Ja, die Arbeit ist mir oft zu viel. Seit Florian so in Tamara verliebt ist, arbeitet er nicht mehr so viel. Er ist oft in Berlin und alles hängt an mir." Lisa seufzte tief.

„Ja", meinte Jutta und wiegte nachdenklich ihren Kopf, „alles gut und schön. Aber das ist nicht alles. Kann nicht alles sein. Das ist nur das Geistige. Du wirkst oft so deprimiert, Lisa, so leer, trotz deines geschäftlichen Erfolges. Du musst mehr für dich tun. Leben! So richtig!" Juttas Stimme war eindringlich geworden. „Suche dir endlich einen Mann. Einen Liebhaber. Einen temperamentvollen. Du brauchst das!"

Lisa lachte. Sie nahm die Tube, die Jutta ihr reichte, suchte die rote Verschlusskappe zwischen den Steinen am Boden, schraubte die Tube sorgfältig zu und verstaute sie im Rucksack. Dann legte sie sich wieder zurück.

„Ich meine das ernst", betonte Jutta nochmals, „du brauchst das!"

„Du warst die einzige, Jutta, die mich verstanden hat. Nun fängst auch du noch damit an!“ Lisas Stimme wurde vorwurfsvoll.

„Ach, Männer“, nörgelte sie. Es schwang tiefe Trauer in ihrer Stimme. „Solange Männer glauben, eine Erektion ihres Penis sei Beweis für ihre Liebe und ihre Gefühle, wird es viele unglückliche Frauen geben. So einen stehenden Pimmel, den kriegen sie doch beim Anblick des erstbesten Busens oder Po! Egal, welcher Charakter in besagtem Körper wohnt. Nur Sex, Sexobjekt?! Nein danke, das ist mir zuwenig.“

Jutta begann, die Thermoskanne und die Becher wieder in den Rucksack zu räumen. Sie klopfte Lisa nochmals aufmunternd auf die Schultern und sagte:

„Komm, wir erringen den Gipfel!“

Die Sonne brannte nun schon sehr warm auf ihren Rücken. Lisa und Jutta hatten nun doch die Anoraks ausgezogen. Unter ihnen hörten sie Stimmen, eine Gruppe von Bergsteigern kam schnell näher.

„Die sind aber schnell unterwegs“, beobachtete Lisa beeindruckt.

„Ja, die sind geübt“, meinte Jutta und wies auf die Ausrüstung der fünf Bergsteiger hin. Sie hatten Seile geschultert. „Die klettern sicher über die Steilwand! Wir begnügen uns, unter der Steilwand entlang zu gehen.“

„Das heißt, richtig auf den Gipfel kommen wir gar nicht?“ Enttäuschung lag in Lisas Stimme.

„Nein, auf den Felsengipfel kommen wir nicht. Aber du wirst sehen, der Weg unterhalb der Felsen ist sehr schön. Bevor wir zur Alm hinuntersteigen, da gibt es einen kleineren Gipfel, da kommen wir ohne Seil hinauf!“ Veronika lehnte sich an den Hang. Lisa trat einen Schritt zur Seite. Die drei Männer und zwei Frauen grüßten fröhlich und gingen schnell an ihnen vorbei. Der Weg wurde immer steiler. Zuweilen mussten sie die Hände zur Hilfe nehmen, um sich hochzuziehen oder abzustützen. Lisa und auch Jutta schwitzten und stöhnten, doch es machte ihnen großen

Spaß, sich nun wirklich anstrengen zu müssen.

„Das Fitness-Studio ist nichts dagegen! Was?", lachte Jutta. Sie wischte sich den Schweiß von der Stirn. Auch Lisa war mit dem Vorwärtskommen auf dem steilen Weg vollkommen beschäftigt.

„Der Berg verlangt meine volle Aufmerksamkeit. Keine Zeit zum Denken, Träumen oder Plaudern!", erwiderte sie.

„Dazu haben wir noch genug Zeit", Jutta, die wieder vorangegangen war, hatte sich umgedreht und reichte Lisa die Hand, um sie über einen hohen Steinvorsprung hinaufzuziehen. Der Himmel über ihnen war glasklar blau. Nur weit hinten am Horizont bildete sich ein Dunststreifen, der später zu vereinzelten Wolken anwachsen würde. Je höher sie kamen, um so prickelnder wurde die Luft. Auch die Sonne stieg höher, ihr Leuchten wurde stärker, die Schatten wurden kürzer. Die Einsamkeit der steil aufragenden Hochgebirgsgrate wurde spürbar. Der Ruf transzendenter Stimmen hallte als schweigendes Echo von den glatten Felsen wider. Hier, irgendwo, schienen die magischen Grenzen der irdischen Vergänglichkeit und der kosmischen Unendlichkeit sich zu berühren. Ob der Adler diese Grenze überflog? Tauchte er ein in das heilige Wissen um das Alpha und das Omega des Seins? Durchbrach er die unausgesprochenen ewigen geistigen Gesetze des Werdens und der Wandlung? Berührte er mit seinen Schwingen die Mysterien der Alten? Waren seine Federn getränkt mit dem Rat des großen Geistes?

Lisa musste plötzlich stehen bleiben. Gebannt schaute sie auf eine der Felsenzinnen, die in flammendem Sonnenlicht wie ein Spiegel gleißende Strahlen direkt in ihr Gesicht warfen. Sie kniff die Augen zusammen und blinzelnd schaute sie in das flimmernde Licht. Einer Fata Morgana gleich, hatte sie für Sekunden die Vision eines in Ekstase tanzenden Indianerhäuptlings, mit buntem Federkleid, ein von mystischen Trommeln begleitetes Beschwörungsritual singend. Widerhall der nach ewigem Frieden und Einssein mit der unendlichen Weite sich sehnenden menschlichen Seele. Ein Schall, aufgefangen und getragen von den mächtigen Hütern des Lichtes. Zurückgeworfen auf die Erde mit der Kraft der Liebe, die die Herzen erschüttert. In dem Moment erschallte der durchdringende Schrei des Adlers. Lisa zuckte zusammen. Direkt über ihren Köpfen, aus dem scheinbaren Nichts plötzlich aufgetaucht, durchbrachen die Schatten seiner weit gespannten Flügel die Vision. Sein Schreien hallte gespenstisch laut von den Felsen wider. Dort, wo sie stand, setzte Lisa sich einfach nieder. Die Knie hatten plötzlich zu zittern begonnen. Sie wischte sich mit der Hand über das Gesicht. Jutta lächelte geheimnisvoll.

„Tiefer als in gewöhnlicher Meditation ist die Berührung mit der Ewigkeit hier.“ Die beiden Freundinnen blickten einander verstehend in die Augen. Glückliche Funken tanzten darin und wäre Lisa gefragt worden, ob Jutta den Satz wirklich ausgesprochen oder nur gedacht hatte, sie hätte keine Antwort gewusst. Verbundenheit und stilles Verstehen hielt die beiden Frauen mit einem unsichtbaren Band umschlungen.

Sie mühten sich noch eine halbe Stunde lang, dann hatten sie ein herrliches kleines Hochplateau erreicht, über dem der direkte Einstieg in die Felsenwand lag.

„Wunderschön! Der Rundblick! Die Mühe lohnt sich.“ Lisa war begeistert.

„Wir suchen uns hier einen gemütlichen Platz. Wir haben Zeit für eine längere Rast.“ Jutta schaute sich suchend um und deutete auf eine Nische direkt an den Felsen, umgeben von ein paar Föhren. Lisa klaubte die größeren Steine weg, breitete eine Folie aus, legte die Anoraks als weiche Unterlage darüber, während Jutta die Blechdose mit den Jausenbroten öffnete. Brote, belegt mit Käse und Schinken, grüne Paprika, rote Tomaten, kleine knackige Karotten vom Bauernmarkt, geschälte hartgekochte Eier, Äpfel und Bananen. Ein herrliches Picknick auf stolzer Höhe. Hungrig begannen sie zu schmausen. Einige große Ameisen wurden sofort angelockt, frech begnügten sie sich nicht mit den Krümeln, sondern versuchten, den Rand der Blechdose zu bezwingen. Jutta verwehrte den kleinen Räubern das Vergnügen, indem sie den Deckel auf die Dose stülpte. Als der Hunger gestillt war, der Durst mit dem Rest des Tees aus der Kanne gelöscht war, lehnte sich Lisa entspannt zurück. Sie hatte sich noch eine Banane geschält und biss davon ab.

„Wie geht es, Veronika?“, fragte Jutta. „Ich vermisse sie bei unseren Treffen.“

„Oh, gut. Sie hat wirklich alles sehr gut überstanden. Und denk dir, sie bekommt wieder ein Baby, daher kommt sie jetzt nicht.“

„Tatsächlich? Das freut mich aber. Vielleicht wird es ein Mädchen, ein Schwesterchen wäre schön für Dominik!“

„Nein, Dominik wünscht sich einen Bruder“, entgegnete Lisa lachend, „er hat bereits erklärt, dass er mit einer Schwester nichts anzufangen weiß. Er braucht einen Bruder zum Fußballspielen!“

Lisa steckte die Bananenschale in den Plastiksack, der für Abfall bestimmt war, verstaute diesen in einer seitlichen Tasche des Rucksackes und legte sich zurück. Die beiden Freundinnen wurden von der Müdigkeit in einen leichten Schlaf gedrückt. Lisa hatte sich vorsorglich ein Tuch über Kopf und Gesicht gelegt, sie wollte keinen Sonnenbrand riskieren. Die Mittagssonne hier heroben war gefährlich stark. Jutta hatte eine Kappe weit in die Stirn gezogen. Als Lisa erwachte und die Augen zwinkernd öffnete, sah sie direkt in die erschrockenen Augen einer Gemse, die wenige Meter entfernt hinter einem Stein stand. In sprungbereiter Haltung, doch den Blick geradewegs auf Lisa gerichtet, stand das Tier da, mit gesenktem Kopf. Mit einem Ruck wendete die Gemse sich ab und sprang eilig davon. Lisa hörte, wie die Steine flogen durch das harte Aufschlagen der hornigen Läufe am Felsen. Sie streckte sich, stand auf, schlich leise, um Jutta nicht zu wecken, davon. Sie hatte Lust, den ganzen Platz zu erkunden und zu schauen, wo die Gemse hingesprungen war. Das Plateau drehte sich in nordöstlicher Richtung um die Steilwand und lief über einen dicht mit Föhren und Erikastauden bedeckten Hang in den weiter unten liegenden, mit Wald bedeckten Bergrücken aus. Auch von dieser Seite tat sich ein wunderbarer Blick über die Alpen und Wälder auf. Einige Schönwetterwolken zogen nun erstaunlich schnell über das Plateau und hinterließen klar abgegrenzte Schattenfelder. Ein Spiel von gleißendem Licht und kühlen Schatten, ein Spiel zwischen scharfen felsigen Konturen und samtigen weichen Wäldern und Tälern, die verschwommen im Dunst der Niederung versunken lagen.

Lisa musste an ihre Eindrücke auf dem wunderbaren Palmenstrand in Malaysia denken. Tamara hatte sie in eine einsame langgezogene Bucht mit herrlich weißem Sandstrand geführt. Der Blick über das ruhig im ewigen Rhythmus aus- und einlaufende Meer wurde in eine unendliche Weite gezogen. Das war die horizontale Unendlichkeit, dachte Lisa. Hier erlebe ich die vertikale Unendlichkeit. Sie hob ihren Blick, ließ ihn die schroffe Steilwand hinaufgleiten bis zu den Zinnen, die weit in den Himmel ragten, und weiter zu den Sternen, die unsichtbar im Tageslicht, aber doch zugegen, sie einluden. Und ihr war, als täte der azurblaue Schirm des Himmels sich auf, wie die spiegelnde Wasseroberfläche sich auftut, wenn wir hineintauchen. Und tauchte Lisa vor einem Jahr tief in die Geheimnisse des Bergsees ein, so tauchte sie jetzt in die flimmernden Geheimnisse des weiten Äthers ein. Ein Traum, eine Erfahrung der Zeitlosigkeit, Dimensionen ohne Ufer taten sich auf. Ein Licht kam auf sie zu. Es durchströmte sie und nahm sie auf. Lisa konnte nichts anderes denken als „Mein Gott, ist das schön“. Es war ein Moment, der die Ewigkeit berührte. Sie wollte ihn halten, diesen ewigen Moment des Berührtseins. Doch er war ein Hauch, der verging, schnell, sekundenschnell. Plötzlich musste Lisa tief atmen. War ihr Atem stillgestanden? Sie fühlte die Beine in den fest geschnürten Bergschuhen, die Hitze der Sonne auf der Stirn. Wie lange hatte sie hier gestanden? Sekunden, Minuten? Gleichgültig. Lisas Blick wanderte über den Bergboden hinaus in die klare Luft, weit über die anderen Berggipfel und Täler. Das gleiche Land lag vor ihr und doch schien ihr alles anders. Nichts war mehr so, wie es vor wenigen Momenten noch war. Gibt es das? Lisa wagte kaum, einen Gedanken zu fassen, so als könnte mit dem Aufsteigen eines Gedankens die Vollkommenheit und das Einssein wieder getrennt und zersplittert werden. Andachtsvoll legte sie ihre Hände auf die Brust und sprach innerlich leise Worte der unendlichen Allmacht, der Göttlichkeit zum Gruß. Sie ging zurück, setzte sich neben die schlafende Freundin. Sie zog ein dickes blaues Buch aus ihrem Rucksack. Ihr Tagebuch.

Was uns Menschen fehlt, schrieb sie hinein, ist der Mut zu Gott und der Mut zur Liebe. Liebe Gott über alles und deinen Nächsten wie dich selbst, hat Jesus gesagt. Aber UND muss es heißen. Liebe Gott über alles, liebe deinen Nächsten UND dich selbst! Warum nur fehlt den meisten Menschen der Mut zur Liebe und zu Gott? Weil wir nackt sind vor Gott? Weil wir nackt sind in der Liebe? Uns schutzlos fühlen und durchschaut? Warum fliehen wir lieber in den großen Traum der Illusion, statt die Wirklichkeit der eigenen Göttlichkeit zu ergründen? Wir suchen im Außen, laufen tausende Kilometer von Kirche zu Kirche, von Mensch zu Mensch, studieren tausende bedruckte Blätter, vergleichen die Leiber. Jagen Antworten nach, wie die Süchtigen dem Heroin. Warum? Warum nur sind wir so eng, so fixiert auf ein Leben, das berechenbar ist? Messbar auf irgendeiner lächerlichen Skala. Auf Gefühle, die wir kalkulieren können? Auf Gott, von dem wir glauben, ihn beschreiben zu müssen, um ihn in ein Maß unseres Denkens zu zwängen? Wie dumm das ist. Wo bleibt der Sprung? Hinein ins Wagnis der Wahrheit, die in uns ist. Gott, ICH BIN, schrieb Lisa mit großen Buchstaben und wiederholte leise: „Gott, ich bin Christus in mir - jetzt und in alle Ewigkeit. Amen."

Jutta hatte sich aufgesetzt. Neugierig schaute sie der Freundin über die Schulter.

„Was schreibst du?"

Lisa, ein wenig verärgert über die Unterbrechung, klappte das Tagebuch zu, wandte sich dann aber höflich zur Freundin hin.

„Ich schreibe über die Mutlosigkeit. Die Mutlosigkeit zu lieben, tief und echt zu lieben. Und die Mutlosigkeit, Gott zu begegnen. Wir haben Mut zum Paragliden, Mut zum Bungee Jumping. Mut, um mit Hundertachtzig über die Autobahn zu rasen. Aber keinen Mut, um unser Herz, unsere Arme und unsere Beine wirklich aufzumachen. Keinen Mut, einander innig zu berühren. Oberflächlichkeit und konsumorientierte Lust. Banaler Sex und Begierde, das ist alles, was angeboten wird auf dem Markt der Beziehungsmüdigkeit!"

„Klingt trist!", meinte Jutta.

„Aber ist so. Den meisten Menschen fehlt der Mut. Schau dich doch um. Was wirklich gesucht wird, das ist eine Partnerschaft auf dem kalkulierten Boden fadenscheiniger Kompromisse! Abmachungen, die man einfordern kann. Eine stimmige Kosten- und Nutzenrechnung. Das kleine biedere Glück, um nicht zu sagen, das kleine sichere Elend. Alles, was bequem, leicht zu erreichen, überschaubar und kalkulierbar ist, das ist erwünscht. Die geplante Wohnungseinrichtung, das geplante Kind, der geplante Urlaub, die kalkulierbare berufliche Beförderung. Und wenn es zu langweilig wird, der geplante und gut kalkulierte und abgesicherte Seitensprung. Ein Leben auf Kredit mit kalkulierten Zinsen als durchschnittliche Normalverbraucher in Sachen Liebe."

Lisa verpackte das blaue Buch ihrer Gedankenwelt im Rucksack.

„Ich habe geschrieben, liebe Gott über alles! Aber ist nicht der wahre Schlüssel, liebe dich selbst?"

„Das Problem ist, dass wir immer das eine vom anderen trennen, statt dass wir erkennen, es gehört zusammen", erwiderte Jutta. „Die Liebe kann man nicht trennen. Und sie ist erst vollkommen, wenn wir alle drei Aspekte des Satzes von Jesus verwirklicht haben! Davon bin ich überzeugt." Jutta hatte die gewohnte Festigkeit in ihrer Stimme.

„Die einen lieben nur Gott, die anderen lieben nur sich selbst, die dritten opfern sich voller Liebe nur für ihre Nächsten. Meinst du das?" Lisa schaute fragend in Juttas Gesicht.

„Ja! Genau so ist es", bestätigte Jutta.

„Also, Liebe als Weg", antwortete Lisa. „Vom Du zum Ich, vom Ich zu Gott, von Gott zum Du. Ein Spiel mit vielen Variablen. Doch Stichwort Weg! Sollten wir uns nicht auch auf den Weg machen? Wie lange gehen wir noch zur Hütte?"

„Du hast recht. Wir gehen noch ungefähr vier Stunden. Komm, lass uns aufbrechen!" Jutta begann, ihre Sachen zusammenzupacken. Dabei schüttelte sie ganz in Gedanken lächelnd ihren Kopf:

„Und du, Lisa? Kneifst du nicht auch? Denk doch einmal nach!"

Nun musste auch Lisa lachen: „Ja, ich weiß, ich kneife auch!"

Sie hob den Rucksack hoch, ächzend zog sie ihn auf den Rücken. „Aber weißt du, wer nicht kneift?", fragte sie ohne, eine Antwort abzuwarten. „Florian und Tamara. Die flüchten nicht. Die beiden lassen sich wirklich aufeinander ein, auf sich selbst, aufeinander und auch auf Gott. Das spüre ich!"

„Wir werden sehen, ob du wirklich recht hast oder ob es nur so aussieht", antwortete Jutta nüchtern und ging voran. Einem plötzlichen Bedürfnis nachgebend, drehte Lisa sich nochmals um. Mit einem liebevollen Blick verabschiedete sie sich von dem schönen Platz. Als sie und Jutta schweigend weitergingen, fasste Lisa den Entschluss, Mut von diesem Berg zu erbitten. Mut, um Klarheit in ihre Gefühle zu bringen.

„Ich werde den Mut aufbringen, um meine Liebe kämpfen und um meine Wahrheit! Auch wenn ich lange gegen den Strom der genormten Bürgerwelt schwimmen muss!" Es klang wie ein Schwur, entrichtet im Zeugenstand vor einer majestätischen Felsenkrone.

Die Tage in den Bergen hatten Lisa sehr gut getan. Frisch erholt, voller Tatkraft kehrte sie zurück zu ihrer Arbeit. Die Aufträge, die es zu bearbeiten gab, stapelten sich auf ihrem Schreibtisch. Gudrun Meiser, ihre Mitarbeiterin, stand mit einer langen Liste der nötigsten Fragen und Termine vor ihr. Lisa hängte ihre Regenjacke über einen Kleiderhaken, ging zum Fenster und zog die halb heruntergelassenen Jalousien hoch. Das regnerisch trübe Herbstwetter kam mit seinem fahlen milchigen Morgenlicht nicht an gegen die hellen Halogenlampen des modern ausgestatteten Büros. Trotzdem, Lisa mochte die heruntergelassenen Jalousien nicht. Hinter ihnen kam sie sich eingesperrt vor.

„Wir hatten richtig Glück mit dem Wetter, erst gestern fing es zu regnen an", bemerkte sie, mehr zu sich selbst sprechend als zu Gudrun Meiser. Dann setzte sie sich auf ihren Drehsessel vor den Schreibtisch. Sofort grub sich eine ärgerliche Falte in Lisas Stirn. Die Höhe und die Schräge der Lehne waren verstellt worden. Lisas rechte Hand griff nach dem Hebel unter dem Sitz und sie korrigierte die Einstellung.

„Hartwig Rainer hat an ihrem Schreibtisch gearbeitet“, erklärte Gudrun Meiser mit schuldbewusster Stimme. Sie wusste genau, dass Lisa es nicht mochte, wenn jemand anderer aus der Abteilung ihren Platz benutzte. Und ablenkend fügte sie hinzu:

„Möchten Sie eine Tasse Kaffee, bevor wir anfangen, Frau Mosbacher? Ich habe eine ziemlich lange Liste für Sie. Es war mächtig viel los am Freitag, als Sie nicht da waren, und Herr Jordan ist schließlich auch nicht da. Darum meinte Hartwig Rainer auch, es sei einfacher, von hier aus zu arbeiten.“

„Schon gut, Frau Meiser. Lassen Sie uns gleich mit dem Wichtigsten beginnen. Wir machen später eine Kaffeepause.“ Lisa griff nach der Liste. Sie verschaffte sich einen Überblick. Da waren Kunden, die dringend zurückgerufen werden mussten, Auslieferungen, die sich verzögert hatten, Reklamationen, die es zu beheben galt, und vieles mehr. Diktiergerät, Telefon, Fax und Computer und auch Frau Meiser waren einsatzbereit. Lisa war es auch.

„Verbinden Sie mich zuerst mit der Firma Leykam und dann mit den Kunden, die schon am längsten warten. Danach möchte ich die Lagerbestandsliste sehen und drucken Sie mir bitte die Bestellungen der letzten Tage aus.“ Lisas Stimme war sachlich und konzentriert. Arbeit ist Arbeit, pflegte sie zu sagen. Und einen vertrauten Umgangston erlaubte sie den Mitarbeitern nur in den Pausen. Frau Meiser wusste, dass die sachliche Loyalität von Lisa Mosbacher auch ihr Erfolgsgeheimnis war.

Der Vormittag verging wie im Flug. Lisa war mit der Arbeit gut vorangekommen und hatte nun auf eine Kaffeepause eingewilligt. Da sie keine Lust auf das Beantworten der Fragen ihrer Kollegen nach ihrem Urlaub hatte, bat sie Frau Meiser, ihr eine Tasse aus der Kaffeeküche mitzubringen. Sie war froh, als die Bürotür sich hinter ihr schloss. Nachdenklich drehte Lisa die Tasse hin und her. Sie hatte sich vorgenommen, in der Mittagspause Viktor anzurufen. Und obwohl sie sicher war, seine Stimme nur auf dem Anrufbeantworter zu vernehmen, hatte sie doch plötzlich Herzklopfen. Es war so lange her, dass sie miteinander gesprochen hatten. Er hatte ihre Briefe nicht beantwortet. Und was, wenn Ana abhob? Ärgerlich schob Lisa die halbleere Kaffeetasse zurück. Sie griff nach ihrem privaten Adressbuch in ihrer Handtasche. Vielleicht ist er umgezogen, dachte sie, vielleicht war das Telefon bereits abgeschaltet? Sie wählte die altvertraute Nummer in Wien. Es läutete zweimal, dann kam seine Ansage, zuerst in Englisch, dann in Deutsch. Er gab eine Telefonnummer seiner Agentur in Los Angeles an und wies darauf hin, dass Mitteilungen, die auf das Band gesprochen wurden, von ihm regelmäßig abgehört würden. Als Lisa seine Stimme hörte, traten Tränen in ihre Augen. Verärgert über sich selbst, warf sie den Hörer auf die Gabel, stand auf und riss das Fenster auf.

„Du dumme Gans!“, schimpfte sie mit sich selbst, „hast immer noch Herzklopfen wegen einem Mann, der sich nicht um dich schert!“ Sie beugte sich weit aus dem Fenster, atmete die nasskalte Luft in tiefen Zügen ein. Unten im Hof waren Arbeiter in blauen Monturen damit beschäftigt, einen Lastwagen zu entladen. Lisa drehte sich herum, lehnte sich mit dem Rükken gegen das Fensterbrett und ließ ihren Blick durch das Büro gleiten.

„Ich bin geschäftstüchtig, ich verdiene gut, ich bin anerkannt, ich sehe genau so gut aus wie die meisten Frauen. Warum bin ich privat nur so ein Versager?“ Die Möbel gaben keine Antwort. Der Spiegel bei der Garderobe, auf den Lisa nun zuging, zeigte ein Gesicht, das nach Fassung rang, und Augen, die Tränen zu unterdrücken versuchten. Sie ballte ihre Fäuste. Sie fühlte Wut über sich selbst.

„Wo bleibt dein Mut, Lisa?“, fragte sie sich laut. Entschlossen wandte sie sich vom Spiegel ab, schloss das Fenster, kehrte zum Schreibtisch zurück und drückte die Wahlwiederholung des Telefons. Nochmals hörte sie seine Stimme, dann kam das Piepszeichen.

„Grüß dich, Viktor. Da ist Lisa. Lisa Mosbacher. Ich würde mich freuen, wenn du mich zurückrufen würdest. Würde gerne wissen, wie es dir geht." Lisa bemühte sich, die Aufregung in den Griff zu bekommen. Ihre Stimme fibrierte. Als sie bereits auflegen wollte, fiel ihr noch ein, dass Viktor die Nummer des Büros noch nicht hatte, und gab ihm diese bekannt. So, das war geschafft. Nun lag es an ihm, ob er sich meldete oder nicht. Lisa war nun wieder zufrieden mit sich selbst. Sie holte sich ein mitgebrachtes Sandwich aus der Tasche, trank den letzten Schluck von dem bereits kalten Kaffe und begann, an dem mit Schinken, Käse und Salatblättern gefüllten Brötchen zu knabbern. Ein Klopfen an der Tür holte sie aus ihren Gedanken. Hartwig Rainer stand in der Tür.

„Frau Mosbacher, können wir ein paar Details unserer Werbekampagne besprechen? Die Aussendungen für die Detailhändler sind fertig." Hartwig Rainer, einer der jüngsten Mitarbeiter im Unternehmen, strotzte nur so vor Ehrgeiz.

„Aber gerne", antwortete Lisa nun fröhlich, „ich hole mir noch eine Tasse Kaffee, esse mein Brötchen und schon kann es losgehen."

Der Nachmittag verging wie im Flug. Lisa arbeitete sehr konzentriert. Sie konnte eine Position um die andere auf der Liste als erledigt abhaken. Am späten Nachmittag saß sie wieder mit Hartwig Rainer beisammen, um seine letzten Korrekturen und Ausarbeitungen der Aussendung anzusehen.

„Sehr schön, das können wir so machen. Es gefällt mir sehr gut. So kann es in Druck gehen!", erklärte sie gerade, als Gudrun Meiser in die Tür trat. Pünktlich wie immer wollte sie das Büro verlassen, hatte ihren

Mantel bereits angezogen und sagte: „Entschuldigung, Frau Mosbacher. Ich bin soweit. Das Fax an die Wiener Handelsagentur habe ich abgeschickt. Florian Jordan hat ein E-Mail geschickt. Er und Tamara lassen alle grüßen. Ja, und ein Viktor Grohmann hat angerufen, ich sagte, sie möchten nicht gestört werden. Er meldet sich wieder. Also, bis morgen. Guten Abend.“

„Warten Sie, Gudrun!“, rief Lisa etwas verstört. Frau Meiser öffnete widerwillig nochmals die Tür, die sie hinter sich bereits fast geschlossen hatte. „Sie sagten, Viktor Grohmann hat angerufen? Warum haben Sie nicht durchgestellt?“ Lisa wirkte verdutzt. Sie hatte nicht damit gerechnet, dass Viktor so prompt zurückrufen würde.

„Sie wollten doch nicht gestört werden“, meinte die junge Mitarbeiterin missmutig. Sie zappelte von einem Fuß auf den anderen. Sie mochte es nicht, nach Dienstschluss noch aufgehalten zu werden.

„Hat er etwas ausgerichtet?“, drängte es Lisa, um mehr zu erfahren.

„Nein. Er sagte, er meldet sich wieder! Also, ich gehe jetzt!“

„Ja gut. Gute Nacht!“

„Wiedersehen, Fräulein Gudrun. Verbringen Sie einen schönen Abend“, wünschte Hartwig Rainer etwas neckisch. Und mit einem Lächeln zu Lisa fügte er hinzu: „Nach ihr kann man die Uhr stellen!“

„Sie ist eine gute Mitarbeiterin“, verteidigte Lisa ihre Sekretärin, blätterte dabei etwas zerstreut in den Unterlagen. „Nun, wir sind eigentlich auch fertig. Außer Sie haben noch Fragen?“

„Nein, es ist alles klar. Ich mache heute noch alles fertig und bringe die Unterlagen gleich morgen früh in die Druckerei. Ich möchte, dass alles fertig ist, bis Herr Jordan zurück ist.“ Hartwig Rainer stand auf. Er war nicht nur der Jüngste im Team, sondern auch einer der Jüngsten an Jahren, mit Ausnahme der Bürolehrlinge. Lisa musterte ihn interessiert. Jakkett, Rollkragenpullover, kurze Haare, dynamische Bewegungen, eine gerade Haltung.

„Sie sind ein Erfolgstyp, Hartwig! Herr Jordan schätzt Ihren Einsatz sehr und ich auch! Machen Sie nur weiter so."

„Danke, Frau Mosbacher. Es ist super, mit Ihnen zusammenzuarbeiten", konterte der junge Mann charmant. Lisa musste lachen. Sie war aufgestanden und Hartwig Rainer hatte sofort ihre Regenjacke geholt. Es ist nicht mehr zu übersehen, dachte Lisa, dass er mich umschmeichelt. In dem Moment läutete das Telefon auf Lisas Schreibtisch. Frau Meiser hatte pflichtbewusst die Anrufe zu Lisa durchgestellt, bevor sie ging.

„Trading Company. Lisa Mosbacher, Guten Tag!"

„Hallo Lisa! Erreiche ich dich doch noch. Da ist Viktor."

Lisa fühlte einen Ruck durch ihren Körper gehen.

„Viktor! Wie schön, dass du zurückrufst!" Etwas hilflos blickte Lisa zu dem wartenden jungen Mann hin. „Warte ein bisschen, bitte, ich muss mich noch von einem Mitarbeiter verabschieden", sagte sie und senkte den Hörer etwas. Dann reichte sie Hartwig Rainer schnell die Hand: „Bis morgen! Danke! Bitte schließen Sie die Tür!"

Der junge Mann verstand und verließ lautlos das Büro.

„Viktor! Wie gut dich zu hören." Lisa fühlte plötzlich so große Freude in sich. Sie setzte sich, lauschte dem warmen Klang in Viktors Stimme nach.

„Hast du eine ganze Kompanie beschäftigt? Sag, wie geht es dir, Mädl?"

„Gut. Und dir?"

„Nun denk dir, ich bin erst gestern aus den USA zurückgekommen. Und heute rufst du an. Ich habe mich richtig gefreut. Was machst du immer? Wir müssen uns sehen!" Lisa entspannte sich. Viktor klang fröhlich und herzlich. Es war, als wäre keine Zeit vergangen, keine Jahre.

„Erzähle von dir. Wie ist der Film geworden? Musst du wieder nach Amerika?"

„Der Film ist fertig. Er ist gut geworden. Du kannst dir sicher nicht vorstellen, wie aufregend so eine Produktion ist. Voller Schwierigkeiten und Überraschungen. Wenn alles fertig ist, schaut es so einfach aus. Es war eine wunderbare Arbeit. Hat mich voll gefordert und Spaß gemacht! Aber andererseits bin ich auch froh, wieder im guten alten Österreich zu sein. Amerika ist anstrengend."

„Das heißt, du bleibst jetzt hier?" Lisa hatte alles um sich herum vergessen. Da war Viktors Stimme, sie klang so nahe. Zum Greifen nahe.

„Ja, zunächst mal bleibe ich hier. Freilich weiß ich noch nicht, was als Nächstes kommt. Aber sag einmal, was ist mit dir? Bist du in einer neuen Firma? Was ist aus dem Geschäft geworden?", fragte er.

„Habe ich dir doch geschrieben. Hast du meine Briefe nicht bekommen?"

„Ja, danke Lisa, die beiden Briefe liegen immer noch zuoberst in meinem Schreibfach. Ich habe auch ein schlechtes Gewissen. Bin ein schlechter Briefbeantworter. Aber jetzt erzähle von dir! Was ist das für ein Laden, in dem du bist?" Seine Stimme war charmant und drängend.

Gedanken zuckten durch Lisas Kopf. Zwei Briefe! Sie hatte viele Briefe geschrieben. Hatte er sie nicht erhalten? Doch ganz automatisch beantwortete sie seine Frage. Das mit den Briefen konnte sie ja später noch klären.

„Das ist eine Großhandelsgesellschaft für Produkte aus Asien und der dritten Welt. Auch Edelsteine und Souvenirartikel. Wir handeln mit allem Möglichen. Es macht mir Spaß. Ich habe eine gute Position. Ich habe das Florian zu verdanken. Er ist ein guter Freund von mir."

„Da bin ich aber froh, Lisa, dass du einen lieben Freund hast. Allein ist es wirklich nicht lustig. Ich habe auch eine Freundin. Sie kommt in einer Woche nach. Vielleicht könnten wir uns vorher noch sehen? Was machst du am Wochenende? Ich würde dich wirklich gerne sehen."

Lisa hörte Viktors Stimme, doch plötzlich war ihr, als sei er unendlich fern. Eben noch war er so nahe gewesen, zum Angreifen nahe. Doch nun? Sie hielt den Hörer in der Hand, sie war wie versteinert.

„Lisa, hallo. Hallo, bist du noch da?"

„Ja", bestätigte Lisa leise.

„Ich glaube, die Verbindung war gestört", meinte Viktor. Ein Schweigen entstand. Viktor Grohmann stand neben seinem Telefon im Flur der Wiener Wohnung. Er hatte plötzlich ein komisches Gefühl. Warum nur, dachte er, verursacht mir diese Frau immer so ein komisches Gefühl? Irgendwie war es immer wohltuend und doch auch unangenehm mit ihr. Er verstand das nicht. Er hatte sich auch nicht die Mühe gemacht, darüber einmal wirklich nachzudenken. Er ist keinen Schritt weiter gekommen, dachte Lisa. Er denkt nicht nach. Die Enttäuschung saß wie ein großer Klotz in ihrem Hals.

„Hast du Zeit am Wochenende, Lisa?"

„Seit wann hast du eine Freundin? Was ist mit Ana? Seid ihr geschieden?" Lisa hatte sich plötzlich zusammengerissen. Sie wusste, es waren Fragen, die sie ihm stellen musste.

„Ach Ana, du weißt doch, wie sie ist. Nein, geschieden sind wir noch nicht. Aber es wird einmal sein müssen. Wir sehen uns kaum noch und wenn, dann zwischen Tür und Angel." Ärger war in seiner Stimme hörbar.

„Und die neue Freundin? Bist du sehr verliebt? Bist du glücklich?" Lisa erschien der Klang der eigenen Stimme fremd.

„Anabell ? Ja, sie ist nett. Weißt du, sie ist auch Schauspielerin, so kleine Rollen halt. Das ist praktisch. Sie hat Zeit, mit mir herumzureisen. Sie ist nur so eifersüchtig. Drum wäre es besser, wir könnten uns sehen, bevor sie kommt, Lisa."

In Lisas Kopf begann sich alles zu drehen. Das ist praktisch. Sie hat Zeit. Bevor sie kommt.

„Viktor!" Der Schrei ihres Herzens kam nur als zarter Hauch über ihre Lippen. Etwas wie Entsetzen legte sich um ihre Brust, schnürte ihr den Atem ab. Viktor, der Mann, dessen Liebe sie immer gespürt hatte. Hatte er zwei Gesichter? Eines so oberflächlich! So egoistisch! Fühlte er ihre Liebe nicht? Fühlte er seine eigene Liebe nicht? Hatte er nicht verstanden, dass sie gewartet hatte. Gewartet, damit er in Würde seine Ehe auflösen kann! Doch was tut er? Was denkt er? Er wollte sich mit ihr treffen, hinter dem Rücken der neuen Freundin? Das gleiche Muster. Wie demütigend für Lisa. Wie demütigend! Wie banal, wie öd er doch ist!

„Ich habe keine Zeit, Viktor." Lisa presste die Worte hervor.

„Schade, Lisa. Ich hätte dich gerne gesehen. Also dann, bis ein andermal! Ja? Mach's gut." Viktor Grohmann wollte nichts anderes mehr, als dieses komische Gefühl loswerden. Da war etwas an Lisas Stimme, davon wurde ihm mulmig. Trotzdem hielt er den Hörer noch schweigend in der Hand und horchte hinein. Horchte hinein in eine Stille, die er nicht verstand. Langsam legte er den Hörer auf die Gabel. Verlegen strich er sich mit der Hand über das Haar. Dieses komische Gefühl. Dabei hatte er sich doch so sehr gefreut, Lisa wieder zu hören. Schnell ging er ins Wohnzimmer, öffnete den Schrank, nahm ein Glas und die Weinbrandflasche heraus und schenkte sich ein. Er kippte den Weinbrand hinunter und schaute sich gedankenverloren in der Wohnung um. Die Koffer, die nicht ausgepackt am Boden standen. Anas Bilder an der Wand. Verstaubte Regale, vollgestopft mit Büchern und Zeitschriften von Ana. Er öffnete den Kleiderschrank, Kleider, Hüte, Schuhe von Ana. Wütend warf er die Schranktür zu. Griff erneut nach der Weinbrandflasche und schenkte sich nach. Das Telefon klingelte. Seine Schwester war am Apparat.

„Ach Ludmilla, gut, dass du anrufst", sagte er erleichtert. Seine ältere Schwester, sie wusste immer, was zu tun war. Sie hatte in seiner Abwesenheit alles erledigt.

„Nun, hast du dich schon eingelebt? Wie geht es dir in der Heimat?", klang die resolute Stimme an sein Ohr.

„Hier ist noch ein furchtbares Chaos. Sag, hast du Ana nicht gesagt, sie soll ihre Sachen mitnehmen, wenn sie auszieht? Ihre Kleider und all ihr Krimskrams sind noch da!", polterte er ärgerlich ins Telefon.

„Sie lässt dir ausrichten, du kannst alles wegwerfen. Sie wollte nur das Nötigste mitnehmen. Viktor, hör zu. Das Gas habe ich wieder angemeldet für dich. Es müsste schon eingeschaltet sein, damit du warmes Wasser hast, und die Etagenheizung wirst du bei dem Regenwetter auch bald brauchen. Den Strom hatten wir nicht abgemeldet. Deine Blumen bringe ich dir dieser Tage und auch die restliche Post. Wann kommt Anabell ? Ich bin neugierig auf sie. Auf den Fotos schaut sie hübsch aus."

„Hast du mir nicht alle Post nachgeschickt?" Viktor hatte im Gespräch mit Lisa den Eindruck gewonnen, dass sie mehr als zwei Briefe geschrieben hatte. Der Gedanke ließ ihn nun nicht los. Er hätte gerne mehr Briefe von ihr bekommen. Er hatte gedacht, sie sei doch beleidigt.

„Nein, wo denkst du hin. Ich habe natürlich aussortiert. Die vielen Werbezuschriften, unnötige Behördensachen und was weiß ich, was da alles Unnützes gekommen ist. Ja, und Briefe von dieser Wäscheverkäuferin. Die habe ich dir natürlich nicht nachgeschickt. Ich sagte dir ja, das ist keine Partie für dich. Ich habe alle Briefe weggeworfen. Anabell braucht das doch nicht zu wissen. Also, wann kommt sie?" Der Wortschwall seiner Schwester drang an Viktors Ohr. Sofort fühlte er wieder einen mulmigen, drückenden Schmerz in der Magengegend.

„Vielleicht solltest du mir doch alle Post aushändigen." Er rang nach Festigkeit in seiner Stimme. Doch er kannte Ludmilla, wenn ihr etwas nicht passte, hatte er keine Chance.

„Also, hör mal. Du musst endlich erwachsen werden. Mache einen ordentlichen Neuanfang. Lass alles Alte endlich hinter dir! So eine Wäscheverkäuferin, das ist doch nichts. Anabell , das passt." Die Stimme seiner Schwester ließ keinen Zweifel aufkommen. „Wann kommt sie? Ihr kommt natürlich sofort zum Abendessen zu mir."

„Sie kommt am Freitag. Hör mal, Schwesterchen, kannst du mir nicht helfen, die Wohnung ein wenig hinzukriegen? Du weißt schon, Anas Sachen und Anabell ist da sehr empfindlich." Er wusste, welchen Ton er anschlagen musste, um ihre Hilfe zu bekommen. Von klein an hatte sie, die Ältere, ihn bemuttert. Es gelang ihm sogleich, ihre Beschützerinstinkte zu wecken.

„Also gut", sagte sie prompt, „ich komme morgen mit meiner Reinemachefrau hinüber. Wir bringen das in Ordnung."

„Wenn ich dich nicht hätte, Schwesterherz! Ich werde morgen im Theater sein. Aber das stört euch nicht, ich stehe ja sowieso nur im Weg herum." Es war einfach praktisch, eine fürsorgliche Schwester zu haben. Praktisch und bequem. Die beiden wechselten noch einige Worte. Viktor hängte ein. Für einige Sekunden lang blieb seine Hand am Telefonhörer liegen. Lisa. Sie hatte ihm mehrere Briefe geschrieben. Vielleicht sollte er sie doch noch einmal anrufen? Nein, was sollte das bringen. Er hatte Anabell das Flugticket geschenkt. Einen glatten Neuanfang. Unbelastet. Natürlich, seine Schwester hatte recht, wie immer. Außerdem hat Lisa gesagt, sie hat einen Freund. Also, was soll's.

Am anderen Ende der Leitung horchte auch Lisa in die Stille hinein. Dann kam das Besetztzeichen, gleichmäßig und monoton. Eine unendliche Leere nahm von ihr Besitz. Eine Leere, die sie lähmte. Alles war hinter einer Wand abgeschnitten, alles Leben war zurückgewichen. Vor der Wand war nur Leere. In sich zusammengesunken saß Lisa da. Sie konnte nicht richtig nachdenken. Sie konnte nicht fühlen. Da war kein Schmerz, keine Trauer, keine Wut. Nur diese Leere. Die Regenjacke war ihr halb von der Schulter gerutscht, ihr Blick lag noch immer am Telefon. Als Lisa endlich aufstand, wusste sie nicht, wie lange sie da gesessen hatte. Ganz langsam richtete sie sich auf. Die Leere hatte von ihrem ganzen Wesen Besitz ergriffen. Plötzlich fühlte sie sich alt. Uralt. Der Schwung, mit dem sie ins Büro gekommen war, die Konzentration, mit der sie gearbeitet hatte. Alles war wie weggeblasen. Langsam und mühsam, Schritt für Schritt ging Lisa durch die leeren Büroräume. Es fiel ihr schwer, die Hand zu heben, um am Lichtschalter die Lichter auszuknipsen. Es fiel ihr schwer, die Tür abzusperren. Sie fühlte sich zu müde, um mit dem Auto heimzufahren. Apathisch ging sie auf der Straße dahin. Die feuchtkalte Luft tat ihr wohl im Gesicht. Das war das Einzige, was sie bewusst wahrnehmen konnte. Zwei Straßenecken weiter war ein Taxistand. Lisa stieg in einen Wagen und nannte ihre Adresse.

Der nächste Morgen war noch immer wolkenverhangen. Nebel und Schnürlregen tauchten Salzburg und seine Umgebung in fahles Licht. Die Autos hatten alle die Scheinwerfer eingeschaltet. Die morgendliche Rushhour brachte dichten Verkehr. Hohe Wasserfontänen spritzten von den Autos auf die Gehsteige. Manche Fußgänger brachten sich ärgerlich in Hauseinfahrten in Sicherheit. Das wäre ein Wetter zum Schlafen und Träumen, dachte Frau Meiser. Stattdessen drängen sich alle nervös und ärgerlich auf der Straße, um rechtzeitig in ihre Büros zu kommen. So eine Hektik. Wahrscheinlich, weil so mancher ebenso wie sie den Morgen vertrödelt hatte und nun spät dran war. Sie lenkte ihren kleinen Wagen geschickt, schlängelte auf der rechten und linken Fahrspur hin und her, um schneller voranzukommen. Die Scheibenwischer mühten sich, den Regen wegzuwischen. An der nächsten Ampel kamen alle Autos zum Stehen. Als die Ampel auf Grün schaltete, war immer noch kein Weiterkommen. Frau Meiser steckte im Stau fest. Ärgerlich blickte sie auf die Uhr. Sie würde zu spät kommen. Das war ihr sehr unangenehm. Frau Mosbacher würde zwar keinen Ton sagen, das wusste sie, aber ihr amüsierter Blick würde doch Bände sprechen. Gudrun Meiser versuchte, auf die andere Fahrspur auszuweichen, doch es brachte sie auch nicht schneller weiter. Als sie in den Hof des Firmengeländes einbog, hatte sie zehn Minuten Verspätung. Frau Mosbachers Auto stand auf dem Parkplatz. Die stille Hoffnung, dass auch sie noch im Stau steckte und nach ihr kommen würde, hatte sich also nicht erfüllt. Hastig nahm Gudrun Meiser ihre Tasche und eine Tüte mit Obst aus dem Auto, schloss es ab und eilte zur Haustür. Im Stiegenhaus prallte sie beinahe mit Hartwig Rainer zusammen, der sich gebückt hatte, um seine Schuhbänder besser zu schnüren.

„Pardon! Guten Morgen!“, beeilte sie sich zu sagen.

„Guten Morgen, Fräulein Meiser. Oh, geht meine Uhr heute zehn Minuten vor?“, neckte sie der Kollege.

„Ersparen Sie sich Ihre Bemerkungen“, zischte Gudrun und eilte die Treppe hinauf. Mit einer Entschuldigung auf den Lippen betrat sie Lisas Büro. Verdutzt blieb sie stehen. Frau Mosbacher war noch nicht da. Frau Meiser machte sich an ihre Arbeit. Lisa Mosbacher war vielleicht in die Lagerhalle gegangen. Welch ein Glück. Erst spät am Vormittag kam Frau Meiser die Abwesenheit Lisas komisch vor. Sie hatte sich im Haus erkundigt. Keiner hatte sie am Morgen gesehen. Das Auto war bereits dagestanden, als die ersten Arbeiter kamen, hatten ihr diese erklärt. Zweimal bereits hatte sie bei Lisa in der Wohnung angerufen. Keiner ging ans Telefon. Sie beriet sich mit Hartwig Rainer. Schließlich hatte er Lisa zuletzt gesehen.

„Sie hatte noch einen Anruf. Privat, glaube ich. Ich bin gegangen", sagte er und fügte hinzu: „Sie wird schon kommen. Vielleicht hat sie noch eine Besorgung zu machen."

„Das ist nicht ihre Art!", meinte Frau Meiser bestimmt. „Sie sagt mir immer Bescheid, wenn sie etwas vor hat und nicht kommt. Und das Auto am Parkplatz?"

„Ja, das ist komisch", gab Hartwig Rainer zu. „Können Sie nicht eine Freundin anrufen? Diese Jutta oder wie sie heißt."

„Nein, ich werde Veronika Schönborn anrufen. Nein, die heißt ja jetzt anders, hat ja geheiratet! Na jedenfalls, die werde ich ausfindig machen und anrufen!" Gesagt, getan, Frau Meiser informierte Veronika, erzählte von dem Telefonat Lisas mit Viktor Grohmann. Veronika war sofort klar, dass da etwas mit Lisa nicht stimmte. Kurz entschlossen fuhr sie zu ihrer Wohnung. Sie hatte einen zweiten Schlüssel, sie versorgte die Blumen, wenn Lisa verreist war, doch zu ihrem Bedauern stellte sie fest, dass der Schlüssel von innen steckte. Lisa musste zu Hause sein. Sie läutete Sturm, klopfte und läutete. Nichts rührte sich. Schließlich holte sie den Hausmeister zu Hilfe. Er brachte seinen Werkzeugkoffer mit. Es gelang ihm, den innen steckenden Schlüssel aus dem Schloss zu schieben, Veronika konnte endlich die Tür aufschließen. Sie eilte sofort in Lisas Schlafzimmer. Veronika hatte das Schlimmste befürchtet. Zu ihrer Erleichterung stellte sie fest, dass Lisa lebte. Apathisch, fahl und verschwitzt lag sie im Bett. Veronika legte ihr die Hand auf die Stirn. Diese war glühend heiß. Sie hatte hohes Fieber.

„Wir brauchen einen Arzt!“, rief sie verzweifelt.

„Ich hole einen“, sagte der Hausmeister, „Sie dürfen sich nicht so sehr aufregen. In Ihrem Zustand!“, fügte er hinzu und schaute auf die Rundung, die sich bei Veronika bereits deutlich abzeichnete. Es war nicht mehr zu übersehen, dass sie schwanger war.

Der herbeigerufene Arzt meinte, es sei besser, Lisa in ein Krankenhaus zu bringen. Hier war ja niemand, der sich um sie kümmern konnte. Für Lisa kamen und gingen die Bilder wie hinter einem Schleier. Verschwommen nahm sie Veronika war, verschwommen die Krankenschwester. Die Bilder der Realität vermischten sich mit Bildern ihrer Erinnerung. Die Bilder ihrer Erinnerung vermischten sich mit traumhaften Bildern von Ereignissen, die fern und fremd und zuweilen doch zum Greifen nahe waren.

„Lisa, Lisa! Wach auf. Ich bin es. Tamara.“ Lisa Mosbacher öffnete ihre Augen. Das Licht war grell. Sonnenstrahlen fluteten durch das kleine Krankenzimmer. Sie musste die Augen zusammenkneifen. Langsam nahm die zierliche Gestalt Tamaras konkrete Formen an.

„Wo bin ich?“, fragte Lisa leise, erinnerte sich dann aber an das Kommen und Gehen der Schwestern und Ärzte.

„Im Krankenhaus, Lisa. Was ist passiert mit dir? Wir wissen es nicht.“ Tamaras Stimme klang sehr besorgt. Lisa richtete sich ein wenig auf und sah Florian am Fußende des Bettes stehen. Er lächelte ihr zu, versuchte mit seinen Händen ihre Füße unter der Bettdecke zu greifen. Er drückte ihre Zehen zum Gruß.

„Wieso seid ihr hier? Ihr wahrt doch in Malaysia?“, fragte Lisa etwas verwirrt. Tamara und Florian seufzten erleichtert. Gott sei Dank, Lisa konnte sich also erinnern.

„Veronika hat uns angerufen. Sie hat sich so große Sorgen um dich gemacht. Wir haben sofort versucht, einen Flug nach München zu bekommen. Nun sind wir direkt zu dir hergefahren." Tamara tätschelte sanft Lisas Hand.

„Was du für Sachen machst", meinte nun auch Florian und drückte noch einmal zärtlich ihre Zehen. Er hatte Tamara von der Rückerinnerung erzählt. Nachdem Veronika sie informiert hatte, hatte er gewusst, dass da eine alte Krankheit nochmals aufgetaucht war. Unbewältigte Spuren aus dem anderen Leben, da war er sich sicher.

„Nervenfieber?", hatte er die behandelnde Ärztin vorhin gefragt.

„Ja, so kann man es auch nennen", hatte diese geantwortet. „Aber Frau Mosbacher ist auf dem Weg der Besserung. Es ist gut, wenn sie Besuch bekommt."

„Wilhelm lässt dich herzlich grüßen, ja die ganze Familie", erzählte Tamara, „alle wünschen dir gute Besserung."

Lisa blickte in das Gesicht Tamaras. Sie war froh, sie zu sehen. Tamara strahlte so liebevolles Verständnis aus. Dann glitt ihr Blick durch das ganze Zimmer. Neben ihrem Bett stand ein weiteres Bett, es war leer.

„Deine Bettnachbarin ist zu einer Untersuchung gebracht worden", erklärte Florian, der Lisas forschenden Blick wahrgenommen hatte.

„Was habe ich überhaupt. Ich hatte so viele Träume, so viele Bilder. Ich war schrecklich müde und schwach. Wie komme ich eigentlich hierher?", fragte Lisa und bemerkte, dass sie immer noch sehr schwach war. Das Sprechen strengte sie an.

„Du brauchst auch noch sehr viel Ruhe, Lisa", antwortete Tamara. Sie reichte ihr einen Becher mit Tee, half ihr, sich ein wenig aufzurichten und flößte ihr den Tee ein. Dann begann Tamara zu erzählen, wie Veronika die Tür mit dem Hausmeister aufgebrochen hatte und wie sie hierher kam. Lisas volle Erinnerung kam zurück. Viktor! Das Telefonat. Erschöpft legte sie sich ins Kissen zurück.

„Ich kann mich selbst nicht verstehen, Tamara“, flüsterte sie leise.

„Aber ich kann dich verstehen“, sagte Florian. Trat nun näher ans Bett und legte seine Hand kameradschaftlich auf ihre Schulter. „Du musst jetzt noch schlafen, Lisa. Aber wir kommen morgen wieder. Dann reden wir über alles. Glaube mir, ich kann es verstehen.“

In den nächsten Tagen erholte Lisa sich schnell. Schon bald konnte sie das Bett verlassen, am Gang auf und ab gehen. Konnte sich von Kaffeeautomaten Kaffee holen, Besucher in der kleinen Halle empfangen, wo es gemütliche Sessel gab. Ihr Schwächeanfall war ihr selbst nicht verständlich. Veronika, die sie mit Rainer und Dominik auch besuchen kam, bemühte sich, ihren Ärger über Viktor nicht hochkommen zu lassen. Verborgen blieb es Lisa aber nicht. Sie wusste, dass ihre Freunde sich über ihre Situation beraten hatten. So war es für sie nicht überraschend, dass schließlich Tamara sie auf Viktor ansprach. Es war Veronikas Vorschlag gewesen, dass Tamara und Florian das übernehmen sollten.

„Ich bin zu wütend auf den Kerl“, hatte sie gesagt, „und das hilft Lisa nun sicher nicht.“

„Lisa, du hast an jenem Abend doch mit Viktor telefoniert? Stimmt’s? Was ist da geschehen? Magst du darüber sprechen?“ Es war Tamaras geduldigem Feingespür zu verdanken, dass Lisa schließlich, zögernd aber doch, zu sprechen begann. Während Lisa erzählte, hielt Tamara liebevoll ihre Hand. Florian verwies immer wieder auf die Parallelen aus jenem anderen Leben, wo Lisa in der Klinik gestorben war.

„Dr. Berchthold sagt, die alten unerledigten Muster kommen immer wieder, so lange, bis sie wirklich von uns bewältigt werden und ausgeheilt sind. Das ist deine Chance, Lisa, ganz gesund zu werden. Es ist deine

Chance, diese Beziehung zu dem Mann zu klären. Du kannst nicht davonlaufen. Er auch nicht. Es holt euch immer wieder ein."

„Wenn uns jemand zuhört!", entgegnete Lisa. „Andere Leben, alte Muster."

„In unserer Kultur ist das nichts Fremdes!", warf Tamara sofort ein. „Du solltest einmal meiner Mutter zuhören. Sie kommt aus einer sehr alten Kultur, sie ist eine Senoi, eine Mah Meri. Sie und ihre Vorfahren wissen sehr viel. Mutter hat es erlernt, in die Traumzeit zu gehen!"

„Was ist das, die Traumzeit?", fragte Lisa neugierig.

„Na, mit dem Bewusstsein in die Traumzeit zu gehen, heißt, in die Vergangenheit oder die Zukunft zu schauen. Und es kann auch heißen, verborgene Zusammenhänge zu ergründen. Ihr nennt das eben Rückführung oder Reinkarnationstherapie. Meine Mutter nennt es Arbeit an der Traumzeit."

„Spannend", flüsterte Lisa.

„Ja", meinte Tamara, „du und Mutter, ihr würdet euch sehr gut verstehen."

„Vielleicht bist du von deinem Ursprung her auch eine vom alten Stamm?", gab Florian zu bedenken. „Ich bin ziemlich sicher, du hast schon einmal in Malaysia gelebt."

„Mag sein", erwiderte Lisa nachdenklich. Eine Schwester kam, grüßte freundlich und informierte Lisa, dass sie das Tablett mit dem Abendessen in das Zimmer gestellt hatte.

„Es gibt eine kalte Platte", meinte sie. „Sie können sich noch Zeit lassen mit Ihren Freunden."

Lisa bedankte sich. Übermorgen, hatte ihr der Arzt versichert, könnte sie das Krankenhaus wieder verlassen.

„Lisa, du musst wieder nach Malaysia kommen", drängte Tamara.

„Ja", sagte Florian sofort. Seine Stimme wurde fröhlich, „wir wollen auch ein Geheimnis mit dir teilen. Wir heiraten im Frühling. Das wissen bis jetzt nur wir und Tamaras Eltern."

„Ja", sagte Tamara begeistert, „wir heiraten natürlich in Georgetown nach altem Brauch: König und Königin für einen Tag und eine Nacht. Und du kommst mit!" Zärtlich blickten Florian und Tamara sich an. Lisa senkte ihren Blick. Sie wollte nicht, dass ihre Freunde die aufsteigenden Tränen in ihren Augen sahen. Ein starker Schmerz legte sich um ihr Herz. Tapfer schluckte sie ihn hinunter. Sie spürte, wie glücklich die beiden waren. Sie wollte ihre Freude nicht trüben.

„Ich freue mich sehr für euch!", flüsterte sie leise.

„Und du kommst, ja?"

„Nein", entgegnete Lisa, „ich wünsche euch wirklich alles Gute. Ich glaube, ich kann nicht kommen. Nicht nach Malaysia, nicht zu eurer Hochzeit." Und nun konnte sie die Tränen doch nicht zurückhalten. Betroffen und enttäuscht schauten Florian und Tamara sich an. Für einen Moment schämten sie sich fast, so glücklich zu sein. Lisa spürte das, es tat ihr unendlich leid.

Ein Glockenschlag ertönte. Er lud die Patienten des Krankenhauses zum Abendgebet in die kleine Kapelle im Erdgeschoss. Die Tagesschwestern und Pfleger beendeten ihren Dienst. Auf den Korridoren spazierten noch einzelne Patienten auf und ab. Da und dort war das Klappern der Straßenschuhe von späten Besuchern zu hören. Die Nachtschwester, die eben ihren Dienst antrat, begann, die Medikamente für die Nacht aufzuteilen. Die drei Freunde schwiegen, dann blickte Florian auf die Uhr und mahnte Tamara, dass es Zeit war aufzubrechen.

An jenem Abend lag Lisa lange wach. Unruhige Gedanken gingen ihr durch den Kopf. Sie warf sich im Bett hin und her. Es gelang ihr nicht,

Klarheit und Sicherheit in ihr Denken und Fühlen zu bringen. Das Nachthemd klebte auf ihrer Haut. Der Drang zu fliehen erwies sich als trügerisch, denn sie wusste, sich selbst kann man nicht entkommen. Es war etwas in Lisa, das sich anfühlte wie eine Haut, die sie gerne abgestreift hätte. Aber es war in ihr, ließ sich nicht abstreifen.

Zum Kotzen, dachte sie, tastete auf dem Nachttisch nach dem Glas mit kaltem Tee. Schal schmeckte er. Sie setzte sich auf und ließ die nackten Beine vom hohen Krankenbett baumeln. Die Bettnachbarin an der Türseite schnarchte. Ekelig, dachte Lisa. Ein Blick aus den Scheiben der großen Fenster, an denen es keine Vorhänge gab, zog die Nacht noch näher ins Zimmer. Der Schein der Straßenlampen erreichte den zehnten Stock nicht. Vom Mond war keine Spur zu sehen, von den Sternen auch nicht. Die Nachtschwester hatte leise die Tür geöffnet.

„Können Sie nicht schlafen? Möchten Sie eine Schlaftablette?"

„Nein", antwortete Lisa ärgerlich. Hatte diese Kultur nichts anderes anzubieten als Tabletten? Sie wäre jetzt gerne aufgestanden, um sich einen guten Film anzusehen. Einen Film, der die Gedanken erlöst vom eigenen Ich. Mein eigener Lebensfilm ist schlecht, dachte sie. Langweilig! Dunkel erinnerte sie sich an Farben, mit denen ihre Fantasie gespielt hatte. Damals, als sie noch an ihre Träume geglaubt hatte. Ein Gebet fiel ihr ein. Sie hatte es in einer kleinen Waldkapelle entdeckt. Es war mit Kreuzstichen auf die Altardecke gestickt gewesen.

O Herr, mein Gott,
trete ein in mich und erfülle mich mit deiner unendlichen Liebe,
und gib mir die Kraft und Verständnis,
um zu ertragen die Qualen des irdischen Lebens.

„O Herr!", murmelte Lisa. Sie schüttelte den Kopf. „O Frau", sollte es heißen. Sorgte Gott doch offensichtlich für männliche Halbherzigkeit und Oberflächlichkeit. Doch, „O Frau, mein Gott“. Nein, es klang komisch. Dann schon lieber ein „Gegrüßet seist du Maria“, dachte Lisa und grub den Kopf tief in das Kissen und indem sie zur Muttergottes betete, durchströmte sie plötzlich eine tiefe innere Gewissheit. Sie fühlte die Große Göttin, den Strahl der Urmutter, die Gnade und die heilende Barmherzigkeit. Plötzlich wusste sie, dass alles gut war, so wie es war, denn alles hatte seinen Sinn und eines Tages würde sie diesen Sinn hinter allem Geschehen verstehen. Eine tiefe Seelenruhe legte sich über sie und nahm sie auf.

Die nächsten Monate wurden schwierig für Lisa. Sie stürzte sich in ihre Arbeit. Und da sie von sich selbst viel verlangte, verlangte sie auch viel von ihren Mitarbeitern. War sie früher gelassen und loyal gewesen, so war sie nun unerbittlich streng. Florian versuchte, ihre Strenge auszugleichen.

„Du darfst nicht so viel verlangen“, bemängelte er immer öfter. „Ein Team ist nur gut, wenn alle gut motiviert sind. Doch du motivierst die Mitarbeiter nicht mehr, du überforderst sie!“

„Ach was“, konterte Lisa, „sie sollen sich anstrengen. Wir haben hohe Zuwachsraten, alle verdienen mehr Provision! Arbeit ist Arbeit!“ Es stimmte, die Umsätze wuchsen wunderbar. Die Handelsgesellschaft machte ansehnliche Gewinne. Zwischen Florian und Lisa wurde die Geschäftspartnerschaft aber immer gespannter. Nur Hartwig Rainer zog voll mit Lisa mit. Er war so ehrgeizig, er rechnete mit ihrer Protektion. Alle anderen, besonders Frau Meiser, litten unter dem gespannten Arbeitsklima. Lisa hatte sich auch privat sehr zurückgezogen. Nur noch selten sah sie Veronika und Rainer, kam nicht einmal zur Taufe der kleinen Tochter. Auch Jutta wich sie aus. Einzig mit Tamara verstand sie sich wunderbar. Die beiden waren unzertrennliche Freundinnen geworden. Tamara hatte sich nun in München auf der Universität eingeschrieben. Mal fuhr Florian zu ihr nach München, wo sie in einer Wohngemeinschaft ein Zimmer hatte, doch öfter noch kam Tamara nach Salzburg. War Florian unterwegs, schlief sie bei Lisa in der Wohnung. Zuweilen wurde sogar Florian etwas eifersüchtig, telefonierten die beiden doch jeden Abend oft eine Stunde lang miteinander.

Die Hochzeit von Tamara und Florian rückte immer näher. Die beiden beschlossen, eine größere Wohnung gleich nach der Hochzeit zu beziehen. Es war natürlich Lisa, die tatkräftig half. Zusammen bummelten sie durch die Stadt, besuchten Möbelgeschäfte, kauften Vorhänge und Karniesen. Studierten Sanitärkataloge für ein neues Badezimmer, suchten Fliesen aus, kauften Geschirr und Küchenutensilien. Die Begeisterung der beiden Freundinnen kannte keine Grenzen. Florian war froh über Lisas Einsatz, ersparte er sich doch viel lästige Arbeit dadurch. Die Monate vergingen und schließlich war der Tag der Abreise da. Lisa brachte die beiden mit ihrem Auto nach München zum Flughafen. Sie hatten einen Direktflug nach Kuala Lumpur bekommen.

„Und du kommst wirklich nicht mit?", hatte Tamara traurig nochmals am Vortag gefragt, als Lisa ihr half, den Koffer zu packen. Über Lisas Gesicht war ein Schatten gehuscht.

„Nein, Tamara. Es geht nicht", hatte Lisa ebenso traurig geantwortet.

„Sie hat diesen Viktor noch immer nicht vergessen", hatte Tamara später im Bett zu Florian gesagt und sich eng an ihn geschmiegt. „Es macht mich traurig. Wir sind so glücklich, du und ich. Und sie ist immer noch allein."

Florian hatte Tamara fest an sich gedrückt: „Wir können ihr da nicht helfen, Tamara. Sie muss selbst entscheiden, wann sie sich für einen anderen Mann aufmachen will."

„Ich hoffe, sie bekommt einen wie dich", überlegte Tamara. Bereitwillig gab sie dem Druck von Florians Händen nach, die zärtlich über ihren Rücken zwischen ihre Schenkel wanderten.

„Du hast wunderbare Hände", flüsterte sie zärtlich, „und sie tun genau das, was mir so gut tut."

„Ach wirklich, Frau Jordan?", flüsterte Florian ihr zärtlich ins Ohr und beobachtete alle Regungen, die seine streichelnden Hände in Tamaras Körper auslösten.

Tamara musste nun auf der Fahrt nach München an den gestrigen Abend denken. Sie hatte auf dem Rücksitz Platz genommen. Florian saß vor ihr auf dem Beifahrersitz neben Lisa. Sie beugte sich vor, schlang ihre Arme um Florians Hals.

„Na, ihr Verliebten, wird wirklich Zeit, dass ihr heiratet“, bemerkte Lisa belustigt. In dem Moment scherte vor ihnen ein Auto aus und Lisa musste scharf abbremsen. Der Wagen geriet ins Schleudern.

„Pass auf!“, schrie Florian auf. Tamara fiel mit einem Ruck zurück in den Sitz. Auch Lisa war sehr erschrocken, hatte das Auto aber gut in der Hand. Es war nichts passiert. Im Rückspiegel sah Lisa, dass Kartons auf der Autobahn lagen. Der Fahrer des anderen Autos war sicher erschrokken ausgewichen. Einige hundert Meter weiter stand auf dem Pannenstreifen ein Auto mit einem Anhänger. Von diesem hatte sich wohl die Fracht gelöst. Der Fahrer rannte neben der Fahrbahn zurück.

„Hoffentlich versucht er nicht, die Kartons einzusammeln mitten auf der so stark befahrenen Autobahn“, sagte Lisa mit einem Seufzer.

„Mein Gott, ich dachte, da liegt ein Mensch!“ Tamara war ganz blass geworden. Instinktiv fuhr Lisa langsamer weiter. Es war kurz nach neun Uhr vormittags, der Flug ging um dreizehn Uhr dreißig. Sie hatten also Zeit genug. München war nicht mehr weit.

„Wir können am Flughafen noch gemeinsam essen“, meinte Florian, „was meinst du, Lisa?“

„Ja gerne“, antwortete sie.

„Was machst du am Nachmittag? Einen Einkaufsbummel durch München?“, fragte Tamara.

Lisa schmunzelte. „Nein danke, vom Einkaufen habe ich jetzt genug. Ich war oft genug mit dir in Geschäften, in denen man keine Luft bekommt. Außerdem muss ich derzeit meine Finanzen zusammenhalten."

„Wieso?", fragte Florian sofort interessiert. „Du verdienst doch wirklich gut. Die letzte Prämie, das war doch eine große Summe!"

„Ja eben", meinte Lisa fröhlich, „gerade deshalb möchte ich sparen."

„Das klingt aber geheimnisvoll", meinte Tamara neugierig, „erzähl doch, was hast du vor?"

„Klingt nach großen Plänen", lachte auch Florian, „eine Weltreise?"

„Nein", scherzte Lisa, „eine Jupiterumrundung mit einem Space-Shuttle-Ufo!"

„Das würde gut zu dir passen", lachte Tamara belustigt.

„Nun im Ernst, was hast du vor?" Florian klopfte Lisa leicht auf die rechte Schulter.

„Wenn ich je einen materiellen Traum hatte, dann ein kleines Haus im Grünen mit eigenem Garten!" So nun ist es verraten, dachte sie. „Wunderbar!", rief Tamara aus, „das ist toll!"

„Haben wir dir Lust gemacht auf Bauen, Einrichten und Siedeln", stellte Florian trocken fest.

„Genau so ist es! Eure Wohnung gefällt mir sehr gut, weil sie so eine große Loggia hat. Und ich hätte gerne ein richtiges Stück Garten. Außerdem möchte ich hinaus aus der Stadt. Und ich dachte, vielleicht gibt es irgendwo ein passendes Häuschen zu kaufen."

„Ganz bestimmt!" Nun beugte Tamara sich vor, legte zärtlich ihre Arme um die Freundin. „Das ist eine wunderbare Idee Lisa! Wie schön, das wird herrlich. Ich sehe schon wie alles wachsen und blühen wird bei dir. Ich werde dir exotische Samen mitbringen, Hibiskussetzlinge, die liebst du ja so. Oh, Mutter wird unseren Garten durchforsten. Florian, mit all den Sachen, die ich von zu Hause brauche, werden wir einen Container einschiffen müssen!"

„Nun mal langsam", wehrte Lisa ab, „jetzt bin ich erst beim Sparen!"

Sie lachten, scherzten und schmiedeten Pläne. Das hektische Treiben am Flughafen unterbrach ihre fröhliche Konversation. Sie waren froh, als das Gepäck eingecheckt und alle Formalitäten erledigt waren. Es blieb ihnen Zeit für einem kleinen Imbiss im Restaurant, dort konnten sie ihre fröhliche Unterhaltung fortführen. Ihre Ideen rollten über den Tisch wie die landenden Flugzeuge auf der Rollbahn. Ihr Lachen und ihre Heiterkeit erhob sich so leicht über die Belange des Alltags. Mühelos wurde die Vision einer prächtig schillernden Zukunft erbaut. Einer Zukunft, in der Menschenherzen im Einklang schlagen wollten. Einer Zukunft, in der ein paar Flugstunden eine Brücke bauen konnten zwischen Kontinenten, die erwacht waren, um die Früchte ihrer Kulturen, ihrer Spiritualität und ihrer Wirtschaft auszutauschen. Einer Zukunft, die getragen war in der tiefen Liebe, die Menschen vereint. Hell, schön, strahlend, fröhlich. In der Erwartung eines reichen Segens lösten sich schließlich Lisa, Tamara und Florian aus der Umarmung vor dem Abflugschalter, als der Flug nach Kuala Lumpur aufgerufen worden war.

„Ich verneige mich vor euch, König und Königin! Nicht für einen Tag und eine Nacht, für alle Zeiten sollt ihr es sein!" Lisa hob ihre gefalteten Hände vom Herzen zur Stirn, verneigte sich graziös, legte dann die Fingerspitzen an ihre Lippen und hauchte einen Kuss darauf.

„Perfekt", lachte Tamara, hakte sich in Florians Arm ein und winkend gingen beide ein paar Schritte rückwärts. Vom ersten Aufruf aufgefordert, beeilten sie sich, durch die Zollkontrolle zu gehen. Lisa stand inmitten des Tumults ankommender und abreisender Menschen. Sie winkte ihnen nach, bis Tamara und Florian ihren Blicken entschwunden waren. Ein Mann mit einem Aktenkoffer und einer Zeitung unter dem Arm drängte sich eilenden Schrittes durch die Menschen. Sein Blick war auf die über dem Abflugschalter aufleuchtende Anzeigentafel geheftet. Er stieß Lisa zur Seite, sodass sie fast ihr Gleichgewicht verloren hätte. Er entschuldigte sich kurz und rannte weiter. Nun wandte auch Lisa sich vom Abflugschalter ab, durchquerte die Halle in Richtung Rolltreppe. Sie war froh, das Flughafengebäude und seine Hektik hinter sich lassen zu können. Ein Blick auf die Uhr sagte ihr auch, dass sie sich beeilen musste. Sie hatte einen Termin bei Dr. Berchthold vereinbart.

Dr. Berchthold nickte immer wieder zustimmend mit dem Kopf. Braun gebrannt und gut erholt von seinem Urlaub, aus dem er erst vor wenigen Tagen zurückgekehrt war, verfolgte er Lisas Erzählung mit großer Aufmerksamkeit. Er beobachtete jede Regung in ihrem Gesicht, an ihrer Körperhaltung. Lisa saß in seiner hellen Praxis ihm gegenüber. Nervös spielten ihre Finger mit einem Taschentuch. Spuren von Tränen glänzten auf ihren Wagen. Sie hatte dem Therapeuten das Telefonat mit Viktor geschildert und von der nervlichen Krankheit und dem Aufenthalt im Spital erzählt.

„Während ich so hohes Fieber hatte“, erklärte sie, „quälten mich immer wieder Bilder. Bilder, die mir Angst machen, Bilder, die mich bedrücken. Und ich glaube, alles hängt mit diesem Mann zusammen! Wie gibt es das, Herr Dr. Berchthold? Wie kann ich das in den Griff bekommen?“

Dr. Berchthold stand auf, holte einen kleinen Kassettenrecorder, legte ein Band ein und stellte es auf Aufnahme.

„Lisa“, sagte er, „beginnen Sie noch einmal von vorne so zusammenhängend wie möglich die Eindrücke und Bilder zu schildern. Sie wissen mehr, als Sie mir bruchstückartig angedeutet haben. Sagen Sie alles, was sie wissen. Sie werden sehen, eines Tages fügt sich alles zu einem Puzzle, das Sie verstehen werden.“ Sein gütiges Lächeln machte Lisa Mut. Sie seufzte, lehnte sich zurück und begann zu erzählen.

„Es muss in Ungarn gewesen sein. Ich war verheiratet mit einem Offizier. Es ging uns gut, bis eines Nachts ein Freund meines Mannes uns mit heftigem Klopfen aus dem Schlaf riss ...“

Narben der Vergangenheit, Österreich - Ungarn 1914

Der Reiter drückte dem Pferd die Sporen in die Flanken. Hart schlugen die Hufe am Kopfsteinpflaster auf. Der laute Galopp hallte durch die finsteren Straßen. Durch das Mondlicht fielen fahle Schatten über die Fassaden der Häuser. Da und dort schien milchiger Schein einer Petroleumlampe aus einem Fenster. Der Reiter bog in eine schmale Gasse ein, griff hart in die Zügel, brachte den Braunen zum Stehen. Das Pferd schnaubte schäumend und hinter einer der Türen begann ein Hund zu kläffen. Der Reiter eilte auf das daneben liegende Tor zu, versuchte es zu öffnen, aber es war versperrt. Er trommelte mit den Fäusten dagegen.

Ein alter Mann mit einem Kerzenleuchter in der Hand öffnete das Tor. Erschrocken sah er den jungen Offizier an, doch dieser schob ihn zur Seite, rannte durch den Hof zum dahinter liegenden Gebäude und stürmte die Freitreppe hinauf. Wieder trommelten seine Fäuste gegen eine Tür. Als sie geöffnet wurde, trat der Reiter sofort ein. Der alte Mann konnte nur einen aufgeregten Wortwechsel zwischen seinem Herrn und dem Reiter vernehmen. Genaues konnte er nicht verstehen. Der Diener wollte zurück in seine Stube gehen, da hörte er seinen Herrn aufgeregt rufen:

„Milo, hol die Pferde, spann die Droschke ein! Schnell, schnell! Und sag Anuschka, sie soll kommen!“ Der alte Diener schüttelte bedenklich den Kopf. Das klang nach nichts Gutem. Er weckte zuerst seine Frau Anuschka und machte sich dann eilig daran, die Pferde einzuspannen. Hinter den Fenstern des Herrschaftshauses flammte Licht auf. Geweckt von dem Lärm, hatte sich die Herrin erschrocken im Bett aufgesetzt. Als sie die beängstigende Unterhaltung ihres Mannes vernahm, in der von einem Attentat auf den Thronfolger in Sarajevo, von Verrat, Verfolgung und Flucht die Rede war, sprang sie aus dem Bett und eilte in den Flur.

„Schnell, schnell zieh dich an!", rief ihr Mann, „wir müssen fliehen. Unser Leben ist in Gefahr. Nimm nur das Nötigste mit. Anuschka soll dir helfen!"

Erschrocken, wie gelähmt stand die junge Frau in ihrem Nachtgewand da. Ihr Mann rannte zusammen mit dem Reiter an ihr vorbei in einen der anderen Räume. Sie sah, wie er Papiere aus einem Schrank nahm, die er eilig im Kamin verbrannte.

„Mach schnell, es ist ernst!", rief er ihr nochmals zu. Die junge Frau ging verstört zurück in ihr Schlafgemach. Sie öffnete Truhen und Kommoden, wusste aber in der Aufregung nicht, was sie einpacken sollte. Die alte Dienerin Anuschka kam weinend und jammernd die Treppe herauf.

„Gnädige Frau, welch ein Unglück, was ist geschehen?", jammerte sie vor sich hin. Der Reiter trat in die Tür, er ermahnte die beiden Frauen zur Eile:

„Schnell! Nehmt nur ein paar Kleider, aber Wertsachen, Münzen und Silber!", rief er und eilte davon. Die junge Frau und ihre alte Dienerin packten eilig ein paar Sachen in Körbe. Sie hörten den Galopp des davoneilenden Boten. Wenig später wurden die paar Habseligkeiten in die Droschke verladen, der junge Offizier befahl seiner Frau und der alten Dienerin einzusteigen. Er selbst nahm vorne neben dem Alten auf dem Kutschbock Platz und seine Peitsche pfiff auf die Pferde nieder, die mit einem Ruck die Droschke anzogen. Erst jetzt begriff die junge Frau den Ernst der Lage. Niemals wäre ihr Gatte so überstürzt aufgebrochen, wenn nicht wirklich Gefahr drohen würde. Sie konnte nur Vermutungen anstellen. Eine Verschwörung in der Armee? Ein Putsch? Sie hatte keine Ahnung, in welche Schwierigkeiten ihr Mann sich gebracht hatte. Die alte Dienerin kämpfte immer noch mit den Tränen. Schließlich nahm sie einen Rosenkranz aus der Tasche ihres weiten Rockes und begann, murmelnd zu beten. Nach etwa einer halben Stunde schneller Fahrt, sie hatten die Stadt bereits hinter sich gelassen, stoppte die Droschke plötzlich. Schnell näherkommender Hufschlag war zu hören. Der junge Offizier riss die Droschke auf, zog seine Frau und die Alte heraus. Das Mondlicht schien in sein Gesicht, das kreidebleich war. Für einen Moment drückte er seine Frau in einer innigen Umarmung fest an sich.

„Gizetta, wir müssen uns trennen. Frag nichts, es ist besser, du weißt von nichts. Du und Anuschka, versucht euch durchzuschlagen. Sag niemandem, wer du bist. Du musst dir etwas einfallen lassen. Versteckt euch hinter dem Gebüsch!“ Das war alles, was er sagte. Er warf die Körbe und einige Beutel mit Habseligkeiten hinter die Büsche. Schob die beiden angstvoll sich an ihn anklammernden Frauen weg und kreischte die erschrockene Dienerin an.

„Geh schon, lauf!“

Hilflos streckte die alte Frau die Hände aus. Der alte Diener saß steif auf dem Kutschbock. Sie konnten beide nicht erfassen, was da geschah. Vierzig Jahre waren sie zusammen, hatten gemeinsam gedient. Nun wurden sie getrennt. Der Offizier war auf den Kutschbock gesprungen, hatte die Zügel wieder in die Hand genommen, die Pferde zogen an. Gefährlich auf der holprigen Straße hin und her schleudernd, verschwand der Wagen mit den beiden Männern hinter der nächsten Biegung. Das Tosen vieler galoppierender Hufe kam schnell näher. Die junge Frau zog die alte Dienerin hinter die Büsche. Zitternd und bebend blieben sie da zusammengekauert, bis im Osten der erste Lichtstrahl des Morgens anbrach.

Die Flucht gestaltete sich für die beiden Frauen sehr schwierig. Hätten sie nicht das Glück gehabt, am ersten Hof einen mitfühlenden Bauern anzutreffen, der sie versteckt unter Heu eine Tagereise weiter brachte, sie wären sicher aufgegriffen worden. Gizetta hatte die staunenden Blicke der Mägde gesehen, die an ihren kostbaren Kleidern hafteten. So würde sie auffallen. Sie bat die Bäuerin, ihr abgetragene Sachen zu geben. Dafür ließ sie fast all ihre wertvollen Habseligkeiten als Dank zurück. Nur die Münzen, Silber und Wertsachen nahm sie mit. Als der Bauer die beiden vor einem Wirtshaus eine Tagereise außerhalb der Stadt absetzte, meinten alle, eine Magd sei unterwegs, neue Arbeit zu suchen. Auf diese Art schlug Gizetta sich mehrere Wochen lang durch. Ihre treue Dienerin Anuschka, die den Schock über die Trennung von ihrem Gefährten nicht überwinden konnte, musste sie auf einem Hof zurücklassen. Eine dicke Bäuerin versprach beim Anblick eines großen Silberstückes, gut auf die Alte zu schauen.

„Schwöre es", hatte Gizetta gesagt, „schwöre es, bei der heiligen Jungfrau Maria, dass du gut auf die Alte schaust!" Dann ging sie allein ihrem Schicksal entgegen.

„Ich bin diese Frau! Ich bin diese Gizetta!", erklärte Lisa. Wie ein außenstehender Betrachter hatte sie die Szenen der Flucht beschrieben.

„Ich habe jetzt Angst", jammerte Lisa. Dr. Berchthold ermutigte sie, diese Angst anzunehmen und tiefer in das Geschehen einzutauchen.

„Wie ging es weiter, Lisa?", fragte er. Lisa konnte sich nun offensichtlich genau an das Geschehen erinnern und sie erzählte:

„Ich habe mich bis auf einen Hof durchgeschlagen, an dem man mir Arbeit anbot. Harte Arbeit am Feld. Da ich nicht wusste, wohin ich sollte, und mich nicht getraute, in eine Stadt zu gehen, blieb ich. Ich hoffte, unentdeckt zu bleiben, obwohl ich eigentlich nicht wusste, was ich verbergen musste. Der Gedanke an meinen Mann quälte mich. Ich zürnte ihm, dass er mich in diese Lage gebracht hatte. Zürnte ihm noch mehr, dass er die beiden alten Menschen getrennt hatte. Ich wusste nicht, ob er noch lebte. Ich wusste nicht, wie mein Leben weitergehen sollte. Der erste Winter war sehr hart. Im Frühling des nächsten Jahres kam der Bruder des Bauern zurück. Er war Leutnant in der Armee. Beim Anblick seiner Uniform war ich sehr erschrocken. Ich hatte Angst. Er erzählte vom Krieg, der ausgebrochen war. Ich konnte mir nichts darunter vorstellen."

„Was ist?", fragte Dr. Berchthold, als Lisa in ihrer Erzählung stockte.

„Ich weiß nicht", sagte sie nachdenklich, „dieser Mann, da war etwas vom ersten Moment an. Ich gefiel ihm, er wollte mich. Ich wollte ihn auch, sehnte mich sehr nach Halt und Geborgenheit. Aber ich war ja eine Magd. Er behandelte mich auch wie eine Magd. Das tat mir weh. Er war sehr arrogant, kam einfach in meine Stube!"

„Hatten Sie ein Liebesverhältnis mit ihm?"

„Ja, hatte ich", antwortete Lisa. „Es war schwierig. Die alte Mutter war sehr herrschsüchtig. Sie hatte ein kritisches Auge auf mich geworfen. Sie sah es nicht gerne, dass ihr jüngster Sohn vertraut mit mir war. Sie wollte ihn mit einer anderen Frau verheiraten. Sie war argwöhnisch mir gegenüber, da ich mich meist vom Gesinde abgesondert hielt."

„Haben Sie sich ihm anvertraut, Lisa? Haben Sie ihm gesagt, wer Sie wirklich sind?"

„Nein, habe ich nicht?"

„Warum nicht?"

„Ich weiß nicht. Ich mochte ihn sehr. Ich liebte ihn. Ich glaube, er liebte mich auch, aber ich konnte nicht glücklich sein. Ich war eigentlich immer sehr traurig. Still und verschlossen. Ich hatte Angst. Schließlich war ich auch verheiratet, wusste ja nicht, ob mein Mann tot war. Ich hatte niemanden, mit dem ich hätte reden können."

„Wie ging es weiter?“

„Eines Tages sagte er mir, dass er heiraten würde!“ Lisa schwieg, ihr Gesicht war bei der Erinnerung kreidebleich geworden. „Die Mutter bestand darauf, dass er heiratete, bevor er wieder in den Krieg ziehen musste.“

„Wie haben Sie reagiert, Lisa?“, fragte Dr. Berchthold besorgt.

„Gar nicht. Ich habe nichts gesagt.“

„Und dann?“

„Er ritt weg. Ich sah ihn nicht mehr. Ich war schwanger.“

„Das haben Sie ihm auch nicht gesagt? Wussten Sie das schon, bevor er davonritt?“

„Ja. Ich wusste es. Ich habe nichts gesagt!“

„Was war dann?“

„Ich machte mir große Sorgen. Wusste nicht, was ich tun sollte. Schließlich schlich ich mich davon. Ich wollte in eine Stadt. Wollte bei einer Herrschaft unterkommen, die intelligent genug war, um mich zu verstehen. Weg von den engstirnigen Bauern. Ich dachte daran, als Gouvernante zu arbeiten. Schließlich hatte ich eine gute Bildung, war aus gutem Haus, konnte schreiben und rechnen. Ich hoffte, man würde mich mit meinem Kind nehmen. Ich sah keine Chance für mich auf dem Hof. Ich war der harten Arbeit nicht gewachsen.“

„Und, kamen Sie bis in eine Stadt?“

„Nein, bereits im nächsten Ort wurde ich aufgegriffen. Man fand das restliche Silber und die Münzen bei mir. Man brachte mich zurück auf den Hof. Die alte Bäuerin klagte mich als Diebin an, obwohl ich nichts vom Hof entwendet hatte. Es war schrecklich!“

„Sagten Sie noch immer nichts?“

„Doch, ich vertraute mich der jüngeren Bäuerin, der Frau seines Bruders, an. Sie war naiv und einfältig. Sie mochte ihre Schwiegermutter nicht. Ich glaube, das war der einzige Grund, warum sie mir half. Sie brachte mich in der Nacht an die Klosterpforte, sogar mein Silber und die Münzen hatte sie für mich herbeigeschafft. Den Klosterschwestern erzählte ich alles. Ich konnte bleiben. Ich blieb bis zur Geburt und einige Zeit danach. Ich hatte eine kleine Tochter. Sie war sehr niedlich. Ich liebte sie sehr!" Lisa war in ihrer Erzählung immer leiser geworden. Ihr Körper war in dem Sessel ganz zusammengekauert. Dr. Berchthold reichte ihr ein Glas Wasser.

„Trinken Sie, Lisa, und erzählen sie weiter", munterte er sie auf.

„Eine der Schwestern zog Erkundigungen ein. Sie sagte mir, dass mein Mann wahrscheinlich noch in der ersten Nacht unserer Flucht getötet worden war. Alle Verschwörer waren auf der Flucht getötet oder später angeklagt und hingerichtet worden. Sie sagte, es würde mir als seiner Witwe nicht mehr unmittelbar Gefahr drohen, doch es sei besser, unerkannt zu bleiben. Sie wollte mir zu einer neuen Identität verhelfen und riet mir, weit weg zu gehen. Sie schlug Wien vor. Ich willigte nicht sofort ein."

„Warum nicht?", drängte der Therapeut.

„Ich musste immer an den Vater meines Kindes denken. Ich liebte ihn. Hatte Sehnsucht nach ihm. Nun, da ich wusste, dass ich verwitwet war, wollte ich mich ihm anvertrauen. Ich nahm das Kind. Ging zurück in das Dorf. Die junge Bäuerin half mir wieder weiter, sagte mir aber, dass er geheiratet hatte. Doch ich hätte Glück, er sei für ein paar Tage zurück von der Front. Beinahe hatte mich der Mut verlassen. Es tat sehr weh."

Lisa schwieg, atmete schwer und nahm einen Schluck Wasser. Dann fuhr sie fort:

„Ich ging zu dem Haus, in dem er wohnte. Eine Frau öffnete mir. Sie sah mich grimmig an. Ich verlangte, ihn zu sprechen. Sie schlug mir die Tür vor der Nase zu. Sie sagte, ich solle mich zum Teufel scheren."

„Und dann, Lisa, sprechen Sie weiter, sprechen Sie weiter."

Bis hierher hatte Lisa monoton gesprochen, müde, fast ohne Emotionen. Sie hatte ein Leben geschildert, ihr Leben, so, als wäre sie nicht richtig beteiligt gewesen. Als hätte sie alles nur aus weiter Ferne beobachtet. Nur ihre Stimme war leise und gepresst zu hören gewesen. Nun aber wurde sie von einem plötzlichen Schmerz erfasst. Sie begann, am ganzen Körper zu zittern, ihre Hände verkrampften sich und ein heftiger Weinkrampf erschütterte sie.

„Er hat mich verraten", schrie sie auf, „er hat mich verraten. Er hat mich und das Kind verleugnet."

Dr. Berchthold legte beruhigend seinen Arm um Lisa, ermutigte sie aber, weiter zu erzählen.

„Sie haben ihn persönlich gesprochen?"

„Ja, ich habe hinter der Scheune gewartet, bis ich ihn sah. Bin auf ihn zugegangen mit dem Kind. Er war verlegen, aber er sagte, das sei sicher nicht sein Kind. Ich hätte es doch sicher auch mit den Knechten getrieben. Seine Mutter und die Frau hatten ihm eingeredet, ich sei eine Diebin und Herumtreiberin."

„Was haben Sie getan, Lisa?"

„Nichts. Ich stand nur da. Die Frau kam aus dem Haus gelaufen. Sie schrie und schimpfte, sie jagte mich fort. Ich drehte mich nochmals um und sah, wie blass und hilflos er war."

„Ja, Lisa. Und was taten Sie dann?"

„Ich schleppte mich bis zum Kloster. Die Schwester war entsetzt, als sie mich so verstört sah. Sie nahm mir das Kind ab. Am selben Abend noch ging ich hinunter zum See. Ich stieg in das kleine Ruderboot und ruderte bis in die Mitte des Sees."

Lisa schwieg. Dr. Berchthold strich Lisa sanft über den Kopf.

„Sagen Sie, was Sie getan haben, Lisa. Sprechen Sie es aus. Es wird Sie erleichtern."

„Ich habe mich ins Wasser fallen lassen, ich bin damals ertrunken. Selbstmord. Ich habe mein Kind alleine gelassen."

Lisa wurde noch immer vom Weinen ihrer Seele durchgerüttelt. Fürsorglich reichte ihr Dr. Berchthold ein frisches Taschentuch.

„Weinen Sie, Lisa. Weinen Sie. Lassen Sie allen Schmerz aus sich herausrinnen. Ihre Seele und Ihr Körper braucht das." Die gütige und beruhigende tiefe männliche Stimme umfing Lisa wie ein schützender Mantel, der ihr Trost und Halt gab. Die lange unterdrückten Bilder ihrer Seele, die starr und verkrustet in ihr verborgen waren, brachen auf, flammten auf zu kurzem neuem Leben, um erlöst und befreit zu verblassen. Dr. Berchtholds ruhige Stimme drang weiter an ihr Ohr.

„Es ist gut, Lisa. Es wird sich alles erlösen. Und denken Sie, Ihrem Viktor geht es gleich wie Ihnen. Wie ein Druck, ein beängstigendes unbekanntes Kapitel liegt auch in ihm die Erinnerung vergraben. Er kann es genauso wenig einordnen wie Sie. Er braucht Hilfe wie Sie. Wenn er Sie sieht, ist die unbewusste Erinnerung an tiefen Schmerz, verhängnisvolle Verwicklungen ebenso da wie die Liebe zu Ihnen. Und sein Berg der Schuld, die er sich selbst gibt, ist gewachsen. Er kreiert immer neue Schuld. Schauen Sie sich die Szenen dieser beiden Rückerinnerungen an. Beides Leben, in denen eine unsichtbare schicksalhafte Hand Sie behindert hat, Sie beide behindert hat. Und diese unbewusste Behinderung ist heute noch da. Diese Behinderung muss herausgeschält werden aus Ihrem Unterbewusstsein. Sie sind klug, lebenstüchtig, hübsch! Erwachen Sie, Lisa. Befreien Sie sich von der alten Angst. Weinen Sie, es heilt Ihre Seele, es entgiftet Ihren Körper. Erlösen Sie die Frau in sich, die leben will, die lieben will, die ein Kind gebären will. Sie können es, Sie dürfen es."

„Glauben Sie, dass das alles wirklich so war? Die Verfolgung, die Flucht, der Verrat. War er es wirklich? Was ist aus ihm geworden?“ Lisa schneuzte sich nochmals kräftig die Nase und schaute Dr. Berchthold aufmerksam ins Gesicht. Er schwieg. Lisa wusste tief in ihrer Seele, dass die Macht der Mutter sie zwar entzweit hatte, er den Schmerz, sie vom Hof gejagt zu sehen, die Schuld, es nicht verhindert zu haben, aber nicht überwunden hatte. Sie wusste, dass sein Leben ebenso schnell zu Ende gegangen war wie das ihre. Auf dem Schlachtfeld. Ihre Seele wusste das.

„Es ist nicht wichtig, Lisa, ob alles genau so war. Wichtig ist es, die Spuren, die Wunden in Ihrer Seele zu heilen. Und wichtig ist, die Bänder, die sie so unbewusst an andere Menschen binden, zu lösen. Heilung ist wichtig.“

„Treffen wir immer die gleichen Menschen, ich meine, die gleichen Seelen wieder? War wirklich er es?“

„Das müssen Sie selbst herausfinden, Lisa. Oft treffen wir tatsächlich die gleichen Seelen wieder. Manchmal aber eben Menschen, die nur ein ähnliches Schicksal zu bewältigen haben. Das Muster passt und so ziehen sie sich an. Können Sie Zusammenhänge zu Ihrem jetzigen Leben erkennen? Nicht das, was ich Ihnen erklären kann, ist wichtig! Wichtig ist, was Sie selbst an Zusammenhängen erkennen können.“ Er schaute Lisa forschend ins Gesicht. „Können Sie Zusammenhänge erkennen? Können Sie Ihre Verstrickung mit dem Mann begreifen?“

„Ja, das kann ich“, überlegte Lisa. Nachdenklich zog sie ihre Stirn in Falten. „Aber, wie soll ich damit umgehen? Soll ich hingehen zu ihm? Mir wieder eine Abfuhr holen? Und unsere Liebe, was ist sie wert?“

Dr. Berchthold schwieg. Lisa wusste, all die Fragen musste sie für sich selbst beantworten. Niemand konnte es für sie tun.

„Ja, ich weiß“, sagte sie daher, „ich muss herausfinden, was für mich richtig ist. Nur eine Frage, Herr Doktor, auf eine Frage brauche ich Ihre Antwort. Glauben Sie, Sie persönlich, dass es gut für mich und für Viktor wäre, wenn wir doch zusammenfinden würden? Als Mann und Frau?"

Lothar Berchthold, ein Psychotherapeut mit viel Erfahrung, selbst ein Mann im besten Alter, auch ein Mann, der eine Scheidung hinter sich hatte und die gleiche Frau nochmals geheiratet hatte, lächelte. Dann richtete er sich auf, schaute Lisa ernst ins Gesicht, gab ihr seine Antwort, ruhig, klar und bestimmt:

„Ja, Lisa. Es wäre wichtig für Sie und es wäre wichtig für Viktor. Es wäre sogar wichtig für Florian, denn auch da gibt es einen Zusammenhang."

Das Licht war dämmrig geworden. Der weiche Schein des Abends nahm den Konturen die Schärfe. Der vorbeirollende Abendverkehr war als dumpfe Geräuschkulisse hinter den Fenstern des fünften Stockes ausgesperrt. In den Räumen der Praxis breitete sich Ruhe aus. Nur das rhythmische Ticken der Wanduhr teilte die Stille in kleine Frequenzen. Lisas Weinen war verstummt, ihr Atem ging wieder ruhig, sie richtete ihren Körper kraftvoll auf.

„Feierabend, Doktor Berchthold", meinte sie mit einem Lächeln. Der Brückenschlag in die Gegenwart kam ihr plötzlich komisch vor. Als sie aufstand, fühlte sie ihre Füße, so neu und so deutlich, wie sie sie noch nie gefühlt hatte.

„Ich fühle mich ganz anders", sagte sie erstaunt.

Dr. Berchthold lächelte wissend. Er hatte sich ebenfalls erhoben, ging zur Tür und knipste den Lichtschalter an. Lisa musste die Augen zusammenkneifen.

„Ich lade Sie zum Essen ein, Lisa! Haben Sie Lust, mit mir auszugehen? Es wird uns beiden gut tun!", meinte er vergnügt.

Lisa war über die Einladung so überrascht, dass sie keine Antwort wusste.

„Sie müssen mir schließlich noch über Florian erzählen. Und außerdem bin ich heute Strohwitwer. Meine Frau besucht ein Seminar, unsere Tochter ist bei der Oma."

„Ich wollte sofort zurück nach Salzburg fahren", bemerkte Lisa.

„Eben, das will ich verhindern. Kommen Sie, Lisa. Ich will nicht, dass Sie allein sind. Außerdem mag ich Ihre Gesellschaft wirklich. Wenn Sie wollen, können Sie hier in der Ordination schlafen. Die Couch ist bequem und Decken habe ich auch. Ich besorge ihnen aber auch gerne ein Zimmer in einer netten Pension. Fahren lasse ich Sie heute nicht mehr." Lisa entnahm aus der Stimme ihres Therapeuten, dass es ihm ernst war. Er schien sich doch ein wenig Sorgen um sie zu machen. Sie nahm daher seine Einladung an. Es würde sicher ein netter Abend werden, dachte sie. Er würde sie auf andere Gedanken bringen.

„Mögen Sie lieber Griechisch, Türkisch, Chinesisch oder Bayerisch?", fragte er mit hinaufgezogenen Augenbrauen. Lisa schaute unschlüssig.

„Ach, verzeihen Sie", lachte er, „Ungarisch habe ich vergessen! Aber ich muss gestehen, da fällt mir im Moment kein ungarisches Restaurant ein. Er reichte Lisa ihre Jacke, lachend schob er sie zur Tür hinaus.

Der Stadtverkehr von Wien nahm Lisas Aufmerksamkeit in Anspruch. Sie hatte die Straßenkarte herausgesucht und Viktors Adresse mit einem roten Stift angezeichnet. Sie war entschlossen, gleich zu tun, was nicht aufgeschoben werden konnte.

„Ich muss mich meinem Schicksal stellen", hatte sie laut zu sich selbst gesagt, als sie früh am Morgen die Ordinationstür hinter sich ins Schloss springen ließ. Lothar Berchthold würde von ihr nur noch einen Zettel mit einem Dankeschön auf seinem Schreibtisch vorfinden.

Auf der Fahrt von München nach Wien hatte sie Zeit, über ihr spontanes Vorhaben nachzudenken. Sie wollte Viktor besuchen, mit ihm persönlich sprechen. Sie wollte ihn sehen nach so langer Zeit. Freundin hin oder her, sie wollte ihr Schicksal herausfordern.

„Ich lasse mir die Liebe nicht verbieten“, betonte sie laut. „Die Liebe ist heilig und das einzige Ziel das Gott uns vorgibt.“ Immer noch fest entschlossen und guten Mutes lenkte sie ihren Wagen geschickt in den Parkplatz. Ein Blick auf die Uhr zeigte ihr vier Uhr Nachmittag an. Sie war von München nach Salzburg gefahren, hatte geduscht und sich umgezogen. Danach hatte sie sich wieder in ihr Auto gesetzt, war losgefahren. An einer Autobahnraststätte hatte sie gegessen, sich eine Tasse Kaffee gegönnt und war nun gestärkt und zu allem entschlossen. Sie zog einen Lippenstift aus ihrer Tasche, klappte die Sonnenblende mit dem Spiegel herunter und zog sich die Lippen nach. Dann stieg sie aus. Die Stufen hinaufzusteigen bis in den dritten Stock nahm ihr ein wenig den Atem. Ihr Herz klopfte. Sie stand vor der großen braunen Eingangstür. Wenn nur sie da ist und er nicht? Der Gedanke durchzuckte sie, als ihr Finger bereits auf den Klingelknopf drückte. Sie hörte Schritte, Popmusik drang durch die Tür, als sie sich öffnete, eine junge Frau mit dunklen Haaren sah sie forschend an. Lisa stellte sich mit ihrem Namen vor und fügte hinzu, dass sie eine Freundin von Viktor sei.

„Ja und?“, fragte ihr Gegenüber ungeduldig. Lisa spürte, dass der Blick, den die junge Frau auf sie warf, alles andere als einladend war. Sie schluckte, räusperte sich und sagte so selbstbewusst wie möglich:

„Ich möchte Viktor besuchen! Ist er da?“

„Nein, er ist nicht da“, kam die knappe Antwort.

„Ist er im Theater? Wann kommt er?“

„Er ist irgendwo unterwegs“, sagte die junge Frau gequält. Es war ihr anzumerken, dass sie am liebsten keine Antwort gegeben hätte. Lisa fühlte Ärger in sich aufsteigen. Sie sagte: „Sie sind ja nicht gerade freundlich zu mir!“

„Warum sollte ich“, kam die Antwort prompt. „Ich kenne Sie ja nicht. Auf Wiedersehen!“

„Warten Sie“, unterbrach Lisa und ging einen Schritt vor. „Es ist mir wirklich wichtig. Ich muss Viktor treffen. So sagen Sie mir doch, wann er zurückkommt.“

„Für Viktor ist das sicher nicht wichtig“, behauptete die Frau, von der sich Lisa niemals vorstellen konnte, dass Viktor sie lieben würde. Sie hatte die Arme vor der Brust verschränkt. Breitbeinig stand sie da, in engen Hosen und einem weiten langen Pullover.

„Wie wollen Sie das wissen?“, konterte Lisa.

„Das weiß ich genau“, prasselten die Worte schnell und gezielt auf Lisa nieder, „wir erwarten nämlich unser erstes Kind! Und da ist nichts anderes wichtig in seinem Leben als ich und das Baby natürlich! Verstehen Sie das?“ Der Blick, der die Worte begleitete, traf Lisa hart. Mit einem eisigen Lächeln, zufrieden mit sich selbst, denn sie sah die Reaktion in Lisas Gesicht, wandte die junge Frau sich grußlos von Lisa ab. Sie warf die Tür vor ihrer Nase zu. Lisa war zuerst sprachlos, dann entsetzt und dann plötzlich musste sie lachen. Ein fast hysterischer Lachanfall bemächtigte sich ihrer. Viktor und diese Frau! Viktor und ein Baby. Die gleiche unmögliche schmerzhafte Szene wie in dem anderen Leben, wie in Ungarn, doch nun bekam die andere ein Kind! Es war alles so komisch. Wieder wurde eine Tür vor ihr zugeknallt, wieder eine offensichtlich herzlose egoistische kalte Frau. In Asien, in Ungarn, in Wien!

„Und ich gebe mir das Schauspiel! Fahre dafür nach Wien“, presste sie hervor, als sie aus der Haustür trat. Sie wurde immer noch von hysterischem Lachen geschüttelt. Eine ältere Frau, die vorbeiging, sah sich irritiert nach ihr um. Das muss ich Dr. Berchthold erzählen. Der Gedanke schoss blitzartig in Lisas Gedächtnis. Sie beschleunigte ihre Schritte, um die ältere Frau vor ihr einzuholen und fragte nach dem nächsten Postamt.

„Gleich um die Ecke ist eines“, gab ihr die Frau zur Antwort. Dr. Berchtholds Sprechstundenhilfe stellte das Gespräch sofort durch. Lisa erzählte hastig, was sich zugetragen hatte.

„Lisa, das war eine sehr schnelle Reaktion. Zu schnell“, sie spürte an seiner Stimme sofort, dass ihm das nicht recht war.

„Besser könnte ich das nicht verarbeiten als so“, antwortete Lisa. Der zynische Ton war deutlich hörbar. „Nun hat sie das Kind. So hat alles seine Ordnung, aber keine Sorge, ich bringe mich nicht um!“

„Lisa, hören Sie mir zu. Kind hin oder her! Sie müssen sich beruhigen und dann nochmals mit Viktor sprechen. Mit ihm persönlich!“

„Was soll das bringen? Er bekommt mit ihr ein Kind! Mit ihr!“

Lisa hängte den Hörer ein, ohne eine Antwort abzuwarten. Sie atmete tief durch, ging zum Auto und fuhr zurück nach Salzburg.

Neue Lebensräume

In den nächsten Monaten veränderte Lisa ihr Leben grundlegend. Bereits auf der Retourfahrt von Wien nach Salzburg fasste sie den Entschluss, jede Vorstellung an eine weitere Beziehung mit Viktor fallen zu lassen. Die Nachwirkung, die sich aus der nervlichen Krise, aus den Rückerinnerungen an die schwierigen Leben herauskristallisierte, war, dass Lisa der Wert des jetzigen Lebens tiefer zu Bewusstsein kam. Jeder Tag, ja jede Stunde, wurde ihr sehr wertvoll.

„Es ist mein Leben“, sagte sie laut zu sich. „ich werde nicht mehr mein Leben von seinem Unvermögen zu lieben abhängig machen!“

Das Erste, was sie tat, war, ihr Geschäft zu verkaufen. So nebenbei geführt, kostete es sie zu viel Kraft und brachte zuwenig Gewinn. Das Nächste war, dass sie Florian, sobald er von seinen Flitterwochen mit Tamara zurückgekehrt war, um eine Besprechung bitten wollte. Auch für ihre Arbeit in der Firma, ihre Kompetenzen, Verantwortungen und Verpflichtungen ebenso wie für ihre Freizeit wollte sie mit ihm neue Strukturen aushandeln. Er zeigte sich offen für ihre Wünsche und Vorstellungen. Die tiefe und innige Freundschaft mit Tamara und Florian pflegte Lisa weiterhin. Sie nahm sich aber ein bis zwei Abende in der Woche Zeit für sich selbst, setzte damit auch für ihr Privatleben neue Impulse. Sie besorgte sich ein Konzertabonnement und lernte mit großer Begeisterung trommeln. Mit ihren Händen lernte sie auf gespanntem Leder zu einem Rhythmus zurückzufinden, der ihr eigener war.

„Klassik und Negertrommeln“, lachte Rainer, als sie Veronika, ihn und die Kinder wieder einmal besuchte, „Gegensätze, die zu dir passen! Deine beiden Gesichter werden extremer, Lisa!“

„Es gefällt mir und ich lerne da viele liebe Leute kennen!“, hatte Lisa entgegnet. Der Rest der Zeit verging mit ihrer Arbeit. Zeitweise besuchte sie Jutta, die jetzt einen eigenen Meditationskreis leitete. Und öfter als früher besuchte Lisa ihre Schwester und ihren Vater, der sich immer von Herzen freute, sie zu sehen. Ihr Leben war ausgefüllt. Sie war resoluter geworden, dynamischer und hatte meistens gute Laune. Sich die Farben ins Leben zurückzuholen, war ihr gelungen. Der Plan, sich ein eigenes Haus zu kaufen, nahm auch immer konkretere Formen an. Sie erkundigte sich über Finanzierungsmodelle, studierte die Immobilienanzeigen in den Zeitungen. Sie hatte sich auch bereits einige Häuser in der Umgebung von Salzburg angesehen, doch die meisten waren zu teuer oder gefielen ihr nicht. So entschloss sie sich, selbst ein Inserat in die Zeitung zu geben.

„Kleines geheimnisvolles Haus,
in deinem verwunschenen Garten,
nicht zu weit entfernt von Salzburg,
melde dich! Zarte Frauenhände wollen dich in Besitz nehmen.
Chiffre: Pfingstrose“

Florian und Tamara lachten herzlich über Lisas Idee!

„Da bin ich ja neugierig“, kicherte Tamara, „wie viele unmögliche Zuschriften du bekommen wirst!“

„Ist mir schon klar, dass ich da vielleicht alle möglichen Bruchbuden angeboten bekomme. Aber wer weiß? Wer weiß?“, sagte Lisa mit geheimnisvollem Lächeln.

„Sie hat wieder ihren Pakt mit den Engeln geschlossen“, erklärte Florian, „oder hast du diesmal die Naturgeister beschworen?“

Lisa antwortete mit einem geheimnisvollen Lächeln. Sie saßen im Wohnzimmer der gemütlichen Wohnung von Florian und Tamara. Tamara hatte ihre Beine hoch gelagert, ihre Hände lagen auf ihrem Bauch. Zärtlich blickte Lisa zur Freundin hin. Tamara war im dritten Monat schwanger, sie erwartete Zwillinge.

„Nun, habt ihr jetzt noch zwei weitere Namen?“, wechselte Lisa das Thema.

„Nein“, antwortete Florian, „wir können uns nicht einigen.“

„Nun“, unterbrach Tamara, „für ein Kind waren wir uns sicher gewesen. Lucas für einen Buben, Lucia für ein Mädchen. Das geht auch, wenn es ein Pärchen wird.“

„O ja, das ist sehr schön“, erwiderte Lisa.

„Ja, aber wenn es zwei Mädchen oder zwei Jungen sind, dann wissen wir es noch nicht genau.“

Die Verbindung der drei Menschen war sehr vertraut und eng. So war es selbstverständlich, dass Lisa und Tamara die einlaufenden Antworten auf ihr Zeitungsinserat gemeinsam aussortierten. Da und dort hatte Lisa angerufen. Doch es war nicht das Richtige dabei gewesen. Nach mehr als zwei Wochen flatterte dann noch ein Brief ins Haus. In einem rosaroten Kuvert steckte ein Foto und ein handgeschriebener Zettel, auf dem nichts weiter als eine Adresse stand. Das Foto zeigte ein von wildem Wein umranktes Häuschen. Es war alt, mit einem Giebel und einem kleinen an einer Ecke vorspringenden Erker. Rundum waren Obstbäume und Büsche auszunehmen. Lisa fühlte sich von dem Haus sofort angesprochen. Am liebsten hätte sie gleich den Besitzer angerufen, doch weder Name noch Telefonnummer standen auf dem Zettel. Am Briefumschlag stand als Absender auch lediglich der Ort, eine kleine Gemeinde einige Kilometer von Salzburg entfernt, und der Name der Straße mit Hausnummer. Es war spät am Abend gewesen, als Lisa die Post im Stiegenhaus aus dem Postkasten genommen hatte. Sie hatte lange mit ihren neuen Trommelfreunden geplaudert und mit Paul, ihrem Trommellehrer, gescherzt.

Spät hin, spät her, dachte sie. Ich muss das noch Tamara sagen! Die beiden werden doch noch nicht schlafen. Sie griff nach dem Telefon und sie vereinbarten, sich gleich morgen nach der Arbeit zu treffen, um gemeinsam das Haus anzuschauen.

Pünktlich um fünf Uhr kam Tamara zu Lisa ins Büro. Florian hatte noch zu tun. Fröhlich winkte er den beiden nach. Als sie in den Ort einfuhren, stieg ihre Spannung. Lisa hielt den Wagen an einer Tankstelle an und ließ sich die Zufahrt zur Adresse erklären. Nach einigem Suchen fanden sie die Straße, stellten enttäuscht fest, dass ihnen diese Wohnsiedlung überhaupt nicht gefiel. Lisa wollte schon umkehren, da sagte Tamara:

„Fahr weiter, Lisa. Das Haus ist nicht in der Straße, hier wohnt wohl nur der Besitzer."

So war es. Ein bereits älterer etwas schrullig aussehender Mann öffnete auf ihr Klopfen. Umständlich fragte er nach dem Grund ihres Anliegens.

Erst, als Lisa ihm den Brief und das Foto zeigte, sagte er: „Ach so. Wegen dem Haus sind sie da. Ja, es gehörte einer Schwester meiner Frau. Wir wollen es verkaufen." Dabei verschwand er hinter der Tür. Die beiden Frauen blickten sich belustigt an.

„Ein komischer Kauz", meinte Lisa leise.

„Mama, wo ist der Schlüssel", hörten sie in dem Moment den Mann rufen. Eine schwache Frauenstimme antwortete ihm. Es dauerte eine ganze Weile, bis der Mann wieder im Türrahmen erschien. Wortlos hielt er ihnen den Schlüssel hin.

Lisa begriff plötzlich, dass er sie alleine zum Haus fahren ließ. Erfreut darüber, ergriff sie den Schlüssel. Sie fragte nach dem Weg und umständlich erklärte er ihr, wie sie fahren musste. Jedenfalls war klar, dass das Haus außerhalb vom Ort lag. Lisa und Tamara mussten ein wenig nach der schmalen Auffahrt suchen, fanden diese schließlich und waren von der Lage des Hauses sofort begeistert. Ein schmaler Fahrweg schlängelte sich auf einen Hügel hinauf. Ein wenig geduckt unter der obersten Anhöhe, geschützt von zwei wunderschönen Birken, stand das Haus in einem wilden verwachsenen Garten. An der Einfahrt standen die Reste einer Steinmauer, ein Rosenstrauch rankte sich daran empor. Im Vorgarten breiteten Apfelbäume und Birnbäume ihre alten Äste aus. Auf der Südseite empfing sie ein mit Unkraut überwachsener großer Gemüsegarten sowie ein atemberaubend schöner Blick über die Hügel und das Dorf.

Das Haus selbst sah ein wenig verkommen aus. An etlichen Stellen bröckelte der Putz ab. Die Fenster waren alt. Die beiden kämpften sich durch hohes Unkraut bis zur Tür durch. Anscheinend hatte bereits lange niemand mehr hier gelebt. Lisa zweifelte auch ein wenig, ob der Schlüssel wohl tatsächlich ins Schloss passen würde. Er passte, quietschend ging die Tür auf. Die Räume waren etwas verwinkelt angeordnet, doch das Haus machte sofort einen angenehmen Eindruck auf die beiden. Der alte Holzfußboden knarrte. Einfache alte bäuerliche Möbel standen herum. Viele persönliche Gegenstände schauten aus den Regalen. In der Küche stand das Geschirr hinter den gläsernen Türen eines alten Hochschrankes. Schwere mit Blumen bestickte Leinenvorhänge hingen von dicken schmiedeeisernen Vorhangstangen.

Eine große Diele, ein Wohnraum mit dem Erker, eine Küche, ein kleines Kabinett. Eine veraltete mit geblümten Fliesen gekachelte Toilette, eine runde geschwungene schwere Holztreppe, die nach oben führte. Drei Schlafräume, ein ebenso mit alten Fliesen gekacheltes Bad mit einer ausgeschlagenen alten Badewanne auf geschwungenen Füßen. Lisa und Tamara inspizierten alle Räume gründlich. Aus jedem Fenster bot sich ihnen ein interessanter Blick in den Garten und über das Tal. Die späte herbstliche Abendsonne schickte ihre letzten Strahlen durch die westlichen Fenster.

„Es gefällt dir!“, stellte Tamara fest. „Ich spüre, das Haus ist wirklich ein wenig geheimnisvoll, ja verwunschen. Es passt zu dir.“

In Lisas Kopf trieb ihre Fantasie bereits bunte Blüten. Ja, Tamara hatte recht, das Haus mit seiner erhöhten Lage, dem wilden Garten gefiel ihr gut. Sie wusste auch bereits, wenn es nicht zu teuer war, würde sie es kaufen.

„Man braucht nicht viel zu ändern“, sagte sie schließlich zu Tamara, die sie gespannt beobachtete. „Ausräumen, ausmalen, die Böden abschleifen, alle Fenster streichen, vielleicht neue Fensterbalken, die sind so verzogen. Eine Terrassentür in den Garten durchbrechen, vielleicht die Wand zwischen dem kleinen Kabinett und dem Wohnraum wegreißen. Die Küche muss natürlich neu gestaltet werden. Die Steckdosen schauen auch sehr alt aus. Und Heizung? Ob die alten Heizkörper noch in Ordnung sind?“

Tamara lachte. „Du nennst das nicht viel? Ich sehe schon, du baust es um und machst ein Schmuckstück daraus!“

„Ja genau!“, erwiderte Lisa vergnügt. Ihre Haare, die sie nun wieder länger trug und zu einem Rossschwanz zusammengebunden hatte, tanzten beschwingt hin und her. „Genau das habe ich vor!“ Und ganz so, als wollte sie sogleich mit der Arbeit beginnen, krempelte sie die Ärmel ihres Pullovers hoch. Der Keller war düster, verstaubt und voller Spinnweben. Alte Möbel, Geschirr und Säcke, die sich anfühlten, als seien sie mit Kleidern vollgestopft, lagen herum.

„Richtig geräumt wurde das Haus nicht“, meinte Tamara und wischte angeekelt eine Spinnwebe von ihrer Stirn. Lisa war vorausgeeilt. Plötzlich rief sie:

„Jöh, da schau her, Tamara! Aber sei vorsichtig, wenn du über die Bretter kletterst!"

Tamara folgte ihr durch einen dunklen Gang, der etwas schräg nach unten ging, in dem Bretter herumlagen. Sie war überrascht, plötzlich in einem Atelier zu stehen. Ein großer hoher Raum, der eine Front aus Glas aufwies, die durch Holzsprossen unterteilt war.

„Das muss unter der Terrasse sein", überlegte Lisa. „Das haben wir von außen noch nicht gesehen!"

„Das ist wirklich verwunschen", lachte Tamara, „du musst zu malen beginnen!" Sie nahm eine verstaubte Leinwand von einer der drei Staffeleien, die herumstanden. Auf einem großen Tisch türmten sich Farben, Pinsel und gestapelte Zeichenblätter. Lisa hatte entdeckt, dass die Glassprossenwand eine Schiebevorrichtung hatte und eine große Öffnung in den Garten freigab. Wilder Wein, der wohl lange nicht ausgeschnitten worden war, hatte das Atelier umrankt, sodass die beiden Frauen sich bücken mussten, um unter ihm ins Freie zu schlüpfen. Sie waren begeistert wie zwei kleine Mädchen, die sich auf ein großes heimliches Abenteuer eingelassen hatten. Erst, als Tamara sich müde auf einen der alten Sessel in der Diele setzte und sagte, „Lisa, es ist finster und spät, der schrullige Alte wird denken, du bist bereits eingezogen! Komm, lass uns gehen", konnte Lisa sich von dem Haus losreißen.

Irgendwie hatte Lisa erwartet, dass die Verhandlungen um den Kaufpreis schwierig sein würden. Zu ihrer Überraschung kam es aber ganz anders. Als sie im fahlen Schein einer Straßenlaterne an der Tür des Reihenhauses läuteten, öffnete der alte Mann und sagte sofort: „Wenn es Ihnen gefällt, können Sie den Schlüssel gleich behalten. Sie wissen sicher, was so etwas kostet. Sie geben uns das Geld und können sofort einziehen. Um den Vertrag und alle Formalitäten müssen Sie sich selbst kümmern. Meine Frau kann es nicht, sie ist krank."

Lisa und Tamara schauten sehr verdutzt in das schrullige Gesicht des Mannes.

„Äh, ich weiß nicht, was so etwas kostet", erwiderte Lisa und fügte hinzu, „es gefällt mir, doch man muss auch viel sanieren, das kostet natürlich."

„Wenn Sie wissen, was Sie zu geben bereit sind, kommen Sie wieder. Gute Nacht!" Er verneigte sich kurz, was auch sehr komisch wirkte, dann schloss er die Tür hinter sich. Lisa hielt den Schlüssel des Hauses in ihrer Hand. Sie war so perplex, dass sie ein wenig hilflos dastand.

„Verwunschen, verwunschen", lachte Tamara, „nun hast du dein Haus! Nein, es hat dich, so wie du wolltest!"

Am Tag, nachdem Lisa den Kaufvertrag unterschrieben hatte, fuhr sie alleine zu ihrem Haus. Stolz hielt sie den Schlüssel in der Hand. Als sie mit dem Wagen in die Einfahrt einbog, vorbei an den beiden Birken, dachte sie, dieses Haus wird mein Leben erweitern. Langsam stieg sie aus dem Auto aus und blieb still stehen. Alles, was sie umgab, gefiel ihr. Die Büsche, die ihre Blätter bereits verfärbten, die Hecken, das alte Mauerwerk, das hohe Gras, die verwilderten Blumenbeete. Da war nichts, was sich ihr in den Weg gestellt hätte. Da war nichts, was ihr die Sicht genommen hätte so wie in der Stadt. Städte sind wie enge schroffe Gebirgstäler, dachte sie. Die Straßen waren dort nichts als Schluchten zwischen den Häuserfassaden. Die Blicke dort reichten nicht weiter als bis zum nächsten Geschäftseingang oder zur nächsten Reklametafel. Die Enge der Städte macht auch die Menschen eng, kam es Lisa in den Sinn. Eng und stur wie Hochgebirgsvölker. Nur, dass Stadtmenschen verwirrter waren. Verwirrt von den Reklamen, der Hektik, dem schrillen Treiben. Verwirrt auch von der Einsamkeit und Fremde, die Menschenansammlungen mit sich bringen konnten. Lisa ging gemächlich ein paar Schritte ihrem Haus entgegen. Sie versuchte zu ergründen, mit welchem Gruß es sie aufnahm. Starr, aber nicht unbelebt stand es vor ihr. In dem wild rankenden Wein an der Hauswand nisteten sicher Vögel. Es ist mein Nest, kam ihr da der Gedanke. Ja, es ist mein Nest. Geschützt in der Mulde des Gartens lag es da.

„Raus aus der Höhle, rein ins Nest", sagte sie laut vor sich hin. Ihr wurde bewusst, dass ihre Stadtwohnung eine Höhle gewesen war. Dann betrat sie das Haus mit festen Schritten. Sie ging schnell von Raum zu Raum und öffnete alle Fenster. Die frische Herbstbriese vertrieb die abgestandene Luft aus den Räumen. Lisas Gedanken begannen, Formen und Farben neu zwischen den Wänden einzufügen. Sie brauchte keinen Bleistift, kein Blatt Papier. Es war ihr Geist, der jetzt Einzug hielt. Erst als sie am Abend in ihre Wohnung zurückgekehrt war, nahm sie einen Schreibstift in die Hand und öffnete ihr blaues Tagebuch.

Mein Haus, schrieb sie. *Mein neuer Lebensplatz. Ein Platz für neue Gedanken, ein Platz für frische Visionen, für neue Menschen, für neues Glück. Ein Platz auch für mich, damit ich mich wandeln kann und dehnen.*

„Jingle bells, jingle bells", dröhnte es aus dem Lautsprecher des Geschäftseinganges in der Passage. Das vorweihnachtliche Geschäft lief auf Hochtouren.

„... jingle all the way", dröhnte es in Lisas Kopf. Sie hielt sich die Ohren zu.

„Nein, nicht auszuhalten dieser Ohrwurm!", stöhnte sie laut. Nahezu fluchtartig verließ Lisa die Einkaufspassage. Hilfe suchend schaute sie sich in Rosenheim, einer ihr fremden Stadt, um. Da entdeckte sie am Ende der Straße einen Kirchturm. Schnellen Schrittes eilte sie in diese Richtung. Die Straßen waren glitschig. Überall mit Salz vermengter Schneematsch. Ein nasskalter Wind pfiff ihr ins Gesicht. Fröstelnd stellte sie den Kragen ihrer Daunenjacke hoch. Als sie die schwere Kirchentür öffnete, kam ihr der Geruch von Weihrauch entgegen. Eine dunkle Stille nahm sie auf. Die Kirche war leer, nur ein paar elektrische Lichter warfen einen matten Lichtschein auf barocke Figuren. Lisa sah sich um, als wüsste sie nicht, was sie hier eigentlich wollte. Sie war drauf und dran, sich umzudrehen. Aber sie wusste, sie konnte nicht davonlaufen. Die Wahrheit würde sie einholen. Langsam ging sie nach vorne und ließ sich in eine der vorderen Kirchenbänke sinken.

„Ich muss beten", sagte sie laut, „ich muss für Tamara beten." Aber es fiel ihr nichts ein. Da war kein Gebet, das sie jetzt hätte sprechen können. Ihr Blick fiel auf einen der Seitenaltäre. Eine Muttergottesfigur mit Jesuskind stand dort. Davor brannten ein paar Kerzen. Plötzlich erinnerte sich Lisa an den kleinen Hausaltar für Kwan Yin in Malaysia, erinnerte sich an die Kerze aus Mariazell. Sie hörte Vanessas Stimme in ihrem Ohr

„Tamara hat einen besonderen Bezug zu den weiblichen Gottheiten ...“, sie erinnerte sich an den Tempel, an die Opfergaben. Da erfasste ein wildes Beben ihren Körper, der Schock, der sie versteinert hatte, begann sich durch einen Weinkrampf zu lösen.

„Es ist so ungerecht“, schrie Lisa laut in die Stille der Kirche hinein. „Es gibt keinen Gott, es gibt keine Gnade, es gibt keine Barmherzigkeit!“ Ihre Stimme wurde in den Tränen ertränkt. Lisas Körper krümmte sich im Schmerz, sie glaubte, diesen Schmerz nicht aushalten zu können. Am liebsten wäre sie selbst tot zu Boden gesunken. Da legte sich eine Hand auf ihre Schulter. Es war eine warme, eine mütterliche Hand. Lisa sah auf, sie hatte das Eintreten der Klosterschwester nicht bemerkt. Durch den Schleier ihrer Tränen erblickte sie ein gütiges runzeliges Gesicht, umhüllt vom Schleier der Schwesterntracht.

„Sie ist tot, sie ist tot. O Gott, sie ist tot!“, schrie Lisa immer wieder. Die Nonne legte ihre Arme fest um Lisas zitternden Körper und drückte sie an sich. Ganz langsam beruhigte sich Lisa ein wenig. Unsicher sah sie zu der Klosterschwester auf.

„Ich sollte beten, aber ich kann nicht!“, flüsterte sie. Es klang schuldbewusst.

„Na, wenn das nicht ein Gebet war. Ehrlicher und tiefer kann kein Gebet sein“, antwortete die Nonne mit fester Stimme. „Gott hat Sie gehört, junge Frau, unsere Muttergottes auch!“

Lisa suchte ein Taschentuch in ihrer Tasche. Sie versuchte, wieder etwas Haltung zu gewinnen.

„Erzählen Sie“, forderte die Nonne, „sprechen Sie. Was ist geschehen?“

„Meine Freundin, meine beste Freundin ist tot. Gestorben nach einem Verkehrsunfall.“

„Kommen Sie“, sagte die Nonne. Energisch fasste sie Lisa bei der Hand und zog sie durch eine seitliche Kirchentür hinaus. „Sie brauchen jetzt etwas zu trinken und Wärme. Kommen Sie, da drüben ist ein gemütliches Café, da werden Sie mir Ihre Geschichte erzählen.“

Unsicher blickte Lisa um sich.

„Doch doch!“ Die energische Hand der alten Frau hatte Lisas Arm fest im Griff. „Wenn Sie jetzt nicht sprechen, mein Kind, tun Sie es womöglich nie wieder. Glauben Sie mir.“

Lisa ließ es geschehen. Sie ließ sich führen. Als sie sich an dem kleinen Tisch die Finger an einer heißen Tasse Schokolade wärmte, begann sie, stockend und unzusammenhängend über die schrecklichen Ereignisse der letzten vierundzwanzig Stunden zu erzählen.

Wie an den meisten Wochenenden im Herbst hatte Lisa zusammen mit ihren Freunden in ihrem neuen Haus gearbeitet. Alle hatten ihr geholfen, Rainer, Veronika, Jutta, zwei Frauen aus der Meditationsgruppe und ganz besonders Paul und Matthias, die sie in der Gruppe beim Urtontrommeln kennen gelernt hatte. Das Haus war bald entrümpelt, die Sachen wurden weggeführt und entsorgt. Lisa hatte sich entschlossen, zuerst die Schlafräume zu sanieren. Die oberen Räume waren bereits so gut wie fertig, neue Stromleitungen waren verlegt worden, zwei Heizkörper wurden ausgetauscht, die Wände frisch gestrichen, die Holzböden abgeschliffen und neu versiegelt.

Paul und Matthias waren dabei, die alte Holztreppe abzuschleifen. Lisa wollte das Lackieren übernehmen. Sie war gerade dabei ,für die beiden ein paar belegte Brote zu richten, als Paul ihr das Handy in die Küche brachte.

„Wer ist es?“, hatte Lisa gefragt, legte das hartgekochte Ei beiseite, das sie gerade abschälte, wischte sich die Finger an ihrer Jeans ab, bevor sie den Apparat in die Hand nahm. Statt einer Antwort fasste Paul sie mit beiden Händen um die Taille, zog sie an sich und gab ihr einen Kuss auf die Lippen. Lisa strampelte sich lachend frei. „Hallo", sagte sie ein wenig atemlos. Tamara war am Apparat.

„Schon wieder beim Flirten?", hatte Tamara sie geneckt, „das wird noch etwas Ernstes mit dir und Paul, hm?"

„Nein, das glaube ich kaum", alberte Lisa, „der Mann ist einfach zu frech!" Sie schaute Paul nach, der mit einem breiten Grinsen aus der Küche verschwand.

„Er tut dir aber gut. Du bist jünger denn je", lachte ihre Freundin.

„Ja", antwortete Lisa vergnügt, „es stimmt. Ich hatte nicht gewusst, wie sehr mir das fehlt. Seid ihr zur Abreise bereit?", fragte sie dann.

„Ja, deshalb rufe ich an. Wir fahren heute schon, Lisa. Florian möchte morgen früh in München noch einen geschäftlichen Termin abwickeln. Er hat gerade ein Hotelzimmer reserviert."

„Aber es ist schon spät, Tamara, wird dir das nicht zu anstrengend?", fragte Lisa besorgt.

„Aber nein, im Gegenteil! Ich kann in München vor dem langen Flug ausschlafen. Sonst hätte ich viel früher aufstehen müssen. Also Lisa, ich wünsche dir fröhliche Weihnachten! Du kommst wie versprochen und holst mich ab. Ja?"

Nach langen Überlegungen hatten Tamara und Florian besprochen, dass die Babys doch in Malaysia geboren werden sollten. Für Tamara war ihre Familie sehr wichtig. Florian wollte also mit ihr zum Weihnachtsfest hinüberfliegen. Er hatte es sich so eingeteilt, im Jänner und Februar alle Asientermine zu erledigen, und wollte Anfang März wieder in Salzburg sein. Ende März wollte Lisa nach Malaysia fliegen, zwei Wochen Urlaub machen und gemeinsam mit Tamara und den Babys zurückfliegen.

Wenn der Geburtstermin stimmte, würden die Babys einige Wochen alt sein, wenn sie ihre erste große Reise antraten.

Lisa und Tamara tauschten nochmals alle guten Wünsche und Grüße aus und bevor Tamara den Hörer auf die Gabel legte, sagte sie noch: „Vergiss nicht, Lisa, du musst das neue Jahr auf besondere Weise feiern. Gib eine richtige Silvesterparty, Lisa. Ich denke an dich!"

Der Abschied war Lisa schwer gefallen. Aber Abschied fiel ihr immer schwer. Sie hatte den Hörer zur Seite gelegt und beeilte sich, die Brote fertig zu belegen. Als nach einigen Stunden das Telefon nochmals klingelte, dachte Lisa, dass wohl Tamara noch mitteilen wollte, dass sie gut in München angekommen waren. Aber es meldete sich eine männliche Stimme.

„Plozeipräsidium Rosenheim. Spreche ich mit Frau Mosbacher?"

„Ja", antwortete Lisa erstaunt.

„Nun, Frau Mosbacher. Herr Jordan hat mich gebeten, Sie zu verständigen. Ja, er hatte einen Autounfall. Er lässt Sie bitten, nach Rosenheim zu kommen."

Lisa fühlte, wie die Angst von ihr Besitz nahm. „Einen Autounfall? Was ist passiert?"

Der Beamte wollte nicht viel sagen. Er erklärte ihr die Zufahrt zum Krankenhaus. Lisa hatte sofort die Autoschlüssel genommen und wollte zum Auto laufen. Paul sah, wie erschreckt sie war. Er hielt sie zurück, kümmerte sich darum, dass sie ihre Papiere und Geld mitnahm. Er sorgte dafür, dass sie warme Sachen anzog.

„Soll ich nicht doch mitkommen?", fragte er besorgt, als Lisa ins Auto stieg. Sie schüttelte stumm den Kopf und fuhr los. Vor Rosenheim kam Lisa zur Unfallstelle. Es waren immer noch Polizisten da. Lisa sah, wie Florians Auto total zertrümmert auf einen Abschleppwagen geladen wurde. Ihr Herz war vor Angst wie zugeschnürt. Tamara, Tamara, die Babys, sie konnte keinen anderen Gedanken fassen. Im Krankenhaus wurde sie zu Florian gebracht. Er war nur leicht verletzt, stand aber offensichtlich unter einem schweren Schock. Er drückte Lisa fest an sich, sein Blick war aber starr und leer.

Lisas Frage, „was ist mit Tamara, wie geht es ihr?", konnte er nicht beantworten. Nur ein Zucken ging über seinen Mund. Die Krankenschwester hatte Lisa zur Seite gezogen.

„Frau Jordan ist leider im Rettungsauto gestorben."

Es war so unfassbar für Lisa, es war so unfassbar für Florian. Die Krankenschwester bat Lisa, Florian zuzureden, damit er sich ein Medikament zur Beruhigung geben ließ. Er hatte einen schweren Schock. Man hatte ihn in ein Einzelzimmer gebracht, aber er wollte sich nicht ins Bett legen. Apathisch saß er auf einem Sessel. Lisa setzte sich zu ihm und redete leise auf ihn ein. Sie wusste jetzt nicht mehr, was sie alles gesagt hatte, aber als der Arzt kam, war Florian doch bereit, sich eine Injektion zur Beruhigung geben zu lassen und sich ins Bett zu legen.

Die Ordensfrau hatte Lisa ruhig zugehört.

„Ja, das ist wirklich schwer", sagte sie. „Wo ist ihr Freund Florian jetzt?"

„Auf dem Polizeipräsidium. Der Arzt sagte, er muss dort hin, um eine Aussage über den Unfall zu machen. Ich habe ihn begleitet, wollte aber nicht mit hineingehen. Ich ging durch die Straßen und sah die Kirche." Lisa schaute auf ihre Uhr.

„Ich muss zurück ins Krankenhaus. Wir haben vereinbart, dass ich dort auf ihn warte."

„Ja", sagte die Nonne, griff in ihre Tasche und legte einen Geldschein auf den Tisch.

„Ich habe keine Mark bei mir." Lisa war etwas verlegen.

„Sie sind eingeladen." Mitfühlend schaute die Nonne in Lisas Gesicht. Tränen standen in ihren Augen. Erst jetzt konnte Lisa den Menschen spüren, die Frau, die ihr da gegenüber saß. Instinktiv sagte sie:

„Und Sie, Schwester? Sie hatten auch ein schweres Schicksal?"

„Gut, dass Sie gesprochen haben. Man muss gleich reden, sonst tut man es nie mehr! Glauben Sie mir", antwortete die verhüllte Frau. Lisa schossen wieder Tränen in die Augen, sie fühlte den verschlossenen Schmerz der Ordensfrau.

Die Formalitäten, die es zu erledigen gab, waren unendlich anstrengend. Lisa versuchte, Florian zu unterstützen, so gut sie konnte. Auch die Ärzte und Schwestern im Krankenhaus gaben ihm jede nur erdenkliche Unterstützung. Einer der Ärzte war bereit, die traurige Aufgabe zu übernehmen und Tamaras Eltern anzurufen. Florian konnte es nicht. Und so übergab der Arzt, nachdem er seine medizinische Pflicht getan hatte, eine Stunde später Lisa den Hörer.

„Ich habe den Eltern versprochen, dass Sie, Frau Mosbacher, nochmals anrufen werden."

Lisa sprach, erzählte, was sie wusste. Sie tröstete und sie weinte. Und sie wurde wieder getröstet und musste schließlich versprechen, gemeinsam mit Florian nach Malaysia zu kommen. Wilhelm Sauerbach bestand darauf, dass Tamara nach Malaysia gebracht wurde. Erschüttert stand Lisa im Zimmer des Arztes, als sie den Hörer aufgelegt hatte.

„Eine Überführung nach Malaysia und das so knapp vor Weihnachten. Was muss ich da tun?", fragte sie kreidebleich und hilflos sah sie den jungen Arzt an.

„Wissen Sie was", überlegte er, „ich bringe Sie und Herrn Jordan jetzt in unsere Verwaltung. Die werden Ihnen weiterhelfen und sollen alles für Sie organisieren. Es ist eine Frage der Versicherung von Frau Jordan. Kommen Sie."

Der Tag verging und auch der darauf folgende Tag. Sie hatten sich ein Hotelzimmer genommen, versuchten, sich die Telefonate zu teilen. Lisa redete so viel wie möglich mit Florian. Ja, sie löcherte ihn mit Fragen, die er stockend nach und nach beantwortete. Immer wieder musste sie an die Worte der Klosterfrau denken.

„Wenn Sie nicht gleich reden, reden Sie nie mehr." Sie fürchtete die Gefahr, dass Florian sich vollkommen verschließen würde. Sie ahnte, er fühlte sich schuldig, weil er den Wagen gelenkt hatte, obwohl ein ausscherender Lastkraftwagen den Unfall auf der regennassen Straße verursacht hatte. Als nach zwei Tagen alles erledigt war, der Flug umgebucht und sicher war, dass auch Tamaras sterbliche Überreste einen Tag später überführt werden konnten, musste die Familie Sauerbach natürlich informiert werden. Lisa ließ das Gespräch von der Hotelrezeption aus vermitteln und drückte Florian den Hörer in die Hand.

„Ich kann nicht", wehrte er erschrocken ab und hielt den Hörer weit weg.

„Doch, du kannst, Florian! Du musst!", befahl Lisa streng, drehte sich um und verließ das Hotelzimmer. Ich mache eine Rosskur mit ihm, dachte Lisa und wusste, dass es sein musste. Leise schloss sie die Hotelzimmertür und ging langsam den Flur entlang.

„Es ist auch eine Rosskur für mich", sagte Lisa leise zu sich selbst. Am Ende des langen Ganges blieb sie vor einem kleinen Fenster stehen und ließ ihren Blick über die Dächer der fremden Stadt gleiten. Weit am Horizont tauchte die Erinnerung an einen Traum auf. An Bilder des Glücks. Einen Traum, den sie geträumt hatte, vor Jahren, in Christianes Wohnung in Wien.

Lisa hatte sich vor den malaiischen Ritualen der Hochzeit von Tamara und Florian gedrückt. Sie war nicht mitgeflogen, da die Angst vor der unbewussten Erinnerung zu mächtig gewesen war. Nun zwang das Schicksal sie, zu Tamaras Begräbnis nach Malaysia mitzukommen. Und diesmal konnte sie sich nicht drücken. Was Lisa bereits fühlte, aber noch nicht richtig bewusst einordnen konnte, das war der schicksalhafte Zusammenhang, bei dem durch einen plötzlichen Unfall Liebende getrennt wurden. Lisa wurde gezwungen, den Schmerz und die Trauer von Florian mitzuerleben, um verstehen zu lernen, um geheilt zu werden. In ihrer Trauer um Tamara konnte ihre Seele trauern über den eigenen plötzlichen Tod und das Ende eines so schönen und verheißungsvoll beginnenden Lebens. Auch wenn die Zusammenhänge immer noch hinter zarten Schleiern verborgen lagen. Da am Fenster weinte Lisa. Weinte um die Freundin. Weinte um zwei ungeborene Kinder. Weinte um sich selbst, weinte um ein Kind, das das ihre hätte sein können, und weinte um einen Mann, dessen unbewältigte Trauer das Erleben einer glücklichen Liebe behinderte.

Hinter ihr wurde eine Hotelzimmertür geöffnet. „Alle Jahre wieder", tönte die Melodie des Weihnachtsliedes leise an Lisas Ohr. Der fahle Himmel vor ihr zeigte plötzlich einen roten Streifen der Verheißung.

ICH KOMME WIEDER. In großen goldenen Buchstaben stand der Satz vor Lisas geistigem Auge. Und ihr war, als legte Tamara zärtlich ihre Wangen an die ihren. „Weine nicht, ich komme wieder."

Wilde ekstatische Bewegungen hatten Lisas Körper erfasst. Paul hatte die Kraft ihres nackten Körpers unter dem seinen gespürt und hatte sich mit ihr herumgedreht. Ihr Stöhnen drang an sein Ohr wie ein Hilfeschrei. Er hatte Mühe, diese Frau zu halten. Ihm war, als würde sie explodieren und ihn mit sich reißen. Er fühlte, er musste sie, sich selbst, sie beide zusammenhalten, damit die überschäumenden Wellen sie nicht in einem Ozean grenzenloser Begierde verschlangen. Das flackernde Licht der Kerze projizierte tanzende Schatten. Lisas Fingernägel gruben sich in seinen Nacken, an dem sie sich festhielt. Als das Zucken tanzender Wellen ihren Körper durchlief, ließ sie sich abrupt nach vorne fallen. Ihre schweißnassen Körper klatschten aufeinander und Paul rollte sich wieder mit ihr herum. Schwer drückte sein athletischer Körper sie nieder und nach und nach ergab sich ihr Aufbäumen einer erlösenden Bereitschaft, sich selbst, Paul, sie beide zusammen in einen zeitlosen Moment eines tiefen uferlosen Glücks fallen zu lassen.

Nach einer Weile absoluter Ruhe, in der sich auch das Kerzenlicht beruhigt hatte, langte Lisa nach der Bettdecke und zog sie über beide Körper. Paul machte Anstalten, sich von ihr zu rollen. Sie aber hielt ihn fest. Er küsste ihren Hals, lutschte an ihrem Ohrläppchen und flüsterte: „Bin ich dir nicht zu schwer?"

„Nein, im Gegenteil. Du könntest zehn Kilo mehr haben. Ich mag was Schweres auf mir. Es gibt mir Ruhe!"

„Für wie lange wohl?", lachte Paul und rollte sich nun doch zur Seite. „Du schaffst mich noch, wenn du so weitermachst. Dreimal in einer Nacht und immer intensiver. Was soll das werden, hm?"

Lisa rückte lachend etwas ab von ihm und dehnte genussvoll ihre Glieder. Dann wurde sie plötzlich ernst und sagte:

„Der Tod erweckt die Gier nach Leben."

„Manchmal machst du mir Angst", antwortete Paul betroffen. Er schlug die Bettdecke zurück, sprang aus dem Bett, wickelte sich eines der herumliegenden Handtücher um die Hüfte und ging in die Küche. Mit einer Flasche Mineralwasser und zwei Gläsern kam er zurück.

„Wie geht es Florian?", fragte er mitfühlend.

Lisa starrte gedankenverlorene Löcher in die Luft. Es dauerte eine Weile, bis seine Frage sie erreichte.

„Oh", sagte sie, „es geht ihm nicht gut. Er ist zwar nach außen sehr gefasst, arbeitet weiter wie eh und je. Aber gerade das gefällt mir nicht. Er redet nicht."

„Ja", meinte Paul, „genau den Eindruck hatte ich auch. Er braucht dich, Lisa."

„Ja", antwortete sie, nahm dankbar das Wasserglas an, trank ein paar Schluck und drehte sich zur Seite. Paul löschte das Licht und schlüpfte zu ihr unter die Decke. Lisa schmiegte sich eng an ihn.

„Schlaf gut, du Schmusekatze", raunte er leise und sie hörte gleich darauf seine langen tiefen Atemzüge.

In den nächsten Wochen verbrachten sie immer öfter Abende zu dritt. Lisa hatte Florian eines der Schlafzimmer zum Übernachten angeboten. Sie wusste, er litt an den einsamen Abenden in der großen Wohnung, wo ein fast fertig eingerichtetes Kinderzimmer immer noch hinter der verschlossenen Tür vergebens wartete. Lisa hatte Florian einmal vorsichtig auf die Wohnung, Tamaras Kleider und persönliche Sachen und das Kinderzimmer angesprochen.

„Wenn du Hilfe brauchst, bitte sag es", hatte sie gesagt.

„Noch nicht. Noch soll alles bleiben, wie es ist", hatte er ihr zur Antwort gegeben. Doch er hatte stillschweigend ihr Übernachtungsangebot angenommen. Lisa hatte einer Baufirma den Umbau und die Sanierung vom Erdgeschoss übergeben. Sie war dankbar, dass beide, Florian und Paul, ihr behilflich waren und auch gut miteinander auskamen. Mehr und mehr wurde das geheimnisvolle Haus das, was Tamara vorausgesehen hatte, nämlich ein echtes Schmuckstück und zudem ein Hort, an dem Frieden und Harmonie herrschten.

„Du hast dir eine Insel geschaffen", bemerkte Paul eines abends zu Lisa und bewundernd betrachtete er die neuen Vorhänge, die sie sich hatte nähen lassen. Es war einer der wenigen Abende, an denen sie alleine waren. Lisa war bewusst geworden, dass die Abstände zwischen den Abenden, an denen Paul kam, immer größer geworden waren und die, an denen Florian kam, immer kleiner.

„Ja, ich bin dankbar, sehr dankbar für das Haus", hatte sie geantwortet.

Paul hatte nach einer der umherstehenden Trommeln gegriffen und begann zu spielen. Lisa griff nach ihrer Trommel und einfühlsam schwang sie sich in seinen Rhythmus ein. Die Wände des alten Hauses hallten wider von Trommeltönen, die eine Geschichte erzählten. Eine Geschichte von Sehnsucht, von Liebe, von Leidenschaft, von Schmerz und von Abschied. Eine Geschichte, die Altes erlöste und von Neuem kündete. Eine schöne Geschichte, die friedlich ausklang. Friedlich und leise.

„Das war perfekt", lobte Paul zufrieden. Lisa sah Anerkennung in seinen Augen aufblitzen. Er war stolz auf seine Schülerin.

Als am nächsten Morgen die warme Frühlingssonne durch das Fenster lachte, zog Paul Lisa fest an sich, küsste ihre Stirn und sagte: „Na, dann. Das war's dann wohl."

Lisa schaute ihm zärtlich ins Gesicht. Sie hatten letzte Nacht lange geredet und wussten beide, dass es keine dauerhafte Beziehung zwischen ihnen geben würde.

„Deine Prinzessin kommt noch“, behauptete Lisa. „Sie wird jünger und viel schöner sein als ich!“

„Ach, hör auf“, wehrte sich Paul, „deine Gier nach Leben ist befriedigt und das ist es!“ Lisa war nicht ganz sicher, ob der sarkastische Ton in seiner Stimme auf unterdrückte Abschiedsmelancholie oder gekränkte männliche Eitelkeit zurückzuführen war.

„Ich habe dich wirklich gebraucht, Paul. Es war wunderschön mit dir und ich mag dich sehr.“ Sie schlang ihre Arme um seinen Hals und zog ihn für einen Moment herzlich an sich heran. „Aber ich bin wirklich zu alt für dich, immerhin bist du sieben Jahre jünger als ich!“

Paul schüttelte seinen Kopf. „Das ist es nicht und du weißt das genau. Aber es ist okay, Lisa. Florian braucht dich! Und ich bin ein Zugvogel.“

Mit einem Seufzen stand Lisa auf.

„Kaffee? Und schnell eine Semmel? Ich habe leider nicht viel Zeit.“ Sie öffnete das Fenster. Wie jeden Tag begrüßte sie ihren Garten mit zärtlichen Blicken. Herrlich, wie die Pfingstrosen blühten. Große alte Stauden noch von der Vorbesitzerin. Lisa hatte alles Unkraut dazwischen entfernt, sie gedüngt und ausgeschnitten. Sie dankten es ihr mit reicher satter Blüte. Schwere volle Blütenbälle in dunklem Rot, warmem Rosa und strahlendem Weiß. Lisa musste gewaltsam ihren Blick vom Garten wenden. Schnell schlüpfte sie in ihre Pantoffeln und eilte am Plätschern der Dusche, das aus dem Badezimmer klang, vorbei die Treppen zur Küche hinunter. Als Lisa fertig gekleidet war, die große Tasche um die Schulter gehängt hatte und nach dem Haustorschlüssel griff, stand Paul bereits vor seinem Motorrad. Er hatte den Helm in der Hand. Plötzliche Wehmut erfasste Lisa. Sie ging zu ihm mit Tränen in den Augen, legte ihre Arme um seinen Hals: „Danke, Paul! Für alles. Es war wirklich schön mit dir!“

Ein wenig verlegen gab er ihr einen Klaps. „Nun werde bitte nicht sentimental! Wir sehen uns beim nächsten Trommelworkshop! Okay?“

„Okay. Beim Trommeln, das ist gut.“

Sein Kopf verschwand unter dem Helm mit dem dunkel getönten Visier. Mit lautem Brummen startete er die schwere Maschine. Lisa schaute ihm nach, bis er hinter den Birken verschwand. Dann ging sie eilig zu ihrem Wagen. Ein Blick auf die Uhr sagte ihr, dass sie sich beeilen musste. Hoffentlich gab es nicht wieder einen Stau vor der unvermeidlichen Abfahrt vor dem Industrieviertel. Lisa drehte das Autoradio an, um den Verkehrsfunk abzuhören.

Etliche Wochen später saß Florian in dem großen Lehnsessel neben dem Kamin und der Stehlampe und las in einem Buch. Lisa hatte sich auf die Couch gelegt und mit offenen Augen starrte sie auf die Zimmerdecke. Ihr war, als hätte das Fenster der Zeit sich aufgeschoben. Zwischen dem, was vorher da war und später kommen würde gab es keine Trennlinie mehr. Irgendwie war aus ihrem Leben eine Masse geworden, die sich immer wieder, Tag für Tag neu zusammenfügte und doch aus den gleichen für sie wichtigen Dingen bestand. Vielleicht das erste Mal in ihrem Leben kam ihr der Gedanke, dass sie alt wurde. Nicht, dass sie sich alt gefühlt hätte oder Sorge gehabt hätte, alt auszusehen. Nein, sie merkte bloß, die Jahre hinterließen Abdrücke, die wie Bilderbuchseiten nach vor und zurück geblättert werden konnten. Es war ihr nicht unangenehm. Es gab ihr die Möglichkeit zu wählen. Sie konnte intensiv in eines der Blätter eintauchen und auch wieder daraus hervorgehen. Florian hatte sein Buch niedersinken lassen.

„Worüber denkst du nach, Lisa?“, fragte er mit einem Blick in ihre Richtung.

Sie blieb still liegen und antwortete, „ach, ich sinniere nur."

„Der Sinn des Lebens?", abgehakt blieben die Worte stehen. Florian nahm sein Buch wieder auf. In wenigen Tagen war die Gerichtsverhandlung wegen des Autounfalls.

„Wenn das bloß endlich vorüber wäre", dachte Lisa. Sie wusste, wie sehr es ihn belastete. Wie sehr er litt. Er hatte so große Angst davor, dass sich herausstellen könnte, dass wirklich er schuld an dem verhängnisvollen Unfall war. Lisa hatte ihn zu beruhigen versucht so gut es ging. Die Vertrautheit zwischen ihnen, die immer schon da gewesen war, hatte sich durch den Tod von Tamara noch vertieft. Sie teilten etwas Gemeinsames. Sie teilten die Liebe, die Trauer und die Erinnerung an einen Menschen, den sie beide liebten. Sie teilten den Schmerz und alles, was Tamara für jeden von ihnen zurückgelassen hatte. Lisas einfühlsamer und auch direkter Art war es gelungen, Florian nach und nach zum Reden zu bringen. Er erzählte ihr den Hergang des Unfalls auf der regennassen Autobahn. Er erzählte von den letzten Gesprächen und dann auch von den Plänen, die er und Tamara gehabt hatten. Lisa ermunterte ihn. Und bald war es selbstverständlich für sie beide geworden, Erinnerungen an Gemeinsamkeiten mit Tamara auszutauschen. Wenn Lisa etwas Neues für ihr Haus aussuchte, pflegte sie zu sagen: „Das hätte Tamara auch gefallen."

Und so lebte die geliebte Frau, die geliebte Freundin durch sie beide weiter. Ihre Güte und Wärme durfte in ihrer beider Leben bleiben. Lisa löste den Blick von der Zimmerdecke, stand auf und holte sich ebenfalls ein Buch zum Lesen.

Liebe kennt kein „Entweder-Oder" , nur ein „Sowohl-Als-Auch"

Viktor Grohmann rückte ein wenig ungeduldig auf seinem

Schreibtischsessel hin und her. Unschlüssig sah er auf die Uhr. Dann stand er auf. Er ging quer durch den Raum, öffnete einen kleinen Barschrank, nahm eine Flasche Cognak heraus und die weiße Blechbox, auf der „Davidoff Panatellas“ in goldbraunen Buchstaben stand. Aus einem Nussholzregal darüber nahm er sich ein Glas und goss es voll. Er öffnete die Blechbox und nahm eine heraus. Mit bedächtigen Bewegungen verstaute er die Flasche und die Blechschachtel wieder, nahm das Glas und ging zurück zu seinem Schreibtisch. Am vorderen Ende der Schreibtischplatte stand ein schwerer Onyxaschenbecher mit einem dazugehörigen Feuerzeug. Er langte danach und zog beides zu sich her. Dann lehnte er sich genüsslich zurück, zündete sich die schmale Zigarillo an und nahm einen Schluck aus seinem Glas. Das Gespräch mit Elisabeth beschäftigte ihn noch immer. Seine einstige Kollegin und er hatten sich durch seinen Aufenthalt in den Staaten vollkommen aus den Augen verloren. So war es reiner Zufall, dass sie ihm heute an der Tür zum Theater nahezu in die Arme gelaufen war.

„Viktor!“, hatte sie erfreut ausgerufen.

„Elisabeth, so eine Überraschung. Wie geht es dir?“, hatte er sogleich erfreut geantwortet.

„Wie es einer jungen Mutter schon geht“, hatte sie strahlend geantwortet. „Immer in Eile! Aber sag’, wie geht es dir? Was treibst du?“

Als sie in das müde Gesicht von Viktor blickte, hatte sie ihn kurz entschlossen bei der Hand gepackt und gesagt: „Komm mit. Ich muss nur schnell ein paar Arbeitspapiere abholen, dann setzen wir uns in das kleine Café an der Ecke. So viel Zeit hast du doch?!“

Viktor hatte eben dies vorgehabt. Er wollte dort eine Kleinigkeit essen und so waren sie sich schnell einig gewesen. Elisabeth war begierig darauf gewesen, alles über die Filmproduktion zu hören. Zu gerne hätte sie selbst auch einmal bei einem Filmprojekt mitgearbeitet. Mit gespannter Aufmerksamkeit war sie an Viktors Mund gehangen und hatte seiner Erzählung gelauscht.

„Na ja“, sagte sie dann, „alles kann man nicht haben. Dafür bin ich Mutter geworden.“

„Ein Bub? Ein Mädel? Wie alt?“, hatte Viktor gefragt.

„Ein Bub, gerade sechzehn Monate“, hatte sie strahlend geantwortet und ein Foto aus der Tasche gezogen.

„Niedlich“, hatte er gemeint, „fast so schön wie meiner!“

Elisabeths Augen waren ganz groß geworden: „Sag bloß, Viktor. Du hast noch ein Kind?“

„Ja“, hatte er gelacht und war sich etwas verlegen mit der linken Hand durch die schon etwas schütteren Haare gefahren. „Ein Bub, zwei Monate jünger als deiner.“

„Oh, da gratuliere ich euch“, hatte Elisabeth herzlich ausgerufen, „ich kann mir Lisa ganz wunderbar als stolze Mutter vorstellen. Wir müssen uns unbedingt sehen.“

„Nicht mit Lisa“, hatte er sie schroff unterbrochen. Elisabeth hatte bemerkt, dass er blass geworden war.

„Meine Lebensgefährtin heißt Anabell“, hatte er erklärend hinzugefügt. Viktor hatte die Enttäuschung auf dem Gesicht seiner einstigen Kollegin gesehen und war sich noch einmal verlegen mit der Hand durch das Haar gestrichen.

„Ja, ich habe spät noch einmal Anlauf genommen. Nun habe ich zwei Söhne“, hatte er versucht, die entstandene Spannung aufzulösen. Elisabeth hatte aber sehr direkt geantwortet.

„Schade, Viktor“, hatte sie entgegnet, „du und Lisa ward bestimmt füreinander. Woran ist das zerbrochen?“ Es war unverkennbar gewesen, dass die Wendung des Gesprächs Viktor höchst unangenehm war.

„Ich weiß auch nicht. Wir haben uns irgendwie aus den Augen verloren, als ich nach Amerika ging. Dort habe ich Anabell kennen gelernt.“

„Seid ihr glücklich? Was ist mit Ana?“ Elisabeth hatte sich nicht abwimmeln lassen. Seine Antwort war fadenscheinig gewesen und er hatte gespürt, dass sie ihm kein Wort glaubte! Schließlich hatten sie sich etwas beklommen voneinander verabschiedet. Da hatte Elisabeth sich nochmals umgedreht.

„Daniel und ich werden heiraten. Wir geben ein ungezwungenes Fest für unsere Freunde. Wollt ihr nicht kommen?“

Viktor hatte abgelehnt. Doch Elisabeth hatte einen Zettel aus ihrem Kalender gerissen und ihm die neue Telefonnummer und Adresse aufgeschrieben.

„Ruf wenigstens an, wenn du was brauchst.“

„Vielleicht mal zum Babysitten? Würdest du das tun? Anabell ist manchmal überfordert. Sie hat keine Zeit mehr für sich selbst“, hatte er gesagt.

„Aber klar, gerne!“, hatte sie im Davoneilen ihm noch zugerufen.

Viktor zog den Zettel aus der Tasche. Er strich ihn sorgfältig glatt, nahm seinen Adressblock und schrieb Elisabeths Adresse ein. Vielleicht war es eine gute Idee, sie mal einzuladen. Vielleicht würde sie Anabell helfen, Anschluss zu bekommen. Vielleicht würde sein Leben mit Anabell durch Elisabeth leichter. Er konnte die Gedanken, die ihn selbst schon lange quälten, nicht mehr länger verdrängen. Er wusste in seinem Innersten, dass es ein Fehler gewesen war, Anabell aus den Staaten mitzubringen. Sie hatte sich so an ihm festgeklammert. Er fühlte sich verantwortlich. Doch sie waren miteinander nicht glücklich geworden. Anabell hatte immer gehofft, durch das Kind würden sie glücklich werden. Nun war es da, doch es ging ihnen schlechter denn je. Gedankenverloren blätterte er in seinem Adressblock. Lisa Mosbacher, Geschäft stand da. Die Nummer war durchgestrichen und eine neue darübergekritzelt.

Er zögerte, doch dann griff er nach dem Telefon und wählte.

„Viktor Grohmann. Guten Tag! Ich möchte Lisa Mosbacher sprechen."

„Frau Mosbacher ist in der Stadt", erklärte ihm Frau Meiser, „sie kommt aber später nochmals ins Büro. Kann ich etwas ausrichten? Kann sie zurückrufen?"

„Ja", erwiderte Viktor, „ich bin bis zwanzig Uhr im Theater." Er gab Frau Meiser die Telefonnummer bekannt.

Zufrieden lehnte er sich zurück. Gut, dachte er. So liegt die Entscheidung bei Lisa selbst. Er war sich nicht sicher, ob sie noch jemals von ihm etwas hören wollte.

Als Lisa zurückkam, fand sie Hartwig Rainer im Büro vor. Höflich half er Lisa aus dem leichten Regenmantel.

„So ein Wetter", begrüßte sie ihn und hatte doch ein breites Lächeln um die Lippen.

„Sie strahlen ja richtig, während alle anderen ein saures Gesicht machen wegen diesem Sauwetter", meinte ihr Mitarbeiter und eifrig wie immer schob er ihr seine Mappe hin.

„Jetzt nicht, Hartwig. Wir machen das morgen, okay? Ich würde gerne ein wenig alleine sein."

„Ja gut", antwortete er erstaunt und nahm seine Sachen auf, um hinauszugehen.

„Wo ist Frau Meiser? Schon gegangen?"

„Nein, sie und Herr Jordan sind im Lager", sagte Hartwig Rainer und schloss die Tür hinter sich.

Lisa ließ sich in ihren Ledersessel fallen. Wieder spannte sich ein breites Lächeln um ihren Mund. Sie griff in ihre Handtasche und zog ein Foto heraus. Es war ein besonderes Foto. Die erste Ultraschallaufnahme ihres ungeborenen Kindes. Schon beim Arzt, dann im Stiegenhaus, nachdem sie die Ordination verlassen hatte, im Auto bei jeder roten Ampel, wieder und wieder wollte sie nur dieses Foto anschauen. Es war so unbegreiflich! Noch unvorstellbar, doch dieses Foto sagte ihr, es war wahr. Sie bekam ein Baby. So lange hatte sie sich danach gesehnt und nun konnte sie es kaum glauben. Vor wenigen Tagen hatte sie sich mit ihrem Verdacht, schwanger zu sein, Veronika anvertraut.

„Lisa, wie wunderbar!“, hatte diese ausgerufen, sie jedoch hatte abgewunken.

„Verschreie es nicht“, hatte sie gebeten, „ich sage es dir nur, weil ich sofort einen Termin bei einem Gynäkologen brauche“, und fügte hinzu, „der deine ist doch gut?“

Mit der einen Hand strich Lisa zärtlich über das Foto, mit der anderen fühlte sie ihren Bauch. Ihr Blick wanderte zum Fenster hin und wieder zurück.

„Was wird Florian dazu sagen“, fragte sie das Foto leise. Und sie fühlte, dass ihr nun doch recht bange war. Florian und sie hatten nicht über Verhütung gesprochen und auch nicht über ein Kind.

Die Erinnerung an die letzten Monate tauchte in Lisa auf. Da war Florians Verhandlung. Lisa hatte vorgehabt, zur Gerichtsverhandlung mitzufahren, doch dringende Arbeiten in der Firma machten es unmöglich. So wartete sie an jenem Abend ungeduldig, bis Florian kam. Die Monate bis zur Verhandlung hatten sich dahingezogen und es war Spätherbst geworden. Lisa hatte ein Feuer im Kamin entzündet und Tee aufgebrüht. Mit Erleichterung hörte sie die Haustür ins Schloss fallen und eilte Florian entgegen.

„Und? Wie ist es ausgegangen?“

Blass und steif stand er da.

„Schuldig, zu zwanzig Prozent“, sagte er. Lisa ging auf ihn zu und nahm ihn fest in den Arm.

„Du bist nicht schuld“, beteuerte sie, „du nicht und auch nicht der Lastwagenfahrer. Ein Fahrfehler, ja! Doch alles andere ist Schicksal.“

Florian hatte sie umarmt, doch dann ließ er sie los.

„Ich bin zu schnell gefahren für die schlechten Wetterverhältnisse, hat der Richter gesagt. Daher die Teilschuld. Aber verhindern hätte ich den Unfall nicht können, waren sich der Sachverständige und der Richter einig.“ Er hatte die Schuhe ausgezogen und den Mantel auf einen Kleiderhaken gehängt.

„Komm, ich habe Tee aufgestellt,“ sagte Lisa.

„Ja, das kann ich jetzt brauchen“, meinte Florian dankbar. Ging zum Kamin und streckte die Hände aus, um sie zu wärmen. „Die Heizung in meinem Auto ist defekt, das Gebläse geht nicht. Ich muss morgen in die Werkstätte“, erklärte er.

Lisa goss Tee in die Tassen. Sie schob einen Fauteuil nahe zum Feuer und reichte Florian die zarte Porzellantasse auf dem Unterteller.

Müde ließ er sich in den bequemen Lehnstuhl gleiten.

„Dem Lastwagenfahrer geht es schlecht. Er war viel schwerer verletzt, als ich dachte. Er hatte eine komplizierte Wirbelverletzung. Möglicherweise kann er nicht mehr Lastwagen fahren. Er ist dreimal zu mir hergekommen und hat immer wieder gesagt, wie leid es ihm tut. Er hatte Tränen in den Augen. Er tut mir auch sehr leid. Ich gebe ihm keine Schuld, Lisa!“

„Ich weiß“, antwortete Lisa. Dann saßen sie schweigend da. Plötzlich fragte Florian. „Hast du von Viktor einmal etwas gehört?“

„Nein“, antwortete Lisa „wieso?“

„Ich muss oft an ihn denken. Du erinnerst dich an den Traum, den ich dir erzählt habe, und an die Sache, die bei Dr. Berchthold herauskam?“

„Natürlich!“

„Ich habe ihm unrecht getan! Es tut mir leid! Ich habe ihm unrecht getan.“ Er und Lisa hatten sich an jenem Abend lange unterhalten. Über das Schicksal, über Gott, über die kosmischen Gesetzmäßigkeiten von Ursache und Wirkung. Über die anderen Leben. Über Karma. Über Angst, Schuldgefühle und Verstrickung. Auch über Liebe, Heilung und Erlösung. Wie so oft hatte sich Lisa nach einer Weile auf einem Kissen vor Florian auf den Boden gesetzt und er hatte ihren Kopf zärtlich in die Hand genommen und sie geküsst. Dann war er zu ihr auf den Boden gerutscht und sie hatten sich während des Redens aneinander gelehnt. Als sie endlich aufstanden, um schlafen zu gehen, sich Florian wie üblich mit einem Gutenachtkuss verabschieden wollte, hatte Lisa ihn bei den Händen genommen und fest in seine Augen geblickt.

„Komm heute mit in mein, Zimmer Florian. Schlaf mit mir!“

Florian hatte nichts geantwortet. Er hatte sie nur aufmerksam angeschaut. Dann hatte er sie bei der Hand genommen, war mit ihr in ihr Schlafzimmer gegangen. In dieser Nacht hatten sie das erste Mal miteinander geschlafen.

Lisa tauchte aus ihrer Erinnerung auf und betrachtete wieder das Ultraschallfoto. Das bange Gefühl war verflogen. Sie fühlte sich nun ruhig und sehr glücklich.

„Ja, es ist richtig“, bestätigte sie sich selbst, „Tamara hätte es so gewollt.“

Sie hörte Frau Meiser im Vorzimmer und steckte das Foto schnell in die Tasche zurück.

„Ah, Frau Mosbacher", sagte sie, „wir waren im Lager. Die Lagerliste stimmt nicht. Wir müssen alles überprüfen!"

„Ein Eingabefehler?", fragte Lisa und begrüßte Florian lächelnd, der hinter Frau Meiser eingetreten war. Zärtlich drückte sie seine Hand. Sie hatten es beide vermieden, in der Firma zu privat miteinander umzugehen. Obwohl alle ihre Verbundenheit kannten, wusste doch keiner so recht, welcher Art ihre Beziehung wirklich war. Florians Hand erwiderte den Druck und er sagte, „das müssen wir herausfinden."

„Ach ja", erinnerte sich da Frau Meiser, „es war ein Anruf für Sie! Viktor Grohmann! Die Nummer habe ich aufgeschrieben." Und sie reichte Lisa den Zettel. „Bis zwanzig Uhr, sagte er, ist er heute erreichbar."

Für einen Moment fühlte Lisa den Boden unter ihren Füßen wanken. Viktors Name hatte urplötzlich einen Stich in ihrem Herzen ausgelöst. Florian klopfte ihr aufmunternd auf die Schultern.

„Wir arbeiten in meinem Büro weiter", sagte er zu Frau Meiser hin und zu Lisa, „dann kannst du mit ihm in Ruhe telefonieren. Ich freue mich für dich, Lisa, dass er sich endlich gemeldet hat." Lisa fühlte, wie ehrlich Florian es meinte. Sie setzte sich nieder, um ihre schwankenden Beine zu entlasten. Florian wollte die Tür gerade hinter sich schließen, da rief Lisa ängstlich: „Florian, du kommst doch heute nach Haus?"

Erstaunt schaute er Lisa an: „Natürlich, warum sollte ich nicht?"

„Ich meine, gleich nachher. Nicht, dass du noch in die Wohnung fährst oder einen Kunden besuchst oder so. Ich möchte etwas mit dir besprechen."

„Natürlich, Lisa, die Wohnung kann warten." Florian hatte begonnen, seine und Tamaras gemeinsame Wohnung auszuräumen.

Als Lisa alleine im Büro zurückgeblieben war, stiegen Tränen in ihr auf. Viktor! Ausgerechnet jetzt! Heute musste er sich melden. Lisa kämpfte mit sich. Drei- oder viermal griff sie nach dem Telefonhörer, aber immer wieder legte sie ihn auf die Gabel zurück. Nein, was sollte sie ihm sagen? Dass sie schwanger war? Wo Florian, der Vater ihres Kindes, dies noch nicht einmal wusste! Warum hatte er sich ausgerechnet heute gemeldet? Nein! Sie stand auf. Sie griff nach ihrem Mantel und wollte zu Florian. Sie wollte ihn bitten, gleich mit ihr nach Hause zu fahren. Als sie bereits in der Tür stand, sah sie plötzlich die gütige Nonne vor sich.

„Wenn wir nicht gleich reden, tun wir es nie wieder", erinnerte sie sich an ihre Worte. Und plötzlich fühlte sie eine abgrundtiefe Angst in sich aufsteigen. Viktor! Sie durfte ihn nicht verlieren. Sie hängte den Mantel wieder an den Haken, setzte sich zurück an den Schreibtisch, langte nach dem Telefon und wählte die angegebene Nummer.

Das Warten auf Lisas Rückruf hatte in Viktor bange Gefühle ausgelöst. Erleichtert griff er nach dem Hörer, als der Apparat endlich sein schrilles Läuten von sich gab.

„Grohmann."

„Hallo, Viktor. Da ist Lisa!", er fühlte, wie ihre Stimme bebte. Fühlte, wie ihm warm wurde ums Herz. Und er wusste, nun endlich wollte er sich nicht mehr gegen diese Liebe wehren. Ja, er musste sich eingestehen, dass er sich oft danach gesehnt hatte, Lisas Stimme zu hören.

„Lisa", sagte er zärtlich, „wie gut, dass du zurückrufst. Ich dachte schon, du bist vielleicht so böse auf mich und willst nichts mehr von mir wissen." In dem Moment, da Lisa seine warme weiche Stimme hörte, fühlte sie, es ist alles gut. Sie fühlte, ich liebe ihn noch immer und er liebt mich! Das ist doch das einzig Wichtige. Und alle Beklemmung, die so lange zwischen ihnen gestanden hatte, war plötzlich wie weggeblasen.

Als Viktor fragte: „Wie geht es dir, Lisa?", da öffnete sich ihr Herz und alles alles sprudelte aus ihr heraus. Sie erzählte von ihrer brüderlich schwesterlichen Liebe zu Florian. Erzählte von Tamara, von deren Hochzeit, von den erwarteten Zwillingen. Erzählte von dem schrecklichen Unfall. Erzählte von ihrem Haus, davon, dass Florian sie brauchte und sagte schließlich: „Viktor, ich bekomme ein Baby. Ich habe es heute erfahren und du erfährst es jetzt! Du erfährst es, bevor Florian, der Vater, es weiß. Es ist Schicksal, Viktor, es ist alles Schicksal."

Viktor Grohmann hatte schweigend zugehört. Eine tiefe Rührung hatte ihn erfasst. Ihm war, als hörte er heute zum ersten Mal ihre Stimme wirklich. Er fühlte Lisa nahe, zum Angreifen nahe und wusste doch, sie war unerreichbar für ihn. Das erste Mal nach all den Jahren fühlte er, was sie wirklich für ihn bedeutete. Tränen traten in seine Augen. Es waren Tränen der Liebe und des Schmerzes.

Ängstlich horchte Lisa in sein Schweigen hinein. Sie fühlte ihren Schmerz und fühlte, was mit ihm geschah.

„Viktor, Viktor", flüsterte sie leise, „leg nicht auf. Bitte bleib! Ich liebe dich. Ich liebe dich doch so sehr."

„Ja", antwortete Viktor Grohmann, „ja, das weiß ich jetzt. Ich habe alles verhaut. Es tut mir leid, Lisa. Es tut mir leid." Ein langer stiller Raum des schmerzlichen Verstehens verband sie inniger denn je.

„Und euer Kind?", fragte Lisa schließlich, „was ist es geworden? Ein Bub, ein Mädchen? Geht es schon in den Kindergarten?"

„Du weißt es?" Viktor rang nach Fassung. „Es ist ein Bub. Wir haben vor nicht allzu langer Zeit seinen ersten Geburtstag gefeiert! Doch woher weißt du es?"

„Seinen ersten Geburtstag?" Lisa rechnete blitzartig nach. Nein, das konnte nicht sein. Sie war nach der Abreise von Florian und Tamara zu Dr. Berchthold gegangen und am Tag danach nach Wien gefahren. Das war vor etwa drei Jahren gewesen. Das Kind musste mindestens zweieinhalb Jahre sein.

„Habt ihr ein Baby verloren?“, fragte sie besorgt nach.

„Nein, nein, wie kommst du auf alles?“, antwortete Viktor fragend. „Ich wollte zunächst lange kein Kind. Ich bin doch schon über fünfzig! Anabell wollte unbedingt ein Kind und so willigte ich ein. Nun habe ich natürlich riesige Freude an meinem Spross, ganz wie es sich für einen Vater gehört! Doch woher weißt du es?“

Da erzählte ihm Lisa von ihrer Fahrt nach Wien und der Begegnung mit Anabell. Viktor hatte davon nichts gewusst. Er sagte keinen Ton dazu.

„Es geht dir nicht gut, Viktor. Stimmt`s? Es geht euch nicht gut!“ Lisa lauschte, als könnte sie aus seinem Atem die ehrliche Antwort erfahren.

„Alles in Ordnung!“, murmelte Viktor, „ich wollte nur mal wissen, wie es dir geht. Nun, da ich weiß, es geht dir gut, bin ich zufrieden.“

Lisa wusste, dass dem nicht so war. Sie fühlte, wie wieder banger Schmerz in ihrer Seele erwachte. Da griff sie instinktiv in ihre Tasche und fühlte das Foto zwischen ihren Fingern.

„Es tut mir leid, Viktor. Ich brauche jetzt alle Kraft für mich und mein Baby. Ich habe mir so lange schon ein Kind gewünscht“, ihr Atem stockte. Von dir, hätte sie am liebsten geschrien! Doch sie sagte nur, „ich bin nicht mehr jung. Eigentlich ziemlich alt für die erste Geburt. Ich brauche meine Kraft für mich. Bitte, verstehe mich.“

„Lisa, ich wünsche dir alles Gute. Gib gut Acht auf dich. Gib gut Acht auf dich“, bat Viktor und seine Stimme klang dunkel.

„Ja, du auch!“

Keiner konnte sich entschließen, den Hörer einzuhängen.

„Also, bis dann. Wir sehen uns, Lisa. Bestimmt“, sagte er, als wollte er ihr Trost geben, „unsere Kinder müssen miteinander spielen.“ Dann hängte er den Hörer ein.

Lisa blieb lange reglos im Sessel sitzen. Sie erinnerte sich an das letzte Gespräch, da war sie auch in diesem Sessel gesessen. Damals hatte Verzweiflung von ihr Besitz ergriffen. Heute fühlte sie tiefe Traurigkeit, aber auch tiefe Liebe und sogar Trost.

Wie nahe doch alles beieinander liegt", sagte sie leise vor sich hin, „sich wiederfinden und Abschied nehmen."

Erst als Florian das Licht einschaltete, schreckte Lisa aus ihren Gedanken auf.

„Dachte ich mir doch", lachte er, „dass du in deine Träume versunken bist. Na, was spricht dein Viktor."

„Oh, Florian", seufzte Lisa. Sie stand auf, um sich in Florians Arme fallen zu lassen. „Halte mich, bitte halte mich ganz fest."

„Was ist los mit dir?", fragte er besorgt. „Du bist so emotional. Komm, wir fahren nach Hause!"

Den ganzen Abend über war Lisa schweigsam und wirkte abwesend. Florian führte es auf das Gespräch mit Viktor zurück und ließ sie in Ruhe. Lisa schaute ihn scheu von der Seite her an. Jetzt sage ich es, machte sie immer wieder einen stillen Anlauf. Doch es gelang ihr nicht, den rechten Moment zu erwischen. Als Florian das Licht gelöscht hatte und sie nebeneinander im Bett lagen, da sagte sich Lisa, morgen, morgen sag ich es. Doch plötzlich hatte sie wieder das Gesicht der Nonne vor sich und sie fühlte, wenn sie sich nicht jetzt, jetzt sofort dem Mann, der der Vater ihres Kindes war, den sie liebte aus ganzem Herzen, wenn sie sich ihm nicht jetzt anvertraute, dann würde immer Viktor zwischen ihnen stehen. Und plötzlich erfasste ein Beben ihren Körper und sie begann zu weinen. Florian zog sie erschrocken an sich.

„Lisa? Was hast du?"

Sie klammerte sich an ihn und schluchzend brach aller Schmerz aus ihr heraus:

„Ich bin so durcheinander. Oh, Florian, wir bekommen ein Baby. Ich habe mir das immer so gewünscht. Doch da ist Tamara und da ist Viktor und ich weiß überhaupt nicht mehr, ob in meinem Leben noch irgendetwas stimmt.“

Da fühlte sie, wie Florians Arme sich fest um sie legten, und er sagte: „Lisa, jetzt wird alles gut. Jetzt wird alles gut.“ Er hielt sie und beruhigte sie. Er wiegte sie in seinen Armen hin und her, bis sie einschlief. Sie hatte keine Kraft, sich zu fragen, was er dachte, was er fühlte in dem Moment.

Lisa genoss die Schwangerschaft. Florian hatte darauf bestanden, dass sie bereits im fünften Monat zu arbeiten aufhörte.

„Ist doch lächerlich! Mir geht es blendend“, hatte Lisa gemeutert.

„Ich war persönlich bei Dr. Brauner“, hatte er streng erklärt, „dein Arzt sagt, es ist eine Risikoschwangerschaft. Also werden wir das Risiko mindern, wie wir nur können.“

Schließlich hatte Lisa sich gefügt.

„Ihre Chance“, hatte sie lachend zu Hartwig Rainer gesagt, als sie das Büro für ihn räumte.

Lisa verbrachte sehr viel Zeit mit Veronika, Dominik und der kleinen Angelika. Die beiden Freundinnen standen sich immer noch sehr nahe. Veronika, die bereits zwei Schwangerschaften und Geburten hinter sich hatte, stand Lisa in allem mit ihrem Rat zur Seite.

„Wie ihr mich bemuttert“, lachte Lisa. Veronika kam mit einem großen Tablett ins Atelier, voll beladen mit Schinken, Käse, Obst, Brot und duftendem Kaffee. Dominik schob ein kleines Tischchen zu Lisa hin, die sich gemütlich aufs Sofa gelegt hatte. Er war groß und selbstständig geworden. Sie hatte das Atelier im Keller ausgeräumt und neu hergerichtet. Es war ein wunderbarer Ort, um zu malen, zu trommeln, zu bügeln oder andere Arbeiten zu erledigen. Es war auch ein idealer Ort für den Sommer und für Kinder. Veronika kam gerne zu Lisa. Ihre Kinder liebten es, hier zu spielen.

„Wie groß Dominik schon geworden ist. An den Kindern sieht man, wie die Zeit vergeht." Lisa setzte sich auf und warf Dominik einen zärtlichen Blick zu.

„Du wirst sehen, wie schnell das auch bei deiner Tochter geht", lachte Veronika, „eins, zwei, drei und sie geht in die Schule!"

„Zuerst muss sie mal da raus", erklärte Lisa mit einem leichten Stöhnen. Der Geburtstermin kam immer näher. Lisa war sich absolut sicher gewesen, eine Tochter zu bekommen, noch bevor ihr das der Arzt anhand des Ultraschallbildes bestätigte.

„Werdet ihr heiraten, wenn die Kleine da ist?"

„Nein", beantwortete sie Veronikas Frage knapp.

„Warum nicht? Du und Florian seid doch sehr glücklich, oder?

„Doch, das sind wir, aber ich möchte nicht heiraten."

Die Kinder stritten sich im Garten um einen Ball. Veronika eilte hinaus.

„Was hast du gesagt?", fragte sie, als sie zurück kam.

„Ich habe gesagt, ich will nicht heiraten", wiederholte Lisa etwas ungeduldig. Veronika schüttelte missbilligend den Kopf.

„Schau nicht so besorgt", erwiderte Lisa heiter, „es ist alles okay!"

In dem Moment schrillte das Handy und Lisa suchte es unter einem Berg von Kissen hervor.

„Mosbacher", meldete sie sich und rief gleich darauf voller Freude: „Vanessa! Oh, wie schön!" Lisa hatte es übernommen, Tamaras Familie die Schwangerschaft mitzuteilen. Es war genau das geschehen, was sie sich erhofft hatte. Alle, Wilhelm Sauerbach, seine Frau, der Sohn und besonders Vanessa waren voller Freude darüber. Es war ihnen ein Trost. Durch die Verbindung mit Lisa und Florian blieb Tamara ihnen nahe.

„Tamara hätte es so gewollt!", hatte Wilhelm spontan reagiert und seine Frau hatte zu Lisa gesagt: „Dieses Kind bringt Tamaras liebender Geist zu euch. Seid gesegnet."

Von dem Moment an war es so, dass Florian und Lisa fühlten, sie gehörten zur Familie Sauerbach. Das war eben so.

Lisa plauderte freudig erregt mit Vanessa. Und lachend wiederholte sie alle abergläubischen Anregungen, die die alten Tanten ihr überbringen ließen.

„Was muss ich tun? Jeden Abend eine Schale Wasser ans Bettende stellen, am Morgen dreimal hineinspucken und unter einen Frangipanibaum gießen! Aber es gibt keinen Frangipanibaum bei uns!" Lisa musste sich den Bauch halten vor lauter Lachen.

„Hör auf", rief sie, „ich bin im neunten Monat. Ich kann nicht so viel lachen."

Sie hörte Vanessa weiter zu und sagte dann: „Ja gut. Ich lasse sie bitten. Sie sollen es für mich tun."

Es dauerte, bis Lisa alle Fragen beantwortet hatte, alle Grüße ausgerichtet waren und alle guten Wünsche an sie und das Baby und Florian ausgesprochen waren. Lächelnd legte Lisa sich dann wieder zurück.

„Welchen Vodoo Zauber sollst du machen?", fragte Veronika neugierig.

„Die Tanten machen es für mich. Ein Ritual mit dem Wasser. Es nimmt den Geburtsschmerz", antwortete sie und fügte hinzu, „sie freuen sich so. Vanessa ist zu mir wie zu einer Schwester."

„Gott sei Dank, dass sie Tamaras Tod so gut überwunden haben", meinte Veronika. Sie schwiegen für eine Weile. Die schwüle Nachmittagshitze legte sich drückend auf den Garten. Das Geschrei der Kinder, die immer noch Ball spielten, lockte Lisa hinaus. Blinzelnd schaute sie gegen die Sonne, die heiß auf ihre Haut herabbrannte. Sie ging durch den Garten, vorbei an den Kindern, deren Spiel sie nicht stören wollte. Stark und kräftig war der Duft, den die Rosen in ihrem runden Rosenbeet verströmten. Plötzlich hörte sie Schritte hinter sich. Sie drehte sich um, war erstaunt. Sie sah den alten schrulligen Mann, von dem sie das Haus gekauft hatte neben dem Haus stehen.

„Entschuldigen Sie“, sagte er verlegen, „Sie haben die Glocke nicht gehört.“

„Oh, schon gut“, beeilte Lisa sich zu antworten, „schön, dass Sie einmal vorbeischauen.“

Damals, als sie das Haus gekauft hatte, hatte sie bald danach die alten Leute eingeladen. Sie waren aber nie gekommen. Nun hatte sie mit einem Besuch nicht mehr gerechnet. Sie ging die paar Stufen hinauf und reichte dem Mann die Hand.

„Meine Freundin und ich sind im Atelier“, erklärte Lisa und wies mit der Hand die Stufen hinunter. „Bitte, kommen Sie mit.“

„Nein, nein, wehrte er ab. Ich soll nur etwas abliefern. Es ist im Auto. Mein Nachbar hat mich hochgefahren.“ Lisa folgte ihm mit noch größerem Staunen. Der Mann drehte sich um und sagte: „Nicht, dass Sie denken, es sei etwas Besonderes. Nur die Frau im Geschäft hat uns erzählt, dass Sie ein Kind bekommen, und da hat meine Frau gesagt, ich muss es heraufbringen.“

Er drehte sich wieder um und ging voran. Lisa sah ein altes Auto in der Einfahrt stehen und einen zweiten Mann, der gerade aus dem Heck des Wagens etwas herauszog. Als sie näher trat, sah sie ein altes kunstvoll geschnitztes und bemaltes Schaukelpferd.

„Oh, das ist aber wirklich nett“, erwiderte sie erfreut, „ein Schaukelpferd. Wie schön es ist. Aber, wie komme ich dazu?"

„Nehmen Sie es", sagte er schnell, reichte ihr die Hand und stieg in das Auto ein.

„Auf Wiedersehen!", sagte der Mann, der wohl der Nachbar war.

„Auf Wiedersehen! Danke und grüßen Sie Ihre Frau", rief Lisa winkend.

„Lisa?" Veronika rief nach ihr.

„Hier bin ich. Komm schau, was ich bekommen habe!"

Die Kinder kamen als erste angerannt und begeistert setzte sich Angelika auf das Schaukelpferd. Lisa erläuterte der Freundin die Situation.

„Das ist wirklich eine gelungene Überraschung", strahlte sie. „Weißt du, ich hatte als kleines Kind nur einen Wunsch vom Christkind. Und das war so ein Schaukelpferd. Genau so eines wollte ich!"

„Und hast du es nicht bekommen?", fragte Veronika.

„Nein. Ich habe mich nie getraut, es auf den Wunschzettel zu malen. Meine Mutter hatte uns immer angehalten, bescheiden zu sein. Sie sagte uns, das Christkind kennt unsere Wünsche und erfüllt sie. Viele Wünsche hat es auch tatsächlich erfüllt. Die Sprechpuppe zum Beispiel, die habe ich mich auch nicht getraut aufzuzeichnen. Doch meinen Wunsch nach dem Schaukelpferd, den hat das Christkind ignoriert!"

„Hat es eben nicht", meinte Veronika lachend.

„Ja", lachte nun auch Lisa. „Es kommt eben mal ein paar Jahre zu spät und auch mal mitten an einem heißen Sommertag! Anna wird Augen machen, wenn sie übermorgen kommt."

Veronika nahm das Schaukelpferd und trug es ins Haus.

So war für Lisa gesorgt. Familie, Freunde und vor allem Florian kümmerten sich rührend um sie. Und als es so weit war, mitten in der Nacht, fühlte sie eine große Ruhe und Kraft in sich. Florian brachte sie in die Geburtsklinik. Als Lisa erschöpft, aber wohlauf und überglücklich ihr Baby in ihre Arme nahm, in das verrunzelte kleine Gesichtchen sah, sagte sie: „Clarissa, wie wunderschön du bist. Schau doch, Florian. Sie wird das Licht in unser aller Leben bringen."

Florian beugte sich glücklich über die beiden. Eine große Erleichterung entspannte seine Züge. Bis zum letzten Moment hatte er unglaubliche Angst gehabt, das Schicksal könnte wieder auf irgendeine Art zuschlagen. Doch nun nahm er sein Töchterchen zaghaft in die Hand. Es war gesund, Lisa war wohlauf. Er drehte sich ab, aber Lisa sah, wie dicke Tränen aus seinen Augen rannen.

Die erste Zeit mit dem Baby war für Lisa und auch für Florian wie ein Wunder. Sie bestaunten ihre kleine Tochter, jede ihrer Bewegungen und Gesten und beobachteten ihre Entwicklungsschritte mit großer Freude.

„Schau, wie sie lacht!"

„Oh, hast du gesehen, wie weit sie den Kopf schon hebt!"

„Florian, heute hat sie sich am Boden so lange herumgerollt, bis sie den Schnuller mit ihren Fingern erwischt hat. Sie hat ihn krähend vor Lust wieder weit von sich geworfen, womit die Reise auf dem Bauch erneut angetreten wurde. Sie wird nicht müde dabei!"

So und ähnlich verlief der Tagesablauf. Geschäft, Weltgeschehen, philosophische Gedanken mussten weichen. Die kleine selbstbewusste Persönlichkeit in ihrem Windelpack verstand es ausgezeichnet, sich in Szene zu setzen, und zog alle Aufmerksamkeit auf sich. Welcher Brei ihr der liebste war, welches Obst ihr schmeckte oder nicht, ob Mama mit dem Blick in die volle Windelhose zufrieden war oder bedenklich die Stirn in Falten legen musste, ob das Badewasser mal zu heiß und mal zu kalt war, welches Stofftier gerade der Favorit war, alle Großen der Welt mussten dahinter zurückstehen. Die neue Rangordnung musste eingehalten werden, auch wenn Besucher das Haus betraten.

„Entschuldigung", sagte Lisa dann so beiläufig. Sie räumte herumliegendes Spielzeug beiseite und man musste sich ohne Schuhe über dicke Decken zur Sitzgruppe vortasten. Das Reich von Clarissa war nämlich der Boden. Versuchte Lisa, sie in ihr Bettchen zu sperren, war die Ausdauer ihres energischen und lautstarken Protestgeschreies jedesmal der Punkt, mit dem sie gewann. Von Anfang an verstand sie es, einen gekonnten Machtkampf gegen die Nervenkraft ihrer Mama zu führen. Und sie gewann immer! Sie war einfach die Stärkere und sie wusste es. Manchmal feierte sie ihre Siege mit einem so selbstbewussten Grinsen, dass Lisas allerletzter Widerstand erstarb. Sie steckte ihre Niederlagen mit hingebungsvoller Bewunderung für ihre Tochter ein.

„Okay, du Nervensäge! Ich übersiedle zu dir auf den Boden!"

So wurde aus dem großen Wohnzimmer so viel als möglich entfernt. Die repräsentative Sitzgruppe schmählich in eine Ecke gedrängt und alle die schönen Vasen, Kerzen, Edelsteine, Lampen und Nippes, alles, was Lisa so liebte, wurde in großen Kartons auf den Dachboden verbannt.

„Keine Frage", lachte Veronika bei einem ihrer Besuche, „der Herr im Haus ist sie!"

Denn nicht genug, dass der ganze Boden Clarissas Reich war, sie war auch erst zufrieden, wenn alle Anwesenden bereit waren, sich in ihr Reich einzufügen. Lisa und Florian setzten oder legten sich ohnehin gewohnheitsmäßig zu ihr und an Veronikas Hose zupfte sie so lange, bis diese endlich von der Bank herunterrutschte und mit gegrätschten Beinen am Boden saß. Dann war sie zufrieden und konnte das bravste und geduldigste Kind sein. Dann beschäftigte sie sich wunderbar mit den einfachsten Spielsachen.

„Ja, sie ist eine Herrscherin", pflegte Florian stolz zu sagen, „erst, wenn sie alle unterworfen hat, ist Friede im Reich."

Nach außen umgab Florian, Lisa und Clarissa der goldene Schein einer durch und durch glücklichen Familie.

„Ich beneide Sie", sagte die junge Frau aus Bosnien, die zweimal im Monat kam, um Lisa bei einem Großputz und im Garten zu helfen. Sie musste es mit zwei kleinen Kindern und ihrem Mann als Flüchtling in einem einzigen Zimmer aushalten, das nicht einmal halb so groß war wie Lisas Wohnzimmer. Lisa wusste, dass sie allen Grund hatte, tief dankbar für ihr Leben zu sein. Da war Clarissa, das Kind, das sie sich so lange gewünscht hatte. Da war das Haus mit dem wunderschönen Garten. Sie hatte genug Geld, hatte ihren Freundeskreis, ihre Familie. Da war Florian, der aufmerksam für sie und Clarissa sorgte. Und doch, eine eigenartige Unruhe bemächtigte sich ihrer. Immer öfter kam es vor, dass sie gereizt und nervös reagierte, abgespannt und müde war.

„Du gehörst hier heraus! Zumindest manchmal, Lisa! Du versteckst dich in deinem Haus", versuchte Veronika sie zu ermuntern. „Du weißt, du kannst Clarissa jederzeit zu mir bringen. Unternimm etwas."

„Ja, ja!" Unwillig versuchte Lisa, Veronikas Fürsorge beiseite zu schieben. Aber sie wusste natürlich selbst, dass es so nicht weitergehen konnte. Sie wusste auch, wovor sie sich drückte. Florian hatte sie in den letzten Monaten mehrfach gefragt, ob sie nicht heiraten wolle. Sie hatte aber immer ausweichend reagiert. Hatte Clarissas Zahnen vorgeschoben, wollte warten, bis sie richtig gehen kann. Und sie hatte den vorgesehenen Flug nach Malaysia zur Familie Sauerbach immer wieder verschoben, um keine endgültige Entscheidung treffen zu müssen.

Eine unsichtbare Mauer war zwischen ihr und Florian immer deutlicher geworden. Sie schliefen auch nur noch selten miteinander. Ihre Gespräche und ihr Leben drehten sich bald ausschließlich um Clarissa. Trost und Halt und Freundschaft waren die Basis für ihre Beziehung gewesen. Ein tiefes Einander-Verstehen. Nun schien alles wie ausgetrocknet, wurde zur Kruste. Und was früher wie ein angenehmer Schutzmantel sie beide verband, wurde nun zu einer hohlen Schale. Sie hatten sich ein Gefängnis gebaut. Ein Gefängnis aus Pflichtgefühl, Verantwortungsbewusstsein und Höflichkeit. Wirklich lebendig war nur das Kind. Es war das Kind, das sie verband.

Auch Florian reagierte zunehmend nervös und gereizt. Es war für ihn sehr wichtig, den Kontakt zu Tamaras Familie zu halten. Er schickte ihnen Videofilme von Clarissa. Sie wiederholten die Einladung immer wieder. Er wäre gerne zu ihnen geflogen, um ihnen Clarissa zu zeigen. Er litt unter der gespannten Situation.

Ich muss mit ihm reden, dachte Lisa. Ihr war bewusst, dass weder Florian noch sie selbst Tamaras Eltern entgegentreten konnten, solange ihre Beziehung dermaßen in der Luft hing. Doch sie verschob das Gespräch von Tag zu Tag. Wenn Florian einen Versuch unternahm, reagierte sie ausweichend. Mehr und mehr spürte Lisa auch, dass die Arbeit, die Aufgabe ihr fehlte. Es fehlte das Erfolgserlebnis, auch das selbstverdiente Geld. Florian gab ihr alles. Sie konnte über sein Konto verfügen, wie sie wollte. Aber es machte sie unzufrieden. So war der erste Schritt der gewesen, dass sie ihn bat, ihr im Atelier ein Büro einzurichten. Sie wollte wieder aktiv in der Firma mitarbeiten. Er hatte die Idee begeistert aufgenommen und sofort eine neue moderne PC- Anlage installiert.

„Du hast alles, was du brauchst", hatte er ihr stolz erklärt. „Internet, E-Mail und eine feste Vernetzung mit der Anlage in der Firma. Du kannst dich überall einklinken und aktiv mitarbeiten."

Dieser Schritt tat ihnen beiden sehr gut. Clarissa gefiel es im Atelier und Lisa nahm die aktive Arbeit wieder auf. Des Öfteren packte Lisa ihre kleine Tochter in den Kinderwagen und machte sich zu langen Spaziergängen auf. In der Natur gelang es ihr immer wieder, Kraft und Zuversicht zu schöpfen. Lisa nahm hin und wieder auch ein Buch oder eine Zeitung mit. Wenn Clarissa schlief, setzte sie sich auf eine Bank oder auf einen Baumstamm und las. Willkommen war ihr jede Art von Literatur, die ihre Fantasie erweckte, ihren Geist beflügelte oder ihr tieferen Einblick in das Wesen des Menschen gewährte.

So saß sie auch eines Tages wieder auf der Bank am Flussufer, etwas außerhalb von dem Dorf, in dem sie lebte. Den Fluss entlang zu gehen hatte sie besonders gerne und diese Bank war zu ihrem Lieblingsplatz geworden. Clarissa schlief friedlich im Kinderwagen. Sie lauschte auf das Plätschern der Wellen und blätterte in einer Zeitschrift. Ein Artikel über Nelson Mandela sprang ihr ins Auge. Sie begann, über das Leben und Wirken dieses großartigen Mannes zu lesen, der Zeit seines Lebens um eine gerechte Freiheit gekämpft hatte. Seine Antrittsrede, die er 1994 hielt, als er sein schweres Regierungsamt antrat, war abgedruckt. Lisa las:

Unsere größte Angst ist nicht unzulänglich zu sein. Unsere größte Angst ist grenzenlos mächtig zu sein. Unser Licht, nicht unsere Dunkelheit ängstigt uns am meisten. Wir fragen uns: Wer bin ich denn, dass ich so brillant sein soll? ABER WER BIST DU, ES NICHT ZU SEIN? Du bist ein Kind Gottes. Es dient der Welt nicht, wenn du dich klein machst. Sich klein zu machen, nur damit sich andere um dich herum nicht unsicher fühlen, hat nichts Erleuchtetes. Wir wurden geboren, um die Herrlichkeit Gottes, der in uns ist, zu manifestieren. Er ist nicht nur in einigen von uns, er ist in jedem einzelnen von uns. Und wenn wir unser Licht scheinen lassen, geben wir damit unbewusst anderen die Erlaubnis, es auch zu tun. Wenn wir von unserer eigenen Angst befreit sind, befreit unsere Gegenwart automatisch die anderen.

Ja, Gott ist in in jedem von uns, dachte Lisa und nahm sich vor, diese Rede am Abend in ihr Tagebuch zu schreiben.

„Grüß Gott", die zarte Stimme der Frau hinter ihrem Rücken kam ihr bekannt vor. Sie drehte sich um und erkannte die ältere Frau, der sie oft schon auf diesem Weg begegnet war. Immer hatten sie sich freundlich gegrüßt.

„Guten Tag", erwiderte Lisa, „genießen Sie auch das schöne Wetter nach dem Regen?"

„Ja, ja," antwortete die Frau, kam näher und ihre Blicke galten der schlafenden Clarissa.

„Man kann sehen, wie sie wächst", sagte sie. Lisa bemerkte, dass die Frau einen Fotoapparat in der Hand hielt.

„Sie fotografieren?"

„Ja", sagte sie. Lisa deutete auf die Bank neben sich und legte die Zeitschrift nieder. Die ältere Frau setzte sich.

Nach einer Weile sagte sie: „Heute habe ich eine Bitte an Sie."

„Ja?" Lisa schaute erstaunt.

„Ja, könnten Sie für mich ein paar Bilder machen? Ich kann nämlich gar nicht fotografieren. Der Fotoapparat ist ausgeborgt von meiner Tochter. Ich hoffte, Sie heute hier zu treffen, Sie sitzen ja oft auf dieser Bank."

„Aber gerne", antwortete Lisa, „wenn es nur das ist. Was möchten Sie fotografieren? Sich selbst auf der Bank, den Fluss?"

„Nun, die Bank. Den Fluss, den Weg und den Blick zum Dorf. Vielleicht auch noch den Blick zu den Bergen hin."

„Wird gemacht", meinte Lisa und war bereits aufgestanden. Sie schoss etliche Fotos, dirigierte die ältere Frau da und dort hin und sagte immer wieder, „natürlich müssen Sie auch drauf sein."

Schließlich setzten sich die beiden Frauen wieder nebeneinander auf die Bank.

„Danke“, sagte die Ältere und erklärte nach einer kleinen Schweigepause, „wissen Sie, mit der Bank hat es eine besondere Bewandtnis.“

„Ja, tatsächlich? “

„Ja, das hängt mit meiner Mutter zusammen. Es ist eine alte Geschichte.“

„Bitte, erzählen Sie“, drängte Lisa, „Sie haben mich neugierig gemacht.“

Die ältere Frau begann zu erzählen. Ihrer Stimme war anzumerken, dass sie ihre Geschichte noch nicht oft erzählt hatte:

„Ja, meine Schwester und ich wuchsen in ruhigen geordneten Verhältnissen auf. Meine Eltern waren das, was man sich als Kind unter einem glücklichen Ehepaar vorstellt. In unserem Leben verlief alles gewöhnlich. Es gab keine Besonderheiten. Mein Vater ging Tag für Tag zur Arbeit und kehrte Tag für Tag pünktlich heim. Meine Mutter führte den Haushalt, bügelte nebenbei fremde Wäsche und kümmerte sich immer um alles. Es gab nur drei Dinge, in die wir als Kinder keinen Einblick hatten. Das war ein Streit zwischen unserer Mutter und deren Schwester, die nur zwei Häuser weiter wohnte und ihr Leben lang bei der Post arbeitete. Mutter hatte nie über den Grund des Zerwürfnisses gesprochen und ich weiß nicht, ob Vater den Grund kannte. Nun, jedenfalls sprachen sie nie miteinander. Das zweite war, dass meine Mutter immer schon einmal in der Woche zu dieser Bank spazierte. Da saß sie eine Stunde lang und mochte es nicht, von uns Kindern oder Vater gestört zu werden, obwohl sie uns sonst in ihrer Nähe liebte. Ja, und das Dritte war, dass sie ihr Haar immer hochgesteckt trug, zusammengehalten durch eine schwarze Schleife. Nach dem Tod meines Vaters kam sie zweimal in der Woche zu dieser Bank.“

Die Frau stoppte in ihrer Erzählung, schaute auf die Wellen und dann mit einem Ruck zu Lisa.

„Ich will Sie aber nicht langweilen. Es ist eine altmodische Geschichte."

„Nein, bitte erzählen Sie weiter. Ich möchte die Geschichte hören", gestand Lisa und die Frau fuhr fort.

„Nun, das Besondere geschah vor einem Jahr. Meine Mutter hatte immer schon aus dem Zillertal eine Wochenzeitschrift abonniert. Keiner hatte sich je darüber Gedanken gemacht. Plötzlich brach sie beim Lesen des Blattes in Tränen aus. Ich war zufällig bei ihr im Raum gewesen und rannte erschrocken zu ihr hin. Mutter weinte bitterlich und schrie immer wieder einen Namen. Ich blickte in die Zeitung und sah, dass ihre Finger auf eine Sterbeanonnce gerichtet waren. *'Jakob Ofner, unser treuer Bruder und Freund hat uns im achtundachtzigsten Lebensjahr für immer verlassen'*, stand da. Meine Mutter ließ sich nicht beruhigen. Plötzlich stand sie auf und eilte zur Tür hinaus. Sie war damals auch bereits über achtzig Jahre, konnte aber noch flott gehen. Ich staunte, als ich merkte, dass sie zu ihrer Schwester lief." Die Frau strich sich bei der Erinnerung über die Stirn.

„Bitte, erzählen Sie weiter." Lisa hatte mit Spannung gelauscht.

„Ja. Meine Mutter schrie und weinte und unsere Tante schaute erschrocken auf die Annonce, die die Mutter ihr unter die Nase hielt. Jedenfalls stellte sich dann Folgendes heraus. Dieser Jakob Ofner hatte im Krieg meine Mutter und deren Schwester kennen gelernt. Beide hatten sich in ihn verliebt. Er hatte sich für Mutter entschieden. Und sie hatten vereinbart, sich jede Woche zu schreiben, und es war klar, wenn kein Brief mehr kam, dann würde es bedeuten, dass er gefallen war. Mutter schrieb und die Schwester sprach fortan nicht mehr mit ihr. Anfangs kamen Briefe zurück. Später, noch im Krieg, übersiedelte die Familie hierher. Meine Tante bekam die Stelle bei der Post. Eines Tages kamen keine Briefe mehr. Mutter dachte, Jakob Ofner sei gefallen. Von da an, erzählte sie uns, trug sie zum Zeichen ihrer Trauer das schwarze Band im Haar."

„Also, das ist eine sonderliche Geschichte", unterbrach Lisa, „traurig und schrecklich irgendwie!" Sie rückte auf der Bank hin und her. Etwas Kühles streifte ihren Nacken. Ihr war fast ein wenig unheimlich. So, als ob die Vergangenheit nach ihr griffe.

„Ja, das ist es", sagte die Frau. „Und wie Sie sich denken können, hatte die Schwester die Briefe alle abgefangen. Doch da in dem Streit holte sie die Schachtel und leerte die Briefe vor meiner Mutter und mir aus. Sie lachte dazu hysterisch."

„Nein, furchtbar! Unmöglich zu glauben, dass jemand so sein kann. Hatte sie die Briefe gelesen?"

„Nein, das nicht. Sie waren alle ungeöffnet." Die Frau schwieg.

„Ja und dann, was hat Ihre Mutter gemacht."

„Sie hat die Schachtel genommen und ist wortlos aus der Tür gegangen. Dann hat meine Mutter mir zu erzählen begonnen und mir ihre Schachtel voll mit Briefen gezeigt. Sie hatte meinen Vater geheiratet, ihn geachtet und geschätzt, aber geliebt hatte sie nur diesen Jakob. Einmal in der Woche hat sie hier einen Brief an ihn geschrieben. Hier auf dieser Bank. Briefe wie ein Tagebuch. Sie glaubte mehr als sechzig Jahre lang, er sei tot, dabei lebte er!"

„Grotesk!", entfuhr es Lisa. „Wie hat Ihre Mutter das verkraftet? Lebt Ihr Vater noch?"

„Nein, wie schon gesagt, mein Vater starb vor einigen Jahren", antwortete die Frau. „Nun, meine Mutter hat das verkraftet. Zuerst las sie natürlich die Briefe. Dann bat sie mich, mich mit dem Bruder von Jakob und dessen Familie in Verbindung zu setzen. Die Freude können Sie sich gar nicht vorstellen, die wir damit den Verwandten von Jakob machten. Sie alle kannten die Geschichte seiner großen Liebe. Jahrelang hatte er wirklich geglaubt, Mutter sei im Krieg umgekommen, da keine Briefe mehr kamen. Eines Tages aber, nach der Besatzungszeit hatte er sich aufgerafft und war hierher gekommen. Das Schicksal wollte es, dass er zuerst meine Tante traf. Sie erklärte ihm, dass Mutter geheiratet hatte und er die Ehe nicht stören darf. Dabei hatte Mutter Vater damals noch nicht geheiratet gehabt. Es war alles eine Intrige der Schwester! Jakob hat das vielleicht nie begriffen, er war sehr enttäuscht. Er hörte aber nicht auf, Mutter zu lieben. Und Mutter hatte geglaubt, er sei gefallen und die Briefe nicht mehr abgesandt, die sie schrieb. Er hat nie geheiratet, erzählten die Verwandten, und einmal im Jahr hat er seinen Bruder gebeten, in unser Dorf zu fahren und ihm zu berichten, wie es uns geht. Er wusste von uns Kindern und hatte sogar heimliche Schnappschüsse von uns. Irgendwie hat er immer mit uns gelebt."

Die Frau schwieg. Die Wellen im Fluss plätscherten dahin. Der Wind bewegte leicht die Blätter in den Bäumen. Clarissa schlief immer noch fest.

„Die Fotos sind für seine Familie?"

„Ja", sagte die Frau. „Meine Mutter ist gerade bei ihnen zu Besuch. Sie wohnt in Jakobs Zweizimmerwohnung und wie es ausschaut, mag sie gar nicht mehr nach Hause fahren. Alle dort in dem Tiroler Dorf haben sie herzlich aufgenommen. Nun kann sie erzählen. Kann nach sechzig Jahren ihr großes Geheimnis mit anderen Menschen teilen, kann aus den Briefen vorlesen und kann Blumen auf das Grab von Jakob legen."

„Und Ihre Tante. Wie denken Sie über sie?"

„Sie tut mir leid", antwortete die Frau schlicht.

Lisa schüttelte den Kopf. „Trotzdem", sagte sie, „an der Geschichte stimmt etwas nicht! Er hätte reden müssen. Hätte ihre Mutter treffen können, dann hätte sie gewusst, dass er lebt." Lisa war mulmig zumute. Ein Schauer lief über ihren Rücken und sie sagte nochmals: „An der Geschichte stimmt etwas nicht! Was weiß ich, es ist unbefriedigend."

„Ja", bestätigte die Frau, die wohl auch schon sechzig war, „für ihre Generation schon. Aber unsere Eltern! Da war alles anders und es war Krieg."

„Trotzdem. Es ist unbefriedigend!"

Lisas Blick glitt über die Landschaft. Auf der anderen Seite des Flusses war die Uferböschung mit Haselsträuchern und Schlehdornhecken verwachsen. Diese Uferseite war frei. Die Steine im Wasser waren bunt und rund. Das Gras mit den Scharfgarben war hoch. Erst hinter ihnen begann die Reihe der Ahornbäume und Hollerbüsche, die den Weg vom Flussufer trennten. Nicht weit flussaufwärts hatte der Fluss eine Bucht in das sandige Ufer gegraben. Das Wasser war dort seicht und ruhig. Ein Fischer hatte, während Lisa der Erzählung lauschte, dort mit seinen hohen Gummistiefeln Stellung bezogen. In weitem Bogen warf er die Angelschnur durch die Luft und ins Wasser.

„Ich muss gehen", erklärte Lisa, „danke für die Geschichte!" Sie streckte der Frau die Hand entgegen. Diese bedankte sich für das Fotografieren. Lisa verstaute die Tasche und Zeitschrift im Netz des Kinderwagens, drehte diesen um und schob ihn langsam die kleine mit Gras bewachsene Böschung bis zum Weg hoch.

Die Frau blickte ihr nach und winkte, als Lisa sich umdrehte. Irgendwie hätte sie der Frau noch gern etwas gesagt. Etwas Tröstliches. Aber es fiel ihr nichts ein. So winkte sie schweigend zurück. Eilig schob sie dann den Kinderwagen vor sich her. Sie wollte schnell zum Auto kommen und heimfahren.

„Schade", sagte sie leise zu sich selbst, „schade um den schönen

Platz am Fluss. Ich muss mir wohl eine neue Lieblingsbank suchen.“ Ihr wahr klar, dass sie sich auf diese Bank nicht mehr setzen wollte. Die Geschichte hatte ihr nicht behagt.

An jenem Abend schrieb Lisa die Antrittsrede von Nelson Mandela in ihr Tagebuch. Ihr schien jeder Satz in dieser Rede wichtig und wertvoll zu sein. Und doch waren es zwei Sätze, die sich ganz besonders in ihr verankerten.

Ich will mein Licht scheinen lassen, schrieb sie daher in großen Buchstaben. Und wiederholte darunter die ihr so wichtigen Sätze Mandelas:

Denn wenn wir unser Licht scheinen lassen, geben wir damit unbewusst anderen die Erlaubnis, es auch zu tun. Wenn wir von unserer eigenen Angst befreit sind, befreit unsere Gegenwart automatisch die anderen.

In dieser Zeit meldete sich Christiane bei Lisa. Die beiden Freundinnen hatten sich im Laufe der Jahre ein wenig aus den Augen verloren. Christiane war am Anfang ihrer Ehe sehr mit Rolf und ihrer kleinen Tochter Nora beschäftigt gewesen. Lisa hatte ihre Lebensgeschichte. Die Jahre vergingen wie im Flug. Doch eines Tages kam Christiane zu Besuch, blieb eine Woche und die alte Nähe zwischen den Freundinnen fand sich wieder ein. Sie hatten sich viel zu erzählen. Von da an telefonierten sie wieder öfter miteinander.

„Ich kann dich gut verstehen", sagte Christiane immer wieder, „ich weiß noch, wie es war, als Nora klein war. Ich war auch oft so unruhig und es hat gedauert, bis die Beziehung zwischen Rolf und mir wirklich tragfähig wurde."

Christiane beschäftigte sich intensiv mit Psychologie. Sie gab Lisa immer wieder wertvolle Denkanstöße. So kam es auch, dass Lisa eines Tages zustimmte, nach Wien zu kommen. Christiane hatte von einer neuen Art der Lösung von alten Bindungen, dem Frei-Werden aus Verstrikkungen erzählt und wie man in einer Familie seinen richtigen Platz findet. Lisa hatte sofort die Ohren gespitzt.

„Wie heißt das?", hatte sie gefragt.

„Systemische Familienaufstellung nach Hellinger. Andrea und Herbert machen das", hatte Christiane erklärt.

„Ja, aber wie funktioniert es?", wollte Lisa wissen.

„In der Gruppe funktioniert es. Du kannst aufstellen, was du willst. Deine Großeltern, deine Eltern, deine Geschwister, dich! Das nennt man die Herkunftsfamilie. Oder eben die Gegenwartsfamilie. Du, dein Partner oder deine Partner, die Kinder."

„Klingt wirklich spannend. Und selbst spielt man nicht mit?"

„Nein, nicht im eigenen Bild. Aber es ist alleine schon spannend, Darsteller in einer fremden Familie zu sein. Du glaubst nicht, wie sehr man die Problematik der Familie oft spürt." Christianes Stimme klang wirklich begeistert.

„Also, ich komme. Erklären kann man das ohnehin nicht. Ich möchte es erfahren!" So schnell entschlossen reagierte Lisa selten.

„Super, ich freue mich", antwortete Christiane sofort. „Ich melde dich an."

Florian war einverstanden. Ihm war alles recht, was zu Lisas Entspannung beitrug. Ihre verkrampfte Haltung hatte sich auf ihn übertragen und er litt wie sie.

„Natürlich", beschwichtigte er Lisas Bedenken, „Clarissa und ich kommen wunderbar alleine zurecht. Außerdem habe ich ja Veronika!"

So fuhr Lisa voll freudiger Erwartung nach Wien. Christiane und Nora holten sie vom Bahnhof ab. Unglaublich, wie jung Christiane immer noch wirkte und immer noch hatte sie ihren so besonderen Stil. Nora neben ihr war viel größer, als Lisa erwartet hatte.

„Nein, wie groß du bist", Lisa musste immer wieder Nora anschauen. „Da sieht man, wie unsere Jahre vergehen. In welche Klasse gehst du schon?"

„In die dritte Klasse Volksschule", antwortete Nora und zappelte unruhig von einem Fuß auf den anderen. Christiane und sie waren zu früh am Bahnhof gewesen und das Warten auf den Zug hatte sie gelangweilt.

Christiane lachte, „warte nur, wie schnell es auch bei Clarissa gehen wird und du hast eine junge Dame im Haus."

Christianes alte Wohnung war nicht wiederzuerkennen. Sie und Rolf hatten in dem großen Altbau, daneben und darüber, eine Wohnung dazu bekommen können. Nun war die Wohnung zweistöckig, hell und groß. Nachdem Lisa alles bestaunt und mit Rolf, Christiane und Nora in der Küche ein Abendbrot eingenommen hatte, zogen sich die beiden Freundinnen zurück. Sie genossen ihr Zusammensein und hatten sich viel zu erzählen. Als es dann schon sehr spät war und Lisa das Gähnen nicht mehr unterdrücken konnte, richteten sie gemeinsam das Gästebett für Lisa her.

„Freue dich auf morgen, Lisa. Du wirst sehen, das Familienstellen wird dir sehr gut tun“, behauptete Christiane und legte einen gelben Folder auf die Bettdecke. „Schlaf gut!“ Sie drückte die Freundin an sich und gab ihr einen Kuss.

Als Lisa unter die Bettdecke schlüpfte, nahm sie den Folder und las:

Der Liebe Platz machen! Systemische Familienaufstellungen nach Hellinger.

Eine „gute“ Lösung kann oft nur durch Wiederherstellen der Ordnung in der Familie, Anerkennung der Eltern, der Älteren und vor allem durch das Annehmen von Liebe gefunden werden. Wenn das geschieht, kann der Aufsteller die Lösung unmittelbar als starke und fließende Kraft spüren.

Der gelbe Folder sank langsam aus Lisas Händen. Sie war nun so müde, dass sie sich zwingen musste, sich nochmals aufzurichten, um den Lichtschalter der kleinen Lampe zu erreichen.

Mit gespannter Erwartung fügte sich Lisa am nächsten Tag in die Gruppe ein. Schnell hatte sie herausgefunden, worum es bei dieser Art von Therapie ging. Begeistert wirkte sie mit. Es war ganz unglaublich, stellte Lisa fest, welche Familiendramatik und welches Schicksal auf diese Art und Weise bewältigt werden konnten. Einige Male musste sie an die komische Geschichte denken, die ihr die Frau auf der Bank am Fluss erzählt hatte. Die Intrigen und Verstrickungen, die Dramen, die in manchen Familien totgeschwiegen oder unter den Teppich gekehrt wurden. Es war oft kaum zu glauben, welche Intrigen es gab. Sie wirkten nach, von Generation zu Generation und möglicherweise sogar von Leben zu Leben. Bei der Aufstellung kam die Problematik zu Tage. Manchmal litt ein Mensch unbewusst deshalb ein Leben lang. Lisa war sehr beeindruckt und Christiane freute sich riesig.

„Siehst du", sagte sie immer wieder, „ich habe dir nicht zu viel versprochen."

Herbert und Andrea Mikisch, ein Ehepaar, die die Gruppenarbeit leiteten, waren ihr sofort sympathisch und Lisa gewann tiefes Vertrauen. Als sie an der Reihe war, ihr Problem zu schildern, sprach sie über ihre erste Ehe, über Viktor, Florian und Tamara.

„Okay", sagte Andrea, „wir stellen dich auf, deinen ersten Partner, Viktor, seine Frauen, wie viele sagtest du?"

„Drei!"

„Okay, alle drei, Florian und Tamara."

So geschah, was Lisa nie für möglich gehalten hätte. Sie gewann tiefen Einblick in ihre Partnersituation. Gewann noch viel tieferen Einblick in die Situation von Florian und vor allem von Viktor. Lisa hatte nochmals den Schmerz gefühlt, den Tamaras Tod für sie und für Florian bedeutete. Hatte gefühlt, wie verletzt Viktor aus seinen ersten Partnerschaften war. Wie verstrickt mit seiner Schwester. Wie wenig Spielraum ihm das Schicksal gelassen hatte. Und wie wenig Mut er hatte, seine Situation zu verbessern. Sie hatte begriffen, dass neben ihrer großen Liebe zu diesen beiden Männern noch etwas in ihr war, dass sie nicht zu ergründen vermochte. Etwas, das alleine ihr Problem war. Es war etwas, das sie hinderte, wirklich frei und ungezwungen zu leben.

Am nächsten Tag ging Andrea darauf ein.

„Wie geht es dir, Lisa?“, fragte sie. Lisa beantworte alle ihre Fragen so gut sie konnte. Andrea überlegte. Dann sagte sie: „Lisa, ich glaube, du hast dich dem tief in dir sitzenden Schmerz nie wirklich gestellt. Ich glaube, du solltest eine Einzelsitzung bei mir nehmen. Es schaut aus, als sei da noch etwas Altes, das es aufzulösen gilt.“

„Ja“, antwortete Lisa, „das glaube ich sofort!“

Für die Gruppe erklärte Andrea:

„Wenn wir Trauerarbeit nicht leisten, einen Schock nicht verarbeiten, dann kann sich das als latente Traurigkeit in uns festsetzen. So etwas wird zur Melancholie oder einer tiefen Depression. Daher ist ein guter Teil unserer Arbeit dazu da, eure verletzten und verdrängten Gefühle zu beheben.“

Lisa vereinbarte einen Einzeltermin für den nächsten Tag. Christiane freute sich über den verlängerten Besuch. Lisa hatte natürlich mit Florian telefoniert. Ihm und Clarissa ging es wunderbar. Nein, sie fehlte ihnen nicht! Sie konnte gerne bleiben, das war die Quintessenz des Gesprächs.

Als Lisa am nächsten Tag Andreas Arbeitsraum betrat, hatte sie doch ein unsicheres Gefühl. Sie hatte keine Ahnung, wie Andreas Behandlung aussehen würde. Diese klärte sie auf: „Ich möchte dich austesten, Lisa. Ich mache das mit Kinesiologie. Du weißt schon, der Körpertest. So können wir herausfinden, wo die Blockade liegt und wie wir sie lösen.“

„Ja gut“, stimmte Lisa zu.

Sie musste sich auf eine Massageliege legen. Andrea stand hinter ihr. Sie legte ihre Arme hinter den Kopf und mit gekonnten Bewegungen hob Andrea ihre Arme auf und nieder. Dazu stellte sie Fragen und der Körper zeigte Ja und Nein an. Andrea fragte Lisas Kindheit ab. Die Beziehung zu

Mutter und Vater. Nein, da lag die Blockade nicht.

„Embryonalstadium. Nein." Andrea arbeitete konzentriert.

„Kommt die Blockierung aus einem anderen Leben? Ja!

Hängt sie mit der Mutter zusammen? Nein.

Mit dem Vater? Nein.

Mit einem früheren Partner? Ja.

Gibt es den Mann heute noch in Lisas Leben? Ja.

Na, da schau her", meinte Andrea, „wer ist es? Welcher Mann fällt dir als erster ein?"

„Viktor", antwortete Lisa.

„Kommt die Blockierung von Viktor? Ja.

Hatten Lisa und er ein gemeinsames Leben? Ja!

Vor Christus, nach Christus? Ja. Gut!" Andrea zählte die Jahre herauf. Beim Siebzehnten Jahrhundert ging die Antwort auf Ja. Sie fragte die Kontinente ab und Asien ging auf Ja. In dem Moment begannen Lisas Augen zu flimmern.

„Du siehst bereits Bilder, Lisa?", fragte Andrea und Lisa nickte zustimmend. Andrea arbeitete konzentriert weiter. Sie fragte die Ursache der Blockade ab. Es war ein Unfall, ein früher Tod Lisas!

„Es war ein Unfall, Lisa. Ihr ward sehr glücklich. Jung! Du bist gestorben. Es war ein großer Schock für deine Seele und für seine auch."

Lisas Augen brannten. Sie sah die Bilder ihres Glücks. Den jungen Mann, den sie so sehr liebte. Das Schiff, auf dem sie starb.

„Wie fühlst du dich?", fragte Andrea.

„Ich bin so unendlich traurig, bin wie versteinert. Ich kann nicht weinen, kann nicht reden. Ich bin so traurig."

„Ja genau", sagte Andrea mit ihrer warmen, mitfühlenden und liebevollen Stimme.

„Ich will zu ihm hin! Ich liebe ihn. Aber ich komme nicht hin zu ihm“, fuhr Lisa leise fort und ihre Augenlider zuckten. „Aber ich komme auch nicht fort von ihm. Oh, es ist so hoffnungslos. Ich kann nicht sterben. Ich kann nicht leben. Ich liebe ihn und kann ihn nicht erreichen.“

„Ja genau“, beruhigte Andrea wieder und noch mehr Wärme und Liebe lagen in ihrer Stimme. „Ist das auch heute noch das Problem?“

„Ja genau“, antwortete Lisa matt, „es ist immer noch so. War so oft so. Wir können uns nicht lassen und auch nicht wirklich finden. Es ist so hoffnungslos, so traurig. Ich muss ihm folgen.“

„Ja“, erwiderte Andrea, „ich will das nochmals testen, was es ist. Womit ihr euch bindet.“

„Bindet Lisa? Nein!“, fuhr Andrea in ihrer Arbeit fort.

„Bindet Viktor? Ja. Was ist die Ursache?“, überlegte Andrea laut.

„Ist die Ursache Hass? Nein. “

„Ist die Ursache Liebe. Ja. “

„Wodurch wird die Hinbewegung zur Liebe verhindert? Was glaubst du, Lisa?“

„Schuldgefühle! Er hat Schuldgefühle, wenn es um mich geht.“

„Ja, das könnte sein. Das könnte stimmen. Ich frage noch einmal.“ Andrea nahm nochmals Lisas Hände.

„Hat Viktor Schuldgefühle in Bezug auf Lisa? Ja.“

„Binden seine Schuldgefühle Lisa an ihn? Ja. “

„Wenn er seine Schuldgefühle aufgibt, seid ihr frei“, erklärte Andrea.

„Oh, sag ihm das“, antwortete Lisa müde.

„Gut“, Andreas Stimme wurde fest und entschlossen, „wir lösen das jetzt auf! Wir arbeiten geistig und im Energiekörper, alles andere kommt dann automatisch.“

„Meinst du?“, fragte Lisa zaghaft.

„Ja sicher. Du wirst von ihm weggehen oder mit ihm zusammenkommen. Man wird sehen! Auf alle Fälle wird sich etwas tun.“

Sie nahm ein Pendel, testete Farbbrillen für Lisa aus. Dann löschte sie nach und nach die alte karmische Prägung aus Lisas Energiekörper.

Etwas benommen richtete sich Lisa anschließend auf.

„Selten“, erklärte Andrea, „dass eine Blockade so tief sitzt. Du wirst ja sehen, wie es dir geht und was sich ändert. Mache dich auf Reaktionen gefasst.“ Andrea gab Lisa noch ein paar Energieübungen mit, die sie unbedingt machen sollte. Lisa versprach, sich nochmals zu melden. Immer noch etwas benommen verließ sie den Raum. Die Geräuschkulisse des Stadtverkehrs empfand sie als bedrohlich. Sie entschloss sich, ein Taxi zu rufen. Sie hatte keine Lust auf die U-Bahn. Kaum hatte sie die Autotür zugeschlagen und dem Taxifahrer Christianes Adresse genannt, da fühlte sie plötzlich, dass es Schmerz war, der sie so benommen gemacht hatte. Fühlte sich von dem in ihr aufsteigenden Schmerz bedroht. Ohne dass Lisa die Chance gehabt hätte, etwas dagegen zu unternehmen, begann sie zu weinen. Aber es war kein normales Weinen, nein, es war ein Beben. In Wellen wurde ihr ganzer Körper durchgeschüttelt. Sie schluchzte und bebte, Tränen rannen ihr über die Wangen. Viktor. Oh, nein. Die ganze Traurigkeit dieses Lebens und der vergangenen Leben! All der Schmerz! Die Trauer, der Schock, die Verzweiflung, alles kam nun hoch. Der Taxifahrer stoppte erschrocken den Wagen.

„Was ist los? Soll ich Sie in ein Krankenhaus bringen?“ Er beugte sich besorgt zu Lisa nach hinten.

Lisa hatte sich am Rücksitz des Taxis zusammengerollt. Der Schmerz war so groß, dass sie die Beine anwinkeln musste, um die Krämpfe, mit denen das Weinen kam, aushalten zu können. Der Fahrer suchte etwas hilflos nach Papiertaschentüchern und reichte sie nach hinten. Sie konnte sich kaum fassen.

„Nein danke“, presste sie hervor, „bitte fahren Sie weiter zu der Adresse. Zu meiner Freundin.“

Als Lisa Christianes Wohnung betrat, kam diese sofort auf sie zugelaufen.

„Lisa, Andrea hat mich schon angerufen. Sie sagte mir, du brauchst mich jetzt.“

„Ja, ich brauche dich“, schrie Lisa auf und warf sich in Christianes Arme. „Ich liebe ihn! Ich liebe ihn so sehr. Wir waren so glücklich und ich bin gestorben. Und jetzt kommen wir nicht mehr zusammen. Es tut so weh. Oh Gott, es tut so weh.“

Christiane zog die bebende und zitternde Freundin auf die Wohnzimmercouch. Sie hielt sie fest und tröstete sie, wischte ihr die Tränen ab.

„Viktor war nie frei!“, schluchzte Lisa. „Als er in mein Leben kam, war er verheiratet. Er war nie frei!“

Christiane streichelte Lisas Haar und wischte ihr die schweißnasse Stirn mit einem Taschentuch ab.

„Und jetzt“, schluchzte Lisa weiter, „jetzt spüre ich, woher das kommt. Ich bin gestorben. Er war schuld an dem Unfall und er hat das seelisch nicht verkraftet. Ich spüre das jetzt. Er kann nicht mehr lieben! Oh Gott, er kann nicht mehr lieben. Er hat Angst vor der Liebe, weil er Angst vor dem Schmerz hat. Doch das ist Wahnsinn. Das hilft ihm nicht. Was bleiben wird, ist nur der Schmerz und die Liebe ist für ihn verloren!“ Lisas Körper krümmte sich zusammen. Christiane holte Wasser und gab Rescue Tropfen hinein.

„Trink“, forderte sie Lisa auf, „es wird dir gleich besser gehen.“

„In dem anderen Leben war es auch so. Immer holte er sich eine

Puppe und die schob er zwischen uns! Wie einen Panzer, damit ich sein Herz nicht berühren konnte. Aber ich habe es berührt und er liebt mich und doch läuft er davon!“

„Vielleicht solltest du ihn mal ordentlich konfrontieren. Sodass ihm Hören und Sehen vergeht! Du fasst ihn doch immer nur mit Glacéhandschuhen an!“ Christiane versuchte, einen heiteren Ton einzubringen. „Schneide ihm mal den Weg ab!“

„Ich habe auch versagt. Vielleicht tue ich ihm auch ein wenig unrecht, denn als er den ersten Schritt machte und sagte, es täte ihm leid, da war ich schwanger. Ich habe dir ja alles erzählt, Christiane. Die Verstrickungen aus den anderen Leben. Meine Seele war krank. Auch ich hatte keine Chance. Vielleicht habe ich genau so viel Angst vor der Liebe wie er. Oh, es ist alles so kompliziert!“ Lisa wischte sich die Tränen ab und atmete tief durch. Das Ärgste war überstanden, wenn auch immer wieder Wellen Lisas Körper schüttelten.

„Mein Gott, ist so eine Erschütterung furchtbar. Im Taxi glaubte ich, ich muss erbrechen, so schlimm war es“, stöhnte Lisa.

„Ja, es ist unangenehm, Lisa, aber doch auch gut. Nicht? Es ist ein Prozess. Es muss raus!“, Christiane beobachtete die Freundin. Gegenseitig nahmen sich die Freundinnen immer wieder in die Arme. Rolf war längst heimgekommen. Verständnisvoll hatte er leise die Tür wieder geschlossen. Er und Nora versorgten sich selbst. Sie brachten dann auch ein Tablett mit Tee und belegten Broten zu Christiane und Lisa ins Zimmer.

„Iss“, sagte Christiane.

„Nein, ich kann noch nicht. Danke. Nur Tee bitte“, entgegnete Lisa, ihre Stimme war matt von der Anstrengung des Weinens.

„Dieser Viktor“, meinte Christiane schließlich nochmals nachdenklich.

Lisa begann wieder zu schluchzen. Aber es war kein schmerzliches Schluchzen mehr, es war ein weiches Beben. Es waren Tränen der Liebe, die jetzt rannen.

„Ich liebe ihn so sehr. Ich liebe ihn so sehr. Ich habe versucht, behutsam, vorsichtig, fürsorglich zu sein. Und er lief mir davon. Aber er liebt mich. Ich spüre ihn, immer."

Lisa schwieg versonnen, sie dachte an die vielen geheimnisvollen Stunden, wo sie ihn fühlte. Diesen Mann, der ihr Leben so kompliziert machte. Manchmal war seine Energie so stark, dass seine Nähe wie eine zarte Berührung auf der Haut fühlbar wurde.

„Kennst du das auch Christiane, dass man jemanden ganz stark spürt. Fast körperlich, obwohl er nicht da ist?", fragte sie.

„Oh ja, das kenne ich auch. Rolf und ich können uns alle Gedanken übertragen. Und wenn er auf Tournee ist und Sehnsucht nach mir hat, werde ich richtig erregt. Na, du weißt schon", sie schaute die Freundin eindringlich an. „Ja, ich kann geistig mit ihm schlafen und das ist sehr schön." Christiane zwickte sie ins Bein.

„Aber es ist alles so schwierig. Es kann doch nicht immer nur so geistig seelisch weitergehen? Mir scheint alles verloren und ich lebe mit Florian und der hält Tamara geistig im Arm."

„Nein, nichts ist verloren", antwortete Christiane, „warte ab, was geschieht. Vielleicht wird gerade jetzt alles gut! Du musst an die Heilung glauben. Musst an die Liebe glauben. Für dich und für ihn! Und auch für Florian!" Sie stand auf, ging quer durch den Raum und holte frische Taschentücher. Lisa putzte sich nochmals kräftig die Nase und atmete wieder tief durch.

„Weißt du, worüber ich so froh bin?", fragte sie dann.

„Nein?", entgegnete Christiane mit wacher Aufmerksamkeit.

„Ich bin so froh, dass ich Florian doch bald nach dem Unfall zum Reden brachte. Die Nonne hat mir so geholfen. Er trauert auch, sehr tief, doch ich glaube nicht, dass seine Seele Schaden genommen hat, so wie einst bei Viktor. Und ich hoffe sehr, dass auch Tamaras Seele nicht solchen Schaden genommen hat wie meine.“

Christiane überredete Lisa, noch einige weitere Tage in Wien zu bleiben.

Irgendwann in diesen Tagen stand Lisa wieder am Küchenfenster und schaute hinaus. Der Hof war noch der alte. Kaum etwas hatte sich verändert. Der große Rosskastanienbaum stand immer noch da. Die Tauben gurrten auf den Dächern. Bunte Wäsche trocknete an den Leinen. Der Junge mit dem Ball studierte vielleicht schon, aber kleinere Jungen waren ihm nachgefolgt, die auch im Hof Ball spielten.

„Aufbruch zur Wahrheit“, flüsterte sie.

Florian und Lisa hatten nun die gemeinsame Reise nach Malaysia fix gebucht. Familie Sauerbach konnte ihren Besuch kaum noch erwarten. Lisa freute sich auf das Kampung Haus, auf den herrlich weiten Strand, auf das Meer. Freute sich auf den Trubel in Georgetown, die Gespräche mit Vanessa und ganz besonders auf die Geheimnisse, in die Frau Sauerbach sie einweisen wollte. Eine Reise tief hinein ins Landesinnere, flussaufwärts zu den Regenwäldern war vorbereitet worden. Eine Reise, die sie zusammen mit Tamaras Mutter unternehmen sollte. Eine Reise, von der sie noch nicht wusste, dass es eine Reise in die Zeitlosigkeit sein würde. Dorthin, wo alle Uhren still standen. Dorthin, wo die Zivilisation noch keinen Einzug gehalten hatte. Dorthin, wo ein altes Volk noch viele Geheimnisse bewahrt hat über den Umgang mit den elementarsten menschlichen Bedürfnissen. Geheimnisse, durch deren Hilfe Einfluss und Macht über die schicksalhaften Fügungen des Lebens erlangt werden konnten.

Zwischen dieser großen stillen Frau, deren Wurzeln in dem alten starken Volk der Mah Meri verankert waren, und Lisa war seit Tamaras Tod eine tiefe Nähe entstanden. Eine Nähe, die Wilhelm als die Nähe der Wissenden bezeichnete. In vielem, was Tamaras Mutter sagte, schwang ein Gedankengut mit, das Lisa kannte, bewahrt hatte, tief in ihrem Herzen.

Bis zum Abflug blieben noch drei Wochen. Es musste noch vieles eingekauft und vorbereitet werden. Lisa hastete eines Tages durch Salzburgs Geschäftsstraßen. Clarissa hatte sie in Veronikas Obhut gegeben und war nun froh, alleine alles viel schneller erledigen zu können.

Ein Blick auf ihre Einkaufsliste sagte ihr, dass sie noch in den großen Drogeriemarkt musste. Schnellen Schrittes schlängelte sie sich zwischen den vielen Menschen am Gehsteig durch. Ihre unförmigen Einkaufstüten, mit denen sie bepackt war, waren dabei sehr hinderlich. Erleichtert atmete sie auf, als sie diese in den Kofferraum ihres Wagens stellen konnte. Geschickt lenkte sie den Wagen aus der schmalen Parklücke der langgezogenen Tiefgarage und fädelte sich in den dichten Stadtverkehr ein. An den Ampeln war kein Weiterkommen. So gestattete Lisa einem nervös hupenden Autofahrer, sich vorzudrängen.

„Na bitte“, sagte sie, „wenn du glaubst, du musst! Wir Frauen sind doch allemal die besseren Kavaliere!“

Endlich war der Parkplatz vor dem Drogeriemarkt in Sichtweite.

Lisa schob den Einkaufswagen zwischen den Regalen durch. Sicher und schnell fand sie, was sie brauchte, und lud es ein. Lisa liebte es, immer in den gleichen Geschäften einzukaufen, da kannte sie sich aus. Das langwierige Suchen der Ware in neuen Märkten war ihr zu lästig. Von den beiden Kassen bot die rechte sich für Lisa an und ohne auf die Kundin vor ihr zu achten, legte sie ihre Artikel auf das Rollband.

„Lisa?“ Erst durch die fragende Stimme wurde sie aufmerksam. Sie schaute auf und blickte in ein bekanntes lachendes Gesicht. „Lisa, tatsächlich. Du bist es!"

„Elisabeth. Elisabeth Bering!", erinnerte sich Lisa freudig überrascht an Viktors Kollegin. „Na, so eine Überraschung!"

Die beiden Frauen fielen sich herzlich um den Hals. Elisabeth stellte Lisa ihren kleinen Sohn vor, der neben ihr stand, und es war offensichtlich, dass sie ein zweites Kind erwartete.

„Na so etwas. Zweifache Mutter", lachte Lisa, „schon bald?"

Die Kassierin forderte sie auf, die Kassa freizumachen, und so beeilten sie sich, dem Wunsch nachzukommen. Die Kunden hinter ihnen drängten sie.

„Hast du Zeit?", fragte Lisa, „ich muss mit dir reden."

„Ja, unbedingt", erwiderte Elisabeth. „Ich muss nur zuerst meiner Schwägerin Bescheid sagen. Sie wartet im Auto." Sie verstauten ihre Einkäufe in ihren Autos, schoben die leeren Einkaufswagen zurück. Elisabeths Schwägerin machte einen guten Vorschlag. Sie verabredeten einen Treffpunkt in einem nahen Lokal. Elisabeth stieg zu Lisa ins Auto. Als die Autotüren zufielen, sprudelten sie beide in ihrer Unterhaltung zugleich los und überhäuften einander mit Fragen. Als sie dann in dem gemütlichen Lokal beisammen saßen, sich die wichtigsten Stationen der vergangenen Jahre erzählt hatten, kam die unausweichliche Frage Lisas: „Hast du von Viktor etwas gehört?"

Elisabeth hatte es vermieden, von sich aus damit anzufangen. Lisa hatte ja sofort von Clarissa und Florian erzählt und sie wollte keine alten Wunden aufrühren. Doch schon der Tonfall in Lisas Stimme machte ihr klar, dass das Thema unausweichlich war. So erzählte sie vom auch zufälligen Zusammentreffen mit Viktor vor fast drei Jahren.

„Da hat er mich angerufen", unterbrach Lisa sofort. „Ich hatte damals gerade erfahren, dass ich schwanger bin." Und Elisabeth erzählte, dass Viktor und sie noch immer Kontakt hatten und sie einige Male auf seinen kleinen Sohn Acht gegeben hatte, damit Anabell entlastet wurde.

„Eure Geschichte ist wirklich ein Drama", meinte Elisabeth traurig und wiegte nachdenklich den Kopf hin und her. Lisa griff nach ihrer Hand und drückte sie fest.

„Bitte, Elisabeth", sagte sie eindringlich, „sag mir die Wahrheit. Ich muss es wissen, es ist wichtig für mich. Ist er glücklich mit dieser Frau?"

Elisabeth seufzte tief und sie entschloss sich, Lisa reinen Wein einzuschenken. „Er ist alles andere als glücklich mit Anabell."

„Hat er sie geheiratet?", fragte Lisa ängstlich.

„Nein, hat er nicht", antwortete Elisabeth und erzählte, was sie wusste. „Du liebst ihn noch immer? Stimmt`s?"

„Ja", antwortete Lisa, „ich liebe ihn." Leise fügte sie hinzu: „Vielleicht mehr denn je!"

Die beiden schwiegen und tranken ihre Limonade, die sie sich bestellt hatten.

„Glaubst du, Elisabeth, dass er mich auch liebt?", fragte Lisa. Sie beobachtete Elisabeth angespannt.

„Doch, das tut er ganz sicher", antwortete sie sofort, „aber er würde es nicht gleich zugeben, Lisa. Vielleicht nicht mal vor sich selbst! Er müsste sich eingestehen, Fehler gemacht zu haben, und das fällt ihm schwer."

Da gab sich Lisa einen Ruck und erzählte von ihrem Problem mit Florian. Als sie geendet hatte, erwartete sie voller Spannung einen Rat von Elisabeth. Diese aber sagte: „Lisa, da kann ich dir beim besten Willen nicht helfen. Es ist kompliziert. Ihr lebt beide in einer Lebensgemeinschaft und habt kleine Kinder. Ich kann dir keinen Rat geben."

„Ich weiß", antwortete Lisa, „es ist etwas, das jeder ganz allein mit sich selbst ausmachen muss."

Lisa liebte die langen Spaziergänge mit Clarissa. Sie führte Clarissa an einer Hand, den Buggy in der anderen, sie hatte Zeit, den Blick in die Weite der Landschaft schweifen zu lassen und nachzudenken. Immer wieder machten die beiden halt, da das Kind begeistert Steine und Zapfen, Erdhügel und umherlaufende Ameisen beobachten musste.

„Zuerst bringen wir mal unsere Situation in Ordnung! Dann sehen wir weiter", erklärte Lisa eines Tages ihrer Tochter mit fest entschlossener Stimme, als sie diese nach einem langen Spaziergang ins Auto setzte und im Kindersitz festschnallte. Sie legte den Buggy zusammen, verstaute ihn im Kofferraum und stieg ein.

Bereits am gleichen Abend fand Lisa eine gute Möglichkeit zu einem Gespräch mit Florian. Florian war früher als sonst nach Hause gekommen. Clarissa, müde vom langen Spaziergang, war am Boden im Atelier vor Lisas Füßen plötzlich eingeschlafen. Sie hatte sie vorsichtig entkleidet und ins Bett gebracht, ohne dass diese aufgewacht wäre. Florian und Lisa konnten sich zu einem gemeinsamen Abendbrot auf die Terrasse setzen und hatten füreinander Zeit. Nachdem sie alles Geschäftliche und die anstehenden Reisevorbereitungen besprochen und gemeinsam den Tisch abgeräumt hatten, sagte Lisa: „Ich möchte gerne mit dir über uns reden."

„Ja", antwortete Florian, „das sollten wir tun!" Er holte Wein aus dem Keller. „Ich habe einen roten und einen weißen mitgebracht, aber ich nehme an, du trinkst rot?"

„Ja, gerne", antwortete Lisa, sie hatte sich bereits in ihren Lieblingssessel gesetzt und den von Florian nahe herangeschoben.

„Fang du an", sagte er, reichte ihr das Glas und nahm selbst Platz.

„Ich habe lange nachgedacht, Florian", begann Lisa, „wir beide sind sicher füreinander sehr wichtig. Wir verstehen uns gut, wir leben in Wohlstand und Frieden, wir haben eine gemeinsame Tochter, aber trotzdem bin ich sicher, wir sollten nicht heiraten."

Florian nahm bedächtig einen Schluck von seinem Wein und rollte ihn am Gaumen hin und her. Wie immer hatte er eine gute Marke ausgesucht.

„Noch ein bisschen zu kalt", sagte er. Er sah Lisas erwartungsvollen Blick auf sich gerichtet. „Bitte, fahr fort, Lisa. Ich möchte gerne zuerst deine Gedanken hören. Es ist wichtig für mich. Warum glaubst du, sollen wir nicht heiraten?"

„Weil ich dir Tamara niemals ersetzen kann. Ich mag dich, ja ich liebe dich. Ich bin dankbar für alles, was zwischen uns war und ist, aber ich bin nicht wirklich deine Frau. Ich lebe im Schatten von Tamara." Lisa spürte, dass Florian aufmerksam zuhörte, auch wenn er das nicht so zeigte.

Nach einer längeren Pause antwortete er: „Ja, vielleicht hast du recht. Ich habe selbst viel nachgedacht. Es war so wichtig für mich nach dem Unfall, nach dem Schock, dass du da warst. Bei mir bliebst, Lisa. Clarissa ist mir wichtig. Du und sie! Deine Liebe zu Tamara machte das möglich. Aber ich weiß natürlich, auch ich bin nicht dein Mann. Das ist Viktor. Das war immer Viktor und er wird es auch bleiben."

Das war genau der Moment, an dem Lisa noch vor einigen Wochen unsicher ausgewichen wäre, jetzt aber sagte sie: „Ja, genau! So ist es."

„Also gut", entgegnete Florian bedächtig, „was können wir tun? Wie stellst du dir alles Weitere vor?" Lisa rutschte von ihrem Sessel auf den Boden und lehnte sich an Florians Knie. Erleichtert schaute sie zu ihm auf und sagte, „das ist es, was ich so sehr an dir liebe. Du bist immer praktisch!"

„Ja, aber zu wenig emotional, sonst würde ich sofort meine Koffer packen. Soll ich also ausziehen?“

Nun war Lisa doch erschrocken. „So schnell und so direkt habe ich das nicht gemeint!“ Unruhig rutschte sie auf ihrem Kissen hin und her.

„Aber darauf läuft es hinaus, Lisa. Das muss dir bewusst sein! Und vor allem, Viktor?! Was gedenkst du zu tun? Willst du hingehen und sagen, komm, oder was?“ Nun hatte das Gespräch doch eine andere Wendung genommen.

„Nun“, erklärte sie, „ich habe dir noch nicht erzählt, was in Wien wirklich herausgekommen ist bei der Arbeit mit Andrea. Florian, wir haben lange nicht mehr wirklich miteinander geredet. Es ist so viel, was ich dir erklären will. Ich weiß gar nicht, wo ich anfangen soll.“ Lisa schaute ihn Hilfe suchend an. Dann fuhr sie mit einem Seufzen fort: „Lass uns bei uns selbst anfangen. Wir sollten zunächst unsere Situation betrachten. Bleiben wir mal nur bei uns. Wie es bei dir oder mir dann weitergeht, das können wir erst betrachten, wenn unsere Situation klargestellt ist.“ Lisa zog ein Kissen heran und legte es sich auf den Bauch, so als könnte es ihr Kraft geben.

„Ja gut, Lisa! Eines ist mir klar. Weder du noch ich haben eine Vorstellung davon, wie unser Leben weitergehen sollte. Oder?“

„Das stimmt nicht“, fiel ihm Lisa sofort ins Wort, „in einigen Bereichen bin ich sehr sicher, wie es weitergehen soll.“

„Ja? Lass hören!“ Florian war nun doch sehr angespannt. Steif saß er in seinem Sessel.

„Nun, Clarissa zum Beispiel. Sie ist unsere Tochter. Sie braucht dich und braucht mich. Also muss das für sie sichergestellt werden. Auch ich möchte deine Freundschaft, deine Liebe nicht verlieren. Doch, was ich spüre, ist, wir bringen uns nicht weiter. Ja, wir sind nicht begeistert füreinander, haben keine Reibung. Keine Spannung.“

„Zu wenig Sex“, fiel ihr Florian ins Wort.

„Ja genau. Aber das alleine ist es nicht. Das weißt du. Du wie ich vermissen das ganz tiefe Einander-Annehmen-Können. Das Gefühl, füreinander bestimmt zu sein, das fehlt. Ja, ich glaube sogar, ich stehe dir im Weg. Vielleicht gibt es viele Menschen, die glücklich wären, so leben zu können wie du und ich. Aber diese Menschen haben nie etwas anderes kennen gelernt. Das, was du mit Tamara hattest, war etwas anderes als das, was wir haben. Was ich mit Viktor hatte, war auch anders, vollkommen anders als das, was mit uns ist. Verstehst du? Du weißt das doch auch!“ Sie schwieg und auch Florian sagte kein Wort. Sein Blick war traurig geworden. Die steife Haltung hatte sich gelöst und er war ein wenig zusammengesunken. Lisa beugte sich vor und nahm zärtlich seine Hand.

„Schau Florian“, sagte sie leise, „Tamara ist tot. Ich weiß, dass du immer noch trauerst. Ich gäbe alles in der Welt, könnten wir sie lebendig machen. Und ich weiß nicht, ob Viktor und ich jemals zusammenkommen. Wir beide wissen nicht, ob wir je einen anderen Menschen treffen werden, den wir so tief und leidenschaftlich lieben werden. Aber eines wissen wir, unsere Beziehung ist Freundschaft. Schwesterliche und brüderliche Freundschaft! Unsere Liebe ist eine tiefe sehr wertvolle Nächstenliebe. Unsere Liebe ist aber nicht die Liebe, die zwischen Mann und Frau sein sollte. Wir versperren uns gegenseitig den Weg, wenn wir versuchen, mehr daraus zu machen, als es ist! Wir sollten nicht krampfhaft versuchen, alles füreinander sein zu wollen. Es erdrückt unsere Freundschaft. Das, was wir füreinander sind, ist genug. Es ist einzigartig und wird es auch immer bleiben.“

Florian beugte sich zu Lisa, zog sie zu sich herauf und herzlich und dankbar drückte er sie fest an seinen Körper. Lisa legte ihre Arme um seinen Hals und fühlte seinen Atem in ihrem Nacken. Wenn er doch auch einmal so weinen könnte wie ich bei Christiane in Wien, dachte sie. Wie gut ihm das täte. Sie hielt ihre Arme innig um seinen Hals geschlungen.

„Du verlierst mich nicht, Florian. Niemals. Ich bin immer und immer wieder für dich da! Ich bin da, wenn du mich brauchst. Nur, du brauchst mich selten."

„Ja, genau so ist es", bestätigte er schließlich und gab sie aus der Umarmung frei. „Du hast recht, Lisa, du hast recht. Wir beide müssen um unser weiteres Leben kämpfen. Kämpfen um den Sinn und das Glück!"

Sie fühlten, da war nichts mehr zu sagen. Nicht im Moment. Florian schenkte Wein nach. Lisa sah nach Clarissa, die friedlich in ihrem Bettchen schlief. Als sie zurück ins Wohnzimmer trat, legte sie eine CD in die Stereoanlage mit ruhiger klassischer Musik und regulierte die Lautstärke. Dann kam sie zurück zu Florian und kuschelte sich eng an ihn.

„Jetzt stimmt es wieder", sagte sie leise, „jetzt stimmt es wieder. In Malaysia haben wir Zeit und Ruhe, um viel miteinander zu sprechen. Ich muss dir erzählen, was in Wien war."

Florian war zufrieden und wirkte auch erleichtert. Später, als er bereits tief und fest neben ihr schlief, knipste Lisa nochmals die Nachttischlampe an. Sie zog das dicke blaue Buch aus der Ablage neben dem Bett, griff nach ihrem Kugelschreiber und schrieb:

Ich liege neben einem Mann, den ich achte, den ich schätze, den ich liebe. Der der Vater meiner Tochter ist. Ein Mann, den ich niemals missen möchte in meinem Leben. Und doch rührt die Sehnsucht in mir, klopft an mein Herz. Greift mit magnetischen Händen nach mir und zieht mich fort. All meine Gegenwehr ist zwecklos. Die Macht meiner Sehnsucht ist unausweichlich, wie das Atmen. Ist so notwendig, wie das Ein- und das Ausatmen notwendig sind, um leben zu können. Zwingend ist der magnetische Schicksalsgriff. Dun-

kel der Weg, in den ich gezogen werde. Verborgen in tiefer Finsternis und hinter Schleiern das Ziel. Und doch weiß ich mich gefunden.

Viktor, ich spüre dich. Ich fühle deine Wärme, deine Nähe. Du, der du mein bist. Nicht mein, weil wir einander besitzen. Oh, wir besitzen einander nicht. Unsere Freiheit ist mir heilig. Aber du bist mein, weil du zu mir gehörst. Exakt, wie zwei zerbrochene Hälften, die sich wiederfinden müssen, um ganz zu sein. Die sich wiederfinden müssen, um alle Schuld und alle Last zu erlösen, um zu vergeben und zu verzeihen. Es gab eine Zeit, da flehte meine Seele mit erhobenen Händen. Bitte, nimm mich mit in dein Leben. Bitte, nimm mich mit in deinen Tag! Ans Licht. Teile dein Leben mit mir. Ich verstand nicht. Ich fühlte mich gefangen von deinen unsichtbaren Händen, die mich Nacht für Nacht berührten. Dann wollte ich fliehen und entkommen. Ich verstand nicht, was ich heute verstehe. Der langen Jahre Einsamkeit Sinn ist gewachsen in einer Nähe, die keine Entfernung mehr kennt. Eine Nähe, die Tiefe ist und Zweisamkeit. Eine Nähe, die Liebe ist. Vollkommene Liebe. Vollkommener als alle Worte, alle Zärtlichkeiten, alle Leidenschaft sie zu erwecken vermochten. Ich fühle dich. Ich fühle dich nahe. Ich fühle deinen Ruf nach mir. Ich weiß, dass ich es bin, die gehen muss, um dich zu holen. Heim zu holen ins Licht meiner Tage. Ich weiß, dass ich die bin, deren Aufgabe es ist, das Leben mit dir zu teilen, das einst mein Tod durchtrennte, in einer langen Reihe des frühen Sterbens. Ich weiß, dass ich die bin.

Lisas Blick glitt durch den Raum. Sanfte Schatten fielen über ihn. Ein leichter Nachtwind hob sanft die bauschigen Vorhänge vor dem offenen Fester. Draußen im Dunkeln raunte die Stille der Nacht ihr vertrautes Lied. Hinter wenigen Wolken blickten tausend Sterne hervor, sandten ihren Gruß quer durch Zeit und Raum. Sie streuten mit ihrem Schimmer einen Glanz hernieder, der von fernen Heiligtümern und grenzenlosen Weiten erzählte. Vom unbegrenzten Land der Seele. Erzählte von einer Dimension, wo das Lebendige ewige Lichter zu geheimnisvollen Netzwerken verwebt. Florian seufzte im Traum und drehte sich herum. Lisa beugte sich über ihn und zärtlich bestaunte sie sein schlafendes Gesicht.

„Wie gut ich dich kenne und wie fremd du mir doch bist!“, flüsterte sie leise. Sie hauchte ihm einen Kuss auf die Stirn. Nochmals hob sie das blaue Buch von der Bettdecke auf.

Aufbruch zur Wahrheit meines Seins, schrieb sie auf die letzte freie Seite im Buch. Sie griff zum Nachttisch und langte nach einer abgegriffenen Broschüre. Sie wusste, was sie suchte war ein Zitat von Friedrich von Hardenbergs Novalis. Sie schrieb es ab mit zart geschwungenen Buchstaben.

Hätten die Nüchternen einmal gekostet,
alles verließen sie,
und setzten sich zu uns an den Tisch der Sehnsucht,
der nie leer wird.
Mein Geliebter, ich komme!

Jetzt, mit integrierter Vergangenheit

„Wir können schwer sagen, wann und wo die Vergangenheit aufhört und die Gegenwart beginnt. Es gibt einen Moment, da überkreuzen sich die Zeiten – da sind Vergangenheit, Gegenwart und Zukunft EINS. Da ist unser Leben vollkommen. Es gibt so einen Moment, ja! Manchmal müssen wir lange auf ihn warten, manchmal glauben wir, er kommt nie – doch wenn er da ist, überrascht er uns in seiner Plötzlichkeit. Letztlich kommt er immer unvermutet – in einer Situation, in der wir verzaubert sind; in einem Augenblick, da die Zeit still steht – dann, wenn der Lichtpfeil der Liebe unsere Seele berührt ..."

Landung, München 1999

Maria Aberger klappt das blaue Buch zu. Die Sätze klingen ihr immer noch im Ohr. „Hätten die Nüchternen einmal gekostet, alles verließen sie und setzten sich zu uns an den Tisch der Sehnsucht, der nie leer wird. Mein Geliebter, ich komme!"

Die Boeing setzt bereits zum Landeanflug an.

„Bitte klappen Sie die Lehnen hoch und schnallen Sie sich an", von Reihe zu Reihe geht die Stewardess und kontrolliert die Fluggäste. Maria Aberger zwinkert mit den Augen. Ein Blick aus dem Fenster sagt ihr, dass das Wetter in Deutschland schlecht ist. Regen und Nebel.

Tränen schimmern in ihren Augen. Ich habe meine Sehnsucht begraben und meinen Geliebten verlassen! Ihr ist, als hätte sie Welten durchquert. Auch später noch, als sie endlich ihr Gepäck auf einen Rollwagen gepackt hat, alle Formalitäten erledigt sind und sie den Schlüssel für den

Mietwagen erhält, kommt es ihr vor, als sei sie aus einem Traum noch nicht so richtig erwacht. Die Scheibenwischer mühen sich gegen den Regen ab und schlagen einen dumpfen Takt auf die Windschutzscheibe. Maria Aberger muss gähnen. Sie schüttelt den Kopf, als könnte sie davon wach werden.

„Lisa Mosbacher", sagt sie laut. „Ich werde dich finden. Wozu bin ich Journalistin? Ich muss wissen, wie es mit dir und deinem Geliebten weitergegangen ist."

An der nächsten Autobahnraststätte hält sie an. Sie ist durstig. Die meisten Tische sind frei. Sie setzt sich an einen, auf dem eine Tageszeitung liegengeblieben war. Doch der Blick in die Zeitung kann ihr Interesse nicht wecken. Der Krieg am Balkan, das Flüchtlingselend. Clinton und die Nato. Deutsche Innenpolitik, ein Artikel über den Euro. Achtlos legt sie das Blatt zur Seite. Ihre Hände fühlen sich klebrig an. Sie steht auf und wäscht sich im Waschraum die Hände und das Gesicht. Ein Blick in den Spiegel zeigt ihr, wie müde sie ist. Sie geht zurück an den Tisch und trinkt den bestellten Obstsaft, ohne sich zu setzen. Eilig verlässt sie die Raststätte, um dorthin zu fahren, wo in nächster Zeit ihr Zuhause sein würde: Zwei Zimmer im Dachgeschoss des Hauses ihrer einstigen Schulfreundin. Gemietet. Ein Neubeginn, mit bangem Herzen.

Stilles Glück, Salzburg 1999

Eintönig klopft der Regen an die Scheiben und sein Rauschen dringt in das Innere von Lisas Kopf ein. Sie blinzelt schlaftrunken. Ein Blick auf den Wecker sagt ihr, sie hat noch Zeit. Sie kuschelt ihren Kopf in das Kissen. Da fühlt sie Viktors Hand über ihre Schulter und ihren Oberkörper gleiten. Sie dreht sich herum und schmiegt sich eng an ihn. Er nimmt sie fest in seinen Arm und sagt leise: „Schlaf weiter."

Bis Lisa richtig aufgewacht ist, hat Viktor das Haus schon verlassen. Erschrocken schaut Lisa nach dem Wecker. Da fällt ihr ein, dass ja Schulferien sind. Keine Schule, kein Kindergarten. Erleichtert legt sie sich nochmals zurück. Die Kinder schlafen wohl noch.

Nachdem Lisa mit den Kindern bereits gefrühstückt und Florian diese vor wenigen Minuten abgeholt hat, steht sie nun am Fenster ihres Ateliers. Ihre Gedanken gleiten durch den leichten Nebel, der über dem nassen Garten liegt. Es hat aufgehört zu regnen.

„So ein verregneter Sommer", murmelt sie. Manchmal laut zu sprechen, nur so für sich, ist eine Angewohnheit geworden. Langsam geht sie zum Schreibtisch. Ihr Schritt ist immer noch elastisch und beschwingt. Sie weiß, sie sollte längst arbeiten. Hartwig Rainer wartete bereits auf die Unterlagen. Doch vor dem PC bleibt sie nachdenklich stehen.

„Was soll's", murmelt sie vor sich hin, „einen freien Tag für mich habe ich mir schon lange nicht gegönnt." Und sie nimmt den Finger vom Schaltknopf. Die Geräte bleiben stumm. Lisa greift nach dem Tuch, das sie am Vortag achtlos auf das alte Schaukelpferd in der Ecke geworfen hatte, und legt es sich um die Schultern. Sie schiebt die Glasschiebetür auf und geht in den Garten hinaus. Wie herrlich die Luft ist. Weit streckt sie ihre Arme gegen den Himmel. In tiefen Zügen atmet Lisa die frische Luft ein. Sie zieht ihre Arbeitsstiefel an und marschiert durch das hohe nasse Gras.

Lisas Garten ist eine Idylle geworden. Ein Märchenreich aus Blüten und Düften. Das alte Haus ein Schmuckstück, so wie Tamara es vorhergesagt hatte. Zufrieden betrachtet Lisa die neu gesetzten englischen Rosen. Sie haben frisch getrieben und die zarten Knospen würden sicher aufblühen, sobald die Sonne hinter den Wolken hervorkam. Der große Stein am unteren Ende der Treppe, die in den Obstgarten führt, lächelt

Lisa entgegen. Es ist ihr Lieblingsplatz. Hier sitzt sie gerne. Von hier kann man über die Hügel in die Weite des Landes hineinsehen. Von hier kann man sich über die Enge des Alltags erheben und durch die Welt schweben, ohne den angestammten Platz zu verlassen. Ihre rechte Hand streicht liebkosend über die glatte Oberfläche des Steins. Er ist nass und kühl. Zu kühl zum Niedersetzen.

„Genau vor einem Jahr bin ich hier gesessen", erinnert sich Lisa. Ein verträumtes Lächeln huscht um ihren Mund. Ja, heute vor einem Jahr hatte sich endlich erfüllt, worauf sie so lange warten musste und wofür sie tapfer gekämpft hatte. Ein Grund zum Feiern. Lisa umrundet das Haus, hebt eine nasse Puppe auf, die Clarissa achtlos liegengelassen hatte. Sie betritt barfuß das Haus durch die Terassentür, nachdem sie die Stiefel abgestreift hat. Entschlossen, sich Gutes zu tun, geht sie in die Küche und setzt Wasser für den Kaffee auf. Aus dem Kühlschrank nimmt sie einen Becher mit Sahne, gießt diese in ein großes Glas und quirlt die Sahne mit dem Handmixer zu steifem Obers. Sie liebt die altmodische Tradition immer noch. Genussvoll schaufelt sie Löffel für Löffel weiße Obersberge auf den schwarzen dampfenden Kaffee, um diese gleich darauf wieder ebenso genussvoll herunterzunaschen. Dann stellt sie die Kanne mit Kaffee, den Obers und die Tasse auf ein Tablett und geht damit in den Wohnraum. Sie lässt sich in die bequeme Sitzgruppe fallen, steht aber nochmals auf, sucht in ihrer CD Sammlung und schaltet die Stereoanlage ein. Brahms. Gemütlich lehnt sich nun Lisa in die dicken Polster, zieht ihre Beine hoch und schlürft ihren Kaffee. Das Bilderbuch ihrer Erinnerung schlägt ihr die schönste Seite auf.

Ja, heute vor einem Jahr am späten Nachmittag war Viktor gekommen. Sie erinnert sich genau an den Tag. Der Himmel war klar gewesen, die Sonne heiß und einladend. Clarissa hatte im Garten gespielt und versucht, farbenfrohe Schmetterlinge einzufangen. Lisa selbst war auf ihrem Lieblingsstein gesessen und hatte geistige Traumbilder in die Luft gemalt.

„Mami, Mami, da ist ein Mann, der möchte dich sprechen", hatte Clarissa gerufen. Sie war aufgestanden und die Stufen des Gartens hinaufgegangen. Viktor war ihr entgegengekommen, mit hängenden Schultern und mit der linken Hand hatte er seine Haare zurückgestrichen. Haare, die grau und schütter geworden waren.

„Viktor", Lisa hatte gespürt, wie ihr die Stimme versagte. Ihr Herz hatte wild gepocht und sie fühlte, dass Freude und Aufregung sie gefangen nahmen. Wie angewurzelt war sie stehen geblieben. Er hatte ganz unsicher gegrinst. Die Überraschung war ihm gelungen.

„Es tut mir so leid Lisa", hatte er gesagt. Schweigend waren sie einander gegenüber gestanden. In ihrem Schweigen sprachen ihre Seelen zueinander. Für Viktor war es schwer Lisas fragenden Blick auszuhalten. Vergib mir, flehten seine Augen.

„Weißt du es jetzt? Hast du das Wunder der Selbsterkenntnis erkannt?", fragte Lisa leise.

„Es tut mir so leid", widerholte er und beinahe versagte ihm die Stimme. Da hatte ihm Lisa die Hand entgegengestreckt. Er war auf sie zugekommen, geduckt, hatte sie um die Hüfte gefasst und sie hochgestemmt wie in alten Zeiten. Lisa hatte in sein Haar gegriffen, um Halt zu finden.

„Du Wildfang, gib Acht", hatte sie gesagt, „ich bin zehn Jahre älter und zehn Kilo schwerer geworden."

„Macht nichts", hatte er erleichtert erwidert und sie fest an sich gedrückt.

Clarissa hatte ihnen keine Zeit gelassen. „Ist das der andere Mann, der auch zu uns gehört?", hatte sie neugierig gefragt. Lisa hatte ihre Tochter vorbereitet, auch wenn sie bis zu diesem Moment nicht sicher gewesen war, ob er wirklich kommen würde.

Ein glückliches Lächeln liegt nun auf Lisas Gesichtszügen. Die Erinnerung hatte die Spuren des Älterwerdens aus ihrem Gesicht weggewischt. Es ist ein stilles Glück, ein dankbares Glück, das sich in ihren Zügen widerspiegelt. Ein Glück, das auch den Schmerz und die Prüfung der Geduld kennt ist ein demütiges Glück. Lisa steht auf. Langsam geht sie hinauf in den oberen Stock und holt aus dem Schlafraum ein dickes Buch. Es ist ihr Tagebuch, in rosarotes Leder gebunden. Sie schlägt es auf.

Der Schmerz ist groß, liest sie auf den ersten Seiten, wenn die Sehnsucht einen Bogen spannt und die Liebe sich spaltet zwischen Ufern, die der Strom des Schicksals so hartnäckig entzweit. Unmenschlich ist das Unverständnis derer, die Unwissende sind und uns die Liebe verbieten wollen.

Sie seufzt und streicht nachdenklich über die Zeilen. Sie geht zurück ins Wohnzimmer, holt einen Kugelschreiber aus der Lade und nimmt ihren gemütlichen Platz zwischen den weichen Kissen wieder ein. Erneut schlägt sie das Buch auf. Lange schaut sie auf die weiße leere Seite. Dann schreibt sie.

„Was gibt es zu sagen? Jetzt, da die Freiheit uns verbindet und niemand sich mehr trennend zwischen uns schiebt. Jetzt, da ich endlich leben darf mit ihm! Jetzt, da ich so tief glücklich bin. Es gibt nichts zu sagen außer danke. Es gibt nichts zu sagen außer bitte, damit es so bleibt. Und doch gäbe es etwas zu sagen, jenen, denen ich begegne und deren Gesichter so voller Gram und Bitternis sind. Deren Herzen so voll sind von alldem, was sie zu besitzen glauben und gierig an sich raffen. Was sie an sich ketten, nicht lieben und daher niemals halten können. Jenen, die die Wut und den Zorn nicht bezwingen können, und jenen, die die Trauer immer noch tragen.

Auch jenen, die gedankenlos an ihrem Leben vorbeilaufen, ohne Verantwortung, ohne Selbsterkenntnis. Ohne Gott und ohne die Liebe. Es gäbe etwas zu sagen, aber ich bin zu glücklich, um Worte zu finden."

Plötzlich muss Lisa an Weizsäcker denken. An den Garten des Menschlichen und die Nacht in Bonn. Es hatte lange gedauert, bis Viktor er selbst geworden war. Bis er den Mut zur Selbsterkenntnis und seelischen Liebe fand.

Das Klingeln des Telefons reißt Lisa aus ihren Gedanken. Sie sucht den kleinen schnurlosen Apparat und findet ihn am Esstisch unter der Zeitung, die Viktor beim Frühstück gelesen hatte.

„Mosbacher", meldet sie sich förmlich. Dann horcht sie lange in den Hörer hinein.

„Maria Aberger? Aber ich kenne Sie nicht ... was wollen Sie? Mich besuchen? Na ja. Wozu?" Lisa runzelt erstaunt die Stirn, beugt sich dann weit vor und sieht Viktor eintreten. Groß und aufrecht kommt er zur Tür herein. Freudig überrascht winkt sie ihm zu.

„Ja, meinetwegen, dann kommen Sie mich eben besuchen", beeilt sich Lisa, das Gespräch zu beenden, und vereinbart einen Tag und erklärt den Weg.

„Wer war das?" Viktor umarmt sie und küsst sie auf den Mund.

„Ich weiß nicht. Eine Frau Aberger. Es hat etwas mit Malaysia zu tun und sie will mich unbedingt kennen lernen", erklärt Lisa. „Es klang sehr geheimnisvoll. Wieso bist du schon da?"

„Weil ich bereits alles erledigt habe", antwortet Viktor, schaut auf die gemütliche Sitzmulde, die Lisa verlassen hat, und lächelt, „sag bloß, du arbeitest heute nicht. So etwas gibt es doch gar nicht."

„Doch, das gibt es!", erwidert Lisa, „und ich habe den ganzen Tag für dich Zeit! Florian hat um neun bereits angerufen und dann gleich die Kinder abgeholt. Er geht mit ihnen in den Zoo! Und Hartwig Rainer muss leider warten."

„Was machen wir mit so einem Wundertag wie heute", neckt Viktor und drückt Lisa enger an sich.

„Schmusen", gibt sie zur Antwort und schmiegt sich zärtlich an ihn, „aber vorher musst du mich zum Essen einladen und zwei Stunden mit mir durch den Wald spazieren gehen."

„Harte Bedingungen", scherzt Viktor, „aber ich nehme an!"

Als Maria Aberger die Auffahrt zu Lisas Haus hinauffährt, schiebt sich die Sonne durch die Wolkendecke. In bunter Üppigkeit liegt der Garten vor ihr. Geheimnisvoll und mit Wein umwachsen steht das alte Haus da. So, als wollte es sagen, es gibt mich, aber nur für jene, die mich finden. Maria wickelt einen großen Blumenstrauß aus gelben Seidenpapier. Das blaue Buch unter den Arm geklemmt, geht sie auf die Haustür zu und drückt den Klingelknopf. Lisa kommt mit ihren klappernden Absätzen schnell näher und öffnet die Tür. Der Blumenstrauß kommt ihr entgegen, nur teilweise gibt er den Blick frei auf eine große blonde Frau. Lisa spürt sofort die Verlegenheit und Unsicherheit, die von der Frau ausgeht.

„Ah, Maria Aberger, wie schön", mit gewinnendem Lächeln zieht Lisa die Frau über die Schwelle. „Ich habe Sie schon erwartet. Kommen Sie. Die Sommertage muss man nutzen, ich habe auf der Terrasse für uns gedeckt."

Frau Aberger bleibt nicht die Möglichkeit, etwas zu sagen. Sich umschauend tritt sie ein. Lisa nimmt ihr den Blumenstrauß ab.

„Wie aufmerksam. Danke schön. Ich bin schon neugierig, was Sie mir erzählen. Ihr Telefonat klang so geheimnisvoll." Lisa geht in die Küche voran und nimmt eine Vase aus dem Schrank. Sie wässert die Blumen und stellt sie auf den Esstisch.

Fragend schaut sie zu Frau Aberger hin. Da sieht sie das blaue Buch. Maria Aberger hält es ihr entgegen.

„Na so etwas“, schreit Lisa auf. „Mein Tagebuch! Wie kommen Sie dazu? Ja, jetzt verstehe ich“, und lachend nimmt sie das Buch in Empfang.

„Ja, deshalb bin ich da. Es ist eine wunderliche Geschichte. Es wurde mir in Kuala Lumpur am Airport in die Hand gedrückt“, erklärt Maria Aberger. „Ja, und ich muss Ihnen etwas gestehen“, fügt sie schnell hinzu, „ich habe es gelesen.“

„Sie haben es gelesen?“ Nun schaut Lisa doch etwas betroffen. Deshalb die Verlegenheit, denkt sie. Lisa betrachtet die Frau. Sie ist wohl etwas älter als ich, stellt sie fest, und sie wirkt verhärmt, traurig und enttäuscht.

„Na ja“, sagt sie daher, „kommen Sie. Kommen Sie auf die Terrasse und nehmen Sie Platz. Mögen Sie Limonade und ein Stück Kuchen?“

Maria Aberger ist sichtlich erleichtert, dass diese Hürde genommen ist. Erst auf der Fahrt hierher zu Lisa wurde ihr bewusst, dass sie als Leserin des Tagebuchs in die Geheimnisse, das Leben und in die Gefühle einer Frau eingedrungen war. Im Flugzeug war es nur eine Geschichte gewesen. Eine spannende Lebensgeschichte. Doch nun stand der Mensch, zu dem dieses Leben, die Gefühle, die Gedanken gehörten, tatsächlich lebendig vor ihr. Nun mustert Frau Aberger Lisa genau. Ihr blondes Haar, das bereits viele graue Strähnen hatte, trägt Lisa im Nacken zusammengebunden. Etwas Stolzes schwebt um ihren Kopf. Etwas kleiner als Frau Aberger steht sie in gerader Haltung da. Mit offenem Blick begegnen sich die zwei Frauen.

„Na, haben Sie sich mich so vorgestellt?“ Lisa zwinkert belustigt mit den Augen.

„Ja und nein“, antwortet Maria Aberger und gewinnt ihre Selbstsicherheit wieder. „Sie wirken fester, realer und bodenständiger, als ich dachte!" Nun lachen beide Frauen.

„Wie haben Sie mich gefunden?"

„Ganz einfach! Die Auskunft gab mir Ihre neue Telefonnummer. Ich wusste ja, dass Sie von Salzburg aufs Land gezogen waren." Ein Schweigen entsteht. Lisa reicht den Kuchen und Maria Aberger legt ein Stück auf ihren Teller.

„Lisa, Ihre Geschichte hat mich sehr berührt. Ich glaube sogar, Ihre Geschichte kann mir helfen. Bitte erzählen Sie, wie ist es in Ihrem Leben weitergegangen. Das Tagebuch endet ja vor drei Jahren!" Marias Stimme ist eindringlich geworden, „ich darf Sie das doch bitten? Nicht wahr?"

Lisa schaut nachdenklich.

„Sie leben mit Viktor, stimmt's. Ich spüre das. Sie sind glücklich, Lisa. Ich fühle das. Bitte, teilen Sie Ihr Glück mit mir." Maria beobachtet Lisa gespannt.

„Ja", sagt diese, „es gibt ein neues Tagebuch. Es ist rosarot. Ich dachte nicht, dass ich mein blaues wiederbekomme. Ich glaubte, es sei für immer verloren, als es in Malaysia verschwand. Ich weiß nicht einmal, wo das geschah und wie es nun auf den Flughafen kam. Nach so langer Zeit."

Lisas Erinnerung gleitet zu dem Besuch, gemeinsam mit Clarissa und Florian bei Tamaras Eltern. Gedanken an die schöne Zeit huschen in Windeseile vorbei. Die tiefe Verbindung, die zu Tamaras Mutter gewachsen war. Die geheimnisvolle Reise in die zeitlose Tiefe der Regenwälder. Der schnelle Abschied von Florian. Wilhelm Sauerbach und seine Familie hatten ihre damalige Situation sofort verstanden und hatten ihnen beiden mit ihrem Feingefühl sehr geholfen. Wilhelm hatte erkannt, dass Florian Abstand brauchte. Abstand von seiner Zeit mit Tamara. Abstand auch von

Lisa, um sich selbst neu zu finden. Er hatte Florian einen neuen Job vermittelt. Einen sehr gut bezahlten Job, ein neues Aufgabengebiet, das ihn forderte und ihm gut tat. Lisa und Hartwig Rainer hatten seine Firmenanteile übernommen. Und obwohl Florian wöchentlich mit ihr und Clarissa telefoniert und zweimal im Jahr, so wie jetzt, nach Europa kommt, war der Abschied doch ein plötzlicher gewesen. Lisa und Clarissa waren alleine zurückgeflogen.

Lisa drückt das blaue Buch fest an sich und streicht sich mit dem Handrücken über die Stirn.

„Alles kommt zurück, was zu uns gehört. Das sind Ihre Worte Lisa", bricht Maria Aberger das Schweigen. „Denken Sie an das Frühlingskostüm!"

„Mein Gott, das Frühlingskostüm!" Lisa schaut auf, „was Sie nun alles über mich wissen. Das Frühlingskostüm! Und jetzt das Tagebuch. Alles kommt zurück, doch das ist so lange her."

„Ich will noch mehr wissen, Lisa. Bitte, ich bin Journalistin", Maria Aberger rückt vor. Lisa sieht, wie verkrampft sie ihre Hände unbewusst zu Fäusten ballt. „Ich lebe gerade in Scheidung von meinem Mann und brauche einen neuen Anfang", erklärt sie stockend.

Lisa schaut verwundert auf die drängende Frau. „Was könnte meine Geschichte Ihnen bringen außer, dass Sie Ihre Neugier befriedigt?"

„Es geht nicht um Neugier. Wissen Sie, Lisa, mein Mann und ich, nun mein geschiedener Mann und ich. Unsere Kämpfe, unser Streit. Wir sind gescheitert. Bitter gescheitert. Als ich aus Malaysia abflog, wir haben zehn Jahre dort zusammen gelebt, davor zwölf Jahre in Deutschland, blieben nur Scherben, Wut und Enttäuschung zurück. Und meine beiden Kinder! Sie wollten beim Vater bleiben. Das war ein Schock für mich. Ihr Tagebuch hat mir Trost gebracht. Ich musste es lesen, nachdem ich es aufgeschlagen hatte. Entschuldigen Sie den Einbruch in ihre Intimsphäre.

Aber Sie haben mir Mut gemacht. Ich möchte von Ihnen lernen."

„Von mir lernen?" Lisa schüttelt den Kopf.

„Ja, Lisa. Sie sind einen Weg gegangen, von dem ich nicht dachte, dass es ihn gibt. Einen neuen Weg. Unkonventionell, hartnäckig und mutig. Ich möchte ein Buch über Sie schreiben. Ein Buch über Sie und ihre Geschichte. Deshalb bin ich da." Die Stimme der Jounalistin hat Klang und Festigkeit bekommen. Erwartungsvoll schaut sie Lisa an. Diese schüttelt lachend den Kopf.

„So ein Blödsinn!"

„Ein Buch für Frauen, Lisa. Ein Buch über die Liebe und dass es sich lohnt, sie zu suchen. Dass es sich lohnt, die Liebe zu leben. Bitte?" Maria beugt sich vor, ihr ist anzumerken, dass die Idee ein Strohhalm war, an dem sie sich festhielt. Ein Strohhalm, der Sinn und Heilung in ihr Leben tragen sollte. Vielleicht auch einen beruflichen Neuanfang.

Lisa nimmt das blaue Tagebuch erneut zur Hand. Sie wendet es hin und her. Plötzlich muss sie an das rosarote Tagebuch denken. Die vielen Seiten, gefüllt mit dem Schmerz der zwei langen Jahre, in denen sie mit Viktor und Anabell gerungen hatte. Ein zähes Ringen war das gewesen. Ein Ringen um die wahre Herzensliebe, die Freiheit, die Nähe! Ein hartnäckiges Ringen um eine neue Weltsicht, die das schmerzliche Einreißen alter Vorurteile, das Aufgeben ihrer Masken und Fassaden mit sich gebracht hatte. Ein Kampf um die Wahrheit. Ein Kampf gegen die herkömmliche Moral. Eine Moral, hinter der Anabell, wie viele andere Frauen, sich mit der Macht der Mutterschaft verschanzt gehalten hatte. Wo Besitzanspruch an den Mann, der nicht ihr Geliebter mehr war, mit allen Mitteln geführt worden war. Ein Kampf, in dem Anabell ihr eigenes Scheitern an der vermeintlichen Feindin, der Rivalin, abzuladen versucht hatte. Verständlich im üblichen Sinn der kleinbürgerlichen Moral. Unverständlich im höheren Sinn der Liebe, die nur im Freiraum der Freiheit wachsen und leben kann. Treue, echte Herzenstreue wurde verurteilt. Doch egoistische Macht im Mantel geheuchelter Gefühle vollführte ein schales Schauspiel unter zweifelhafter Regie. Nicht wissend um das bessere Ziel. Nicht fragend nach dem ehrlicheren, dem göttlichen Weg, hatte Anabell arrogant und mit Intrigen um sich geschlagen. Ein ungleicher Kampf war das gewesen. Die Liebe, die Herzensliebe wurde gedemütigt und verspottet. Doch Lisa konnte nicht fliehen. Sie durfte nicht weichen. Ein Standhalten in der Wahrheit wurde von ihr verlangt. Es war eine harte Zeit, in der nur die Geduld Erfolg einbrachte. Unendlich viel Geduld, Nachsicht und bedingungslose Liebe zu Viktor. Lisa seufzt tief auf bei diesen Gedanken. Maria sieht nun an Lisas Gesicht, wie sehr ihre Seele gelitten hatte.

Die Ungerechtigkeit, die ihr widerfahren war, die Verleumdung dessen, was ihr heilig war, hatten tiefe Spuren des Schmerzes in ihr Wesen gegraben. Gedankenverloren streicht sich Lisa mit dem Handrücken über die Stirn. So als könnte sie alle schmerzlichen Erinnerungen damit wegwischen. Dann wendet sie sich Maria Aberger zu. Plötzlich erinnert sie sich an die letzte Eintragung in ihr Tagebuch vor wenigen Tagen, als der Anruf Maria Abergers sie erreichte. Sie steht auf, legt das blaue Buch auf den Tisch, holt das rosarote von der Kommode und schlägt es auf.

„Was gibt es zu sagen? Jetzt, da die Freiheit uns verbindet und niemand sich mehr trennend zwischen uns schiebt. Jetzt, da ich endlich leben darf?! Jetzt, da ich so tief glücklich bin. Es gibt nichts zu sagen außer danke. Es gibt nichts zu sagen außer bitte, damit es so bleibt. Und doch gäbe es etwas zu sagen, jenen, denen ich begegne und deren Gesichter so voller Gram und Bitternis sind. Deren Herzen so voll sind, von alldem, was sie zu besitzen glauben und gierig an sich raffen. Was sie an sich ketten, nicht lieben und daher niemals halten können. Jenen, die die Wut und den Zorn nicht bezwingen können. Und jenen, die die Trauer immer noch tragen. Jenen, die gedankenlos an ihrem Leben vorbeilaufen. Es gäbe etwas zu sagen, aber ich bin zu glücklich, um Worte zu finden.", liest sie der aufmerksam lauschenden Frau vor, die so geheimnisvoll zur Verbündeten, zur Vertrauten geworden war.

Dann legt Lisa das Buch bedächtig neben das andere.

„Nun gut, Maria. Vielleicht finden Sie ja die Worte! Worte, die den Seelen Mut machen."

Maria Aberger springt auf. Ihre Augen leuchten, Freude strahlt aus ihrem Gesicht. Lisa nimmt die Frau, die so abrupt in ihr Leben getreten war, in die Arme.

„Gut", sagt sie nochmals bestätigend, „schreib, Maria! Sag du zu mir und frag mich, was du wissen willst. Schreibe die Wahrheit über meine Liebe, über meine Seele. Schreibe über ihr Licht und über ihre Schattenseiten. Schreibe über die Glückseligkeit und über den Schmerz, den Liebe mit sich bringt. Schreibe über den Zweifel, der sich uns so hartnäckig in den Weg stellt. Schreibe über die Sehnsucht, die uns finden lässt."

„Ja", betont Maria, „genau das will ich tun. Hilf mir, Lisa, eine neue Sicht zu finden. Neue Wege aufzuzeigen, für mich und für tausende Frauen, für tausende Männer. Wir alle müssen lernen, unsere Beziehungen neu zu überdenken. Laut Statistik wird heute bald jede dritte Ehe geschieden. Zu viele Kinder sind Scheidungswaisen von im dunklen Gram getrennten Eltern, sind zerrissen."

„Ja", erwidert Lisa, „das müsste nicht sein. Wenn wir nur alle begreifen würden, dass wir zueinander gehören. Alle mitsammen. Eine einzige große Menschenfamilie sind wir. Dann gäbe es statt Vereinsamung und bitterer Alleinerziehung eine neue Form der Großfamilie. Mit vielen Tanten, Onkeln und Kindern, die lernen, Geschwister zu sein, quer durch die

Rassen, Kulturen und Standesunterschiede.“

Maria nickt zustimmend. Lisa greift nach dem Krug, sieht, dass er leer ist. Sie steht auf, um aus der Küche frische Limonade zu holen. Die Küchenuhr tickt laut. Ein paar Fliegen summen auf den Fensterscheiben auf und nieder. Das Wasser rauscht frisch aus der Leitung und füllt den Krug. Da hört sie die Kinder im Vorzimmer.

„Hi Mama!“, ruft Clarissa im Vorbeigehen ihr zu und wirft ihre Umhängetasche in die Ecke.

„Hi Lisa!“, ruft Robert und wirft seine Tasche genauso in die Ecke. Er kommt aber, um ihr einen Kuss zu geben.

„Wie cool die Kids doch sind“, lacht Florian und schüttelt belustigt den Kopf. Er kommt auf Lisa zu und drückt ihr einen Kuss auf die Wange. „Hübsch bist du.“

„Wir haben Besuch, Florian. Setz dich zu uns auf die Terrasse“, erklärt Lisa und ruft nach den Kindern, die in den oberen Stock gelaufen sind, „wir haben Besuch, Kinder. Kommt herunter und sagt Guten Tag.“

„Ist Viktor da?“, fragt Florian.

„Nein, er kommt erst am Abend. Komm, ich möchte dich jemanden vorstellen“, Lisa zieht Florian mit auf die Terrasse.

„So Maria, nun lernst du meine Mannschaft kennen. Das ist Florian. Das ist Robert, Viktors Sohn, und das ist Clarissa, unsere Tochter. Kommt her, Kinder, sagt Maria Guten Tag.“

Maria schüttelt Florian die Hand und begrüßt die Kinder. Lisa erklärt Florian die Situation und erzählt die Geschichte ihres Tagebuchs.

„Na, so ist das“, meint Florian, „wir sind ein offenes Buch für Sie. Sie kennen uns.“ Maria ist sichtlich berührt über die Offenheit, die in Lisas Familie herrscht. Mit Bedrückung denkt sie an die Szenen, als Henry seine Freundin in die Wohnung mitbrachte und sie zwang auszuziehen.

Tränen treten in ihre Augen.

„Ich muss den Kindern etwas zu essen richten und uns auch. Du isst doch mit uns, Maria? Ja natürlich, keine Widerrede! Florian, du bleibst doch auch?“ Für Lisa war mit den Kindern der Alltag eingekehrt. „Ihr beide könnt den Tisch decken. Ja? Wollt ihr?“

„Du, Mama. Ich muss dich was fragen. Dürfen wir heute bei Papa schlafen. Robert will auch!“ Clarissa war immer die Rädelsführerin.

„Ja, bitte, bitte“, bettelt Robert.

Lisa schaut Florian fragend an.

„Nun, du weißt ja, in zwei Wochen fliege ich wieder zurück. Ich habe gesagt, sie dürfen, wenn du ja sagst“, meint er.

„Aber Robert, du wolltest doch zu deiner Mama? Viktor bringt dich zu ihr, heute abend. Hast du das vergessen?“, fällt Lisa ein.

„Nein, habe ich nicht. Aber ich will lieber bei Clarissa und Florian sein, dafür soll Clarissa nächstes Mal zu Mama mitkommen und auch dort schlafen. Ist doch langweilig allein.“

„Das habt ihr euch ja schön ausgedacht“, meint Lisa und geht in die Küche. Die Kinder und Florian folgen ihr. „Ich kann dazu nichts sagen, Robert. Du weißt, du musst das mit deinen Eltern selbst ausmachen. Viktor und Anabell müssen das entscheiden.“

„Wir rufen Anabell an. Ich spreche mit ihr“, weiß Clarissa sofort einen Ausweg. Da Lisa nichts sagt, stürmen die beiden zum Telefon.

„Was soll ich sagen?“, meint Lisa und schaut Florian an. Maria war ihnen in die Küche gefolgt.

„Kann ich helfen?“

„Ich wärme nur einen Gemüseeintopf. Ich habe ihn schon in der Früh gemacht und der Salat ist auch gewaschen“, sagt Lisa.

„Ich übernehme das“, erklärt Florian, „ihr deckt auf und setzt euch wieder gemütlich auf die Terrasse." Er geht zum Herd und hebt den Dekkel von dem großen Topf, um hineinzuschauen.

Lisa drückt Maria Teller in die Hand und nimmt Besteck aus der Lade. Die Kinder kommen mit strahlenden Gesichtern angerannt.

„Nun, was hat Anabell gesagt?"

„Ja, wir dürfen. Und Clarissa darf das nächste Mal auch bei uns bleiben. Mama findet das toll", erklärt Robert strahlend.

„Ja super", lacht Lisa. Sie streichelt dem Kleinen über das Haar, „aber dein Vater wird das nicht so toll finden. Er ist wieder der Letzte, der von euren Plänen erfährt!"

Es dauert nicht lange und sie sitzen am Tisch. Lisa teilt das Essen aus. Clarissa mustert argwöhnisch, was sie am Teller hat. Doch als Robert schwärmt, „hm, Gemüseeintopf mit Speck. Schmeckt super!", entschließt auch sie sich zu kosten.

„Weißt du", meint Lisa und schaut zu Maria hin, „dass wir alle gemeinsam an einem Tisch sitzen können, das ist so wichtig. Erste Frau und zweite Frau und dritte Frau, erster Mann und zweiter Mann und alle Kinder. Wenigstens das war mein Wunsch, nachdem das Leben mir ja keine andere Wahl ließ bei Viktors Vorgeschichte! Bei unserem Karma!", fügt sie noch hinzu und wischt sich wieder mit dem Handrücken über die Stirn. So als müsste sie alten Schmerz fortwischen. Dann fährt sie fort:

„Wir planen also ein großes Fest, solange Florian noch in Europa ist. Anabell wird mit ihrem Freund kommen. Auch Gerald, Viktors erwachsener Sohn. Vielleicht bringt er seine Mutter mit, Viktor hat sie eingeladen. Ich habe auch meinen ersten Mann eingeladen, seine Frau und die Kinder. Er hat sich über die Einladung sehr gefreut, aber er kommt nicht. Ana ist auch zu weit weg, aber wir schicken ihr ein Foto, das ist abgemacht. Natürlich Veronika und Rainer, vielleicht sogar Jutta und Elisabeth mit ihrem Mann und den Kindern. Du kennst sie alle aus meinem Tagebuch. Die ganze Seelenfamilie. Und zudem kommt mein Vater und meine Schwester und auch Ludmilla, Viktors Schwester. Ganz sicher telefonieren wir mit den Sauerbachs in Malaysia."

„Wie schön", antwortet Maria.

„Komm doch auch", meint Florian und war einfach zum Du übergegangen, „ich kenne dich gerade ein paar Minuten, doch du gehörst dazu. Das spüre ich!"

„Ja, gute Idee. Komm. Du bist eingeladen." Lisa ist mit dem Vorschlag sofort einverstanden.

Die Mittagszeit vergeht rasch. Lisa hilft den Kindern, ihre Taschen zu packen, während Maria Florian beim Abwasch zur Hand geht. Clarissa und Robert stürmen mehrmals die Treppe auf und nieder, bis sie alles, was sie brauchen, gefunden und eingepackt haben.

„Sie lieben sich. Nicht wahr?", fragt Maria und schaut den beiden nach.

„Ja", bestätigt Lisa, „sie sind wie Geschwister."

Florian verabschiedet sich. „Ich fahre gleich, denn ihr habt euch noch viel zu erzählen!"

Lisa geht mit ihm und den Kindern zum Auto. Sie winkt ihnen nach, bis sie hinter den Birken verschwunden sind. Dann kehrt sie zu Maria zurück.

„Ich stelle noch Kaffee auf. Du magst doch sicher eine Tasse? Und dann starten wir unser Liebesbuchprojekt", ruft Lisa gut gelaunt.

Maria zieht einen Schreibblock aus ihrer Tasche.

„Ich bin bereit", antwortet sie.

Wenig später sitzen sie beisammen, eine Tasse dampfenden Kaffee vor sich und Lisa beginnt zu erzählen.

„Mein Traum war eben immer eine große Familie. Ich träumte den Traum der Seelenfamilie, die die Familie der Zukunft sein wird. Eine Familie, wo sich alle, Alte und Junge, Omas, Opas und Enkelkinder, getraute und geschiedene Paare an einem Tisch zusammenfinden. Eine Familie, die die Wahrheit lebt, die den Konflikt nicht scheut. Eine Familie, in der starke Herzensbindungen den Halt geben. Wo Wandlung möglich ist und die Scheinheiligkeit über Bord geworfen wird. Eine Familie, in der alle frei sind und jederzeit der Stimme des Herzens folgen können. Aber auch eine Familie, in der volle Eigenverantwortung gelebt wird. Liebe mit reinem Gewissen. Frei, ehrlich und verantwortungsbewusst. Das wollte ich erreichen."

„Hast du auch", bestätigt Maria. „Ich verstehe erst jetzt, dass ich vor lauter Verantwortung für meine Familie die Liebe erstickt habe. Aber bitte, erzähle mir. Wie war es? Wie kamst du mit Viktor zusammen?"

„Ich habe ihm geschrieben", antwortet Lisa ernst, „und er hat sich gemeldet. Aber um die Liebe auch leben zu können, mussten wir hart ringen. Es galt, Vieles aufzuarbeiten. Karma und alte Wunden wollten geheilt werden. Am Anfang war es sehr steinig, ein schroffer Weg."

„Und die Liebe?", fragt Maria.

„Die Liebe kommt. Wir können sie nicht erzwingen. Sie kommt. Manchmal laut, manchmal leise. Sie kommt und ist da. Und ist sie da, dann will sie leben. Sie will leben, auch wenn die äußeren Bedingungen schlecht sind."

„Du meinst, wir kämpfen nicht nur um die Liebe, sondern vor allem um die Freiheit?"

„Ja genau, so meine ich das. Ich habe um den Raum gekämpft, der mir zustand, um Viktor offen begegnen zu können. Für die Liebe muss es immer einen Raum geben."

„Aber es bleibt doch ein Kampf, in dem wir uns verletzen. Ist das

Liebe?“ Marias Blick ist in eine weite Ferne gerichtet. Schmerz spiegelt sich auf ihren Gesichtszügen wider. Dunkle Schatten huschen um sie her.

Lisa sieht den Schmerz in ihrem Gesicht. „Erzähl mir“, ermutigt sie Maria, „erzähl mir von dir!“

Maria seufzt: „Vielleicht war ich viel zu lange zu feig!“ Unruhig rutscht sie auf dem Sessel hin und her. „Ich habe mich nicht gestellt“, erklärt sie, „habe die Unberührbare und Gleichgültige gespielt. Das erdrückt die Liebe. Nimmt ihr das Feuer und die Freude.“

Maria wiegt nachdenklich und traurig ihren Kopf, „Henry und ich haben uns verloren, bevor wir uns wirklich gefunden hatten. Es ist schade, denke ich heute, dass wir so lange Jahre so gleichgültig nebeneinander gelebt haben. Verbunden waren wir nur durch unsere Kinder. Wir haben so viele Chancen, unsere Beziehung zu vertiefen, verpasst. Vielleicht wäre es besser gewesen, wir hätten mal gekämpft und gerungen miteinander. Das taten wir erst, als seine Freundin kam. Doch eigentlich machten wir uns nur gegenseitige Vorwürfe, statt einander zu verstehen.“

„Es braucht oft einen Dritten, damit wir aufwachen. Ich habe einige Dritte gebraucht, bis ich in meiner Liebe aufwachte“, entgegnet Lisa. Sie nimmt die Kaffeekanne und wirft Maria einen fragenden Blick zu. Nachdem diese ablehnt, schenkt sie sich selbst noch eine Tasse Kaffee ein. Dann fährt sie fort, „doch was vorbei ist, ist vorbei. Du kannst es nicht ändern. Aber worauf es jetzt ankommt, das ist deine Einstellung. Wie du denkst, was du daraus machst, was bleibt. Das ist entscheidend.“

„Ja, das war es, was mich an deinem Tagebuch so berührte. Du hast alles in dir verwandelt. Das Dunkle, die Wut, den Zorn gewandelt zur Liebe. Das ist es, Lisa, was so wunderbar ist.“

Lisa seufzt tief auf, doch dann lächelt sie und ihre Augen strahlen geheimnisvoll. Die beiden Frauen schweigen. Die Nachmittagssonne senkt sich weit bis ins Wohnzimmer hinein. Vögel zwitschern, eine Biene summt um den Kuchen. Die Katze des Nachbarn liegt zusammengerollt auf dem Trampolin der Kinder. Lisa steht auf und holt eine Mappe. Dieser entnimmt sie einen Brief.

„Ich möchte dir etwas zum Lesen geben. Es ist ein Geschenk meines Vertrauens an dich," sagt sie und lehnt sich zurück. „Es ist ein Brief, den ich eines Tages schrieb. Es ist ein Brief, den ich Viktor schicken wollte. Doch als er fertig war, begriff ich, ich hatte den Brief mir geschrieben. Er war nicht dazu geeignet, Viktor mein Denken und Fühlen verständlich zu machen. Ich musste ihn schreiben, um mich zu verstehen. Ich musste meine Gedanken ordnen und den Boden für meine Gefühle frisch bebauen." Sie reicht Maria das Blatt Papier und diese liest.

Ich bin gescheitert. Ich habe versagt. Alles, was ich liebte, alles, was ich versuchte zu hegen, zu nähren, zu schützen, es ist mir zerronnen. Gebrochen wie Glas, Scherben, nichts als Scherben und mein blutendes Herz.

Und was bleibt ist Schmerz.

Wo bist du, wo bleibst du? Du, an den ich glaubte! Ein Abklatsch von Hohn und Spott und oberflächlicher Wichtigkeit rinnt dir wie verbrauchte Schminke über die Maske, die dein Gesicht versteckt. Was bleibt dahinter? Was kannst du halten von alldem, was deine Liebe mir versprach in zärtlichen Stunden?

Ich bin gescheitert. Mit letzter Kraft renne ich gegen dich an. Versuche zu fliehen, versuche zu entkommen. Doch die Mauern deines starren Schweigens holen mich ein. Deine Sprachlosigkeit schlingt sich wie eine Schlange, die mich verschlingen will, um mich! Du machst mir Angst. Du tötest den Traum, der der unsere war. Alles hast du von mir fortgenommen: die Freude, die Wärme, die Freundschaft.

Du beraubtest mich und nimmst mir nun noch das Letzte, meinen Glauben an dich! Wohin soll mein Fuß den nächsten Schritt setzen, wenn ich dir nicht mehr trauen kann. Muss ich vor dir fliehen?

Ich bin gescheitert. Ich habe versagt. Mein Mut ist gefallen, Angst, ein schwarzes Loch, hat ihn verschluckt. Die Kraft meines Herzens ist zusammengesunken, die Hoffnung ist erloschen wie ein ferner Stern, am Rande der Zeiten verschwunden.

Ich bin gescheitert. Meine Mauern wachsen. Dunkle Kühle, lähmend und aussichtslos, holt mich ein. Ein Letztes will ich wagen. Ein Aufbegehren gegen die Mauern. Ich nehme allen Zorn in mir, die Wut und den Hass und schleudere dir meine dunkle Macht entgegen.

Ich hasse dich und du sollst es spüren. Quälen soll dich das, was du an mir verloren hast.

Doch unbeeindruckt kommt mein Schall zu mir zurück. Der Schmerz trifft mich, nicht dich. Ich lasse mich fallen. Endlos, endlos, tief und dunkel ist der Tunnel. Die Müdigkeit greift mit ihren Armen nach mir und zieht mich noch tiefer in den finsteren Schlund. Ich ergebe mich. Soll das dunkle Grab mein Leben ersticken, meine Liebe erdrücken. Ich kann nicht mehr. Ich habe versagt. Ich lasse los und falle.

Und da, wo der letzte Funke verloschen ist, die Finsternis mich durchdrungen hat, da schwindet plötzlich meine Angst und ich weiß, nur du kannst mich hier finden. Oder bin ich es, die hierher musste, um dich zu finden? Weil nur ich dich finden kann?

Zögernd tasten meine Hände, wagen meine Gedanken sich vor, berühren meine Gefühle deine Wärme. Ich spüre dich. Deine Seele, das Atmen deines Geistes. Du bist da. Immer noch da. Du bist wirklich da! Und nur das ist wichtig! Nicht deine Schminke, nicht die

Worte, die du sagst. Du bist da und das ist es, was zählt.

Ich begreife langsam und lautlos. Ich bin nicht gescheitert, ich habe nicht versagt und nichts ist verloren. Nein. Ich bin da. Auch da. Bin da, so wie du da bist. Mit all meinen Gefühlen, meinem Licht und meinem Schatten. Ich habe standgehalten. Mein Schmerz hat mich geheilt.

Meine Liebe zu dir ist noch nicht verloren.

Meine Liebe zu dir ist nicht verloren.

Maria legt den Brief achtsam zur Seite. Tränen glitzern auf ihren Wangen. Ein tiefes Seufzen hebt ihre Brust.

„Ob es für mich und Henry auch noch eine Chance gibt?“, flüstert sie nach einiger Zeit.

„Sicher, ganz sicher, Maria. Wenn du die Versöhnung willst, wird sie auch kommen.“ Lisa steht auf und reicht Maria die Hand: „Komm, lass uns einen Spaziergang machen. Gleich hinter dem Haus beginnt ein herrlicher Waldweg. Ich möchte dir von Tamara erzählen, von Vanessa und der Familie, die zu der meinen geworden ist. Sie haben Clarissa aufgenommen wie ein Enkelkind, Florian wie einen Sohn und mich wie eine Tochter. Ich möchte mit dir über das Land sprechen, in dem wir beide lebten, das uns verbindet. Hast du in Malaysia auch die Geheimnisse der Regenwälder kennen gelernt? Die alten Sitten im Urwald? Wo in manchen Stämmen immer noch Blutshochzeiten gefeiert und Kinder geopfert werden, um die Gunst der Götter zu erlangen?“

Lisa nimmt Maria am Arm und zieht sie mit sich fort. In vielem berühren sich die beiden, manches teilen sie, anderes lassen sie einvernehmlich achtlos liegen. Es ist so, weil sie ein Ziel haben. Ein fernes Land, ein gemeinsamer Gedanke, ein gemeinsamer Schmerz und eine gemeinsame Sehnsucht hat sie zueinander geführt.

Lisa hat für Maria ein Zimmer besorgt, ganz in der Nähe in einer kleinen Pension. Maria hat die Einladung zum Fest am Wochenende dankbar angenommen. Sie hofft, Lisa würde in den nächsten Tagen noch Zeit haben, um aus ihrem Leben zu erzählen. Als Viktor an diesem Abend nach Hause kommt, hat Lisa ihm viel zu berichten. Sie erzählt von Maria, dem Tagebuch und Marias Vorhaben, ein Buch über ihre Geschichte zu schreiben. Aneinander gelehnt sitzen sie auf der Bank auf der Terrasse, genießen die letzten Sonnenstrahlen. Sie genießen es, miteinander zu sprechen und beieinander zu sein. Dankbar fühlt Lisa seine Wärme. Wohltuend den Halt seiner Hand. Die Dämmerung legt ihr weiches Licht über den Garten. Grillen zirpen. Die Rosen sind aufgeblüht und verströmen ihren süßen Duft. Schweigen senkt sich mit der Nacht still in ihre Herzen.

„Komm“, sagt Viktor schließlich, „lass uns schlafen gehen. Es war ein anstrengender Tag für dich.“

„Ja.“ Lisa stimmt zu und gemeinsam stehen sie auf. Sie tragen die Gläser ins Haus. Viktor macht die Terrassentür zu. Er legt seinen Arm um Lisas Schultern und zieht sie an sich.

„Gut“, meint er, „soll diese Maria das Buch halt schreiben. Aber versprich mir: Alle Geheimnisse verraten wir nicht!“

„Nein“, lacht Lisa leise, „alle Geheimnisse verraten wir nicht. Ich glaube, ich weiß, womit du einverstanden bist.“

Das Wochenende naht. Das Wetter hält. Lisa, Viktor und Florian haben alle Hände voll zu tun mit den notwendigen Vorbereitungen für das Fest. Sie sind dankbar über Marias Hilfe, die sie angeboten hat. Maria hilft Lisa bei den Einkäufen. Gemeinsam bereiten sie die Salate vor. Viktor und Florian haben vom Wirt im Dorf Tische und Bänke ausgeborgt. Auch die Kinder helfen begeistert mit. Der große Grill wird aufgestellt.

„Deine Männer arbeiten wunderbar zusammen“, beobachtet Maria.

Lisa schaut durch das Küchenfenster in den Garten.

„Ja", sagt sie, „Gott sei Dank. Am Anfang ging es etwas zäh, aber jetzt verstehen sie sich gut!" Sie fühlt Marias Blick forschend in ihrem Gesicht.

„Ja", fügt sie bestätigend hinzu, „ich liebe sie beide. Ich liebe sie beide aufrichtig und tief, aber mit Klarheit. Florian ist mein wertvoller Freund und Vater meiner wunderbaren Tochter. Viktor ist mein geliebter Mann."

Maria lächelt. In nur wenigen Tagen ist sie jünger geworden. Lebenslust, Mut und Freude sind zurückgekehrt. Wenn auch sie selbst und Lisa wissen, dass für die Heilung in ihrer Familie noch eine lange Wegstrecke zurückzulegen sein wird.

„Und Anabell kommt auch?", fragt sie nun.

„Ja, sie kommt und bringt ihren Freund mit. Du wirst sie kennen lernen", antwortet Lisa, „sie ist ganz nett. Jetzt, da zwischen uns alles geklärt ist, gibt es keine Probleme mehr."

Lisa gießt die Marinade aus Öl und Essig über die Kartoffeln. Maria gibt die feingehackte Zwiebel und die Petersilie dazu.

„Wir brauchen noch Grillkohle, wo ist sie?" Robert zupft Lisa aufgeregt an der Hose.

„Im Vorhaus, mein Schatz. Aber warte, die ist zu schwer für dich!", ruft Lisa. Sie wischt sich die Hände ab und geht ins Vorhaus.

Robert ist empört. Er ist natürlich stark genug, die Kohle alleine zu tragen. Clarissa eilt herbei, um ihm zu helfen, und wehrt die Mutter ab.

„Und die Botschaft lautet, Mutter, misch dich nicht ein!" Lisa und Maria lachen fröhlich.

Das Fest nimmt seinen Gang. Die Gäste kommen. Sie sitzen zusammen. Sie reden, sie lachen, sie essen. Sie trinken Wein und Limonaden, spielen Ball mit den Kindern. Sie spazieren umher. Bewundern den Garten und das Haus. Sie tauschen Erinnerungen aus, schmieden Pläne und lassen die Visionen für ihre Zukunft tanzen wie die bunten Luftballons im sanften Wind, mit denen Florian die Bäume im Garten geschmückt hat. Es ist ein lebendiges und fröhliches Treiben. Pulsierendes Leben, spannende Gespräche, herzerfrischendes Lachen und Musik erfüllt das alte Haus.

Maria lernt Lisas Großfamilie kennen. Sie schaut und beobachtet, hört zu. Es ist eine Welt der ehrlichen Begegnung. Kein Scheinheiligenschein, sondern klare Konfrontation mit der Realität der Gefühle. Da und dort gibt es noch kleine alte Hürden. Bemerkungen, die reiben, Blicke, die nicht ganz ehrlich sind. Doch es sind Kleinigkeiten, Menschlichkeiten. Es ist ein gelungenes frohes Fest. Alle haben ihre Freude. Lisas Vater setzt sich zu Maria auf die Bank.

„ Sie kommen von so weit her? Hat meine Tochter erzählt", fragt er.

„Ja", antwortet Maria. Sie fühlt, ich gehöre dazu. Es ist auch meine neue Seelenfamilie, die ich gefunden habe. Ich werde nicht einsam sein in meinem neuen Lebensabschnitt! So beginnt sie, Lisas Vater aus ihrem Leben zu erzählen.

Die Grillkohle ist ausgekühlt, die Bierflaschen sind leer. Als die frühen Morgenstunden anbrechen, steigen die letzten Gäste in ihre Autos.

„Kommt ihr am Elften zu unserem großen Meditationstreffen?", ruft Jutta Lisa und Viktor zu. „Ihr wisst schon, Sonnenfinsternis. Das Jahrhundertereignis!"

Lisa schüttelt den Kopf.

„Nein, Jutta. Danke für die Einladung. Aber wir wollen lieber allein sein und bleiben zu Hause." Sie lehnt sich an Viktor und spürt jetzt, wie müde sie ist. Das letzte Auto verschwindet hinter den Birken. Die Lichtkegel der Scheinwerfer tanzen über den Wald. Lisa und Viktor gehen

Hand in Hand zum Haus.

„Es war ein schönes Fest. Nicht wahr?"

„Ja", sagt Viktor zärtlich und nimmt Lisa in den Arm. „Bist du zufrieden mit deiner Seelenfamilie?"

„Ja, sehr."

„Bist du zufrieden mit mir?", fragt er noch nach.

Sie kann seine Augen nicht sehen, aber sie kann seinen Blick fühlen.

„Ja, Viktor", gibt sie ihm leise zur Antwort, „ich bin sehr zufrieden mit dir. Und auch sehr glücklich."

„Ich liebe dich. Habe ich dir das schon einmal gesagt?" Viktors Stimme ist weich und zart.

Lisa legt nachdenklich ihre Arme um seinen Hals. Das war das zweite Jahrhundertereignis!

„Laut nicht! Aber leise, Viktor. Leise hast du es oft gesagt. Jahrelang! Jahrelang! Lange Jahre lang", seufzt Lisa und fühlt Tränen aufsteigen. Tränen der Rührung.

Viktor legt seinen Mund an Lisas Ohr.

„Wie gut, dass du meine schweigende Sprache verstehen kannst.", flüstert er.

„Ja, wie gut", antwortet Lisa versonnen. „Sonne und Mond in Konjunktion!"

„Was meinst du?"

„Na, du weißt schon, die Sonnenfinsternis. Die entsteht, wenn der Mond, das Weibliche, sich über die Sonne, das Männliche, schiebt. Wenn sie sich vereinen."

Die beiden schließen die Tür hinter sich. Sie löschen die Lichter. Die Holztreppe knarrt unter ihren Schritten. Sie sind im oberen Stockwerk angelangt. Ein Blick ins Kinderzimmer zeigt, dass die Kinder tief und fest schlafen. Kein Wunder nach dem langen aufregenden Tag. Lisa schlüpft aus ihrer Wäsche und lässt sich erschöpft aufs Bett fallen. Viktor legt sich zu ihr.

„Wie ist das mit dem Vereinen von Sonne und Mond?", fragt er gähnend und krault ihr das Haar.

„Morgen mein Schatz. Morgen ist auch noch ein Tag."

Die Augustsonne zeigt ihr wärmstes Strahlen. Es ist ein herrlich klarer und heißer Tag. Lisa holt sich die bequeme Liege und stellt sie auf die Terrasse unter die Markise. Die Tür zum Wohnzimmer hat sie weit geöffnet, damit sie die Musik aus der Stereoanlage hört. Die zarte Stimme der irischen Sängerin klingt an ihr Ohr. Sie geht ein paar Schritte zum Geländer der Terrasse vor und ruft hinunter: „ Brauchst du etwas?"

„Nein danke, Lisa. Es ist alles in Ordnung." Sie weiß, er hat damit begonnen, für die Kinder eine neue Schaukel zu bauen.

„Soll ich dir helfen? Die Bretter halten?"

„Nein, nein. Ich mache das alleine. Lass nur gut sein."

„Ist dir nicht zu heiß?"

„Nein, ich bin im Schatten."

„Mir ist so nach Faulsein und Träumen. Ich lege mich auf die Terrasse! Ruf mich, wenn du was brauchst."

„Ja, okay. Mach ich! Träum schön, Mädl!" Viktors Stimme klingt warm zu ihr herauf. Lisa fühlt den Halt, den seine Nähe ihr gibt. Den Halt, den sie so lange vermisst hatte.

„Wie gut, dass du da bist", murmelt sie leise und dankbar vor sich hin.

Dann holt sie ihre Tagebücher. Sie legt sich in den Schatten und beginnt zu lesen. Nach einer Weile legt sie das blaue Buch zur Seite. Immer wieder muss sie an den gestrigen Tag denken. An die Sonnenfinsternis. Viktor und sie waren allein, da Anabell beide Kinder für einige Zeit bei sich behalten wollte und abgeholt hatte. Das Ereignis hatte Lisa sehr tief berührt. Anfangs waren Wolken da. Dann wurde es immer klarer und stiller. Der Mond schob sich langsam über die Sonne. Das männliche und das weibliche Himmelsprinzip waren vereint. Es war unglaublich, wie still, wie unbewegt, wie dunkel es wurde. Am Horizont lag ein tiefroter Streifen. Die Sterne blinkten auf. Der weißgoldene Reifen mit seinen Flammen, die Korona der Sonne, hielt den Mond liebend umfangen. Lisa stand staunend neben Viktor. Sie waren beide tief berührt.

„Mein Gott, wie unbeschreiblich schön ist das", hatte Lisa gehaucht, um die heilige Stille nicht zu stören. Und doch war es nur ein Moment gewesen. Schon durchbrachen mit flammenden Strahlen die ersten Sonnenstrahlen das Geheimnis des stillen Schweigens in der Natur. Langsam kehrten die Töne wieder. Das Licht erweckte die Natur und sie gewann ihre Sprache zurück.

Lisas Lächeln umhüllt die Erinnerung.

„Es war wirklich ein Jahrhundertereignis", bestätigt sie sich laut und nimmt ihr rosarotes Tagebuch in die Hand.

Die Sonne und der Mond haben sich vereint, schreibt sie, das Männliche hat sich mit dem Weiblichen versöhnt. Eine Umarmung der Himmelskräfte am Beginn einer neuen Zeit. Am Beginn eines aufsteigenden Weltenmorgens, den sie Wassermannzeitalter nennen. Am Beginn eines neuen Jahrtausends, das ein Jahrtausend des Friedens sein möge. Ein Jahrtausend der Liebe, gelebt mit Wonne. Mit einem geheimnisvollen Lächeln legt sie das rosarote Tagebuch neben das blaue. Dann steht sie auf und dehnt ihre Glieder. Schließlich schiebt sie die Liege aus dem Schatten ins Licht. Zufrieden legt sie sich wieder hin, um die Strahlen der Sonne auf ihrem Körper zu genießen. Sie fühlt das wärmende Prickeln der Sonnenstrahlen auf ihrer Haut. Die Hoffnung hat gesiegt. Sie hat alle Schatten der Trauer abgelegt. Sie hat die Kraft aufgebracht die Liebe lebendig zu erhalten, trotz der jahrelangen Trennung! Sie war ihrem Herzen gefolgt und dem Ruf ihrer Seele. Der Wind fährt spielerisch zwischen die Seiten ihrer aufgeschlagenen Tagebücher, ein Schmetterling setzt sich auf eines der beschriebenen Blätter. Ich will mein Licht scheinen lassen. Denn wenn wir unser Licht scheinen lassen, geben wir damit unbewusst anderen die Erlaubnis, es auch zu tun. Wenn wir von unserer eigenen Angst befreit sind, befreit unsere Gegenwart automatisch die anderen.

Auf seine Art kann der Schmetterling die Zeilen lesen. Seine feinen Fühler betasten die Buchstaben, er spannt seine hauchdünnen bunten Zauberflügel und flattert in die weite Welt. In seinem Tanz schwingt die Botschaft des Lichtes, der Liebe und der Freiheit.

Seelen die sich finden

Gut zwei Autostunden entfernt klappt Maria Aberger ihren Laptop auf. Den Pfeil auf dem Bildschirm bewegt sie mit der Mouse auf Word 98 und klickt das Programm an. Ein Fenster tut sich auf. Sie legt eine neue Datei an. Lisas Tagebuch, nennt sie diese.

Dann lehnt sie sich zurück. Ihr Blick findet keine Perspektive in der engen Dachgeschosswohnung. Die Luft ist heiß und schwül. Kurz entschlossen schiebt Maria den Tisch vor das Gaupenfenster. Schon besser, denkt sie und holt ihren Sessel. Nun hat sie freien Blick zum Fenster hinaus über die Siedlung mit ihren rechteckigen umrahmten Gärten und ihren kleinen bunt bemalten Häusern, die sich keck zu behaupten versuchen. Sie rückt noch ein Stück zur Seite, um den Blick auf die alte Linde zu bekommen, die das Wohnviertel bewacht.

Ihre Finger wandern hin zur Tastatur und dann beginnt sie zu schreiben. Die Buchstaben hüpfen aus dem Nichts, um plötzlich zu Worten verbunden einen Sinn zu gebären. Die Sätze fließen dahin und in der ihnen eigenen Dynamik münden sie in einem weit gefächerten Delta, das der Sprachfluss ergibt. Ein Meer, wo die Wellen ein Bild widerspiegeln. Szenen werden lebendig. Hinter Namen und Orten erwachsen Wesen, die bewegt aus dem Bild steigen, um dem Leser zu begegnen. Um ihm zu gefallen, um ihn zu beeindrucken und zuweilen auch um ihn mit sich zu ziehen, zu entführen, dorthin, wo das Reich der Fantasie ihn gefangen nehmen kann. Räume entstehen, die zum Betreten einladen, die sich zeigen wie Bühnen mit bunten Kulissen. Und Räume entstehen zwischen den Zeilen, deren Geheimnis im Verborgenen bleibt. Vielleicht, der eine oder andere kann es ahnen, kann es fühlen, was in ihnen schlummert.

Marias Finger klappern einen bewegten Takt. Ein Tanz, ein Reigen zwischen langen Pausen des Schweigens, in denen ihr Blick hin zum Lindenbaum wandert. Es ist als trüge er die Worte in den feinen Gliedern seiner Blätter und Maria ginge, diese zu pflücken, um mit Tanz und Freude die reiche Ernte einzubringen und in ihrem Schweigen abzuspeichern. Das erste Kapitel entsteht. Zufrieden klickt Maria mit dem Pfeil auf SPEICHERN UNTER und schreibt in das Feld: Kap.1.

Das Spiel mit den Worten hat sie durstig gemacht. Sie steht auf, durchquert den Raum und holt sich eine Packung mit Apfelsaft aus dem Kühlschrank. An der Perforierung reißt sie ihn ein, setzt den Beutel an die Lippen. Der Apfelsaft rinnt ihr über das Kinn. Ärgerlich über sich selbst wischt sie ihn ab und holt ein Glas.

Zurück an ihrem Schreibplatz wandert ihr Blick wieder hin zu der Linde. Lange bleiben ihre Gedanken zwischen den Ästen hängen. Dann plötzlich kehren sie zurück auf die flimmernde Glasscheibe. Entschlossen schiebt sich der Pfeil in Richtung Symbolleiste. Wie von Zauberhand tut sich ein neues Fenster auf. Es ist ein leeres, ein neues, ein unbeschriebenes Blatt. Und wieder tauchen Buchstaben auf, heraus aus dem Nichts. Marias Takt auf der Tastatur ist langsam, bedächtig und weich.

Lieber Henry! schreibt sie und versinkt wieder in eine lange Pause des Schweigens. Die Sonne neigt sich, aber die Hitze hält sich hartnäckig unter dem Dach. Ein leichter Wind erfreut die Blätter der alten Linde und es scheint, er hilft Maria die Worte zu finden, die es braucht, um eine Brücke zu schlagen. Der Anfang ist schwer. Doch ist der Takt gefunden, der Rhythmus erwacht, dann wird beweglich und hell, was starr und dunkel war. Dann wird lebendig, was für tot geglaubt galt. Marias Wangen beginnen zu glühen wie die letzten Strahlen der sich vor dem Untergang aufbäumenden Sonnenkraft. Und der Takt ihrer auf der Tastatur tanzenden Finger belebt auch den Takt ihres Herzschlages mit neuer Kraft. Einer Kraft, die im letzten Satz spürbar wird.

Nun lieber Henry, möge die Ferne, die uns trennt, die unsichtbare Nähe, die uns verbindet, doch wieder bewusst machen. Möge die Liebe bleiben, auch wenn unsere Wege sich trennen.

Es grüßt dich herzlich, doch auch mit vorsichtiger Distanz,

Maria

„So“, sagt sie laut zum Fenster hinaus, damit die Linde es hören möge, „der erste Schritt zur Versöhnung ist gemacht!“ Still zu sich selbst fügt sie hinzu: Und möge es mir gelingen, die Trauer, die ich durch unsere Trennung empfinde, abzulegen.

Wieder huscht der Pfeil, folgsam gezogen von der Mouse, die in Marias Hand liegt, über den Bildschirm. Klick und Klick. Sie gibt Henrys E-Mail Adresse ein. Ein Feld, in dem SENDEN steht, leuchtet auf. Ja, sagt die Mouse!

Maria lässt das Programm herunterfahren und klappt den Laptop zu. Wie gut, dass es E-Mail gibt. So viele Hilfen sind da, um in einer komplizierten Zeit zwischen Kontinenten, Zeitzonen und Menschenherzen ganz einfache Brücken zu schlagen. Sie steht auf, streckt die Arme über den Kopf, dehnt ihren Körper und wippt auf den Zehenspitzen, um einen höchstmöglichen Punkt zu erreichen, als hingen Trauben über ihrem Kopf, die ihre Finger zu pflücken versuchen. Ihr Blick gleitet wieder aus dem Fenster zur Linde hin. Die der Nacht vorauseilenden Schatten haben sich bereits im breiten Geäst der Baumkrone verfangen. Eine Mutter ruft lautstark nach ihren spielenden Kindern. Maria schaltet die Stehlampe ein. Sie rückt sich den etwas abgewetzten Polstersessel zurecht und holt dann aus ihrer Reisetasche ein großes zugeklebtes Kuvert. Lisa hatte es ihr zum Abschied gegeben.

„Lies das, Maria, in Ruhe und Stille. Ich habe es für dich niedergeschrieben!“, hatte sie gesagt. Dabei hatten aus Lisas Augen geheimnisvolle Funken gestrahlt wie tausend Sterne.

„Was ist das?“, hatte Maria neugierig gefragt.

„Geheimnisse, Maria. Geheimnisse, die mein Weg mir offenbart hat.“ Und der Schein um Lisa selbst war in diesem Moment auch so geheimnisvoll gewesen, dass Maria sich nicht getraut hatte, mit weltlichen Worten daran zu rühren.

Die Erinnerung an den Abschied von der Freundin lässt nun auch ein geheimnisvolles Lächeln über Marias Gesicht huschen. Ihre Hände tasten achtsam über das Kuvert, als könnten sie den Inhalt erfühlen. Sie setzt sich in den Polstersessel, rückt ihren Körper zurecht und öffnet das Kuvert. Der matte Schein der Stehlampe fällt auf das Briefpapier.

SEELENPARTNERSCHAFT steht groß mit Blockbuchstaben in Lisas Handschrift über dem Text.

Erstes Geheimnis:

Jeder Adam hat seine Eva! Jede Eva hat ihren Adam!

Gott hat nicht einen Mann und eine Frau erschaffen, die sich dann vermehrten. Gott hat jede Frau und jeden Mann extra erschaffen, als einzigartige Seelen, bestimmt dazu, den Erdenweg zu gehen.

Zweites Geheimnis:

Jeder Adam und jede Eva passten einst wie zwei Hälften von ein und demselben Ei zusammen. Ihre Seelen schwangen in einer ganz bestimmten Lichtfrequenz, die einzigartig ist. Sie sind EINS und erfahren sich als Einheit, Yin und Yang. Sie sind Dualseelen.

Drittes Geheimnis:

Um sich aber auch als Mann allein erfahren zu können, um sich als Frau allein erfahren zu können, eigenständig, müssen Adam und Eva sich trennen, sich scheinbar verlieren. Doch wie die Atomphysik uns zeigt, bleiben sie wie Spins immer miteinander verbunden. Energetisch und telepathisch auf seelischer Ebene. Yang behält ein Stück seiner Yin in sich und Yin behält ein Stück ihres Yang in sich. Sie erfahren sich als voneinander getrennte Menschen. Sie versuchen, sich mit anderen Männern und Frauen zu verbinden. Sie erleben die verschiedensten Partnerschaften und Spiele. Spannend, aufregend, doch immer fehlt etwas. Die Sehnsucht lässt sie nach einem Seelenpartner suchen. Sie suchen, von Leben zu Leben, sie folgen dem Ruf ihrer Seele durch die Räume der Zeit, die wir Geschichte nennen. Sie entwickeln sich und ab einer bestimmten Frequenz ihrer Seelenschwingung, wird ihnen der Seelenpartner zugeführt, der jetzt als exaktes Dual passt. Zwei Seelen, die erfolgreich einen Inkarnationszyklus abgeschlossen haben, können gemeinsam weitergehen in eine neue Dimension, verbunden in Liebe.

Viertes Geheimnis:

Und an einem bestimmten Tag dürfen sie einander finden. Nicht nur sich begegnen wie anderen Menschen auch, nein, sie dürfen sich finden.

Sie finden sich über die Kraft ihrer Seele. Wie in einem eigens für sie geschaffenen Magnetfeld werden sie zueinander hingezogen. Und nichts, keine Zahl an Kilometern, keine Zahl an Jahren, keine weltliche Macht, kein Besitzanspruch eines anderen Menschen an einen von ihnen, kann dies verhindern. Gott fügt wieder zusammen, was als Eins geschaffen wurde, nachdem sie ihre Prüfungen bestanden haben. Doch diese Prüfungen können schwer sein.

Prüfungen:

Um einander als Seelenpartner annehmen zu können, müssen sie, wie Adam und Eva einst es als Gottengeschenk erhalten haben, sich als Mann und Frau in ihrem Charakter, ihrer Persönlichkeit und ihrer Spiritualität zur reinen Wahrheit zurückfinden. Unabhängig voneinander, müssen beide frei werden. Frei und unbeeinflusst von allen anderen Menschen müssen sie sich in ihrer Spiritualität entfalten. Er muss sich aufrichten zum Meister über sich selbst. Sie muss sich aufrichten zur Meisterin über sich selbst. Beide müssen sie das „Gott, ICH BIN, Christus in meinem Selbst" verwirklichen.

Lieben lernen, bedingungslos, tief und wahrhaftig, das ist ihre zweite Prüfung. Ihre Liebe muss von innen her wachsen. Die Liebe ihrer Seele, kann erst dann ihre Kraft und Schönheit entfalten, wenn jeder eitle Besitzanspruch verabschiedet ist. Dieser Verzicht auf egoistische Wünsche erfordert Schmerz. Trauer begleitet ihren Weg. Doch im Schmerz wird die weltliche Verhaftung, der Egoismus, der ihnen angehaftet hat, erlöst. Der Schmerz öffnet das Tor zur Seele. Durch ihre Tränen werden sie gereinigt. Neugeboren, wie Phönix aus der Asche strahlt die Liebe ihrer Seele, erschafft das magnetische Kraftfeld, das sie zueinander führt. Zuerst muss jeder von ihnen lernen sich selbst anzunehmen. Dann lernen sie einander anzunehmen, ganz und unwiderruflich, alles verzeihen, was die Jahrhunderte so mit sich brachten. Sich einander hingeben, bedingungslos, wird ihnen zur dritten Prüfung. Keine Maske, kein Schauspiel, kein Verstecken mehr! Barfuß im Herzen stehen sie voreinander. Der Boden, der sie trägt, ist einzig das Vertrauen, das sie zueinander haben. Die Kraft, die sie nährt, ist die Liebe, die sie sich schenken. Die Sicherheit ihrer Beziehung liegt in der uneingeschränkten Freiheit, die sie miteinander verbindet. Und erst, wenn im Maß der unendlichen Zeit, die der Ewigkeit voraneilt, diese drei Prüfungen zur Gänze bestanden wurden, wird der gefüllte Kelch ihrer Liebe von Gott versiegelt. Dann bleiben sie in Ewigkeit Eins. Untrennbar vereint als Mann und Frau. Hundert Prozent Yang und hundert Prozent Yin.

„Adam und Eva, Viktor und Lisa“, flüsterte Maria. Ja, denkt sie, das ist sicher. „Aber was ist mit Henry und mir? Wie kann ich wissen, ob Henry mein Seelenpartner ist oder ein anderer? Ob ich seine Seelenpartnerin bin oder doch die neue Freundin? Wie kann ich das wissen?“

Die Nacht kann es ihr nicht sagen. Doch Maria ahnt, dass sie selbst es weiß. Ganz tief in ihr selbst liegt alles Wissen in der Hand der Unsichtbaren, der Vollkommenen, der Ewigen.

„Meine Seele weiß es“, erklärt sie der Nacht.

Hanael Bücher mit Seele

Karin E. J. Kolland

Die Form der Erzählung ermöglicht es, lebensnah und ungeschminkt, die Umsetzung spiritueller Praxis, sowie eigenverantwortlicher Bewusstheit, im Leben zu zeigen. Die Themen und Ideen zu den Geschichten, kommen einerseits aus dem Leben der Autorin selbst, und andererseits aus der jahrelangen Heilarbeit mit Menschen, sind jedoch mit poetischer und schriftstellerischer Freiheit gestaltet. Die Handlungen in den einzelnen Szenen sind erfunden, drücken aber große Lebensnähe aus. Eine Verbindung zu realen Personen kann nicht abgeleitet werden. Ein besonderes Anliegen ist es der Autorin, schwierige Schicksale zwar aufzugreifen, diese jedoch im Verlauf der Erzählung, einer friedlichen, harmonischen Lösung und Heilung zuzuführen.

Karin E. J. Kolland

geboren 1954 in Österreich. Nach schicksalhaft bewegten Jahren, begann sie 1995 zu schreiben. Ihre Sprache hat den Klang der Güte und Schönheit, sie versteht es, spannend und lebensnah, das Licht der Hoffnung und des Trostes in die Welt zu tragen.

„Ihre Bücher sind durchdachte Literatur als Lebenshilfe. Sie sind unterhaltend und dennoch getragen vom Zauber einer vergessen geglaubten göttlichen und seelischen Wahrheit, die gerade deshalb so berührt, weil sie in jedem Menschen als Sehnsucht nach Vollkommenheit verankert ist.“ (Auszug aus einem Leserbrief)

Bisher erschienen sind:

Im Chi der Mondin - WENN DIE LIEBE HEILUNG SCHENKT

ISBN 3-902383-01-1 Seiten 288 Euro 19,80
Band 2 Spiritueller Roman - Seelengeschwister in ihrer Entwicklung

In diesem atemberaubend spannenden Roman, wird Nora mit dem Thema Mord und Drogen konfrontiert. Sie verwickelt sich in ungewöhnliche schicksalhafte Liebesbeziehungen, und hinterfragt den Plan des Lebens. Von Mutter Rosa wird sie in die Geheimnisse ihrer seelischen Heimat eingeweiht. Nora findet in ihrer Seelenfamilie Heilung und Glück.

Der Nerv unserer Zeit wird berührt mit der Hoffnung, dass kosmische Gerechtigkeit über die von Menschen gemachte siegt - denn Liebe ist grenzenlos.

UND DER HIMMEL FÜHRT REGIE

Kompetenz Verlag ISBN 3-931142-00-0 Seiten 270 Euro 21,20
Spiritueller autobiographischer Roman

Eine bewegende Einweihungsgeschichte, welche in die geheimnisvolle Regie des Himmels, hinter den Abläufen des Lebens Einblick gibt, und existentielle Fragen beantwortet, die das Leben an uns stellt - denn Liebe ist allumfassend.

DIE PROPHETIN VON CASSIOPEIA

ISBN 3-902383-02-X Euro 14,40
96 Seiten Spirituelles Essay

Die Prophetin begegnet jemanden, den sie mit „Sie" anspricht, auf etwas provokante Art herausfordert und wissen lässt, dass sie erscheinen würde, um ihm die Wahrheit und das Schicksal zu verkünden. „Er", könne dem nicht entrinnen. Jedoch, ist die Vorstellung der Prophetin etwa nur ein Traum? Eine Vision eines Mannes Namens Jakob? Die Erfahrungen der Einsamkeit, die Jakob mit sich selbst macht, zwingen ihn sich der Botschaft „Vergiss nie, wofür du lebst", zu stellen.

„In pointierten Worten und - mit exakter Schärfe eingefangenen - Bildern, leuchten die ewigen Wahrheiten der menschlichen Suche nach Vollkommenheit auf. Es ist zum Weinen schön ... Danke" - schreibt eine Leserin über dieses Essay.

CHRISTINE BÖHM

ICH - Tagebuch einer spirituellen Schülerin

ISBN 3-902383-00-3 Euro 18,90
240 Seiten Spirituelle Erfahrung

Im Tagebuch einer spirituellen Schülerin, offenbart Christine Böhm einen geradlinigen, ehrlichen und Mut machenden Erfahrungsbericht, der sicher für viele Menschen ein wertvoller Wegweiser für ihre eigene spirituelle und seelische Entwicklung sein wird.

Christine Böhm, geboren in Wien, wo sie derzeit mit ihrer Tochter lebt und arbeitet. Sie hat damit begonnen sich mit großer Sensibilität, Menschen und deren seelischen, körperlichen und geistigen Heilung zu widmen. Humorvoll und kompetent öffnet sie ihren Mitmenschen die Tür zu neuen positiven Lebenswegen.

Hanael Fachbücher für Geist und Seele:

Intuitives Reiki nach Sensei Mikaomi Usui

Karin E. J. Kolland

Der 1. Grad - Die kosmische Muttersprache

ISBN 3-9500745-1-1 Euro 16,90

Der 2. Grad - Die Symbole und ihre Anwendungen

ISBN 3-9500745-0-3 Euro 18,90

Der Meistergrad - Licht-Körper-Entwicklung

ISBN 3-9500745-2-X Euro 18,90

Das 1x1 der Kosmologie Anleitung zum Glücklichsein

Karin E. J. Kolland
ISBN 3-9500745-4-6 Euro 17,00

Fordern Sie unser Verlagsprogramm an:
8200 Gleisdorf, Kaltenbrunn 23
www.hanael.at verlag@hanael.at